"十三五"江苏省高等学校重点教材

普通高校"十三五"规划教材·经济学系列

当代经济学流派
（第2版）

胡学勤　胡　泊 ◎ 编著

清华大学出版社
北京

内 容 简 介

本书遵循体系完整、内容全面,理论前沿、观点新颖,结构严谨、条理清晰,表述多样、信息量大的原则,用通俗易懂、简明扼要的语言和图表较为全面地述评了当代经济学四大思潮中的十七个学派。全书共分四篇十九章:第一篇介绍政府干预思潮的各个流派;第二篇分析新自由主义思潮的主要流派;第三篇研究经济发展思潮中的各个学派;第四篇探讨社会主义思潮中的主要流派。本书内容较多,任课教师可以根据本专业的教学内容和时间安排需要自由加以取舍。

本书可用于经济类高年级本科生和研究生的研究性教学,也可供政治类、管理类(MPA)、社会学类等专业在职研究生使用,还可为相关专业的有关人员研究经济理论提供参考。为了方便教师教学及学生学习和参考,扫描书中二维码,读者可以查阅到教学大纲、扩展阅读、教学课件和含有答案的客观试题等。

本书封面贴有清华大学出版社防伪标签,无标签者不得销售。
版权所有,侵权必究。举报: 010-62782989,beiqinquan@tup.tsinghua.edu.cn。

图书在版编目(CIP)数据

当代经济学流派/胡学勤,胡泊编著. —2 版. —北京: 清华大学出版社,2019(2025.3 重印)
(普通高校"十三五"规划教材. 经济学系列)
ISBN 978-7-302-53526-3

Ⅰ.①当… Ⅱ.①胡… ②胡… Ⅲ.①现代经济学-经济学派-高等学校-教材 Ⅳ.①F091.3

中国版本图书馆 CIP 数据核字(2019)第 173511 号

责任编辑: 张 伟
封面设计: 李伯骥
责任校对: 王荣静
责任印制: 杨 艳

出版发行: 清华大学出版社
网　　址: https://www.tup.com.cn,https://www.wqxuetang.com
地　　址: 北京清华大学学研大厦 A 座
邮　　编: 100084
社 总 机: 010-83470000
邮　　购: 010-62786544
投稿与读者服务: 010-62776969,c-service@tup.tsinghua.edu.cn
质量反馈: 010-62772015,zhiliang@tup.tsinghua.edu.cn
课件下载: https://www.tup.com.cn,010-83470332

印 装 者: 天津鑫丰华印务有限公司
经　　销: 全国新华书店
开　　本: 185mm×260mm
印　　张: 22.5
字　　数: 514 千字
版　　次: 2016 年 8 月第 1 版　2019 年 8 月第 2 版
印　　次: 2025 年 3 月第 2 次印刷
定　　价: 69.00 元

产品编号: 084393-02

第 2 版前言

由于各类教材出版得太多,近年来,高校使用教材出现了两种趋势:一是适应本科生为继续深造和研究生进行学术研究需要的理论性教材;二是适应于本科生应用专业实践与高职高专学生就业需要的实务性教材。适应前者的需要,我们编著了本书。因为全面、系统而扎实的经济学理论功底是对经济类专业高年级本科生和研究生的基本要求,为此,经济类专业的大学生在学习了经济学基本理论课程后,为了提升全面、系统而扎实的经济学理论功底和研究能力,需要学习当代经济学各个流派的理论。

本书第一作者胡学勤教授从事研究和教学工作四十多年,志趣于写作与教学,独著或作为第一作者在人民出版社、中国经济出版社、高等教育出版社、社会科学文献出版社、中国商业出版社等出版社出版经济和管理类教材和专著9部;作为主要参著者出版教材和专著4部。其中有的还被评为国家级"十一五""十二五"规划教材和"十四五"江苏省精品教材及重点教材。胡学勤教授从1993年到1998年为研究生开设"当代西方经济学讲座",1999年开始为本科生和研究生讲授"当代西方经济学流派"和"当代经济学思潮"课程。笔者拜读了(排名不分先后)罗志如、厉以宁、胡代光、丁冰、吴易风和他组织国内著名学者编写的《当代西方经济学流派与思潮》,高鸿业、王健、王志伟、卢现祥、方福前、蒋自强、廖运凤、赵峰、刘涤源、杨培雷、傅殷才、杨德明、吴宇晖、耿作石、顾钰民、缪一德、姚开建、胡希宁等著名经济学家或知名学者出版的《当代西方经济学流派》《凯恩斯主义学派》《新保守主义》《经济学说史》等相关著作,开阔了视野,积累了知识。在此笔者特向他们表示由衷的谢意。

经济学没有继承、综合、批判、创新,就没有发展,本书按照继承、综合、批判、创新原则进行写作,有如下特点。

(1) 体系完整、内容全面。现行教材一般注重西方主流理论的经济学流派,所以以西方经济学流派命名,我们总揽全球、融通中外把当代的经济学概括为四大思潮、十七个学派,在一般教材包含的政府干预与新自由主义思潮各流派的基础上,加进了经济发展思潮与社会主义思潮各流派的内容。故以当代经济学流派为名。由于内容较多,任课教师可以根据本专业的教学内容和时间安排来自由加以取舍。

(2) 理论前沿、观点新颖。为保持书中理论的时代性和前沿性,并便于读者学到新的理论,笔者研读了大量的国内外相关文献,在做了细致的筛选和鉴别工作的基础上,把许多前沿理论归纳于不同的学派。

(3) 层次分明、条理清晰。为方便教师授课与学生自学,在整体的视域下加强了层次性和条理性,力求使读者在阅读时能从整体了解部分,从部分了解整体。

(4) 化繁就简,信息量大。在压缩篇幅又增加内容的情况下,利用点明重点,总结要点,化解难点,归纳成图表来扩充信息量。

(5) 述评结合,一分为二。在许多章节对许多西方经济学流派先讲述其特点,再阐明理论及政策观点,而后进行一分为二的评价,既评述其贡献(值得借鉴的),也说明其缺陷(局限)。

(6) 简明扼要,通俗易懂。针对此课程难以理解、观点分散、理论差异大的特点,在表述中笔者特别注意利用自己长期教学中的经验积累,多用图表示意,注意对重点、难点、要点的总结概括、提炼,尽量做到言简意明、通俗易懂,以增加可读性。

本书自2016年出版第1版后,受到了一些专家和读者的一致好评,不仅有全国教学名师和一些重点学科与专业带头人审定了该教材,用文字给予高度赞扬,而且先后被评为校级和江苏省级"十三五"重点教材。

全书由胡学勤布局谋篇,制定写作提纲。在第1版的基础上,本次写作修改的分工是:胡学勤写作修改了本书中的第一章、第二章、第五章、第十一章;胡泊写作修改了第三章、第四章、第六章至第十章、第十二章至第十九章。胡泊还完成了教学大纲、课件、含有答案的客观习题、附录、试题库等的收集、整理并写作。全书由胡学勤修改定稿并承担全书责任。

这次再版在保持本书连续性、稳定性的基础上,做了如下的修订:①融入党的二十大精神与习近平新时代中国特色社会主义思想。②保持内容相对连贯和稳定。为此本书基本保持了第1版的主要内容,避免过多增减内容给教学带来不便。③进一步缩减篇幅。为减轻学生负担,进一步压缩篇幅,这次删除、精简及增加的内容制作成二维码,读者通过扫描二维码可以查阅。④适应现实的需要,补充与更新了部分新资料。⑤对第1版的遗漏及错误进行了勘正。⑥为了便于更新,把第1版的第十九章和书后附录放在二维码中。⑦收集、整理并写作了教学大纲、教学课件、含有答案的客观习题和试题库等资料。

本书写作过程中参考了大量的国内外文献,很多都已注明了出处,但在个别地方也可能由于客观原因和粗心会有遗漏,在此向这些无名英雄致歉、致谢。同时向参考过的中外文献的作者表示衷心的感谢。感谢清华大学出版社的编辑、校对,感谢排版、印刷、发行的工作人员,你们为本书的出版奉献了辛苦的劳动。

由于水平有限,因此书中定会有不少谬误,祈望读者不吝赐教,在此以致谢意。

作 者
2025年2月

目 录

第一章 导论 ... 1
- 第一节 经济学概述 ... 1
- 第二节 市场与政府的类型及其相互关系 ... 10
- 第三节 经济学流派的划分 ... 15
- 复习思考题 ... 25
- 习题 ... 25

第一篇 政府干预思潮各学派

第二章 凯恩斯经济学 ... 29
- 第一节 凯恩斯经济学的产生 ... 29
- 第二节 凯恩斯的主要经济理论 ... 32
- 第三节 凯恩斯的经济政策 ... 39
- 第四节 凯恩斯经济学革命与评价及其理论发展 ... 41
- 复习思考题 ... 44
- 习题 ... 44

第三章 新古典综合学派 ... 45
- 第一节 新古典综合概述 ... 45
- 第二节 新古典综合学派的主要经济理论 ... 48
- 第三节 新古典综合学派的政策主张 ... 56
- 第四节 新古典综合学派的简要评价 ... 58
- 复习思考题 ... 59
- 习题 ... 59

第四章 新剑桥学派 ... 60
- 第一节 新剑桥学派概述 ... 60
- 第二节 新剑桥学派的主要经济理论 ... 63
- 第三节 新剑桥学派的政策主张 ... 68

第四节 新剑桥学派与新古典综合学派的区别及简要评价 …………………… 69
复习思考题 …………………………………………………………………………… 71
习题 …………………………………………………………………………………… 71

第五章 新凯恩斯经济学派 …………………………………………………………… 72

第一节 新凯恩斯经济学派概述 …………………………………………………… 72
第二节 新凯恩斯经济学派的主要经济理论 ……………………………………… 74
第三节 新凯恩斯经济学派的政策主张 …………………………………………… 83
第四节 新凯恩斯经济学派的社会影响与简要评价 ……………………………… 85
复习思考题 …………………………………………………………………………… 86
习题 …………………………………………………………………………………… 87

第六章 瑞典学派 ……………………………………………………………………… 88

第一节 瑞典学派概述 ……………………………………………………………… 88
第二节 瑞典学派的主要经济理论及成因 ………………………………………… 91
第三节 瑞典学派的经济政策主张 ………………………………………………… 97
第四节 瑞典模式与瑞典病 ………………………………………………………… 99
复习思考题 …………………………………………………………………………… 101
习题 …………………………………………………………………………………… 101

第七章 新制度主义学派 ……………………………………………………………… 102

第一节 制度学派概述 ……………………………………………………………… 102
第二节 加尔布雷斯的新制度主义 ………………………………………………… 105
第三节 林德贝克简介与他的制度经济理论 ……………………………………… 108
第四节 格鲁奇的新制度主义理论 ………………………………………………… 110
第五节 缪尔达尔的制度分析及意义 ……………………………………………… 117
复习思考题 …………………………………………………………………………… 118
习题 …………………………………………………………………………………… 119

第二篇 新自由主义思潮各学派

第八章 货币主义学派 ………………………………………………………………… 123

第一节 货币主义学派概述 ………………………………………………………… 123
第二节 货币主义学派的主要经济理论 …………………………………………… 126
第三节 货币主义学派的经济政策 ………………………………………………… 131
第四节 货币主义学派与凯恩斯主义学派的分歧 ………………………………… 135
复习思考题 …………………………………………………………………………… 135

习题 ………………………………………………………………………………… 136

第九章　供给学派 ………………………………………………………………… 137

　　第一节　供给学派概述 ……………………………………………………………… 137
　　第二节　供给学派的主要经济理论 ………………………………………………… 139
　　第三节　供给学派的政策主张 ……………………………………………………… 145
　　第四节　供给学派的影响与评价 …………………………………………………… 148
　　复习思考题 …………………………………………………………………………… 149
　　习题 …………………………………………………………………………………… 149

第十章　理性预期学派 …………………………………………………………… 150

　　第一节　理性预期学派概述 ………………………………………………………… 150
　　第二节　理性预期学派的主要理论 ………………………………………………… 154
　　第三节　理性预期学派的政策主张 ………………………………………………… 162
　　第四节　理性预期学派的简要评价 ………………………………………………… 163
　　复习思考题 …………………………………………………………………………… 164
　　习题 …………………………………………………………………………………… 164

第十一章　新制度经济学派 ……………………………………………………… 165

　　第一节　新制度经济学概述 ………………………………………………………… 165
　　第二节　交易费用理论及其应用 …………………………………………………… 171
　　第三节　当代企业理论与公司治理理论 …………………………………………… 178
　　第四节　产权理论 …………………………………………………………………… 189
　　第五节　诺斯等人的新经济史学派 ………………………………………………… 195
　　复习思考题 …………………………………………………………………………… 204
　　习题 …………………………………………………………………………………… 204

第十二章　公共选择学派 ………………………………………………………… 205

　　第一节　公共选择学派概述 ………………………………………………………… 205
　　第二节　公共选择学派的经济理论 ………………………………………………… 209
　　第三节　公共选择学派的政策主张 ………………………………………………… 218
　　第四节　公共选择学派的简要评价 ………………………………………………… 219
　　复习思考题 …………………………………………………………………………… 220
　　习题 …………………………………………………………………………………… 220

第十三章　国际垄断下的新自由主义 …………………………………………… 221

　　第一节　自由主义概述 ……………………………………………………………… 221
　　第二节　国际垄断下的新自由主义的理论观点与本质 …………………………… 225

第三节　国际垄断下的新自由主义在我国的传播与简要评价 ⋯⋯⋯⋯⋯⋯ 229
复习思考题 ⋯⋯⋯⋯⋯⋯⋯⋯⋯⋯⋯⋯⋯⋯⋯⋯⋯⋯⋯⋯⋯⋯⋯⋯⋯ 230
习题 ⋯⋯⋯⋯⋯⋯⋯⋯⋯⋯⋯⋯⋯⋯⋯⋯⋯⋯⋯⋯⋯⋯⋯⋯⋯⋯⋯⋯ 231

第三篇　经济发展思潮各学派

第十四章　创新学派 ⋯⋯⋯⋯⋯⋯⋯⋯⋯⋯⋯⋯⋯⋯⋯⋯⋯⋯⋯⋯⋯⋯⋯ 235

第一节　熊彼特简介与熊彼特的创新理论 ⋯⋯⋯⋯⋯⋯⋯⋯⋯⋯⋯⋯⋯ 235
第二节　创新理论的发展 ⋯⋯⋯⋯⋯⋯⋯⋯⋯⋯⋯⋯⋯⋯⋯⋯⋯⋯⋯ 240
第三节　创新驱动型经济 ⋯⋯⋯⋯⋯⋯⋯⋯⋯⋯⋯⋯⋯⋯⋯⋯⋯⋯⋯ 248
复习思考题 ⋯⋯⋯⋯⋯⋯⋯⋯⋯⋯⋯⋯⋯⋯⋯⋯⋯⋯⋯⋯⋯⋯⋯⋯⋯ 257
习题 ⋯⋯⋯⋯⋯⋯⋯⋯⋯⋯⋯⋯⋯⋯⋯⋯⋯⋯⋯⋯⋯⋯⋯⋯⋯⋯⋯⋯ 257

第十五章　结构学派 ⋯⋯⋯⋯⋯⋯⋯⋯⋯⋯⋯⋯⋯⋯⋯⋯⋯⋯⋯⋯⋯⋯⋯ 258

第一节　人口年龄结构 ⋯⋯⋯⋯⋯⋯⋯⋯⋯⋯⋯⋯⋯⋯⋯⋯⋯⋯⋯⋯ 258
第二节　产业结构 ⋯⋯⋯⋯⋯⋯⋯⋯⋯⋯⋯⋯⋯⋯⋯⋯⋯⋯⋯⋯⋯⋯ 262
第四节　区域经济结构 ⋯⋯⋯⋯⋯⋯⋯⋯⋯⋯⋯⋯⋯⋯⋯⋯⋯⋯⋯⋯ 271
复习思考题 ⋯⋯⋯⋯⋯⋯⋯⋯⋯⋯⋯⋯⋯⋯⋯⋯⋯⋯⋯⋯⋯⋯⋯⋯⋯ 281
习题 ⋯⋯⋯⋯⋯⋯⋯⋯⋯⋯⋯⋯⋯⋯⋯⋯⋯⋯⋯⋯⋯⋯⋯⋯⋯⋯⋯⋯ 281

第十六章　阶段学派与未来学派 ⋯⋯⋯⋯⋯⋯⋯⋯⋯⋯⋯⋯⋯⋯⋯⋯⋯⋯ 282

第一节　阶段学派 ⋯⋯⋯⋯⋯⋯⋯⋯⋯⋯⋯⋯⋯⋯⋯⋯⋯⋯⋯⋯⋯⋯ 282
第二节　未来学派 ⋯⋯⋯⋯⋯⋯⋯⋯⋯⋯⋯⋯⋯⋯⋯⋯⋯⋯⋯⋯⋯⋯ 290
复习思考题 ⋯⋯⋯⋯⋯⋯⋯⋯⋯⋯⋯⋯⋯⋯⋯⋯⋯⋯⋯⋯⋯⋯⋯⋯⋯ 300
习题 ⋯⋯⋯⋯⋯⋯⋯⋯⋯⋯⋯⋯⋯⋯⋯⋯⋯⋯⋯⋯⋯⋯⋯⋯⋯⋯⋯⋯ 301

第四篇　社会主义思潮各学派

第十七章　国外社会主义国家的社会主义理论与实践模式 ⋯⋯⋯⋯⋯⋯⋯ 305

第一节　马列的共产主义理论与列宁对社会主义建设的贡献 ⋯⋯⋯⋯⋯ 305
第二节　国外建设社会主义的实践模式 ⋯⋯⋯⋯⋯⋯⋯⋯⋯⋯⋯⋯⋯ 312
第三节　东欧社会主义国家的理论模式 ⋯⋯⋯⋯⋯⋯⋯⋯⋯⋯⋯⋯⋯ 314
复习思考题 ⋯⋯⋯⋯⋯⋯⋯⋯⋯⋯⋯⋯⋯⋯⋯⋯⋯⋯⋯⋯⋯⋯⋯⋯⋯ 321
习题 ⋯⋯⋯⋯⋯⋯⋯⋯⋯⋯⋯⋯⋯⋯⋯⋯⋯⋯⋯⋯⋯⋯⋯⋯⋯⋯⋯⋯ 321

第十八章　西方社会主义学派 ⋯⋯⋯⋯⋯⋯⋯⋯⋯⋯⋯⋯⋯⋯⋯⋯⋯⋯⋯ 322

第一节　市场社会主义学派 ⋯⋯⋯⋯⋯⋯⋯⋯⋯⋯⋯⋯⋯⋯⋯⋯⋯⋯ 322

  第二节 民主社会主义学派 …………………………………………………… 332
  第三节 其他学派的社会主义理论 ………………………………………… 339
  复习思考题 ………………………………………………………………………… 345
  习题 ………………………………………………………………………………… 345

第十九章 有中国特色的社会主义 …………………………………… 346

附录 …………………………………………………………………………………… 347

第一章

导　论

【本章要点及学习要求】

知晓经济学名称的演变、学科体系及不同学派的研究对象；理解西方理论经济学研究的主要内容；懂得市场与政府的类型及其相互关系；掌握当代经济学流派的不同划分。

第一节　经济学概述

一、经济学名称的演变

经济学的名称经历了经济论(重商主义以前)→政治经济学(重商主义、重农主义和古典经济学时期)→经济学(新古典经济学时期及以后)的演变过程。

"经济"一词，在西方源于希腊文 oikonomia，原意是家计管理。"经济"一词最早出现在古希腊思想家色诺芬(Xenophon，约公元前 444—前 354)的著作《经济论》中，经济学英语为 economics，其中 eco 的词根意为家庭，nom 的词根意为管理，所以在色诺芬的《经济论》中经济的原意是研究家庭财产管理的学问。1615 年法国重商主义者安挺·德·蒙克莱田(Antoine de Montchrétien，约 1575—1621)的《献给国王和王太后的政治经济学》是提出以"政治经济学"(political economy)为名称的第一本书。政治经济学中的"政治"(political)一词，源于希腊文的 politikos，含有"社会的""国家的"等多种意思，并不是把政治活动作为其研究的对象，它所研究的是国家范围和社会范围的经济问题。在整个重商主义时期，政治经济学的内容局限于流通领域，但也包括国家管理。到了重农主义和古典经济学时期，政治经济学的研究重点转向生产领域和包括流通领域在内的再生产，从而接触到财富增长和经济发展的规律。1776 年亚当·斯密(Adam Smith，1723—1790)的《国民财富的性质和原因的研究》(简称《国富论》)的出版标志着经济学的产生，斯密也被尊称为"经济学之父"。可见，政治经济学是流行于重商主义、重农主义和古典经济学时期的名称。19 世纪 70 年代以后，随着经济学研究对象(资源配置)的转变，即更倾向于对经济现象的论证，而不注重国家政策的分析，有些经济学家把政治经济学改名为"经济学"。在新古典经济学时期，英国经济学家杰文斯在他的《政治经济学理论》1879 年第二版序言中，明确提出应当用"经济学"代替"政治经济学"，他认为使用单一词(经济学)比双合成词

(政治经济学)更为简单明确,去掉"政治"一词,也更符合于经济学学科研究的对象和主旨。1890年马歇尔出版了他的《经济学原理》,从书名上改变了长期使用的政治经济学这一学科名称。经济学从改变"政治经济学"名称后,又经历了先微观(马歇尔的经济学,1890),后宏观(凯恩斯经济学,1936),再到综合(萨缪尔森经济学,1948)的发展历程。西方经济学名称的演变见表1-1。

表1-1 西方经济学名称的演变

名 称	经 济 论	政治经济学	经 济 学
提出者及著作	色诺芬的《经济论》	1615年法国重商主义者蒙克莱田的《献给国王和王太后的政治经济学》	1879年英国经济学家杰文斯的《政治经济学理论》、1890年马歇尔的《经济学原理》
研究对象	家庭财富管理	财富的增长与分配	资源的配置与利用
代表人物	古希腊哲学家色诺芬等	斯密、李嘉图、马克思、穆勒等	马歇尔、凯恩斯、萨缪尔森、斯蒂格利茨等
流行时期	1615年蒙克莱田的《献给国王和王太后的政治经济学》出版以前	重商主义、重农主义、古典经济学时期(1615—1890)	1890年马歇尔的《经济学原理》出版以后至今

在中国古汉语"经济"一词中,"经"有治理之意,"济"有接济、救助之意,如"经世济民""经邦济国"等。经济的内容不仅包括国家如何理财、如何管理其他各种经济活动,而且包括国家如何处理政治、法律、教育、军事等方面的问题。西方的经济学在19世纪传入中、日两国,日本学者神田孝平1868年最先把economics译为"经济学";中国的严复1902年在翻译斯密的《国富论》时则译为《原富》,其中经济学译作"生计学"。到1903年以后,中国学者才逐渐采用"经济学"这个学科名称。20世纪30—40年代,有的经济学家在编写和翻译马克思主义经济学著作时,则称之为"政治经济学"或"新经济学"。20世纪80年代以来,经济学已逐渐成为各门类经济学科的总称,具有经济科学的含义。

二、经济学的学科体系与研究对象

(一) 经济学的学科体系

经济学界对经济学体系外延的认识有宽、中、窄三种观点。

1. 宽派的观点

宽派的经济学是指整个经济学科体系,它至少包括以下五个组成部分。

(1) 理论经济学。它主要是研究经济的基础理论、一般规律及主要经济政策的学科,它是经济学的基础和核心,对其他经济学起指导作用,主要包括微观经济学和宏观经济学及经济学流派。在我国也有人把马克思政治经济学(革命经济学)、生产力经济学(熊映梧等,建设经济学)作为理论经济学,用以指导我国的革命和建设。

(2) 应用经济学。它主要是应用于某一经济领域的经济学,如产业经济学、金融学、劳动经济学、区域经济学、农业经济学、消费经济学等。

(3) 边缘经济学。边缘经济学也称交叉经济学,它是综合两门或两门以上的学科而研究某一经济理论与问题的学科,如数理经济学、技术经济学、教育经济学、生态经济学等。

(4) 经济学说史。它是一门对经济理论发展的历史做纵向考察的经济学,如中国经济史、外国经济史。

(5) 工具经济学。它是一门为读者在经济学的学习或研究过程中提供帮助的学科,如经济数学、经济学辞典等。

2. 中派的观点

中派主要是从以下两个方面来考察经济学体系。

(1) 在经济学研究的视角上,包括五个方面:①超宏观经济学。它是从全球的视角来研究经济,包括国际经济学、国际贸易、国际投资、国际金融等。②宏观经济学。它是以一个国家的经济为研究对象,当代流行的主要是凯恩斯主义的宏观经济理论与政策。③中观经济学。它主要是研究介于国家经济与企业之间的经济(区域、地区、城市、产业等),包括区域经济学、城市经济学、产业经济学等。④微观经济学。它主要是新古典以来的经济学,包括马歇尔的《经济学原理》、张伯伦的垄断竞争理论、科斯等人的企业理论等。⑤经济学流派。

(2) 在经济学研究的内容上,包括五个方面的内容:①经济学理论渊源。它是从纵向考察经济学的历史发展及演变,属于经济学说史的研究范围,主要课程是经济学说史。②经济学理论。它包括微观经济学和宏观经济学及经济学流派。③经济问题。它主要是资源配置和资源利用问题。④经济政策。它包括微观经济政策、宏观经济政策、国际化下的经济政策等。⑤方法。它包括个量分析和总量分析、实证分析和规范分析、均衡分析和非均衡分析、静态分析和动态分析等。

3. 窄派的观点

窄派仅指理论经济学,在西方理论经济学的划分主要包括微观经济学与宏观经济学及经济学流派,在我国除了微观经济学与宏观经济学及经济学流派以外,还包括马克思主义政治经济学。

具有全面、系统而扎实的经济学理论功底,至少要掌握中派的经济学。

(二) 经济学的研究对象

经济学在不同的时期和不同学派有不同的研究对象,一些主要学派的研究对象见表1-2。

表1-2 一些主要学派的研究对象

学 派	研 究 对 象
古典经济学	财富的增长与分配
马克思主义政治经济学	生产方式(包括生产关系与生产力)
新古典微观经济学	市场机制配置资源
凯恩斯主义宏观经济学	政府干预利用资源
新自由主义学派	市场机制及完善
制度学派	制度
熊彼特主义学派	创新

三、西方经济学与政治经济学

1949年中华人民共和国成立后,我们对西方经济学的认识大体经历了以下三个阶段。

(1) 全面排斥阶段。这一阶段从中华人民共和国成立后到1978年党的十一届三中全会召开,把西方经济学称为庸俗资产阶级经济学加以全面否定、批判,对西方经济学持排斥态度。

(2) 批判地介绍阶段。这一阶段从党的十一届三中全会召开到党的十四大召开(1992)。该阶段对西方经济学是整体上否定、局部肯定,抽象上否定,具体上肯定,先批判、后运用,在对西方经济学的批判中,其经济理论和政策被引进采用。

(3) 联系实际,引进采用阶段。1992年邓小平南方谈话和党的十四大召开以后,人们的思想得到了进一步解放,许多理论禁区被突破,国外的经济理论被原汤原味、不加调料地直接介绍过来。人们在对比和分析的基础上,联系实际选择适合我国国情的经济理论,舍弃其不适应的理论,经济学在我国不断得到了丰富和发展。

长期以来中国经济学界把马克思、列宁的经典经济理论称为"政治经济学",而把国外主流经济理论称为西方经济学(宏观经济学和微观经济学),马克思主义经济学与西方主流经济学的区别见表1-3。

表1-3 马克思主义经济学与西方主流经济学的区别

区别点 比较项	研究对象	主要研究内容				研究目的
		研究起点	人性观	价值观	方法论	
马克思主义经济学	生产方式:把生产力与生产关系结合一起	商品	资本家是资本的人格化主体,工人是劳动的人格化主体	劳动价值论	辩证唯物主义与历史唯物主义	揭示资本主义产生、发展和被共产主义代替的客观规律
西方主流经济学	稀缺资源的配置与利用	资源稀缺	经济人	稀缺价值论、边际效用论、均衡价格论、有效需求论	规范主义与实证主义、个人主义与集体主义	揭示经济运行的机制与规律并替资本主义制度辩护

四、西方理论经济学研究的主要内容与区别

西方理论经济学是指以新古典经济学为代表的微观经济学和以凯恩斯主义为代表的宏观经济学。其主要内容包括研究前提、中心理论、解决的主要问题、主要研究方法等。其研究的思路是微观经济学:资源稀缺→市场资源配置→一般均衡→福利理论;宏观经济学:市场失灵(不能解决资源合理利用问题)→政府干预解决资源利用问题(减少失业、通货膨胀、经济波动等)→资源合理利用(实现充分就业、经济增长、物价稳定、国际收支平衡等)。

(一) 西方理论经济学研究的主要内容

1. 研究前提

(1) 市场完善论。这是老自由主义经济学(从斯密到马歇尔的古典与新古典经济学)的研究前提。市场完善论的基石是"萨伊定理"(供给能够自行创造需求),政府无须干预经济。

(2) 市场失灵。这是凯恩斯政府干预主义思潮的立论前提。市场失灵理论认为,垄断(不完全竞争)、公共物品、外部性与信息不完全及信息不对称的存在使得市场难以解决资源配置的效率问题,仅靠市场配置资源不能实现资源配置效率的最大化。市场失灵可以区分为原始的市场失灵和新的市场失灵:①原始的市场失灵,是与诸如垄断、公共物品、收入分配、污染的外部性等因素相联系的市场失灵,它主要体现在新古典综合学派的经济学中;②新的市场失灵,是以不完全信息、信息不对称(存在着道德风险和逆向选择问题)、信息的有偿性以及不完备的市场为基础的市场失灵,它主要体现在新凯恩斯经济学派的经济学中。

(3) 政府失灵论。这是当代一些新自由主义经济学派反对政府干预经济的立论前提。政府失灵是指政府干预经济不但未能有效克服市场失灵,相反却阻碍和限制了市场功能的正常发挥,从而导致经济关系扭曲和经济混乱加重,以致社会资源最优配置难以实现的一种情景。

2. 中心理论

(1) 微观经济学的中心理论是价格理论。微观经济学是研究社会中单个经济单位(主要是厂商和居民户)的经济行为以及相应的经济变量的单项数值如何决定的经济学说,也称为价格理论。微观经济学的理论主要有均衡价格理论、消费者行为理论、生产与成本理论(包括生产理论、成本理论及收益分析)、市场均衡理论、分配理论、一般均衡理论等。但中心理论是价格理论,价格理论包括以下六个方面的内容:①供求价格论,包括需求理论、供给理论、均衡价格理论、弹性价格理论,在此基础上推出了需求规律、供给规律、供求规律。②效用价格论,把需求用效用函数来表示,分析基数效用和序数效用,从而推出需求规律。这是对需求决定价格的深入研究。③生产费用价格论,是对供给与价格关系的深化研究。④市场价格论,厂商行为或市场结构主要是研究市场上的均衡价格和均衡产量的决定。⑤分配理论,分别研究各生产要素价格的决定,即地租、利息、工资、利润的价格决定。⑥一般均衡理论,主要是研究经济作为一个整体的价格和产量的决定,包括局部均衡和一般均衡,见表1-4。

(2) 宏观经济学的中心理论是国民收入决定理论。宏观经济学是以整个国民经济为考察对象,研究经济中各有关总量的决定及其变动,以解决失业、通货膨胀、经济波动、国际收支失衡等问题,来实现经济长期稳定发展的学科。宏观经济学的中心理论是国民收入决定理论:①国民收入核算理论为国民收入决定理论提供基础,推出总供给与总需求相等的条件;②对国民收入决定理论的阐述包括凯恩斯的有效需求理论、IS-LM模型(希克斯-汉森模型)和物品市场、货币市场、劳动力市场的国民收入决定、AD-AS模型等;③研究紧缩缺口下的失业理论及对策,以实现国民收入的增长;④研究膨胀缺口下的通

表 1-4 微观经济学的中心理论——价格理论

章节标题	价格理论	主要理论内容
需求、供给与均衡价格	供求价格理论	需求理论、供给理论、均衡价格理论、弹性价格理论，推出了需求规律、供给规律、供求规律
消费者行为	效用价格理论	基数效用理论与序数效用理论
生产、成本与收益	生产费用价格理论	生产理论、成本理论与收益分析
市场结构	不同市场均衡价格决定理论	不同市场上的均衡价格和均衡产量的决定
要素分配	要素价格理论	地租、利息、工资、利润的价格决定
一般均衡	整体的价格和产量的决定理论	生产均衡、消费与交换均衡、生产与消费的一般均衡

货膨胀理论，以实现国民收入的增长；⑤研究经济周期及其经济增长理论，如何实现国民收入持续稳定的增长；⑥宏观经济政策的应用，主要是需求管理政策，是对 IS-LM 模型的运用；⑦开放经济理论，研究在开放经济条件下的国民收入决定及增长理论，见表 1-5。

表 1-5 宏观经济学的中心理论——国民收入决定理论

主要理论和政策	与国民收入决定理论的关系	理论观点
国民收入核算理论	为国民收入决定理论提供基础	推出总供给与总需求相等的条件，说明国民收入中五个总量及相互关系，明确国民收入核算的方法
国民收入决定	全面的国民收入决定理论	说明简单的国民收入决定与复杂的国民收入决定（IS-LM 模型）及三种市场的国民收入决定
失业理论	研究国民收入决定失衡下的紧缩缺口	失业问题及理论
通货膨胀理论	研究国民收入决定失衡下的膨胀缺口	讨论通货膨胀理论与失业和通货膨胀关系理论
经济周期及其经济增长理论	如何实现国民收入持续稳定地增长	凯恩斯的经济周期理论、萨缪尔森、希克斯和汉森的乘数加速理论等
开放经济理论	研究在开放经济条件下的国民收入决定及增长理论	国际金融、国际贸易、国际投资等
宏观经济政策	国民收入决定理论的应用	需求管理政策，是对 IS-LM 模型的具体运用

3. 解决的主要问题

(1) 微观经济学研究如何利用市场机制解决资源配置问题。资源的优化配置包括消费者实现效用最大化、生产者（厂商）实现利润最大化、一般均衡中的资源优化配置实现条件理论、福利经济学中的福利最大化四个方面的内容。

第一，消费者实现效用最大化。当消费者同时购买多种商品时，花费在每种商品上的最后一单位货币提供的边际效用都相等，这就实现了消费者效用最大化。对此基数效用论与序数效用论有不同的表述：①基数效用论认为，消费者在一定的收入和价格条件下购买各种物品的边际效用之比等于它们的价格之比。②序数效用论认为,消费者实现效用最大化是无差异曲线和预算线相切点,即边际替代率与预算线斜率相等。

第二,生产者(厂商)实现利润最大化。生产者实现利润最大化的原则是产量的边际收益等于边际成本,即 MR=MC。

第三,一般均衡中的资源优化配置实现条件理论。①每个消费者都能在给定价格下提供自己所拥有的生产要素,并在各自的预算限制下购买产品来达到自己的消费效用最大化;②每个企业都会在给定的价格下决定其产量和对生产要素的需求,来达到其利润的最大化;③每个市场(产品市场和要素市场)都会在这套价格体系下达到总供给与总需求的相等。

第四,福利经济学中的福利最大化:①帕累托最优,即任何形式的资源重新配置,都不可能使至少一人受益而又不使其他任何人受到损害的状态;②庇古优化理论,他认为,要增加经济福利,在生产方面必须增大国民收入总量,在分配方面必须消除国民收入分配的不均等;③希克斯-卡尔多效率,他们认为,政府的一项经济政策从长期来看能够提高全社会的生产效率,尽管在短时间内某些人会受损,但经过较长时间以后,所有人的境况都会由于社会生产率的提高而自然而然地获得补偿。

(2)宏观经济学主要解决资源合理利用问题。宏观经济学是研究通过政府干预来解决资源合理利用问题的。资源不能合理利用表现在:存在失业、通货膨胀、经济周期性波动、国际收支失衡等。宏观经济学就是要通过政府采取干预政策解决这些问题,以实现充分就业、物价稳定、经济持续增长、国际收支平衡等目标。

4. 主要研究方法

(1)微观经济学的主要研究方法论是个人主义,以经济人假设为前提,主要研究方法有个量分析、边际分析和均衡分析。

(2)宏观经济学的主要研究方法论是集体主义,以国民经济为研究对象,具体方法有总量分析,短期和长期分析,静态、比较静态与动态分析,也有均衡分析和边际分析。

通过以上分析,我们可以把西方主流理论经济学研究的内容及框架列表 1-6 如下。

表 1-6 西方主流理论经济学的内容框架结构

西方经济学的组成	微观经济学	宏观经济学
立论前提	市场完善论	市场失灵论
基本概念	资源稀缺→市场优化配置资源(消费者效用最大化、生产者利润最大化、经济一般均衡、福利经济学)	市场失灵→国民收入总量→国民收入决定→资源合理利用(充分就业、稳定物价、经济增长、国际收支平衡等)
基本理论	价格理论、资源配置理论	国民收入决定理论、资源利用理论
分析方法	个人主义、个量分析、边际分析、均衡分析等	集体主义,有总量分析,短期和长期分析,静态、比较静态与动态分析,也有均衡分析和边际分析

(二)微观经济学与宏观经济学的区别

微观的英文是 micro,原意是"小",微观经济学是以单个经济单位为研究对象,通过研究单个经济单位的经济行为和相应的经济变量单项数值的决定来说明市场机制如何解决社会的资源配置问题。宏观的英文是 macro，原意是"大"，宏观经济学则是以整个国民经济为研究对象，通过研究经济总量的决定及其变化，来说明社会资源的充分利用问题。二者的区别主要表现在以下几点。

1. 研究对象不同

微观经济学的研究对象是单个经济单位，如家庭、厂商等。正如美国经济学家 J. 亨德逊(J. Henderson)所说，"居民户和厂商这种单个单位的最优化行为奠定了微观经济学的基础"。而宏观经济学的研究对象则是整个国家的经济，研究整个经济的运行方式与规律，从总量上分析经济问题。正如萨缪尔森所说，宏观经济学是根据产量、收入、价格水平和失业来分析整个经济行为。美国经济学家 E. 夏皮罗(E. Shapiro)则强调了宏观经济学考察国民经济作为一个整体的功能。

2. 基本假设不同

微观经济学的基本假设是经济人、完全理性、完全信息和市场出清，认为市场这只"看不见的手"能自动调节经济，实现资源配置的最优化。宏观经济学则假定市场是失灵的，政府有能力调节经济，通过政府"看得见的手"纠正市场机制的缺陷。

3. 解决的问题不同

微观经济学要解决的是资源配置问题，即生产什么、如何生产和为谁生产的问题，以实现个体效益的最大化。宏观经济学则研究社会范围内的资源利用问题，通过政府干预经济使资源合理利用，以实现社会福利的最大化。

4. 研究方法不同

微观经济学的研究方法是个量分析，即研究经济变量的单项数值如何决定。而宏观经济学的研究方法则是总量(个量的总和与平均量)分析，即对能够反映整个经济运行情况的经济变量的决定、变动及其相互关系进行分析。因此，宏观经济学又称"总量经济学"。

5. 中心理论和基本内容不同

微观经济学的中心理论是价格理论，其中包括均衡价格理论、效用理论、生产理论、分配理论、一般均衡理论(当前的微观经济学还有产权理论、福利经济学等)。宏观经济学的中心理论则是国民收入决定理论，以国民收入决定理论分别阐述了失业理论、通货膨胀理论、经济周期与经济增长理论、开放经济理论等。

6. 政策主张不同

微观经济学认为市场机制是完善的，除了货币调节外无须政府干预经济；宏观经济学则认为市场机制是不完善的，需要政府干预经济解决资源利用问题，特别强调通过财政政策以实现经济增长和社会福利的最大化。

五、经济学上的革命与综合

美国著名科学哲学家托马斯·库恩(Thomas Kuhn,1922—1996)在《科学革命的结构》中提出了科学发展的一般规律，他认为，"科学革命"的实质就是"范式转换"。科学每一次革命都提出了与之前完全不同的研究范式，而每一次综合则把前后两种不同的研究范式统一在一个更大的理论框架中。这种以"范式革命"与范式综合交替形式出现的理论创新模式,事实上是科学发展的一般规律。

(一) 经济学上的革命

我国一些学者对经济学上的革命有如下几种划分。

1. 胡代光的六次革命论①

北京大学胡代光教授等(1987)最先提出了西方经济学说史上的六次革命论:①斯密革命(1776),即对重商主义的革命;②边际革命(1871—1774),提出了边际效用价值论,使研究方法从规范分析转向实证分析;③凯恩斯革命(1936),理论上反萨伊定律,政策上反对自由放任,主张国家干预、方法上是宏观总量分析;④斯拉法革命(1960),在商品价格决定理论上反对边际分析,解决了商品价值转型为商品生产价格问题。⑤货币主义革命又称对抗凯恩斯革命的革命(20 世纪 60 年代),强调货币和货币政策最重要,财政政策除了起负作用外,不能影响产出率和就业率;⑥理性预期革命(20 世纪 70 年代),以卢卡斯为代表的理性预期学派认为,不论是凯恩斯主义或是货币主义者都把公众的预期排除在外,因此财政和货币政策往往不起作用,即政府有政策、公众有对策。

2. 蒋自强、张旭昆的三次革命论

浙江大学蒋自强、张旭昆在《三次革命与三次综合》(1996)著作中提出,在近现代经济学的思想发展史上,曾经产生过三次大的革命:①斯密反对重商主义的革命;②新古典经济学主观价值理论对古典经济学的革命;③凯恩斯对新古典经济学的革命。

3. 曾康霖的五次革命论②

西南财经大学曾康霖(2001)认为,经济学经历了五次革命:①配第革命——使经济学从"经院哲学"中独立出来;②斯密革命——建立了经济学研究体系;③马克思革命——强调了经济学必须研究生产关系;④边际革命——将经济学研究引入消费领域;⑤理性预期革命——强化了总体分析必须关注个体行为。

4. 叶航的四次革命论③

浙江大学教授叶航(2015)在蒋自强、张旭昆(1996)三次革命的基础上提出了第四次革命:①斯密革命,确立了以财富生产分析为主要目的的古典经济学研究范式;②边际革命,提出了以人的心理因素作为分析对象的主观价值理论;③凯恩斯革命,突破了新古典经济学将经济分析的基点立足于个人与厂商的微观分析范式,第一次确立了以国民经济作为一个整体对象的宏观分析范式;④第四次革命,指从 20 世纪 90 年代以来的对西方主流经济学的挑战与批判,以及行为经济学、实验经济学、演化经济学、神经经济学、计算经济学等新兴经济学预示着经济学基础理论正在发生深刻的、不同于传统经济理论的变革与重大创新。

---

① 胡代光.西方经济学说史上的六次革命[J].社会科学战线,1987(2):64-71.
② 曾康霖.略论经济学研究的几次革命[J].经济研究参考,2001(15).
③ 叶航.超越新古典——经济学的第四次革命与第四次综合[J].南方经济,2015(8):2-3.

（二）经济学的综合

经济学没有继承、综合、批判、创新就没有发展，经济学界普遍认为，在经济学发展历史上理论经济学经历了穆勒、马歇尔、萨缪尔森、斯蒂格利茨四次经济学大综合，见表 1-7。

表 1-7　经济学的综合

综合序次	代表人物	时间	代表著作	综合内容
第一次综合	穆勒	1848 年	《政治经济学原理》	①理论体系综合，从生产、交换、分配、消费全面地分析了经济学理论。②价值理论综合，综合了供求论、劳动价值论、节欲论、生产费用论。③政治立场折中综合，他既不同意通过暴力革命，也不同意一味地辩护，他主张用改良的办法来克服资本主义的矛盾
第二次综合	马歇尔	1890 年	《经济学原理》	①将古典经济学、马尔萨斯和萨伊的学说、约翰·穆勒的学说以及以庞巴维克为代表的奥地利学派、以杰文斯为代表的数理学派、以瓦尔拉为代表的洛桑学派等的理论兼收并蓄。②他在融合了供求理论、生产费用理论、边际效用理论、边际生产力理论等的基础上，建立了以均衡价格论为核心的完整的微观经济学理论体系。③理论分析较为精细，如详细论述了均衡价格论和分配理论等
第三次综合	萨缪尔森	1948 年及以后	《经济学》	①理论体系综合，把凯恩斯的宏观经济学体系与新古典的微观经济学体系综合。②经济制度综合，研究混合经济。③理论综合，把凯恩斯宏观经济理论与新自由主义相关理论观点进行综合，并对当代经济学研究的新成果进行综合。④政策综合，把新自由主义强调的市场调节政策与政府干预政策两者综合，并把凯恩斯的需求管理政策与供给管理政策综合。⑤分析方法综合，把新古典的个量分析与凯恩斯的总量分析加以综合，把静态分析、比较静态分析与动态分析进行综合
第四次综合	斯蒂格利茨	1992 年	《经济学》	①超越萨缪尔森综合，将宏观经济学的表述置于扎实的微观经济学之上。②将经济学研究的新成果和新发展纳入其研究领域，使之更加具有实际应用价值，如信息问题、激励问题、道德问题、逆向选择问题等。③对政府干预政策进行了新的注解。他以信息不对称、公共产品、外部性、垄断等"市场失灵"现象界定了政府活动的范围；在如何干预上，他将"科斯定理"称之为"科斯谬见"，认为"科斯定理"及其"自愿解决"解决不了"搭便车"问题，高昂的交易费用将导致其无效率；恰恰相反，依靠政府的依法调控，就能实现市场有效配置资源的作用

第二节　市场与政府的类型及其相互关系

在西方经济学思潮及流派中，属于主流的思潮是强调市场的新自由主义与强调政府干预的凯恩斯主义，因此学习当代主流经济学思潮及流派的一个重要方面，是需要了解市场与政府的类型及其相互关系，以便为后面的学习奠定理论基础。

一、市场概念界定与政府概念界定

（一）市场概念界定

市场是个多义词，不同学科有不同的解释，有代表性的观点主要有以下五种。

（1）市场营销学的市场。市场营销学对市场有两种解释：①狭义或古典的市场——商品交易的场所；②广义或现代的市场——商品交易关系的总和。

（2）经济学的市场。现代经济学对市场有三种解释：①是一种以商品、货币、人力、技术、信息等为对象的交换方式；②是一种与政府、企业相对应的调节经济运行的机制[①]，即市场机制；③是一种资源配置的经济模式，是以市场为基础的资源配置模式，即市场经济。

（3）新制度经济学的市场。市场是一种交易费用低而效率高的经济制度。

（4）产业组织理论的市场。市场是提供相同产品和劳务的行业。

（5）商业学的市场。（买方构成市场，卖方构成行业）市场是指商品的销路。

本书所研究的市场既有经济学中第二种解释，即市场机制，也有经济学中第三种解释，即市场经济。

（二）政府概念界定

政府是个多义词，具有多层性、多职能性：①政治学的政府是指以追求效率和公平正义为目的的公益性公共组织。②经济学的政府有两种解释：a. 政府是一种与市场、企业及家庭相类似的经济组织；b. 政府是一种同市场、企业管理相对应的经济机制。③在组织结构上，广义的政府包括立法、司法、行政等机构，狭义的政府仅指行政机构。政府的多层次还表现为：在国外政府有三个层次（如美国有联邦政府、州、县），我国的政府有五个层次（中央、省、市、县、乡或镇）。④从政府职能上说，管理学的政府包括政治、经济、文化、军事等职能，经济学的政府仅指经济职能。

本书所指的政府在组织上指中央政府，仅具有经济职能，是指经济学的与市场、企业管理相对应的具有公共性和强制性的经济机制或模式（高度集中的计划经济模式与凯恩斯主义的政府干预模式）。

二、市场经济的五种类型

我国理论界对市场经济的划分普遍采取了二加一划分法，即西方国家的自由市场经济和政府干预的市场经济加上我国的社会主义市场经济。本书认为，随着社会经济的发展，人类共出现了五种特色鲜明的市场经济。

（一）自由市场经济

自由市场经济是建立在私有制基础之上的，以资源自由流动、自由竞争、政府不管经

---

① 理论界对经济运行机制的划分有三种：①市场机制（斯密，1776）；②政府干预机制（凯恩斯，1936）；③企业管理机制（科斯，1937；钱德勒，1977）。

济为特点的经济。它在时间上是从市场经济的产生到凯恩斯革命(1936)之前,在理论上经历了重商主义、古典经济学、新古典经济学三个经济学发展阶段。其代表人物是经济学家斯密、萨伊和马歇尔。它的基本特征有:①经济完全由市场与自由竞争调节;②政府除了收税和必要的货币调节外,只充当经济"守夜人"角色;③奉行"最好的政府是规模最小、管得最少的政府"信念,主张"小政府、大市场"。自由市场经济虽然对资本主义上升时期的经济发展起到了极大的促进作用,但是日趋严重的经济危机也大大损伤了经济发展的成果,自从1825年发生经济危机后,其危机不断加重,先后经历了"V"字形→"U"字形→"L"字形的经济危机,20世纪30年代西方国家的经济大危机的爆发宣告了自由市场经济的破产。

(二) 政府干预的市场经济

1936年,凯恩斯革命以后,凯恩斯主义主张政府对经济干预,创立了政府干预的市场经济模式。这种市场经济的主要观点是:①需要政府对经济干预以解决市场失灵问题;②经济大危机、混合经济的产生、经济增长导向变化(由供给导向转为需求导向)等原因,使自由市场经济不能完全对经济进行调节,需要政府干预;③政府对经济的干预包括需求管理政策和供给管理政策。第二次世界大战之后,西方国家在凯恩斯主义的影响下政府开始大规模地干预经济,经济发展出现了国有经济与私人经济并存、市场机制与政府调节并存、垄断主义与自由竞争并存的特征。但是在20世纪70—80年代由于"政府失灵"与"滞胀",政府干预的市场经济受到了新自由主义的批判及严重的挑战。

(三) 福利国家的市场经济

一些社会民主学派认为,国家就像一架飞机,市场是推动经济发展的引擎,而政府提供的福利是飞行的稳定器,所以,这种市场经济把市场与政府的边界界定为,运用市场来发展经济,而政府提供的社会福利则对社会起稳定作用。它以欧洲一些国家(瑞典、挪威、丹麦等)为代表,福利国家的市场经济主要由四个制度构成:①自由、平等、民主的政治制度;②市场经济的经济制度;③政府对经济必要的干预制度;④国民的全面福利制度。在福利国家中市场仍然是资源配置的主要手段,在经济发展中起到绝对的推动性作用,与政府干预下的市场经济相同,但是政府的经济职能主要是提供广泛的社会福利,创造稳定、良好的环境,以此促进经济的发展。

(四) 社会主义市场经济

我国在1978年实行改革开放以后,经济体制不断调整改革,逐步走向社会主义市场经济。它的主要内容是:①社会主义与市场经济相结合,市场经济不再是资本主义的独有形式,社会主义也能有市场经济;②市场经济与公有制相结合,市场经济不但是私有经济的一种制度,也可以建立在公有制基础之上;③市场在国家宏观调控下推动社会主义经济的发展,并为社会主义服务。我国通过建立社会主义市场经济取得了巨大的成就,经济增长速度为世界之最,经济总量排名世界第二,形成了"北京共识",呈现出"中国增长模式",但是也应该看到在一些地方出现了政府与市场边界不清、政府行为企业化、公共物品盈利化、国有企业内部人控制、寻租泛滥、贫富差距扩大等问题。

（五）国际化的市场经济

20世纪70年代以来，随着新自由主义全球化理论与制度的传播，世界经济日益成为紧密联系的一个整体，市场配置资源也呈现出国际化的趋势。国际化的市场经济主要有以下几个特征：①市场配置资源不再局限于一国内部，市场配置资源逐年国际化；②国际贸易、国际投资、国际金融合作空前加强；③发达国家的品牌及连锁经营在发展中国家不断扩散，跨国生产经营占比不断提高；④全球各个国家的市场连成一片，形成一个大的全球市场，生产要素在全球范围内自由流动和配置；⑤国际化市场经济各国相互合作、共同发展，实现了利益国际化的同时，风险也进一步国际化。

三、经济运行中五种类型的政府

按照在经济运行中的行为，政府可以分为以下五种类型。

（一）无为型政府

老自由主义认为，市场是完善的，不需要政府对经济干预，甚至认为政府干预经济是十分有害的。这种类型的政府主要是处在自由市场经济之中，政府的经济职责是充当"守夜人"和收税，政府税收支出用于保护国家不受其他国家的侵害、保护社会成员的安全和建设并维护一些公共设施，无为型政府盛行于自由资本主义时期。

（二）管理型政府

管理型政府产生于凯恩斯宏观经济学，凯恩斯主张通过政府的需求管理政策干预经济以实现充分就业，随后的凯恩斯主义者又增加了供给管理政策和修补市场机制政策实现政府对经济的调节，以实现充分就业、物价稳定、经济持续增长和国际收支平衡等政策目标。管理型政府在西方盛行于20世纪40—70年代。

（三）福利型政府

福利型政府的重要特征是政府除了对经济进行一些必要调节外，最主要的经济职责是为国民提供从摇篮到坟墓的社会福利，这种类型的政府在经济上不是特别关注生产，而是注重分配，通过制定相关政策以实现"收入均等化、就业充分化、福利普遍化、保障设施体系化"的目标。它以欧洲一些国家的政府为代表。

（四）统治型政府

这是形成于苏联、在我国改革开放前计划经济时代的政府。统治型政府直接管理并且包揽全部经济活动，它最大的特征就是对经济无所不管（既管理经济建设，也管理人民生活）。企业生产依照政府的计划指令进行，人民的正常生活产品也是凭票按计划供应，政府的管理渗透到了从经济生产到人民生活的各个方面。政府的严格管理使得所有的人都有工作，而且贫富差距不像市场经济那样严重，身份等级差别也较小。但是，政府这样的管理也使得出现供给与需求之间的相互脱节,计划脱离实际之后会造成不必要的巨大浪费,导致出现了经济发展动力不足而效率低下、政企不分、平均分配盛行等问题。我们所说的转变政府职能就是指这种类型的政府。

(五)服务型政府

服务型政府以政府在经济、社会中承担服务者的角色为特征。新公共服务理论认为,公共服务强调政府角色的转变,即认为政府的主要作用应是"服务而非导航"。公共行政官员的职责不是主导而是供给,通过对公共资源的保护和有效组织来为所有公民服务,以实现公共利益的最大化。新公共服务理论的核心价值观是政府为公民所有,必须为公民服务。在经济全球化趋势的带动下,很多国家政府开始转变职能,从"决策者""管理者"的身份逐步转变为"服务者",政府致力于营造一个好的经济和社会发展环境,服务于经济的发展和社会的发展。

四、市场与政府之间的六种关系

关于市场与政府的边界,有许多研究文献涉及,但是多数是研究我国在构建社会主义市场经济过程的成果。综观世界的发展,可以把市场与政府间的关系分为六种关系论。

(一)无关系论

早期古典主义经济学认为,在经济活动中,政府与市场是毫不相关的,二者是不同的组织或制度,而且二者的功能是互不相容,甚至是相互排斥的。政府强制性、命令式管理仅适合于行政和法治管理而不适合经济管理(自由主义把政府管理经济形象比喻为用脚来弹琴键),而市场的灵活性、自发性、及时性能够很好地调节经济运行。在此种观点下,政府与市场作为两个独立的个体,在各自的领域内活动,彼此之间互不相干。

(二)排斥论

形成于20世纪30年代苏联以及后来在除南斯拉夫外社会主义国家普遍实行的高度集中的计划经济体制中,在市场经济等于资本主义、计划经济等于社会主义的认识范式下,社会主义国家的经济普遍排斥市场,我国改革开放前的经济也是在这种排斥论指导下运行的。

(三)板块论

物品分为公共物品和私有物品,经济领域分为私人经济领域和公共经济领域。市场对私人经济领域的调节是有效的,而对公共领域的调节是无效的,即市场失灵;而政府干预机制对公共领域的调节是有效的,而对私人经济领域的调节是无效的,即政府失灵。美国著名经济学家汉森和萨缪尔森都认为,在现代经济中,应该由市场调节日常经济生活中的具体活动,而政府则管理社会秩序,提供退休金、医疗保健以及编制社会安全网等。板块论严格划分了政府与市场的边界,市场的边界在私人经济领域,政府的边界在公共经济领域,政府与市场在各自的板块下各司其职。它与无关系论的最大区别在于"板块论"具体划分出了政府与市场在经济领域的范围和职责。

（四）主辅论

主辅论分为两种：第一种是以市场调节为主、政府调节为辅；第二种与之相反，以政府调节为主、市场调节为辅。历史演进过程中两种情形都曾出现过，凯恩斯主义出现之后西方国家普遍实行了以市场调节为主、政府调节为辅的政策体系，我国在改革开放初期则实行的是以政府调节为主、市场调节为辅（计划经济为主，市场调节为辅）的管理模式。主辅论的特点是承认了政府与市场在经济发展中的作用，但是以哪种机制为主进行调节则有不同的侧重。

（五）二次调节论

二次调节论即先由市场调节经济，再由政府对市场调节失灵部分进行调节。在其中市场机制发挥主导作用，政府干预起补充作用。二次调节论的特点是肯定了政府对经济的调节作用，其不同之处在于限定了政府发挥作用的时机和范围。

（六）融合论

该理论认为，政府与市场并不是一种亦步亦趋的关系，也不像主辅论与二次调节论在两者的关系上有主次和先后之分。融合论的特点是将政府调节与市场调节放到同一个高度去看待，二者对经济的发展都有重要的作用，如何将二者完美融合从而在最大程度上推动经济的发展是融合论的重要研究内容。在现代市场经济和社会化大生产条件下，单纯的市场调节已不能满足社会经济发展的需要，政府都在不同程度上充当着竞争的裁判者、市场偏差的纠正者、市场缺陷的弥补者、市场运行的调节者的重要角色。融合论认为，没有政府机制融入的现代市场经济是不完整的市场经济。

第三节 经济学流派的划分

经济学流派的划分是一件非常困难的事情，划分标准不同，学派也不同。如同一个代表人物可能由于标准不同而处在不同的学派：如门格尔和庞巴维克既是边际学派，又是奥地利学派；马歇尔既是新古典政治经济学学派，也是老剑桥学派；哈耶克因为在奥地利和英国两地工作过，他既是奥地利学派，也是伦敦经济学院学派等。本书探索性地按照政府干预、新自由主义、经济发展、社会主义四大思潮对经济学流派进行了划分。

一、按照产生过程（凯恩斯革命之前）划分

（一）重商主义

重商主义这一术语是由米拉波（Mirabeau）在1763年提出的，被马克思称为对现代生产方式的最早的理论探讨。重商主义者把流通领域作为主要考察对象，认为利润是从流通中产生的，是贱买贵卖的结果。重商主义的发展经历了早期重商主义和晚期重商主义

两个阶段:①从 15 世纪到 16 世纪中叶为早期重商主义阶段。早期重商主义,也称为货币平衡论,认为一切购买都会使货币减少,一切销售都会使货币增加,因此主张尽量少买或不买,从而实际强调了"多卖少买"。重商主义者极力主张通过国家采取行政手段,以增加货币财富。②从 16 世纪下半期到 17 世纪中叶为晚期重商主义阶段。晚期重商主义,又称为贸易平衡论,强调"多卖少买"。晚期重商主义者主张奖励输出和限制输入,即使用各种奖励措施,增加国内产品的输出,同时以关税及其他方式尽量减少或禁止本国能生产的消费品的输入。晚期重商主义的代表人物主要是英国的托马斯·曼(Thomas Mun, 1571—1641),其代表作为 1621 年发表的《论英国与东印度的贸易,答对这项贸易常见的各种反对意见》一书,他建议,为了实现国家外贸出超,国家采取有效政策和措施对出口商品与从外国输入并再出口的商品,在关税上给予照顾,对要在本国消费的进口商品,课以重税。除此之外,晚期重商主义还有意大利的安东尼奥·塞拉的国家积累金银学说、奥地利的霍尼克的国家富强论、德国尤斯蒂的国家与财政学说等。

(二)古典经济学派

古典政治经济学(也称古典经济学)这一术语是由马克思最早提出来的,并被后来的经济学家所沿用。根据马克思的界定,古典政治经济学在英国是从配第开始,到李嘉图结束,在法国从布阿吉尔贝尔开始,到西斯蒙第结束,也即从 17 世纪中叶到 19 世纪 20 年代。

古典经济学的先驱是英国的威廉·配第(William Petty, 1623—1687)和法国的 P. 布阿吉尔贝尔(P. Boisguillebert, 1646—1714)。配第的主要贡献在于提出了劳动价值论的一些基本观点,并在此基础上初步考察了工资、地租、利息等范畴。布阿吉尔贝尔认为流通过程不创造财富,只有农业和畜牧业才是财富的源泉。

18 世纪 50—70 年代初,以弗朗斯瓦·魁奈(Francois Quesnay, 1694—1774)和安·罗伯特·雅克·杜尔哥(Anne Robert Jacques Turgo, 1727—1781)为主要代表的法国重农学派理论,是对资本主义生产的第一个系统理解。他们提出自然秩序的概念,用按资本主义方式经营的农业来概括资本主义,用租地农场主的生产经营活动来分析资本的流通和再生产。正是在这个意义上马克思称重农学派为"现代政治经济学的真正鼻祖"。

亚当·斯密是英国古典经济学的杰出代表和理论体系的创立者。他所著的《国民财富的性质和原因的研究》一书,把经济学发展成一个完整的体系。他批判了重商主义只把对外贸易作为财富源泉的错误观点,并把经济研究从流通领域转到生产领域。他克服了重农学派认为只有农业才创造财富的片面观点,指出一切物质生产部门都创造财富。他分析了国民财富增长的条件以及促进或阻碍国民财富增长的原因,分析了自由竞争的市场机制,把它看作一只"看不见的手"支配着社会经济活动,他反对政府干预经济生活,提出了自由放任原则。

大卫·李嘉图(David Ricardo, 1772—1823)是英国古典经济学的完成者。他在 1817 年出版的《政治经济学及赋税原理》一书中建立了以劳动价值论为基础、以分配论为中心的严谨的理论体系。他继承斯密理论中的科学因素,并作出了重大发展。他坚持商品的价值是由生产中耗费的劳动决定的原理,批评了斯密在价值论上的二元观点。他强调经济学的主要任务是阐明财富在社会各阶级间分配的规律，认为全部价值都是由劳动生产的，工资是由工人必要生活资料的价值决定的，利润是工资以上的余额，地租是工资和利润以外的余额。由此，他阐明了工资和利润的对立、工资与利润和地租的对立。此外，李嘉图还论述了货币流通量的规律，提出了对外贸易的比较成本学说等。

西斯蒙第(Sismondi,1773—1842)是法国经济学家和古典政治经济学完成者，其代表作是1819年出版的《政治经济学新原理,或论财富同人口的关系》。他的主要理论观点是：①经济学应该研究人。他认为英国古典经济学把增进国民财富作为研究对象的根本错误在于，把手段当作目的而忘记了人。他给政治经济学下的定义是研究一国绝大多数人能够最大限度地享受该国政府所能提供的物质福利的方法的科学。②在生产与消费的关系上，他强调消费的重要性。他认为生产应服从于消费，并由消费所决定。③批判了萨伊否定经济危机的理论。他认为，资本家为利润拼命扩大生产，但小生产的破产和社会分配不平等使广大人民收入不足，收入不足使消费不足，因而一部分产品不能实现而必然产生经济危机。④他呼吁国家采取措施，使资本家和工人之间实现合作关系，以求得财富分配的平等和实现普遍的社会福利。

(三) 庸俗政治经济学学派

马克思关于庸俗经济学定义的最有权威的章节就是《资本论》第1卷德文第2版中的跋，马克思在指出德国经济学不发展特征中，把英国政治经济学的发展分为科学阶段和庸俗阶段。庸俗学派产生于18世纪末，结束于19世纪70年代（理论界有学者把德国历史学派和新古典经济学也划为庸俗经济学派，本书没有采用这个观点）。庸俗经济学只描述资本主义经济制度表面现象的资产阶级经济理论体系，其实质是将古典经济学理论庸俗化，否定劳动价值论和剩余价值论，为资本主义制度辩护。

1. 萨伊的经济理论

法国著名经济学家让·巴蒂斯特·萨伊(Jean Baptiste Say,1767—1832)在1803年出版的《政治经济学概论》等著作中提出了三位一体的分配理论和萨伊定律。

(1) 三位一体的分配理论。他认为，生产不是创造物质，而是创造效用，商品的价值取决于它的效用。他提出商品的效用是由劳动、资本、土地三要素共同创造的，并以生产三要素理论为基础，进一步创立了"三个统一体"的分配理论，即劳动的报酬是工资，资本的报酬是利息，土地的报酬是地租。

(2) 萨伊定律。萨伊定律实际上就是他的销售论，其基本论点是"供给能够自行创造需求"。萨伊定律具体内容有：①一种产物一经产出，从那时刻起就为价值与它相等的其他产品开辟了销路；②在生产和商品交换中，生产者同时也是购买者，所以供给者与需求者是统一的；③在一切社会，生产者越多，产品越多样化，需求也越多和越广泛，产品便销得越快，供给总是跟着需求增长；④每一个人都和全体的共同繁荣有利害关系，一个企业办得成功，可帮助别的企业也达到成功；⑤仅仅鼓励消费并无益于商业，因为困难不在于刺激消费的欲望，而在于改善供给消费的手段；⑥激励生产是贤明的政策，鼓励消费是拙劣的政策。萨伊定律在西方经济学界影响十分巨大，在长达100多年的时间，它始终是自由主义反对政府干预经济的理论基础。

2. 马尔萨斯的人口学理论与有效需求理论

托马斯·罗伯特·马尔萨斯(Thomas Robert Malthus,1766—1834)是"人口学之父"和英国著名经济学家。①

(1) 人口学理论。1798年马尔萨斯出版的《人口学原理》标志着人口学的产生,他的人口学理论主要内容是:①两个假设,人有性欲→生孩子→人口增长,人有食欲→需要食物供应→食物需要供应增长。②两个基数,他认为,人口增长大大快于食物增长。人口是呈几何级数(2,4,8,16,32,64,128等)增长;由于土地肥力递减规律的作用,食物供应呈算术级数(1,2,3,4,5,6,7等)增长。③人口增长超越食物供应会导致人类社会因人口过剩而出现的失业、贫困等问题。④为此他提出了解决人口过快增长的两个抑制:a.积极抑制,通过贫困、罪恶、饥饿、瘟疫、灾荒、战争等来抑制人口的增长和消灭现存的多余的人,使物质资料与人口之间保持平衡;b.消极抑制(道德抑制),通过晚婚、不结婚、不生育等来阻止人口的增加,实现人口增长与生活资料增长平衡。马尔萨斯倾向于用道德抑制(包括晚婚和禁欲)手段来控制人口增长。

(2) 有效需求理论。马尔萨斯在其《政治经济学原理》(1802)中阐述了有效需求理论,他的有效需求理论是凯恩斯有效需求理论的直接思想来源。其主要内容有:①需求构成。他认为由资本家阶级、劳动阶级和不生产阶级(主要为地主)的需求构成社会需求。②有效需求定义。马尔萨斯的有效需求是指当需求与供给相等时的需求,此时,消费者愿意支付的商品价格与生产者生产商品的生产成本相等,消费者可以购买生产出来的全部商品。③有效需求决定生产。他认为劳动、资本和土地三大要素并不是刺激生产最直接最有效的方法,决定生产的是有效需求。④有效需求不足导致经常性普遍生产过剩,产生经济危机。⑤有效需求不足的原因是消费不足、积累和生产过度。a.财富占有和收入分配不均等限制了消费;b.资本家收入中积累比例太大、消费太小,使积累过度增长;c.资本家发财致富的动机使他们热衷于积累,不断扩大再生产,使之导致经常性普遍生产过剩。⑥他提出的扩大有效需求的建议是:a.实现财富均等化以增加有效需求;b.发展国内外贸易以增加国外有效需求;c.维持一定的非生产性消费以增加有效需求。

3. 穆勒的第一次经济学大综合

英国经济学家约翰·斯图尔特·穆勒(John Stuart Mill,1806—1873)是西方经济学从古典经济学向新古典经济学过渡时期最具有代表性的经济学家,他的《政治经济学原理》(1848)是经济学史上第一次大综合。

(1) 理论体系综合。他从经济学的生产、交换、分配、消费四个环节全面地分析了经济学理论。这说明了重商主义仅从交换、一些古典经济学家仅从生产、西斯蒙第和马尔萨斯重视消费研究经济问题和经济现象的历史局限性。

(2) 理论综合。他的经济理论不仅继承了斯密、李嘉图等人的古典政治经济学原理,而且包容了萨伊、马尔萨斯、西尼尔、巴斯夏等人的辩护经济理论,还吸收了资产阶级改

---

① 理论界有两个马尔萨斯的说法:人口学的马尔萨斯和经济学的马尔萨斯。前者的马尔萨斯主要研究人口学,认为社会的灾难在于人口过多、增长过快;后者的马尔萨斯主要研究经济学,提出了经济危机和失业是由于有效需求不足造成的理论。

良主义和空想社会主义思潮的某些观点。其中他的价值理论是对19世纪中叶以前的各种价值论(供求论、劳动价值论、节欲论、生产费用论)的综合。

(3) 政治立场折中综合。对待资本主义存在的矛盾与问题,他既不同意通过暴力革命,也不同意一味地辩护,他主张用改良的办法来克服资本主义的矛盾,在现存社会内消除社会不平等,以求资本主义私有制的存在和发展。

4. 西尼尔的节欲论

英国古典经济学家纳索·威廉·西尼尔(Nassau William Senior,1790—1864)1836年在《政治经济学大纲》中提出了利润理论。西尼尔认为,价值的生产由劳动、资本和自然(土地)三种要素共同创造,劳动是工人放弃自己的安乐和休息所做的牺牲,其报酬是工资;资本是资本家节制消费的欲望的结果,利润是资本家节欲的报酬。所以,资本家和工人都为产品的生产作出了牺牲,不存在剥削与被剥削的关系。

5. 凯里与巴斯夏的经济和谐论

(1) 亨利·查尔斯·凯里(Henry Charles Carey,1793—1879)的阶级利益和谐论。19世纪中叶,美国学者凯里从宇宙的和谐秩序推论出经济分配规律的和谐性,他认为资本积累是经济和谐的首要因素,只要提高资本积累,随着社会总产值的增加,工人和资本家的收入都会相应地共同提高,因此工人和资本家的利益是和谐的。

(2) 巴斯夏的经济和谐论。继凯里之后,法国经济学家巴斯夏(Bashixia,1801—1850)在《经济和谐》(1850)一书中,对经济和谐论做了系统的论证。①资本主义是一种和谐的社会。他认为任何交换都是互相帮助、互相替代和相互服务的过程。土地所有者、资本家、工人都分别通过提供服务,得到地租、利息和工资,并且随着社会生产的发展,各自的收入也会同时增加。因此,在和谐的社会里,是没有阶级矛盾和阶级冲突的。②无偿效用规律是经济和谐的主要规律。巴斯夏把实现欲望的满足的东西分成两类:一类是自然无偿地赐给的自然财富,即无偿的效用,如阳光、空气、水等;另一类则是人类经济行动所给予的社会财富,即具有价值的有偿的效用。[①] 他指出,随着人们越来越多地用自然力来完成他们原先只是用体力完成的工作,无偿效用部分一直在增长,有偿效用部分逐渐缩小。在他看来,人类社会随着公有效用比重的不断提高,个人财富比重逐渐缩小,就会出现趋于社会化和平等的最强烈倾向。③他认为,政府活动仅限于保证秩序、安全和正义,越过这个限度就是对人类自由的侵占。

(四) 新古典经济学派

理论界一般以边际革命为界对古典经济学和新古典经济学进行划分,之前的称古典经济学,之后的称新古典经济学。新古典经济学产生于19世纪70年代,终止于20世纪30年代。古典经济学与新古典经济学有着共同点,都研究了价值的来源,都分析了商品的生产和分配,都研究了生产的要素,都主张市场调节经济等。从这些意义上讲,它们同属于古典经济学。但是古典经济学与新古典经济学也有区别,见表1-8。

---

① 相当于经济学中的非经济资源与经济资源,非经济资源是指人们无须花费代价、无须作出努力就能无限获得的资源;经济资源是指人们需要花费代价并作出努力才能有限获得的资源。

表1-8 古典经济学与新古典经济学的区别

区别点 比较项	学科名称	主要内容				研究目的
		研究对象	价值来源	价值观	方法论	
古典经济学	政治经济学	财富增长与分配	生产	客观价值论（生产成本价值论）	规范主义为主	财富的增长与分配
新古典经济学	经济学	资源配置	边际效用	主要是主观价值论（稀缺价值论、边际效用论、均衡价格论等）	实证主义为主	揭示经济运行的机制与规律

1. 边际学派

(1) 边际革命的奠基者。边际革命的奠基是由19世纪70年代英国的威廉姆·斯坦利·杰文斯(William Stanley Jevons, 1835—1882)、奥地利的卡尔·门格尔(Carl Menger, 1840—1921)和法国的里昂·瓦尔拉斯(Léon Walras, 1834—1910)完成的。1871年杰文斯出版了《政治经济学理论》，他把经济学称为快乐和痛苦的微积分学，并最早使用了边际效用概念(他称之为最后效用程度)。门格尔也在1871年出版了《国民经济学原理》，他认为人们之所以把物品视为财货，首要的原因是该物品是稀缺的，人们的欲望不能随便得到满足，任何财货的价值是以用于最小重要的用途那部分为代表的。门格尔所谓最小重要的用途和杰文斯所说的最后效用程度意思大致相同，同属于价值的边际效用理论。1874年瓦尔拉斯出版了《纯粹经济学要义》，该书包括稀缺价值论和一般均衡理论。这3位经济学家的上述著作为边际革命的兴起奠定了基础。庞巴维克沿着门格尔的主观心理分析的道路继续前进，形成了边际学派。

(2) 庞巴维克的经济理论。奥地利经济学家柏姆·庞巴维克(Böhm Bawerk, 1851—1914)是边际效用学派主要代表人物之一，也是新古典理论的主要传播者，他对新古典经济理论取代古典经济理论而占统治地位作出了许多贡献。他的主要经济理论是边际效用价值论、时差利息论和迂回生产理论。①边际效用价值论。他认为一种物品是否有价值或价值高低取决于人们对该物品的主观评价，评价是以物品的稀少性为条件的，物品的最终价值是由它的边际效用量来决定的，他总结得出结论是物品的数量和物品的价值成反比，市场上同类商品数量越多，则价值越小；反之亦然。②时差利息论。庞巴维克把利息分为借贷利息、企业利润、耐久物品的利息(租金)三种形态，并把利润、利息、地租等各种收入都归结为人在不同时期内对物品效用的主观评价不同的结果。他把所有物品分为两类：直接满足欲望的当前物品、满足将来欲望的将来物品。由于人们存在对当前物品评价高、对未来物品评价低的倾向，这样两者就存在价值上的差别，正是这种差别是一切资本利息的来源。③迂回生产理论。迂回生产理论由庞巴维克于1889年提出，迂回生产就是先生产生产资料(也称资本品)，然后用这些生产资料再去生产消费品，这样能够提高生产效率，而且迂回生产的过程越长，生产效率越高。迂回生产的实现就必须有资本，这种由于资本提高的生产效率就是资本的净生产力，所以采取资本进行迂回生产是它带来利润或利息的根源。

(3) 克拉克的边际生产力分配理论。美国经济学家约翰·贝茨·克拉克(John Bates Clark, 1847—1938)把边际的概念运用到对生产要素的分析中去，因此克拉克被称为美国的边际学派大师。1899年他在《财富的分配》一书中提出了边际生产力分配论,他认为在充分竞争的静态经济条件下,各种要素的价格是由其边际生产力决定的,即工资和利息是按照劳动和资本各自的边际生产力决定的。例如,工人的工资水平是由最后追加的工人所生产的产量(劳动的边际产品)来决定的。如果工人所增加的边际产出小于付给他的工资,雇主就不会雇用他;反之,如果工人所增加的边际产出大于所付给他的工资,雇主就会增雇工人。只有在工人所增加的边际产出等于付给他的工资时,雇主才既不增雇也不减少所使用的工人。

2. 马歇尔的经济学

阿尔弗雷德·马歇尔(Alfred Marshall,1842—1924)是19世纪末期到20世纪30年代最有影响的经济学家,他既是新古典经济学的集大成者,又是微观经济学之父。

(1) 他的经济学是学说史上的第二次大综合。他在1890年出版的《经济学原理》将古典经济学、马尔萨斯和萨伊的学说、约翰·穆勒的学说以及庞巴维克为代表的奥地利学派、杰文斯为代表的数理学派、瓦尔拉为代表的洛桑学派等的理论兼收并蓄,集中了其中的所有精华,从而创建了西方微观经济学,至今仍占据主要地位。

(2) 他的经济学理论体系完整。他在融合了供求理论、生产费用理论、边际效用理论、边际生产力理论等的基础上,建立了以均衡价格论为核心的完整的微观经济学理论体系。

(3) 他的理论分析较为精细。如马歇尔的均衡价格论和分配理论:①均衡价格论。他既运用边际效用理论说明了需求价格和需求规律,又运用边际生产费用理论说明了供给价格和供给规律,最后他把需求规律和供给规律结合起来形成均衡价格规律。②分配理论。马歇尔用均衡价格论代替了古典经济学的价值论,确立了按生产要素分配的理论,而生产要素的价格也取决于各自的均衡价格,这些生产要素的收入以工资、地租、利息、利润的形式归劳动、土地、资本、企业组织的所有者。

(4) 他颂扬自由竞争,主张自由放任。他认为,市场制度可以通过市场机制的自动调节实现市场出清(供求均衡下的充分就业)。

二、按照思潮划分

本书作者认为,当代经济学主要有政府干预、新自由主义、经济发展、社会主义四大思潮,本书采用了这种划分。由于这种划分在本书之后各章将做详细介绍,在这里做一个简单的提示。

(1) 政府干预思潮。政府干预思潮主要包括凯恩斯主义学派(凯恩斯经济学、新古典综合学派、新剑桥学派、新凯恩斯经济学派)、瑞典学派、新制度学派。

(2) 新自由主义思潮。新自由主义思潮学派众多,主要有以弗里德曼为代表的货币学派、以拉弗和费尔德斯坦为代表的供给学派、以卢卡斯为代表的理性预期学派、以科斯和诺斯等人为代表的新制度经济学派、以布坎南为代表的公共选择学派、以威廉姆森和多伊尔为代表的国际资本垄断下的新自由主义。

(3) 经济发展思潮。经济发展思潮主要有模型学派、创新学派、结构学派、阶段学派与未来学派等。

(4) 社会主义思潮。社会主义思潮的主要学派是经典的马列主义关于资本主义产生、发展、灭亡的理论,社会主义国家的社会主义模式和西方的社会主义学派、有中国特色的社会主义。

三、按照学派的产生及发展地划分

(一) 弗莱堡学派

弗莱堡学派是以德国弗莱堡大学为基地、以瓦尔特·欧肯(Walter Eucken,1891—1950)为核心的一个经济自由主义派别。由于该学派的成员是以欧肯为核心的同事和学生且在德国弗莱堡大学任教,因此称为弗莱堡学派。弗莱堡大学是新自由主义的四大中心之一(其他3个是奥地利的维也纳大学、英国的伦敦经济学院和美国的芝加哥大学),作为自由主义的弗莱堡学派提出了一套以自由主义为中心的经济理论。这些理论包括竞争秩序论、货币理论、资本理论、经济周期论等,其核心是竞争秩序论。他们设计出了以实现竞争秩序为目标,建立和维护竞争秩序制度体系。弗莱堡学派的理论与政策主张于第二次世界大战后在联邦德国得到推行,创造了"德国经济奇迹",为人们所关注。弗莱堡学派有三个基本特点:①这个学派的成员是以经济学家欧肯和法学家弗兰茨·伯姆为首的经济学家与法学家组成,是从经济学和法学两个学科进行研究;②这个学派研究的中心是市场经济的竞争秩序问题,即建立和维护市场竞争正常运行的法律秩序;③这个学派的基本倾向是新自由主义。

(二) 哈佛学派

哈佛学派也称产业组织结构学派,指由美国哈佛大学的经济学教授所组成的学术集团为主,以产业组织结构为研究对象,主张实行反垄断政策的主流产业组织学学派。其代表人物主要有 E.梅森(E. Mason)及其弟子乔·贝恩(Joe Bain)、F. M. 谢勒(F. M. Scherer)等。1959年,贝恩所著的第一部系统阐述产业组织理论的《产业组织》出版,标志着哈佛学派正式形成。哈佛学派的产业组织理论有如下特征:①以产业组织结构为研究对象,采取结构分析方法建立了"结构—行为—绩效"范式(structure-conduct-performance,SCP)的理论框架;②研究重点是市场结构,认为市场结构决定市场绩效,强调开展有效竞争;③提出了反垄断的政策,哈佛学派的有效竞争理论和反垄断的政策主张被美国的法律和政策采纳,对美国实行有效竞争与反垄断发挥着极大的影响作用。

(三) 芝加哥经济学派[①]

芝加哥经济学派是指在芝加哥大学任教的一群学者信奉新自由主义、强调市场机制的调节作用、主张对政府产业规制的一个自由主义学派。主要代表人物有雅各布·维纳

---

① 芝加哥学派是许多不同学科学派的统称,因这些学派都源自芝加哥大学(或芝加哥市),故名芝加哥学派。芝加哥学派包括芝加哥经济学派、芝加哥社会学派、芝加哥建筑学派、芝加哥传播学派、芝加哥数学分析学派、芝加哥气象学派等,其中最著名的当属芝加哥经济学派和芝加哥社会学派,本书研究的是芝加哥经济学派。

(Jacob Viner,1892—1970)、富兰克·奈特(Frank Knight,1885—1972)、乔治·施蒂格勒(George Stigler,1982年诺贝尔经济学奖获得者,1911—1991)与货币主义学派领袖米尔顿·弗里德曼(Milton Friedman,1912—2006)等人。芝加哥经济学派的主要特点有：①作为新自由主义的大本营之一,极端强调个人自由和市场机制在经济中的功能。②建立了现代货币需求函数理论,主张实行一种单一规则的货币政策,形成了货币主义学派。③创建了规制经济学,施蒂格勒等人(1971)运用政府俘获理论(政府规制机构为被规制利益集团俘获并为其利益服务)①得出了受规制产业并不比不受规制的产业具有更高效率和更低价格的结论,说明了政府规制失灵;S.佩尔兹曼(S. Peltzman,1976)提出了"最优监管政策"模型,探讨了利益集团争取自身利益的博弈均衡是如何决定政府监管供给的。

（四）伦敦学派

伦敦学派是在20世纪20—30年代开始形成的以英国伦敦经济学院为中心的当代西方经济学的一个重要流派,主要代表人物有爱德温·坎南(Edwin Cannan,1861—1935)、莱昂内尔·罗宾斯(Lionel Robbins,1898—1984)、弗里德里希·奥古斯特·冯·哈耶克(Friedrich August von Hayek,1899—1992,1974年获得诺贝尔经济学奖)等。作为自由主义和伦敦学派较有影响的是罗宾斯的经济学定义与哈耶克的理论观点。

1. 罗宾斯的经济学定义

罗宾斯在《经济科学的性质和意义》(1932)一书中给经济学下了一个经典的定义:经济学是"系统研究各种目的与具有多种用途的稀缺手段之间关系的人类行为的科学"。这个定义虽然引起不少争议,但是它却成为20世纪经济学教科书在方法论方面引证得最多的定义之一。

2. 哈耶克的主要理论观点

(1) 极端自由主义。他继承了18世纪启蒙思想家的思想,从个人主义出发,强调维护人的自由。这种自由包括政治自由、思想自由和经济自由。其中,经济自由是自由的基础。他认为,实现经济自由的途径是实行市场经济,让市场机制充分发挥调节作用,让人们在市场上进行自由竞争。因此,市场经济就是一种由个人主义出发而形成的,能保证人的自由的"自然秩序",是一种最符合人性的经济制度。

(2) 经济周期理论。哈耶克(1929;1931)以研究货币和经济周期理论成名,他提出货币投资过度理论。他认为经济周期的根源在于信贷变动引起的投资变动。银行信贷的扩大刺激了投资,一旦银行停止信贷扩张,经济就会由于缺乏资本而爆发危机。

(3) 货币非国家化理论。哈耶克从极端的经济自由主义出发,认为政府对于货币发行权的垄断是对经济的均衡的破坏。他宣称,货币非国家化是货币发行制度改革的根本方向,他主张由私营银行发行竞争性的货币(自由货币)来取代国家发行垄断性的货币是理想的货币发行制度。因此,他的这一主张被称为"货币非国家化"或"自由竞争货币说"。

---

① 政府规制的提供是为了满足特定利益集团的需要(立法者被产业所俘获),规制者被特定利益集团所俘获(执法者被产业所俘获)。政府规制成为特定利益集团(被规制者)获得更多利润的工具。

(4) 消费者主权理论。消费者主权是指在生产者和消费者的相互关系中,消费者对生产者起支配作用,生产者应当根据消费者的意愿来进行生产。"消费者主权"一词最早见诸亚当·斯密的著作中,后来马歇尔加以发展,哈耶克等人把消费者主权看作市场经济中最重要的原则之一。哈耶克用消费者主权的概念说明了市场经济的完善性。

(5) 反对福利国家。他认为,判断一个社会好坏的标准不是经济福利,而是人的自由程度。哈耶克特别反对把经济福利作为理想社会的目标。①福利国家构成了对个人自由的威胁,他认为,福利国家实际上是一个家长式国家,家长控制着社会大多数人的收入,是政府的权力扩大,而个人的自由和责任却日益削弱。②作为一种特权而得到保障的人与没有这种特权因而得不到保障的人之间的对立就会变得越来越大。③他赞成对特殊人群(如残障者)实行最低收入保障制度。

(6) 反对社会主义。哈耶克一直反对社会主义,反对计划经济,他认为社会主义限制了利己的动力,计划经济中的集中决策没有市场经济中的分散决策灵活,所以社会主义不可能有高效率;而且社会主义违背人性,计划经济导致政府极权,是一条"通向奴役的道路"。

(五)奥地利学派

奥地利学派形成于"边际革命"三杰之一的门格尔在1871年发表的《经济学原理》,它流行于19世纪末20世纪初,因其创始人门格尔和继承者都是奥地利人,都是维也纳大学教授(奥地利裔英国经济学家哈耶克1938年前因出生在奥地利并在维也纳大学任教,有的学者把他划为奥地利学派),都用边际效用的个人消费心理来建立其理论体系,所以也被称为维也纳学派。奥地利学派的主要理论和政策主张是:①方法论上的个人主义和主观主义;②强调边际分析与边际效用价值理论;③用效用和边际效用递减分析对需求进而对市场价格的影响;④把机会成本作为影响决策的成本之一进行经济分析;⑤主张的政策是要求政府减少管制、保护私人财产并捍卫个人自由。

四、按照学派的影响划分

按照学派对社会或国家的影响可以分为主流经济学派和非主流经济学派。在我国主流经济学是马克思主义经济学,而国外经济学属于非主流经济学。在西方政府干预学派、自由主义学派属于主流经济学派,其他学派属于非主流经济学派。

从经济学史可知,15—18世纪中期是重商主义的政府干预学派占主导地位;18世纪后期到20世纪30年代是自由主义占主流地位,包括古典经济学和新古典经济学;20世纪30—70年代是凯恩斯主义的政府干预学派占主导地位;20世纪70—90年代初,滞胀问题使凯恩斯主义的政府干预学派受到极大挑战,新自由主义(货币主义和供给学派等)取代政府干预学派而居主导地位;20世纪90年代中期以来,政府干预学派(新凯恩斯主义)重新占据上风而居主导地位,等等。

复习思考题

1. 简述经济学名称的演变。
2. 如何理解经济学的学科体系？
3. 经济学在不同的时期和不同学派不同的研究对象有哪些？
4. 为什么说微观经济学的中心理论是价格理论？
5. 在微观经济学中,如何实现资源的优化配置？
6. 为什么说宏观经济学的中心理论是国民收入决定理论？
7. 市场经济有哪些类型？
8. 政府在经济运行中的行为有哪些类型？
9. 市场与政府间的六种关系是什么？
10. 按照产生过程(凯恩斯之前)划分的学派有哪些？
11. 古典经济学与新古典经济学有哪些区别？
12. 当代经济学思潮有哪些？其中各种思潮的学派是什么？

习 题

第一篇

政府干预思潮各学派

政府干预思潮主要包括凯恩斯主义学派(凯恩斯经济学、新古典综合学派、新剑桥学派、新凯恩斯经济学派)、瑞典学派、新制度主义学派。政府干预思潮的主要学派见下表。

政府干预思潮的主要学派

	学　派	代　表　人　物
政府干预思潮	凯恩斯主义学派(凯恩斯经济学、新古典综合学派、新剑桥学派、新凯恩斯经济学派)	政府干预思潮的创始人是凯恩斯;新古典综合学派代表是萨缪尔森;新剑桥学派代表是罗宾逊夫人;新凯恩斯经济学派代表人物主要是斯蒂格利茨、曼昆等人
	瑞典学派	缪尔达尔和林达尔研究了宏观动态经济理论;卡塞尔、俄林、林德等分析了国际经济理论
	新制度主义学派	加尔布雷思提出了公共目标、二元体系、权力转移、生产者主权、社会趋同论和新社会主义理论;林德贝克研究了经济制度的模式及特点、混合经济制度理论;格鲁奇提出了新二元经济理论、经济制度改革理论、比较经济制度理论;缪尔达尔分析了循环积累因果联系及对发展中国家改革的主张

第二章

凯恩斯经济学

【本章要点及学习要求】

　　了解凯恩斯与凯恩斯经济学形成的背景及过程；掌握有效需求理论，并能运用该理论分析失业和通货膨胀问题；理解凯恩斯的货币与利息理论；知道凯恩斯的政策；懂得凯恩斯经济学的影响。

第一节　凯恩斯经济学的产生

一、凯恩斯简介

（一）出身名门，结识精英

　　约翰·梅纳德·凯恩斯(John Maynard Keynes,1883—1946)是当代经济学最有影响的经济学家之一，父亲是剑桥大学著名经济学家兼逻辑学家，母亲曾任剑桥市参议员和市长，妻子是俄国芭蕾舞演员莉迪娅·露波可娃。因此，他在青少年时代就有机会同一些经济学家、政治人物和哲学家接触交流，并结识了一些有文艺才能和创新精神的朋友。

（二）天资聪慧，大师引荐

　　他14岁以奖学金进入伊顿公学主修数学，曾获托姆林奖学金(Tomline Prize)。毕业后，以数学及古典文学的奖学金入读剑桥大学国王学院，并曾任学生会主席，1905年获剑桥大学文学硕士学位。之后又滞留剑桥一年，师从马歇尔和庇古攻读经济学，以准备英国文官考试。1906年参加文官考试，名列第二，入选印度事务部。1908年应马歇尔邀请回聘到剑桥大学任讲师，1909年以一篇《概率论》论文入选剑桥大学国王学院院士，《概率论》论文此后又几经修改，于1921年以《概率论》为书名出版，他的另一篇关于指数的论文获亚当·斯密奖。1911年经马歇尔推荐担任经济学权威刊物《经济杂志》主编。

（三）造诣极高，经商有道

　　凯恩斯的主要著作有《凡尔赛和约的经济后果》(1919)、《概率论》(1921)、《货币改革论》(1923)、《货币论》(1930)、《劝说集》(1932)、《就业、利息和货币通论》(1936,简称《通论》)等。由于他的学术贡献,1942年6月,英国王室晋封他为勋爵。他还兼任不少公司的顾问或董事,开办过艺术剧院,担任过皇家学院总务长。1919年,他向家人借了几千英镑,用来从事外汇、商品以及证券的买卖,由于他善于投机,不但归还了借款,而且赚了50万英镑。仅在1924—1937年,他的私人资产就从5.8万英镑增加到50.6万英镑,当时相当于250万美元,使他成为当时世界上最富有的经济学家之一。

(四) 经济学大师,影响深远

凯恩斯开创了宏观经济学、人本经济学(凯恩斯之前经济学主要研究物本经济)、就业经济学、需求经济学(凯恩斯之前经济学主要研究供给)、政府干预政策学,使他成为举世公认的4位最伟大经济学家之一(其他3位分别是经济学之父斯密、共产主义理论之父马克思、微观经济学之父马歇尔),他的代表著作《就业、利息和货币通论》的广泛传播与应用不仅使西方国家摆脱了20世纪30年代大危机,而且使西方国家经历了20多年的黄金发展期,因此他被后人称为"资本主义的救世主"。在1998年的美国经济学会年会上,由150名经济学家进行的投票中,凯恩斯被评为20世纪最有影响力的经济学家。凯恩斯的追随者在继承发展中形成了新古典综合学派、新剑桥学派、新凯恩斯经济学派,其中新古典综合学派和新凯恩斯经济学派属于当代主流经济学派。

二、凯恩斯经济学的形成背景

(一) 现实背景:20世纪30年代西方国家经济大危机

1929—1933年西方国家经济大危机标志着自由市场经济的终结,这次危机的主要特点是:①在深度上特别深重,许多银行由于猛烈而持续地爆发挤兑存款、抢购黄金的风潮而破产倒闭(仅1932年1年内,美国就倒闭了1 400家银行),整个资本主义世界总失业人数共达4 000万~5 000万。其中美国失业人数由150万增加到1 300多万,失业率接近25%。②在广度上特别广泛,它席卷了许多西方国家并且波及工业、农业、商业和金融业。③这次危机在时间上持续特别长久,危机时间长达4~5年,与"V"字形和"U"字形危机相比,这次危机呈现出"L"字形。④这次危机具有极为严重的破坏。这次危机使整个资本主义世界的工业生产倒退到1900—1908年的水平,英国甚至倒退到1897年的水平。这次大危机的爆发,使占主流地位的新古典经济学派无法解释和解救这场危机,在西方世界急切需要有一种理论和政策能解释和摆脱这场危机。

(二) 理论背景:新古典经济学的崩溃

在20世纪30年代经济大危机的猛烈冲击下,居主流地位的新古典经济学,在理论上不能自圆其说,在政策措施上一筹莫展。以马歇尔为代表的新古典经济学认为,依靠完善的市场机制能够实现供求均衡下的市场出清,即使出现经济危机也是短暂的、局部的,是市场机制作用必付的代价。而这场西方世界的大危机使新古典经济学由盛变衰,理论上需要有新的理论加以解释。在这种背景下,凯恩斯用有效需求理论加以解释。

(三) 政策背景:一些国家对经济干预政策的成功实施

1933年以后,世界上发生了3起引人瞩目的事件:①1933年1月底,希特勒在德国上台,由于希特勒执政后加强政府管理经济,因此经济快速发展,为他发动第二次世界大战提供了经济基础。凯恩斯甚至认为希特勒的扩军备战能使德国免于经济危机,达到充分就业。②1933年3月初,罗斯福接任美国总统,"罗斯福新政"也同样强化了政府对经济的干预,取得巨大的经济成就。1933年年底凯恩斯发表在《纽约时报》中的"致罗斯福总统的公开信"中,说他"特别强调政府通过举债方式将借款使用出去,从而增加国民购买力的重要性"。③苏联由于政府对经济的高度集中管理,经济发展也取得了奇迹。虽然上述三国政治观念不同,但从它们实施的经济政策来看,都强调政府对经济进行干预并取得了成功。所有这些对凯恩斯提出政府干预政策均有启发作用。

三、凯恩斯经济学的形成过程

第一次世界大战到20世纪30年代初,凯恩斯师从马歇尔,是一位新古典经济学的追随者,但在30年代后逐渐同新古典经济学派在理论和政策主张上出现背离,这主要体现在凯恩斯1923年出版的《货币改革论》、1930年的《货币论》、1936年出版的《就业、利息和货币通论》3部著作之中。

(一)《货币改革论》(1923)

这是他针对英国1920年以来陷入的经济慢性萧条提出的救治方案而写成的著作,他提出了坚持以市场机制自动调节为主,辅之以温和的货币金融调节,促使物价稳定,恢复经济均衡。这种货币金融调节的理论基础,乃是传统的货币数量论。

(二)《货币论》(1930)

凯恩斯在《货币改革论》中提出的货币调节方案,未受到当局重视,凯恩斯也认为这个方案太笼统、太简单。因此他又写了《货币论》一书,他提出的货币调节方案的内容更为丰富而精细了,但其中心仍然是依靠货币当局通过加强对货币数量的控制和利息率的调节来稳定物价,并进而影响储蓄和投资之间的差额,实现经济均衡。因此,从根本上说仍没有越出新古典经济学关于通过市场调节来实现经济均衡的理论体系。

(三)《就业、利息和货币通论》(1936)

1929年,英国正处于危机之中,时当英国进行大选,自由党领袖劳埃德·乔治提出举办公共工程以减少失业的竞选纲领。凯恩斯和亨德森立即合写了《劳埃德·乔治能办得到吗?》一书,积极支持乔治的主张。但是,他在1929年赞成国家兴办公共工程投资的主张时,并无深刻的理论基础,而要在理论上求得完善,必须解决两个理论前提:一是乘数原理;二是消费函数理论。

从乘数原理来看,凯恩斯在《劳埃德·乔治能办得到吗?》一书中已有了这个思想萌芽。1931年,凯恩斯的学生卡恩在凯恩斯的启发下发表了《国内投资与失业关系》一文,阐述了就业乘数概念。凯恩斯在1933年出版的《通向繁荣之路》一书对他的投资乘数原理的形成起了重要作用。它的主要内容就是以乘数原理来对兴办公共工程政策进行解释,同时对乘数原理本身也有所发展,即把卡恩的就业乘数扩展为投资乘数。

从消费函数理论来看,这是完善投资乘数原理所派生的一个问题。因为乘数的大小要取决于边际消费倾向,从而必须了解消费与收入之间的函数关系。因此,凯恩斯通过研究,提出了消费函数理论和边际消费倾向理论,发现了由于边际消费倾向递减,必然出现消费需求不足。要使经济均衡,势必要以增加投资来弥补社会总需求的缺口。这就使得凯恩斯进一步去探索、塑造了资本边际效率、流动偏好等一系列经济理论和范畴,从而不断地完善凯恩斯的宏观经济学理论体系。

在政策方面,凯恩斯提出了以财政干预为主导的需求管理政策。他特别强调政府通过举债方式来扩大公共工程,通过投资乘数效应带动经济增长。在《通论》出版后,为了反经济危机,他又提出国家扩张性的财政政策和货币政策,即政府通过赤字财政和增加货币发行及公开市场业务(主要是发行公债)干预经济政策的主张。

第二节 凯恩斯的主要经济理论

一、经济学的体系:新的二分法

传统经济学的二分法是把经济学体系分为经济理论与货币理论两个相对独立的组成部分。凯恩斯则反对这种二分法,他认为正确的二分法应是分为微观分析与宏观分析两个方面:①微观分析应该是单个行业或厂商理论以及既定数量的资源在各种不同用途之间的分配和报酬理论;②宏观分析是从整体来看的产量和就业理论。凯恩斯的二分法实际上是主张把经济学体系分为微观经济学和宏观经济学两个部分。这种二分法对后来的经济学的影响是深远的,1948 年,萨缪尔森在《经济学》中把经济学分成了微观经济学和宏观经济学两个部分。

二、凯恩斯的就业理论

就业理论是凯恩斯经济学的研究重点,它的基本内容就是要阐明失业的原因和寻求解决失业的办法。

(一)凯恩斯就业的一般性质

凯恩斯在《通论》中第一章第一句话就强调一个"通"字,这就是说它是关于就业的一般性理论。凯恩斯认为新古典经济学只涉及充分就业这一特殊情况,而他的理论则适用于一切就业水平(充分就业、普遍失业、介于二者之间的就业水平)。

(二)就业理论的主要特点

凯恩斯就业理论有如下的主要特点:①研究对象是失业,探索失业的原因并提出解救失业的对策;②中心理论是有效需求理论;③政策主张是政府干预经济,主张实行以财政政策为主并辅以货币政策的政府干预政策来扩大就业;④在分析方法上,他一改个量微观分析方法,运用了短期比较静态总量的宏观分析方法。

(三) 就业理论的主要内容

凯恩斯的就业理论推演的逻辑是:新古典经济学充分就业均衡→由于有效需求不足,造成存在着非自愿失业→有效需求不足是由边际消费倾向递减、灵活偏好、资本边际效率递减三个因素造成的→需要政府干预。①新古典经济学假设的充分就业均衡建立在"萨伊定律"基础之上,其前提是错误的,因为总供给与总需求函数的分析结果显示,通常情况下的均衡是小于充分就业的均衡。②之所以存在非自愿失业和小于充分就业的均衡,其根源在于有效需求不足;因为总供给在短期内不会有大的变化,所以就业量就取决于总需求。③有效需求不足的原因在于三个基本心理因素,即心理上的消费倾向、心理上的灵活偏好,以及心理上对资本未来收益之预期。④政府不加干预就等于听任有效需求不足继续存在,听任失业与危机继续存在,政府必须采取财政政策刺激经济、增加投资,弥补私人市场的有效需求不足,从而实现经济增长和扩大就业。

1. 充分就业的定义

新古典经济学只承认有摩擦性失业和自愿失业两种失业,凯恩斯提出第三种失业,即非自愿失业。所谓非自愿失业,就是指由有效需求不足,所形成的无法吸收愿意工作的人去工作所造成的失业,因此又称需求不足型失业。凯恩斯认为,充分就业就是指没有非自愿失业的就业水平。

2. 有效需求理论

凯恩斯运用有效需求不足理论分析了非自愿失业产生的原因。

(1) 需求是由消费需求、投资需求、净出口(开放经济下的国外需求)组成。①消费需求是在一定的时期,在既定的价格水平下,消费者愿意并且能够购买的商品数量;②投资需求是一定时期内全社会形成的固定资产投资和存货增加额之和;③净出口是出口产品价值与进口产品价值的差额。凯恩斯主要研究的是封闭经济中的消费需求和投资需求。

(2) 有效需求的两种含义:①微观的有效需求,它是指有支付能力的购买欲望,只有购买欲望、没有支付能力的需求是无效的;②宏观的有效需求,它是指商品的总供给价格和总需求价格达到均衡时的社会总需求。凯恩斯研究的是宏观的有效需求。

(3) 需求状况与经济态势及经济问题。总供给与总需求的关系不同,所处的经济态势与存在的经济问题也不相同,见表 2-1。

表 2-1 总供给与总需求的关系与经济态势及经济问题

总供给与总需求之间的关系	需求状况	经济态势	经济问题
总供给小于总需求	过度需求	短缺经济	需求拉上型通货膨胀
总供给大于总需求	有效需求不足	过剩经济	非自愿型失业
总供给等于总需求	有效需求	经济均衡	决定国民收入

(4) 有效需求不足形成失业。总就业量决定于总需求,他分析的思路是:有效需求不足→企业缩减生产→工人失业→工人收入减少→有效需求严重不足→非自愿失业问题突出。凯恩斯认为,失业是由于有效需求不足造成的,由于总需求不足、商品滞销,引起

生产缩减、解雇工人,造成失业。而就业增加时,收入也增加,但消费增加不及收入增加得那么多,这就使两者之间出现一个差额,从而形成消费需求不足。总需求由消费需求和投资需求两者组成,因此,要有足够的需求来支持就业增长,就必须增加投资来填补消费需求的不足。

(5) 有效需求不足形成的原因。凯恩斯认为这是由边际消费递减、资本边际效率递减、流动偏好三个基本心理规律的作用造成的。①边际消费递减规律使消费需求不足。边际消费倾向递减是指人们的消费虽然随收入的增加而增加,但在所增加的收入中用于增加消费的部分越来越少。由于边际消费倾向递减的作用,则出现消费需求不足。②资本边际效率递减规律使投资需求不足。资本边际效率递减规律是指厂商预期从投资中获得的利润率将因添置的资产设备成本提高和生产出来的资本数量的扩大而趋于下降。资本的边际效率递减意味着厂商增加投资时预期利润率递减,因此导致投资需求不足。③流动偏好规律使投资需求不足。流动偏好又称灵活偏好,指人们愿意以货币形式或保持某一部分财富在手中,而不愿以股票、债券等资本形式保持财富的一种心理动机。人们的流动偏好会使资本供给不够,从而造成投资需求不足。

三、凯恩斯的货币与利息理论

(一) 凯恩斯的货币理论

1. 货币经济

凯恩斯在其《通论》出版之前主要是研究货币理论和货币政策,后来当他从狭隘的货币理论领域转向一般经济领域时,把传统经济学的价值理论与货币理论截然分开统一为把货币理论推展为分析社会总产量理论,并使货币在决定整个经济体的就业和生产中占有重要的地位。他把所分析的经济叫作"货币经济"。

2. 货币需求动机

货币需求是指社会各经济主体要求在一定时期内保存一定货币量放在手边的需求。凯恩斯认为,人们持有货币的需求是出自交易、预防和投机三种动机,这三种动机构成了货币总需求。

(1) 交易动机。他把交易动机又分为所得动机和业务动机两种。所得动机主要是对个人而言,它是指人们为了应付日常的商品交易而需要持有货币的愿望;业务动机主要是对企业而言,企业出于生产经营的考虑会持有一定数量的货币,而用于日常的交易开支。基于所得动机与业务动机而产生的货币需求,凯恩斯称之为货币的交易需求。

(2) 预防动机。预防动机是指个人或企业为应付失业、疾病、事故等意外事件而需要事先持有一定数量的货币的意愿。凯恩斯认为,出于交易动机而在手中保存的货币,其支出的时间、金额和用途一般事先可以确定。但是生活中经常会出现一些未曾预料的、不确定的支出(个人的失业、医疗、子女教育和抚养等,企业的事故、经营难题、破产等)和购物机会。为此,人们也需要保持一定量的货币在手中,他把这类货币需求称为货币的预防需求。

(3) 投机动机。投机动机是指人们根据对市场利率变化的预测,需要持有货币以便满足从中投机获利的动机。因为货币是最灵活的流动性资产,具有周转灵活性,持有它可以根据市场行情的变化随时进行金融投机。出于这种动机而产生的货币需求,他称之为货币的投机需求。凯恩斯货币需求最大特点在于投机性需求动机理论和利率对货币市场的影响作用,凯恩斯之前的货币理论(包括费雪、剑桥学派等)都没有发现这一点。

3. 增加货币的供给量可以增加产出和扩大就业

由于人们持有货币的需求,企业不能得到充足的货币用于投资,而货币的供给量增加和降低利率可以增加投资需求和消费需求(温和的通货膨胀能刺激消费),从而带动产出增加和扩大就业。根据凯恩斯的货币理论,货币的供给量增加和降低利率,能够增加有效需求,从而增加产出和扩大就业,如图 2-1 所示。

$$\text{增加货币量} \atop \text{(降低利率)} \longrightarrow \text{增加有效需求} \begin{cases} \text{增加产出} \longrightarrow \text{增加就业(非充分就业时)} \\ \text{价格水平上升(充分就业时)} \end{cases}$$

图 2-1 增加货币的供给量的作用

资料来源:苏大文.从传统货币数量论到现代货币数量论[J].经济评论,1997(1):42.

(二)凯恩斯的利息理论

1. 利息率是由流动偏好决定的

凯恩斯把人们窖藏货币的愿望称为"流动偏好",灵活偏好规律是指人们总想保存一定量的货币在手中,以便应付日常开支、意外开支和投机活动的需要。因此利息是不窖藏货币的报酬,即利息就是放弃对流动偏好的报酬。利息决定于"流动偏好"的强度,流动偏好越大,则利息率越高。人们之所以偏好保持现金而不愿持有资本去获取收益(利润),是出于交易的动机、预防的动机、投机的动机。因此,利息就被认为是对人们在特定时期内放弃这种流动偏好的报酬。

2. 人们拥有货币动机与利息率

凯恩斯认为,三种对货币需求的动机是人们不易变更的心理,它决定了人们的流动偏好程度,在灵活偏好规律作用下利息具有下降的刚性,这就否定了传统的以时间偏好为基础的"时差利息论"。他指责传统的利息论只看到日常交易和谨慎动机的需求,而完全忽视了投机性的货币需求,然而事实上,恰恰是这种投机性的货币需求对利息率具有很大弹性。凯恩斯认为投机动机的货币需求是随利率的变动而相应变化的需求,它与利率呈负相关关系,利率上升,货币需求减少。凯恩斯认为,货币总需求由收入和利率共同决定,其中收入决定货币的交易性需求,两者呈正相关;利率决定货币的投机性需求,两者呈负相关。

3. 流动性偏好陷阱

流动性偏好陷阱也称为凯恩斯陷阱,是指当利率极低,人们会认为这种利率不可能再降,或者说有价证券市场价格不大可能上升而只会跌落时,人们不管有多少货币都愿意持在手中的一种情况。处在流动性偏好陷阱中,人们窖藏货币意识加强,手持大量货币既不储蓄,也不购买有价证券。

四、凯恩斯的投资理论

(一) 投资是扩大就业的重要因素

凯恩斯认为,在财富和收入分配极为不均的社会里,在有限消费的前提下,就业量决定于投资量,或失业是由于投资不足造成的。他特别强调投资对经济增长和扩大就业的决定作用,如果投资上升,产出和就业就随之扩大;如果投资下降,经济就会停滞,失业也随即增加。对此,凯恩斯提出实行"全国范围的调节投资的计划",这种计划包括两个方面:①调节私人投资,即国家增加货币数量、降低借贷利息来刺激私人投资;②实行"投资社会化",即由政府直接举办公共工程,弥补私人投资的不足,消除投资者的悲观心理,使经济自动复苏。凯恩斯强调,由于投资乘数效应,一项投资能够形成国民收入总量翻倍增长和就业翻倍增长,"故只需投资量增加少许,就可达到充分就业"。

(二) 投资引诱取决于资本边际效率和预期收益率

企业家进行投资主要是考虑资本边际效率和预期收益率。如果他们对资本边际效率和预期收益做悲观的估计,那就会导致投资锐减。与此同时,由于人们对未来看法悲观,不放心去投资或购买债券,于是流动偏好大增,利率上涨。这样更会使投资急剧下降,危机就突然爆发了。预期收益率也称为期望收益率,是指如果没有意外事件发生的话可以预计到的收益率。如果预期收益率提高,投资就会增加;反之,投资就减少。

(三) 投资乘数效应理论

投资乘数效应是指在一定的边际消费倾向条件下,投资的增加可导致国民收入和就业量若干倍地增加。投资乘数效应包括正反两个方面:①当政府投资或公共支出扩大、税收减少时,对国民收入有加倍扩大的作用,从而产生宏观经济的扩张效应;②当政府投资或公共支出削减、税收增加时,对国民收入有加倍收缩的作用,从而产生宏观经济的紧缩效应。凯恩斯认为,这是各个生产部门之间连锁反应的结果。当一个部门投资增加,就必然引起对另一个部门产品需求的增加,从而又使另一个部门投资增加。如此连锁反应以致使一系列部门的收入、就业都会随之增加,所以全社会的收入和就业量将成倍增长。

(四) 投资支配储蓄

凯恩斯否定了传统的储蓄支配投资的论点,他认为不是储蓄支配投资,而是投资支配储蓄。传统经济学认为,由于利息率具有伸缩性,当储蓄大于投资时,利息率就下降,利润上升,这就会使储蓄减少,投资增加,从而使储蓄与投资相等;相反,当储蓄小于投资时,利息率上升,利润下降,这又会使储蓄增加,投资减少,最终使储蓄与投资相等。因此在利息率具有伸缩性的自动调节下,投资与储蓄总是趋于均衡状态。既然投资来源于储蓄,所以储蓄总是支配投资,二者相等,而不会出现生产过剩的经济危机。

凯恩斯不仅以利息率的刚性否定了传统经济学的利息率的伸缩性观点,而且认为投资与储蓄分属于不同经济主体,具有不同的动机和经济行为:①投资是公司和企业家的行为;储蓄则是企业和居民行为。②居民的储蓄增加,只意味着消费的减少,却并不意味着投资的增加。只有投资增加,才能使就业扩大和收入增加,从而在收入中形成储蓄。所以是投资支配储蓄,而不是储蓄支配投资。

五、凯恩斯的工资理论

凯恩斯与传统经济的关于工资率具有充分伸缩性的观点相反,提出了工资刚性的论点:①降低工资要遭到工人和工会力量的反对,当雇主设法压低货币工资时,常常会遭到工人和工会的强烈反抗而中止。②降低货币工资,对个别企业来讲,虽可起到刺激投资的作用,但就全社会来看,却意味着社会消费需求的减少,这就会使市场萎缩、投资减少,从而失业增加。所以,从长期看,较大的产出量只有在总需求增加时才能维持,不能以降低货币工资来增加就业。③工资存在着下降刚性。工会垄断和非工会劳工的攀比效应使货币工资具有易升不易降的特性。④主张实行有伸缩性的货币政策而反对有伸缩性的工资政策。因为这样做是在货币工资不变的条件下,通过增加货币数量使工资价格上涨,既可以达到降低工人实际工资和增加雇主利润的目的,又缓和了劳资之间的矛盾。所以凯恩斯说,在经济萧条的非充分就业与货币数量不足的情况下,应该提高货币供给数量,而不是压低工资,只有愚笨之徒才会挑选有伸缩性的工资政策,而不是挑选有伸缩性的货币政策。

六、凯恩斯的消费函数理论

凯恩斯的消费函数理论强调了收入和消费支出之间的关系,因此被称为"绝对收入说"。凯恩斯的消费函数将消费分为自发消费和引致消费:①自发消费(a)是指不受收入影响以及本能消费需要所形成的消费;②引致消费($\bar{C}$)是指受收入因素和边际消费倾向影响所形成的消费,$\bar{C}=bY$。

总消费=自发消费+引致消费,用公式表示为
$$C_t = a + b \cdot Y_t$$
式中:C 表示总消费;Y 表示总收入;下标 t 表示时期;a、b 为参数,其中参数 b 称为边际消费倾向,其值介于 0 和 1 之间。凯恩斯的这个消费函数仅以收入来解释消费,所以被称为绝对收入假说。

凯恩斯消费函数理论的研究思路和要点是:①把消费量与就业量连接起来,认为一定水平的就业量决定一定的消费量。②假设一定的收入决定于一定的就业量,这样又把收入与就业量连接起来,与第一步相结合,从而把消费与收入联系起来。③由于其他因素(制度、技术、产品等)在短期内都不会有太大变动,对消费也不会有重大影响,因此,消费是现期的绝对收入水平较稳定的函数。④讨论消费与收入等因素的关系,定义边际消费倾向。⑤由边际消费倾向推出乘数理论,说明边际消费倾向的递减,导致有效需求不足,导致国民收入小于充分就业均衡,导致非自愿失业,这又回到他分析的出发点。

七、凯恩斯的物价理论

凯恩斯认为,物价理论是分析货币与物价关系的经济理论,其目的在于探索当货币数

量变动时物价弹性将做怎样的反应。

(一)凯恩斯的物价理论是把货币论与价值论结合起来的

他分析的逻辑是:就个别行业来说,其产品价格一部分决定于边际成本,另一部分决定于生产规模,在个别产品价格决定中,货币只起计价作用,不是流通手段,因此它与货币数量多少无关。而在宏观经济中就不能没有货币流通,因为,物价水平与货币数量多少有关,同时货币数量变动对工资水平和就业量是有影响的。货币数量变动对物价影响具体表现在:①有失业存在时,就业量随货币数量做同比例变化;②实现充分就业后,物价随货币数量呈现同比例改变。这样,凯恩斯就把货币论与价值论结合起来,建立起自己的货币经济理论及物价理论。

货币数量与物价变动的过程有四个阶段:第一阶段,货币量增加引起有效需求增加,有效需求增加的大部分引起产量和就业量增加,其增长率远远大于物价上涨率,这时不会产生通货膨胀。第二阶段,就业量增长后,再增加货币数量刺激有效需求,会引起工资的不连续上涨,从而使物价的上涨快于就业量的增长。第三阶段,当社会已实现充分就业(有效需求已充足,资源供给弹性严重不足)时,多发行货币则有效需求增加就会全部用来提高物价,引起"需求拉上型通货膨胀",而不再刺激产量与就业增长。第四阶段,当资源供给和生产已完全无弹性时,如有效需求与货币数量同比例增加,则货币数量的任何增加都会引起物价同比例上涨。

(二)通货膨胀理论

1. 需求拉动通货膨胀

凯恩斯认为,通货膨胀是由过度需求引起的,即如果有效需求不足,整个社会没有实现充分就业,一部分人处于实际失业状态,这时不会出现通货膨胀;而经济社会一旦达到充分就业状态,如果有效需求继续增加,就会引起通货膨胀。按照凯恩斯的推断,只有当产生过度需求时通货膨胀才会出现。由此得出了"失业与通货膨胀不会并存"的结论。

2. 半通货膨胀

他考察了由货币数量变动到物价变动之间可产生的一系列复杂因素,从而建立起他的半通货膨胀论。半通货膨胀是指在充分就业实现之前,货币数量的增加一部分会带动就业量和产量的增加,另一部分才会导致物价的上涨,但其幅度小于货币量的增加。如果在实现了充分就业时再增加有效需求,才会发生真正的通货膨胀。

3. 适度的通货膨胀

在通货膨胀和通货紧缩的两难选择中,凯恩斯坚持适度通货膨胀的主张。他在《预言与劝说》(1932)中认为,不管是通货膨胀还是通货紧缩都会造成巨大损害;在《货币改革论》中,凯恩斯也针对通货膨胀和通货紧缩进行了比较,得出"通货紧缩比通货膨胀对经济的抑制更大"的结论;而在《通论》中,凯恩斯使用半通货膨胀理论论证温和物价上涨的作用,由于小于充分就业是资本主义经济的常态,根据半通货膨胀理论,在特殊时期采取扩张性货币政策增加有效需求,尽管会使物价轻度上涨,但是也能增加产量和就业量。显然,在利弊分析下,凯恩斯选择了适度的通货膨胀。

八、凯恩斯的经济周期理论

(一)凯恩斯经济周期理论的特征

凯恩斯把经济周期理论作为国民收入决定理论的动态化,因而凯恩斯的经济周期理论具有以下特征:①国民收入的水平取决于总需求,因而引起国民收入波动的主要原因仍然在于总需求;②凯恩斯经济周期理论是以投资分析为中心的,经济周期形成的主要原因还在于投资的变动;③凯恩斯是从心理因素角度论述经济周期的理论。

(二)经济周期的波动

他认为,经济发展必然会出现一种开始向上,继而向下,再重新向上的周期性运动,并具有明显的经济周期性。①当危机来临时,厂商们由于对经济形势过度悲观的预期,一哄而下地减少投资,使经济走向萧条;②当繁荣来临时,厂商们由于对经济形势过度乐观地预期,又一哄而上地大量增加投资,使经济走向繁荣;③当投资超过消费需求、生产成本增大、资本边际效率下降、利润逐渐降低时,便又会使资本边际效率突然崩溃,再次陷入经济危机,以至于如此循环往复。

第三节 凯恩斯的经济政策

一、凯恩斯经济政策的主要特点

凯恩斯的经济政策的核心是反对自由放任,主张实行政府干预的政策。其主要特点是:①政策的目的是解救经济危机和解决失业问题;②政策的核心是主张政府干预经济;③政府干预经济的中心内容是采取扩张性的财政和货币政策来扩大社会总需求。

二、凯恩斯经济政策的主要内容

总的来说,凯恩斯的经济政策有以下几点内容:①摒弃传统的自由放任政策,采用政府干预政策,扩大政府的职能。②摒弃传统的节约原则,提倡高消费、浪费性消费(如产品的一次性消费),甚至是破坏性消费(如家庭和酒店重复装修、短命建筑、拉链式公路等,本书作者注)。③增加投资,特别是强调国家投资的社会化。④摒弃传统的健全财政原则,为保持充分就业主张采取赤字财政和温和的通货膨胀政策。财政政策和货币政策合起来就是凯恩斯主义的需求管理政策。国家调节和干预经济是凯恩斯政策主张的前提;财政政策是重心,其中举债支出是执行财政政策的手段;而货币政策只起辅助作用。二者配合使用,在经济衰退时期,实行扩张性的财政和货币政策,以扩大社会总需求,实现经济增长。

(一)财政政策

政府实施财政政策,一方面通过减免税来鼓励消费者增加支出和鼓励企业投资;另一方面通过扩大政府的支出以增加需求、抑制萧条、制止失业。为增加政府支出以扩大需求,凯恩斯提出政府要直接举办公共工程投资于非生产部门,甚至从事扩军备战。政府利用减免税收和扩大财政支出就会造成财政赤字,凯恩斯认为,对于出现的财政赤字,政府可以利用发行公债来解决。

1. 税收政策

他认为,引起总需求不足的一个原因是消费不足,因此他主张提高社会消费水平。由于高收入的人只把很小一部分收入用于消费,把大部分储蓄起来,结果便导致商品的滞销和失业的增加。因此,他主张利用累进税和遗产税的办法,对高收入和财产者征收更多的税,把征得的税收用于中低收入者的再分配,从而提高其消费的支出。这样既能缩小收入分配不均的幅度,又可以通过增加消费来提高产出和就业水平。

2. 赤字财政政策

赤字财政政策也称扩张性财政政策,它是指通过减税和扩大财政公共投资支出,以刺激社会总需求增长的一种需求管理政策。凯恩斯认为在经济处在衰退和危机阶段,为扩大社会总需求,需要采取赤字财政政策。在经济衰退和危机时期,经济处于非充分就业状态,社会的闲散资源并未充分利用时,财政赤字可扩大总需求,带动相关产业的发展,刺激经济回升,使就业扩大。

(二)货币政策

凯恩斯认为,政府可以在国内有效需求不足的情况下,通过降低利率,扩大货币供应量,促进企业扩大投资,从而增加就业和产出,实现货币政策目标。

1. 货币政策传导机制理论

(1) 货币政策传导机制的逻辑思路。凯恩斯关于货币政策的传导过程体现为:货币供给(M)相对于货币需求增加后,人们手持货币超过了流动偏好程度,对债券的需求即会增加,从而债券价格上涨,利率下降,当利率下降到小于资本边际效率时,就会刺激投资增加,在消费倾向一定的情况下,投资增加通过乘数效应促进总需求和总产出及就业的增长。

(2) 传导机制机理。货币政策影响经济活动的传导过程是经由利率和有效需求的变动而完成的,尤其是以利率为"跳板"而发挥作用的。具体地说,当中央银行采取扩张性货币政策时,货币数量(M)增加,会在一定程度上引起利率(r)的下降,利率的变化则通过资本边际效率的影响使投资(I)以乘数方式增加,投资的加大进而影响总支出 E 和总收入 Y 增长。用符号表示为

$$M\uparrow \to r\downarrow \to I\uparrow \to E\uparrow \to Y\uparrow$$

凯恩斯认为,在边际消费倾向递减从而消费需求不足时,投资需求必然成为弥补总供给大于总需求缺口的关键因素。投资需求取决于利率与资本边际效率的对比关系,当资本边际效率随着投资增加而递减时,利率又成为决定投资需求的重要因素。由于利息是人们放弃流动偏好的报酬,因此,利息率的高低便取决于人们对货币的灵活偏好程度。这样,货币、利率、投资、有效需求就被凯恩斯连接成为一个有机的整体,构成他的货币政策传导机制的重要变量。

2. 货币政策工具

(1) 调整法定准备率。中央银行可以降低各商业银行存款准备金的比例,这也就等

于扩大了放款总额,支票流通量增加。这样货币供给增大,利息率下降,投资增加,总需求和就业也就增加了。

(2) 调整再贴现率。为刺激经济,扩大需求,可以采取降低贴现率的办法。利息低了,商业银行愿意向中央银行借款,增加银行向企业的贷款能力。由于利息率低了,企业愿意投资,从而扩大就业。

(3) 公开市场业务。公开买卖国家债券,开出支票,银行存款增加,成倍创造货币。同时,由于人们大量买进公债,债券的价格因而提高,降低了利息率。这就是说,增加货币供给,降低利率,通过两者结合来刺激投资的增加。

(三) 消费政策

凯恩斯为了扩大消费支出,主张高消费。利用消费来扩大需求,带动供给,扩大生产,以此来带动就业。他认为要加大国家消费、举债消费,国家的一切消费都具有生产性,他甚至提出:"建造金字塔,甚至地震、战争等天灾人祸都可以增加财富。"[①]

(四) 对外经济政策

凯恩斯在《通论》的最后两章,分析了对外经济关系。他认为在对外经济方面应保持贸易顺差。一方面可以增加一国的黄金外汇,扩大国内支付手段,为抑制国内通货膨胀创造更有利的条件;另一方面又因扩大出口,限制进口,而增加了国外需求,从而为国内创造了更多的就业机会。

第四节 凯恩斯经济学革命与评价及其理论发展

一、凯恩斯经济学的革命

"凯恩斯革命"一词,早见于新古典综合学派代表人物之一劳伦斯·克莱因(Lawrence Klein)在 1947 年出版的专著《凯恩斯革命》,此后凯恩斯革命广泛流传并形成共识。凯恩斯经济学的诞生在经济学史上具有划时代意义,它是对传统经济学的革命。这种革命具体体现在以下方面。

(一) 理论上的革命

1. 创立了经济学的新体系

凯恩斯之前,或是没有真正意义上的宏观经济学(古典经济学),或是较少涉及宏观分析(新古典经济学),凯恩斯明确地将经济学分为微观经济学与宏观经济学,并以有效需求理论为核心,研究了总供给与总需求均衡、总就业和国民收入的决定等,初步建立了现代宏观经济学体系。他的经济学体系新的二分法,成为当代西方经济学的主流观点。

---

① KEYNES J M. The general theory of employment, interest, and money[M]. London: MacMillan and Co., Limited. 1936: 129.

2. 将经济学的研究对象由物转向了人

凯恩斯之前的西方经济学主要研究财富的增长与分配（古典经济学）、资源配置（新古典经济学），经济学存在着见物不见人的现象。凯恩斯则把经济学的研究对象由物转向了人，重点研究人的就业，开创了人本经济学研究的先河。

3. 将研究经济增长的研究重点由供给转向需求

凯恩斯之前的经济学研究经济增长的重点侧重于供给，主要研究生产要素对经济增长的贡献。凯恩斯将研究经济增长的重点由供给转向需求，从消费需求、投资需求、出口"三驾马车"上研究经济增长，这对当代经济学研究经济增长影响巨大，成为当代经济学研究经济增长的主流理论。

4. 推翻了传统经济学坚持的萨伊定律教条

他提出的消费理论，特别是边际消费倾向递减规律使推翻萨伊定律有了理论基础。萨伊定律认为"供给会自行创造其需求"。凯恩斯的消费函数和边际消费倾向递减理论说明了消费的增减不如收入增减之快，从而打破了供给恒等于需求的教条，克服了理论观念上的障碍。承认市场调节会带来盲目失衡，即会出现生产过剩的经济危机和失业问题，从而为他的整个就业理论奠定了前提和基础。

5. 在批判传统经济学中，提出了许多新的理论观点

凯恩斯在批判传统经济学中，提出了许多新的理论观点：①以有效需求不足引起非自愿性失业理论代替了古典经济学的自动充分就业均衡论；②以价格刚性代替了价格弹性；③以扩大消费代替了节俭，提出了节俭有害论；④以投资支配储蓄代替了储蓄支配投资；⑤以非自愿失业替代了自动充分就业均衡，提出了新的就业理论；⑥提出了新的投资理论、消费理论、货币理论、利息理论、工资理论、物价理论等。

（二）政策上的革命

（1）在政策目标上，他把实现充分就业、消除危机的经济增长作为政策目标，代替了传统的节约储蓄、财政收支平衡和物价稳定的政策目标。

（2）在政策上以增大政府对经济的调节和干预代替了自由放任经济政策。

（3）在经济政策的具体运用上，他提出了赤字预算和举债支出，去革健全财政政策（量入为出、开支力求节约和收支平衡）论点的命。在货币政策方面，他提出半通货膨胀去革传统货币数量说的命。

（4）他使传统经济学强调的货币政策退居辅助性的次要地位，特别强调财政政策的作用。

（三）分析方法上的革命

（1）凯恩斯以宏观总量分析方法，代替了微观个量分析。

（2）在方法论上，他又以货币经济与实物经济结合为一体的方法代替了传统的两分法（价值理论和货币理论）。

（3）以注重需求分析替代了注重供给分析。

二、凯恩斯经济学的简要评价

（一）凯恩斯经济学的贡献

（1）开创了现代宏观经济学、就业经济学、人本经济学、需求经济学、政府干预政策学先河。

（2）对当时资本主义经济危机的分析是准确的，他提出的许多理论对当代西方主流经济学的发展具有指导借鉴作用。后人把凯恩斯经济学称为当代经济学的"圣经"。

（3）他的政策主张在第二次世界大战后，成为许多西方国家制定政策的主要依据，一些西方国家在20世纪30年代大危机和第二次世界大战的严重破坏下，通过采纳凯恩斯经济理论和政策主张取得了巨大的成功，并经历了20多年的黄金发展期。从这个意义上说，凯恩斯是资本主义的"救世主"。

（二）凯恩斯经济学的历史局限性

由于时代和解决的问题不同，从当前来看凯恩斯经济学还存在如下局限。

（1）在经济理论体系上，只有宏观理论，缺乏微观理论基础。

（2）在理论内容上，注重需求理论，供给理论分析不够。

（3）由于凯恩斯经济学主要的研究对象是反经济危机，不适合处在经济复苏、经济繁荣（主要问题不是失业而是通货膨胀）时期的经济增长。

（4）他的政策主张主要是扩张性的财政政策和货币政策，具有强硬性，没有研究不同情况下的相机抉择具有灵活性的政策。

（5）在分析方法上，只有短期比较静态分析，缺乏长期动态分析。

（6）随着发展，不能解决一些经济问题：①无法解决资本积累和生产效率下降问题；②他的失业与通货膨胀不能并存理论无法解释20世纪70年代一些西方国家滞胀（高失业与高通货膨胀并存）问题。

三、凯恩斯经济学的发展

（1）新古典综合派的希克斯、汉森用IS-LM模型解释凯恩斯国民收入决定理论。

（2）新古典综合派的代表萨缪尔森、汉森用加速原理补充乘数原理并把二者结合起来分析经济周期。

（3）在凯恩斯的消费函数理论（绝对收入假说）的基础上，杜生贝利用相对收入假说、莫迪利安尼用生命周期假说补充了凯恩斯的消费函数理论。货币主义的代表人物弗里德曼提出了持久收入假说，20世纪70年代后，理性预期学派经济学家罗伯特·霍尔（Robert E. Hall）提出了理性预期的消费函数理论，他们的研究对现代消费函数理论的发展也产生了重要影响。

（4）把凯恩斯的国民收入理论长期化动态化，提出了解释经济增长的各种模型（哈罗德-多马模型、新古典经济学经济增长模型、新剑桥模型、内生经济增长模型等）。

（5）发展了投资理论，分析了影响投资的多种因素。

(6) 用总供给理论补充总需求分析,建立了总需求-总供给模型。

(7) 把凯恩斯的封闭经济分析扩大为开放经济进行研究。

(8) 新古典综合学派把凯恩斯的扩张性政策发展为补偿性政策、松紧搭配的财政政策与货币政策,并使经济政策具体化与微观化等。

复习思考题

1. 简述凯恩斯经济学形成的背景。
2. 简述凯恩斯经济学的形成过程。
3. 简述凯恩斯经济学的主要理论。
4. 如何理解凯恩斯的就业理论?
5. 简述凯恩斯经济政策的主要特点。
6. 凯恩斯经济政策有哪些主要内容?
7. 如何理解凯恩斯经济学的革命?
8. 凯恩斯经济学有哪些历史贡献及历史局限性?
9. 简述凯恩斯经济学的发展。

习　题

第三章

新古典综合学派

【本章要点及学习要求】

知道新古典综合名称的由来与基本含义、主要代表人物、理论基础;理解IS-LM模型和在政策上的应用;熟悉其经济增长理论;掌握乘数原理和加速原理在经济周期理论中的应用;懂得新古典综合学派的政策特点。

第一节 新古典综合概述

一、新古典综合名称的由来与新古典综合的基本含义

(一) 新古典综合名称的由来

1. 萨缪尔森的《经济学》是西方经济学的第三次大综合

1948年,萨缪尔森出版的《经济学》是新古典综合学派形成的标志,它是西方经济学史上的第三次大综合(见第一章第一节表1-7)。

2. 新古典综合名称的演变

1948年,萨缪尔森出版《经济学》第1版,他以教科书的形式对凯恩斯理论和新古典理论进行了综合,标志着新古典综合理论体系的形成。1955年他在《经济学》第3版中正式提出了"新古典综合"一词;1961年在第5版中正式将他们的理论称为新古典学派的综合,并认为这是对凯恩斯理论的继承和发展;1970年,萨缪尔森在《经济学》第8版中将"新古典综合"改称为"后凯恩斯主流经济学";1976年在第10版用"现代经济学"代替了"后凯恩斯主流经济学";1982年在第12版中做了重大修改,把货币主义学派、供给学派、理性预期学派的宏观经济理论观点进一步进行综合;1992年在第16版中针对苏联解体和信息经济学的发展又做了重要修改;1992年在第16版中加进了当时最前沿的研究成果,如生态经济学、医疗保健经济学、国际经济学和开放经济下的宏观经济学,并带有浓厚的信息经济学和国际互联网色彩;2001年在第17版中,在仍然对新旧古典经济学、凯恩斯主义、新自由主义进行综合的同时,还强调计算机信息技术所引起的经济和经济学创新,网络经济对经济效率和市场力量的影响,对全球环境问题更加重视。由上可见,萨缪尔森的《经济学》随着经济形势的不断变化,与时俱进,不断推陈出新,是新古典综合学派的理论由原始综合向成熟综合不断发展的过程。

(二)新古典综合的基本含义

1. 经济成分与机制综合

在这种经济制度中既有公共经济部门,又有私有部门;既有政府干预,又有市场机制的自动调节;既有竞争市场,也有垄断市场。

2. 经济理论综合

①把凯恩斯的宏观经济学体系与新古典的微观经济学体系综合;②把宏观经济学的国民收入决定理论与微观经济学的价格理论相综合;③把竞争与垄断综合起来研究如何实现有效竞争;④把凯恩斯主义宏观经济理论与新自由主义相关理论观点进行综合;⑤把当代经济学研究的新成果进行综合。

3. 政策综合

①把新自由主义强调的市场调节政策与政府干预政策两者综合;②把凯恩斯强调的财政政策与新古典经济学派侧重的货币政策综合;③把凯恩斯的需求管理政策与供给管理政策综合。

4. 分析方法综合

把新古典的个量分析与凯恩斯的总量分析加以综合,把静态分析、比较静态分析与动态分析进行综合。

二、新古典综合学派的代表人物及著作

阿尔文·汉森(Alvin Hansen,1887—1975)是美国新古典综合派的先驱,曾任罗斯福政府的经济顾问。在他的影响下哈佛大学一度成为美国宣传凯恩斯经济学的中心,并培养出一批著名经济学家,如萨缪尔森、托宾、海勒、索洛、奥肯等。汉森的主要著作有:《经济政策和充分就业》(1947)、《货币理论和财政政策》(1949)、《凯恩斯学说指南》(1953)等。汉森的主要贡献是:①把凯恩斯经济学美国化、通俗化;②完善了希克斯的 IS-LM 模型,与希克斯一起形成了经典的 IS-LM 模型;③与萨缪尔森一起提出了乘数原理与加速原理的"汉森-萨缪尔森模型",以此来解释经济危机和周期波动;④提出了混合经济理论以及补偿性财政政策;⑤培养了一些著名经济学家。

保罗·萨缪尔森(Paul Samuelson,1915—2009)是新古典综合学派最重要的代表人物和旗手。他担任过经济计量学会会长、美国经济学会会长、国际经济学会会长。他曾先后担任美国国会资源计划局顾问、战时生产局顾问、美国总统经济顾问委员会成员等政府要职,主要著作有《经济分析的理论基础》(1948)、《经济学》(1948)、《线性规划与经济分析》(1958)等。他的《经济学》是这个学派的代表作。1970 年因发展了静态和动态经济理论获得诺贝尔经济学奖。他所代表的新古典综合学派成为西方主流经济学之一。

约翰·理查德·希克斯(John Richard Hicks,1904—1989)是英国经济学家,希克斯于 1972 年获得诺贝尔经济学奖。他一生发表的论著甚多,所设计的理论范围也较为广阔。希克斯引进一般均衡和序数效用分析构成其价值理论,从而使英美主流经济学大为改观。1937 年他在评论凯恩斯《通论》时所提出的 IS-LM 模型,在现代经济学中广泛运用。希克斯的主要著作有《工资理论》(1932)、《价值与资本》(1939)、《消费者剩余理论的

重建》(1956)、《对经济周期理论的贡献》(1950)、《需求理论的修正》(1956)、《经济史理论》(1969)、《动态经济学方法》(1985)。

詹姆士·托宾(James Tobin,1918—2002),美国著名经济学家、计量经济学家,新古典综合派的主要代表人物之一,1981年获得诺贝尔经济学奖。托宾的研究比较侧重在货币方面,究其根源是金融市场及有关问题,较突出的成就是资产选择理论和货币经济成长理论。资产选择理论是他获得诺贝尔奖的代表理论。他的主要著作有《国民经济政策》《经济学论文集：宏观经济学》《十年来的新经济学》《经济学论文集：消费和经济计量学》等。

罗伯特·默顿·索洛(Robert Merton Solow,1924—),美国著名经济学家,1987年获得诺贝尔经济学奖,是直接在萨缪尔森指导下成长起来的经济学家,是新古典综合派的主要代表之一。他的研究成果主要表现在资本理论和经济增长理论方面。他的代表著作有《线性规划与经济分析》《资本理论与报酬率》《美国的失败性质与原因》《增长理论：说明》；论文有《经济增长理论》等。

弗兰科·莫迪利安尼(Franco Modigliani,1918—2003),美国经济学家,1985年获诺贝尔经济学奖。他在理论上的重要贡献是提出了储蓄的生命周期假说和公司财务定理。他的代表性著作有：《国民收入和国际贸易》(1980年出版三卷集的论文集)、《宏观经济学》(第一卷)、《储蓄的生命周期假说》(第二卷)和《财政理论和其他论文集》(第三卷)。

阿瑟·奥肯(Arthur Okun,1928—1980),美国经济学家。1956年获哥伦比亚大学经济学博士学位,曾经是肯尼迪与约翰逊两任总统的经济顾问。他在理论上的主要贡献是分析了平等与效率的替换关系,提出了"奥肯定理"。其代表著作是《繁荣政治经济学》《平等与效率》。

当代新古典综合派的主要代表人物还有(主要是诺贝尔经济学奖获得者)英国经济学家詹姆斯·爱德华·米德(James E. Meade,1907—1995,1977年获得诺贝尔经济学奖)、美国经济学家劳伦斯·克莱因(1980年获得诺贝尔经济学奖)等。

三、新古典综合学派的理论基础

(一) 萨缪尔森理论体系综合

他们认为,新古典经济学的微观理论不能适应第二次世界大战以后复杂多变的经济形势,只有把凯恩斯理论同新古典经济学进行结合才能适应经济发展的需要。萨缪尔森认为,凯恩斯的分析是通过扩大有效需求来实现充分就业。如果达到充分就业水平,这就满足了新古典经济学的前提假定,从这点说,马歇尔以价格理论分析为主体的微观经济学还是适用的。所以,新古典学派理论核心的价格理论分析同凯恩斯理论的需求研究是可以结合起来的。

(二) 希克斯-汉森模型(IS-LM模型)

凯恩斯的有效需求原理的支柱是边际消费倾向递减、资本边际效率递减以及流动偏好三个心理规律。它涉及边际消费倾向、资本边际效率、货币需求和货币供给四个变量。

凯恩斯通过利率把货币经济和实物经济联系起来,打破了新古典学派把实物经济和货币经济分开的两分法,但是凯恩斯没有用一种模型把上述四个变量联系在一起。希克斯在1937年的《凯恩斯先生和古典学派:一个尝试性解释》一文中提出 IS-LM 模型,20 年后,汉森提出这一分析工具,并将 LL 曲线改称为 LM 曲线,IS-LM 模型经汉森更加完善化了。他把这四个变量放在一起,构成产品市场与货币市场相互作用如何共同决定国民收入与利率的理论框架,使凯恩斯的有效需求理论得到了完善的表述。他们的财政政策和货币政策的分析也是围绕 IS-LM 模型展开的。因此可以说,IS-LM 模型是凯恩斯宏观经济学的核心。

第二节　新古典综合学派的主要经济理论

一、混合经济

凯恩斯之前研究的经济是单一经济:①机制单一的市场经济机制;②经济成分单一的私有制经济;③市场单一的完全竞争市场。新古典综合学派认为,现实的经济已不是单一经济而是混合经济。

(1) 凯恩斯在《通论》第 24 章已有了混合经济的思想。他在《通论》一书中指出,挽救资本主义制度的唯一切实办法就是扩大政府的机能,让国家之权威与私人之动力相互合作,但是他没有对此做详细分析。

(2) 1941 年汉森在《财政政策与经济周期》一书中,较为系统地解释了混合经济的含义。他认为,自 19 世纪末以来,世界上大多数资本主义国家的经济已不再是单一的纯粹私人资本主义经济,而是同时存在着社会化的公共经济,因而成为公私混合经济。

(3) 萨缪尔森在《经济学》(第 16 版,1992)一书中解释了混合经济的三层含义:①国家机关和私人机构共同对经济实行控制;②在经济活动中国有经济与私有经济并存;③垄断与竞争并存。

二、IS-LM(希克斯-汉森)模型

(一) 商品领域中的均衡:IS 曲线

1. IS 曲线图

在简单收入决定模型中,商品市场均衡的条件是投资(investment, I)等于储蓄(saving, S),IS 曲线如图 3-1 所示。

在图 3-1 中横轴 Y 表示收入,纵轴 r 代表利率(interest rate,为了区别投资 I 而用 r)的平面系统中,因为 IS 曲线的斜率为负,因而 IS 表现为一条向右下方倾斜的曲线,代表了满足产品市场均衡条件的利率和产出水平组合的集合,因而把描述商品市场均衡条件的产出与利率关系组合曲线称为 IS 曲线。

2. IS 曲线的经济含义

(1) 商品市场均衡的条件是投资等于储蓄,即 $I=S$,这反映在图形上就形成了 IS 曲线,在 IS 曲线上的任何一点,I 都等于 S。所以 IS 曲线是一条描述商品市场达到宏观均

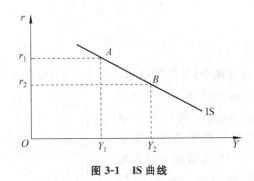

图 3-1 IS 曲线

衡即 $I=S$ 时,总产出与利率之间关系的曲线。

(2) 在商品市场上,总产出与利率之间存在着反向变化的关系,即利率下降,投资、国民收入、储蓄便会增加;利率上升,投资和国民收入减少,由于收入减少,随之储蓄也相应减少。

(3) 投资是利率的递减函数,储蓄是国民收入(Y)的递增函数。这样,$I=S$ 便可改写成:$I(r)=S(Y)$。

(4) 偏离 IS 曲线的任何点位都表示 $I \neq S$,即商品市场没有实现宏观均衡。如果某一点位处于 IS 曲线的右边,表示 $I<S$,即现行的利率水平过高,从而导致投资规模小于储蓄规模。如果某一点位处于 IS 曲线的左边,表示 $I>S$,即现行的利率水平过低,从而导致投资规模大于储蓄规模。

(5) IS 曲线的形状表明了国民收入和利息率的配合关系。因为 IS 曲线的斜率为负,即高利息率和低收入水平、低利息率和高收入水平的相配合,这是由投资需求函数的性质决定的。利息率低刺激投资,形成高收入水平;反之,阻碍投资,形成低收入水平。因此,IS 曲线是一条向右下方倾斜的曲线。

3. IS 曲线的移动

储蓄函数或投资函数的变动将导致 IS 曲线移动。具体地说,储蓄增加(自主储蓄增加),既定利率下的均衡收入减少,因此 IS 曲线向左下方移动;储蓄减少,IS 曲线向右上方移动。投资增加(自主投资增加),假定利率下的均衡收入增加,IS 曲线向右上方移动;投资减少,IS 曲线向左下方移动。政府支出与税收的变动,也会使 IS 曲线发生移动。IS 曲线发生移动分为水平移动和旋转移动。

(1) 水平移动。①如果利率没有变化,由外生经济变量冲击导致总产出增加,可以视作原有的 IS 曲线在水平方向上向右移动。②如果利率没有变化,由外生经济变量冲击导致总产出减少,可以视作原有的 IS 曲线在水平方向上向左移动。

(2) 旋转移动。①IS 曲线斜率的经济意义:总产出对利率变动的敏感程度。斜率越大,总产出对利率变动的反应越迟钝。反之,斜率越小,总产出对利率变动的反应越敏感。② 决定 IS 曲线斜率的因素:Y 的系数 $(1-b)/\beta$,如果投资系数 β 不变,边际消费倾向 b 与 IS 曲线的斜率成反比;如果 b 不变,投资系数 β 与 IS 曲线的斜率成反比。

（二）LM 曲线

1. LM 曲线图

LM 曲线表示在货币市场中,货币供给等于货币需求时,收入与利率的各种组合的点的轨迹。用 liquidity preference 第一个字母 L 表示货币需求,用 money supply 第一个字母 M 表示货币供给,货币市场均衡的条件是货币需求等于货币供给,即 $L=M$,表示这一对应关系的函数就是 LM 曲线,如图 3-2 所示。LM 曲线的特征是：①LM 曲线是一条用来描述在货币市场均衡状态下国民收入和利率之间相互关系的曲线；②LM 曲线表示在货币市场中,货币供给等于货币需求时收入与利率的各种组合的点的轨迹,由于它的斜率为正值,所以它是一条向右上方倾斜的曲线；③在 LM 曲线上,每一点都表示收入与利息率的组合,这些组合点恰好使得货币市场处于均衡。

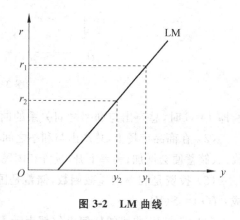

图 3-2　LM 曲线

2. LM 曲线的经济含义

LM 曲线的数学表达式为 $m=ky-hr$,这一公式可表示为满足货币市场的均衡条件下的收入 y 与利率 r 的关系,这一关系的图形就被称为 LM 曲线。并且,在此线上的任一点都代表一定利率和收入的组合,在这样的组合下,货币需求与供给都是相等的,亦即货币市场是均衡的。在 LM 曲线上的任何一点都表明在相应于该点的利率和收入水平相配合下,货币总需求 L 等于给定的货币总供给 M 的均衡状态。

LM 曲线把平面图分为三个部分,分别是凯恩斯区域、中间区域和古典区域,如图 3-3 所示。①利率降到很低(r_1 水平)时,货币的投机需求趋于无限大,货币投机需求曲线会成为一条水平线,相对应的 LM 曲线上也有一段水平状态的区域,这一区域通常就是我们说的凯恩斯区域,在凯恩斯区域中,因为较低的利率水平,政府会实行扩张性货币政策,增加货币供给,不能降低利率,也不能增加收入,因而货币政策在这时无效。相反,扩张性财政政策,可以使收入水平在利率不发生变化的情况下提高,因而财政政策有很大的效果。②如果利率上升到很高水平的时候(r_2 水平),货币的投机需求量将等于零,这时候人们除了为完成交易还必须持有一部分货币外,不会为投机而持有货币。货币投机需求曲线表现为 r_2 以上是一条与纵轴相重合的垂直线,LM 曲线也从利率为 r_2 开始成为一条垂直线。LM 曲线呈垂直状态的这一区域就被称为古典区域。③古典区域和凯恩斯区域之间这段 LM 曲线是中间区域,LM 曲线的斜率在古典区域为无穷大,在凯恩斯区域为零,在中间区域为正值。

3. LM 曲线的移动

LM 曲线的位置,取决于货币投机需求、交易性货币需求和货币供给量的变化。如果由于经济的变动,这些因素发生变化,那么,LM 曲线的位置就会移动。在其他因素不变的情况下,投机性货币需求的变动会引起 LM 曲线向相反方向移动,即投机性货币需求

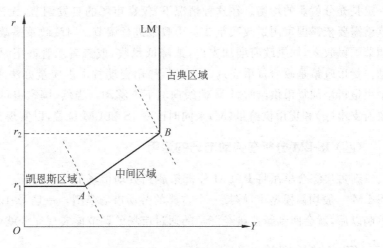

图 3-3　LM 曲线的三个区域

增加,投机性货币需求曲线向右移动,会引起 LM 曲线向左移动;反之,投机性货币需求减少,货币投机需求曲线向左移动,会引起 LM 曲线向右移动。在其他因素不变的情况下,交易性货币需求的变动会引起 LM 曲线同方向移动,即交易性货币需求增加,交易性货币需求曲线向左移动,会引起 LM 曲线向左移动;反之,交易性货币需求减少,货币交易性需求曲线向右移动,会引起 LM 曲线向右移动。在其他因素不变的情况下,货币供给量的变动会引起 LM 曲线同方向移动,即货币供给量增加,货币供给曲线向右移动,会引起 LM 曲线向右移动;反之,货币供给量减少,货币供给曲线向左移动,会引起 LM 曲线向左移动。

(三) IS-LM 模型的一般均衡状态

所谓 IS-LM 模型的一般均衡状态,指的是商品市场和货币市场同时实现均衡状态。当预计的储蓄等于预计的投资,货币需求等于货币供给时,相应于这种均衡状态的利息率和收入水平的配合是一般均衡的配合,如图 3-4 所示。

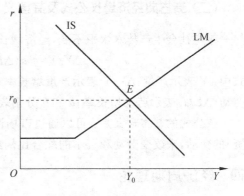

图 3-4　均衡收入和利率

IS 曲线是从商品市场均衡要求收入等于计划支出这一观点出发得到的一条反映利率和收入相互关系的曲线。LM 曲线是从货币市场均衡要求货币供给等于货币需求这一观点出发得到的一条反映利率和收入之间的相互关系的曲线。IS-LM 曲线,就是把商品市场和货币市场结合起来,建立一个商品市场和货币市场的一般均衡模型,从而得到的曲线。IS-LM 模型是凯恩斯理论精髓的核心。

IS 和 LM 曲线的交点上同时实现了产品市场和货币市场的均衡。然而,这一均衡不一定是充分就业的均衡。在这种情况下,仅靠市场的自发调节,无法实现充分就业均衡,这就需要依靠国家用财政政策或货币政策进行调节。财政政策是政府变动支出和税收来调节国民收入,如果政府增加支出,或降低税收,或二者双管齐下,IS 曲线就会向右上移动。货币政策是政府货币当局(中央银行)用变动货币供应量办法来改变利率和收入,当中央银行增加货币供给时,LM 曲线向右下方移动。当然,国家也可以同时改变税收(t)、政府支出(g)和货币供给量(M)来同时改变 IS 和 LM 位置,以实现充分就业。

(四) IS-LM 分析在劳动市场的运用

新古典综合学派将 IS-LM 分析拓展到劳动市场的均衡分析。具体做法是在凯恩斯 IS-LM 一般均衡模型中,嫁接一个古典的劳动市场模型。一旦 IS-LM 模型加进劳动市场机制以后,就会回到新古典经济学的通过市场的调节能实现充分就业均衡的一般结论。

三、经济增长理论

1956 年,新古典综合学派的经济学家索洛和斯旺将凯恩斯经济理论与新古典经济学结合起来,分别提出了新古典增长模型。1961 年,英国经济学家米德又对新古典经济学的增长理论做了系统的表述,其解释如下。

(一) 修正了哈罗德-多马模型的假定条件

(1) 生产中使用资本与劳动两种要素,这两种要素是能够互相替代的,于是,修正了哈罗德-多马模型的两种要素不变的假定。

(2) 在任何时候,劳动和资本这两种要素都可以得到充分利用。这是由于劳动和资本是能互相替代的,因此在完全竞争的条件下,这一假定是可以成立的。这一假定弥补了哈罗德-多马模型阐述上的不足。

(3) 只生产一种产品,此产品既可用于消费,也可用于投资。

(二) 新古典经济增长公式及其含义

假定社会生产技术水平不变,经济增长的公式为

$$\Delta Y/Y = a(\Delta K/K) + b(\Delta L/L)$$

式中:Y 表示产量;$\Delta Y/Y$ 表示产量增长率;K 表示资本;$\Delta K/K$ 表示资本增长率;L 表示劳动,$\Delta L/L$ 表示劳动增长率;a 和 b 分别表示资本和劳动对产量增长的相对作用的权数。

该公式的基本含义是:可以通过市场调节,即通过市场上生产要素价格(利息率与工资)的变动,来改变劳动和资本的配合比例或资本-产出比率,从而实现稳定的经济增长。

四、经济周期理论

萨缪尔森根据资本主义经济周期波动的现实情况,对经济周期问题给予了充分的说明。其内容如下。

(一)经济周期的概念与种类

1. 经济周期的概念

经济周期也称商业周期、景气循环,它是指经济活动沿着经济发展的总体趋势所经历的有规律的扩张和收缩经济发展的这一波动起伏的循环过程。对于经济周期的阶段划分有两种方法。

(1)两阶段划分法。它是把一个经济周期划分为扩张和收缩两个阶段:①扩张阶段,在此阶段市场需求旺盛,订货饱满,商品畅销,投资和产出快速增加,经济出现繁荣景象;②收缩阶段,在此阶段市场需求疲软,订货不足,商品滞销,生产下降,资金周转不畅,经济出现了衰退或萧条。

(2)四阶段划分法。它是把一个经济周期划分为繁荣、衰退、萧条、复苏四个阶段,如图 3-5 所示。

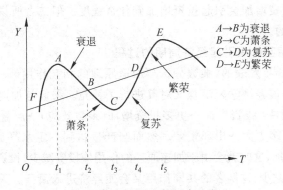

图 3-5　经济周期的四个阶段

2. 经济周期理论的种类

萨缪尔森认为经济周期理论可以分为两大类:外部因素理论与内部因素理论。所谓外部因素理论,就是指将经济周期的根源归结为经济之外的某些事物的存在和发生。例如,天体运动(如杰文斯的太阳黑子活动周期论和穆尔的金星运行周期论)、战争、革命、政治事件等的发生等。外因经济周期的一个主要例证就是政治性周期,政治性周期理论把经济周期性循环的原因归之为政府的周期性决策(主要是为了解决通货膨胀和失业问题)。政治性周期的产生有三个基本条件:①凯恩斯国民收入决定理论为政策制定者提供了刺激经济的工具;②选民喜欢高经济增长、低失业以及低通货膨胀的时期;③政治家喜欢连选连任。而内部因素理论是从经济本身之内寻找导致经济周期的原因。萨缪尔森认为,应该从外部因素和内部因素的结合上来研究经济周期。

(二)经济周期的根源

萨缪尔森和汉森用乘数原理和加速原理的内部因素理论解释了经济周期形成的根源。

1. 乘数原理和加速原理

(1)乘数原理。乘数原理也称投资乘数原理。投资乘数是由凯恩斯(1936)提出的,乘数原理是说明投资的变化如何引起收入的变化(如第二章所述)。

(2) 加速原理。加速原理是用来说明收入或消费的变动与投资的变动之间的关系的理论。加速原理的作用是双向的,既包括加速增加,又包括加速减少。例如,在义务教育划片入学的情况下,某个处在重点中学或重点小学的社区,家长为了子女能上重点学校,大量居民会迁入该社区,使人口迅速增长,那么对房屋建筑业的需求就会迅速上升,由此该社区的房屋建筑业便火爆起来,房屋建筑业的投资大大增加,这里的房屋建筑业就繁荣起来;如果重点中学或重点小学迁址到别处,人们对这里的房屋需求数量又会快速下降,该社区的房屋建筑业就会由于投资乘数效应,对房屋建筑业投资锐减,这里的房屋建筑业就会萧条。

(3) 乘数原理与加速原理的区别。①乘数原理说明投资的变化如何引起收入的变化;与此相反,加速原理说明收入或消费的变化如何引起投资的变化,即收入或消费对投资的决定作用。②乘数是表示投资增加会引起收入增加到什么程度的系数;与此相反,加速数是表示收入或消费增加会引起投资增加到什么程度。但二者所说明的经济运动又是相互影响、相互补充的。

2. 乘数与加速相互作用引起经济周期的过程

萨缪尔森在1939年发表的《乘数分析与加速原理的相互作用》一文解释了经济周期波动的原因,后来,美国经济学家汉森又对其进行了补充。乘数与加速原理相互作用引起经济周期的具体过程是:投资增加→更多投资增加(乘数效应)→产量增加→刺激更大更多投资增加→产量更多更大→出现繁荣。然而当产量达到一定水平后,由于社会需求与资源的限制无法再增加,这时就会由于加速原理的作用使投资减少,投资的减少又会由于乘数的作用使产量继续减少,这两者的共同作用又会使经济进入萧条。萧条持续一定时期后由于产量回升又使投资增加、产量再增加,从而经济进入另一次繁荣。正是由于乘数与加速原理的共同作用,经济中就形成了由繁荣到萧条,又由萧条到繁荣的周期性运动过程。

3. 政府干预经济政策可以减轻甚至消除经济周期的波动

政府的干预可以减轻经济周期的破坏性,甚至消除周期的波动,实现国民经济持续稳定的增长。在萧条期,政府可以利用扩大投资和增加消费的政策,通过乘数与加速效应使经济走向复苏;在繁荣期,政府则采取减少投资和压缩公共支出的政策,抑制经济过热。

五、通货膨胀与失业理论

对于通货膨胀与失业关系的研究经历了以下过程:凯恩斯提出通货膨胀与失业不能并存的理论观点→菲利普斯提出工资率与失业率的负相关的菲利普斯曲线→萨缪尔森和索洛提出了通货膨胀与失业的交替关系理论。

(一) 菲利普斯曲线及通货膨胀与失业存在交替关系

1. 菲利普斯曲线

新西兰经济学家威廉·菲利普斯(William Phillips,1914—1975)于1958年在《1861—1957年英国失业和货币工资变动率之间的关系》一文中最先提出了著名的"菲利普斯曲线",即失业率和货币工资变动率之间负相关的曲线,如图3-6所示。

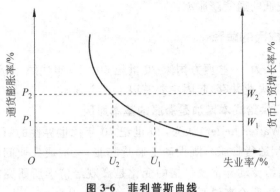

图 3-6 菲利普斯曲线

由图 3-6 可见,当失业率较低(U_2)时,货币工资增长率却较高(W_2),通货膨胀率也较高(P_2);当失业率提高(U_1)时,货币工资增长率(W_1)和通货膨胀率(P_1)均有下降。"菲利普斯曲线"表明:①当失业率较低时,货币工资增长率和通货膨胀率较高;反之,货币工资增长率和通货膨胀率则较低。②失业率高表明经济处于萧条阶段,这时工资水平和通货膨胀率也都较低;反之,表明经济处于繁荣阶段,这时工资水平和通货膨胀率都较高。③失业率与货币工资增长率和通货膨胀率之间存在着反方向变动的关系。

2. 通货膨胀与失业存在交替关系

1960 年萨缪尔森和索洛对菲利普斯曲线进行修改,提出了通货膨胀与失业的交替关系理论,如图 3-7 所示。

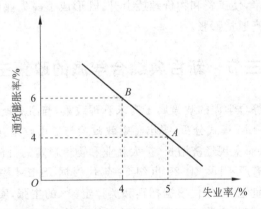

图 3-7 通货膨胀与失业的交替关系曲线

由图 3-7 可知,当失业率为 4% 时,通货膨胀率为 6%;当失业率提高到 5% 时,通货膨胀率却降为 4%。由此他们得出了通货膨胀与失业存在交替关系的观点:①通货膨胀是由生产资料和用工等成本推动所引起的,这就是成本推动通货膨胀理论。②失业率和通货膨胀存在替代取舍的关系,即,要降低失业率就必须忍受高通货膨胀率,要降低高通货膨胀率,就要以高失业为代价,低失业和低通胀或高失业与高通胀是不会同时并存的。③由于失业率和通货膨胀率之间存在替代取舍关系,因此可以运用扩张性的宏观经济政策,用较高的通货膨胀率来换取较低的失业率,也可以运用紧缩性的宏观经济政策,以较高的失业率来换取较低的通货膨胀率。

（二）对"滞胀"成因的解释

新古典综合学派认为，一些西方国家20世纪60—70年代的"滞胀"（通货膨胀与失业并发症，即高通胀与高失业并存）起因主要有以下三个方面。

1. 微观经济部门供给成本增加是滞胀的基本原因

华尔特·海勒（Walter heller）认为，20世纪70年代世界性的石油、粮食供给短缺和价格上涨（成本推进型通货膨胀），既推动了通货膨胀，又造成失业问题的产生，出现了滞胀。这种个别部门供给变动异常及价格的变化是微观经济学所研究的问题，应该用微观经济理论补充宏观经济理论来说明滞胀的原因。

2. 财政上福利支出的扩大加剧了滞胀的程度

萨缪尔森认为，发达国家的政府在财政支出中有相当大的一部分用于各种福利支出，虽然，扩大福利支出能够在一定程度上稳定总需求，但是，它弥补低收入家庭开支的结果是自愿性失业人数增加，同时，萧条时期的物价仍居高不下。所以，福利费用的扩大，既加剧了通货膨胀，又不能消灭失业，从而出现滞胀局面。

3. 商品与劳工市场的价格与工资上涨也难以消除滞胀问题

托宾（1972）和杜生贝认为，现代市场上存在着大公司与工会组织两大垄断力量，它们分别控制着物价和工资。这种控制使得物价和工资都有一个共同的易升不易降的刚性特征。这两大力量势均力敌，在劳资谈判中，双方都会因强调对方价格上涨，要求提高自己的产品价格和工资水平，使工资和物价螺旋上升，既形成了高失业（高工资下用工减少造成的失业），也推进了高通货膨胀。

第三节　新古典综合学派的政策主张

凯恩斯和新古典综合学派的政策属于需求管理政策，与凯恩斯强调财政政策不同，新古典综合学派根据IS-LM模式分析，提出了财政政策与货币政策并重。同时配合以收入政策来调节总供给，从而实现经济增长、扩大就业和物价稳定的目标。但新古典综合学派在不同时期政策主张有所不同：① 20世纪50年代根据IS-LM模型主张实行补偿性财政与货币政策；②20世纪60年代根据托宾和奥肯定律[①]的主张，实行增长性的财政与货币政策；③20世纪70年代主张实行反滞胀的经济政策（宏观经济政策松紧搭配与微观化）等。

一、以补偿性政策代替扩张性政策

20世纪50年代新古典综合学派根据IS-LM模型主张实行补偿性财政与货币政策，

---

① 新古典综合学派学者奥肯发现了周期波动中经济增长率和失业率之间保持2∶1的规律关系：当实际经济增长相对于潜在经济增长（美国一般将之定义为3%）下降2%时，失业率上升1%；当实际经济增长相对于潜在经济增长上升2%时，失业率下降大约1%，这条经验法则以其发现者为名，称之为奥肯定律。它表明经济增长率上升，失业率下降；经济增长率下降，则失业率上升。

以替代凯恩斯反萧条的扩张性财政和货币政策,补偿性政策是新古典综合学派提出的反经济周期的一项政策,其目的是应付第二次世界大战以后一些国家的大量预算赤字和严重的通货膨胀局面。

(一)扩张性政策

扩张性政策由凯恩斯最先提出,一般是在经济处于衰退和萧条时期采用,它主要包括扩张性财政政策和货币政策。

(1)扩张性财政政策,又称宽松财政政策。它是指政府通过减税或税收优惠、加大财政支出(政府投资兴建公共工程、政府大量购买、消费补贴、增加福利支出等)活动来刺激社会的总需求的扩大,以实现经济增长目标的一种政策。

(2)扩张性货币政策,又称宽松货币政策。它是指中央银行通过增加货币供给量、降低利率、降低法定存款准备金率与再贴现率,进行公开市场业务(发行公债等)来刺激社会总需求的扩大,从而实现经济增长目标的一种政策。

(二)补偿性政策

新古典综合学派提出的补偿性政策主要包括补偿性财政政策与补偿性货币政策。

1. 补偿性财政政策

补偿性财政政策,也称"相机抉择财政政策"或周期性平衡的财政政策,它是指政府以繁荣年份的财政盈余补偿萧条年份的财政赤字的一种政策。补偿性财政政策是交替使用扩张性和紧缩性财政政策:①在萧条时期采用扩张性财政政策,政府应通过削减税收、降低税率、增加支出或双管齐下以刺激总需求和经济增长。②在繁荣时期采用紧缩性财政政策,减少财政支出,增加税收,以抑制通货膨胀。

2. 补偿性货币政策

补偿性货币政策是指中央通过货币供给量、利率和法定存款准备金率与再贴现率、公开市场业务的变化实现对经济调节的一种政策。①在经济衰退和萧条时期,中央银行通过增加货币供给量、降低利率、降低法定存款准备金率和再贴现率、公开市场业务(发行公债等)来刺激社会的总需求的扩大,以实现经济增长;②在经济繁荣时期,为防止经济过热,中央银行通过减少货币供给量、提高利率和法定存款准备金率和再贴现率、公开市场业务(回收公债等)来抑制通货膨胀。

二、主张采用松紧搭配的财政政策和货币政策

新古典综合学派提出了"双松""双紧""松紧"三种财政政策与货币政策的搭配类型,对如何选择财政政策与货币政策搭配类型,他们认为可以根据不同的经济运行情况进行相机抉择。

(一)"双松"搭配类型

"双松"搭配类型是指扩张性财政政策与扩张性货币政策的组合。这种政策组合是政府通过减税与加大财政支出,调低利率和法定存款准备金率等来刺激社会需求增加。适

用情况是在经济中出现有效需求不足和严重通货紧缩时,采用这种政策组合的效果是可以使社会总需求扩大,刺激经济增长,扩大就业,但也会带来通货膨胀的风险。

(二)"双紧"搭配类型

"双紧"搭配类型是指紧缩性财政政策与紧缩性货币政策的组合。这种政策组合是政府通过增税与压缩财政支出,提高利率和法定存款准备金率及再贴现率等来抑制经济过热和严重通货膨胀。实施这种政策组合的结果是可以有效抑制经济过热、需求膨胀与通货膨胀,但也可能带来经济停滞的后果。

(三)"松紧"搭配类型

"松紧"搭配类型是"一松一紧"模式,具体包括以下两种情况。

(1) 扩张性财政政策和紧缩性货币政策组合。采取这种政策组合的措施是政府通过扩大财政支出,运用税收优惠鼓励等政策以刺激投资增加,同时,减缩货币流通量防止通货膨胀。这种政策组合可以在保持经济适度增长的同时尽可能地避免通货膨胀,但长期使用这种政策组合,也会积累大量的财政赤字。

(2) 紧缩的财政政策与扩张性货币政策组合。采取这种政策组合的措施是通过增税与压缩财政支出,同时政府扩大信贷规模,降低存贷利率和法定存款准备金率及再贴现率以鼓励投资。这种政策组合在控制通货膨胀的同时,可以保持适度的经济增长,但货币政策过松,也难以制止通货膨胀。

三、财政政策和货币政策的微观化

财政政策和货币政策的微观化体现在如下几个方面:①区别对待的征税方案,如制定不同的税率、调整征税的范围等;②区别对待政府支出,主要用于提升生产能力和扩大就业的项目;③改进福利支出,按失业时间长短、家庭收入状况进行支付等;④区别对待的货币政策,规定不同的利率,规定不同行业或部门信贷条件和放款数量;⑤收入政策,直接采取措施影响工资和物价水平,减缓物价上涨速度;⑥人力政策,对非熟练工人或技术不对口的失业工人进行再就业培训,用来对付结构性失业。

另外,新古典综合学派还提出了其他的一些政策作为需求管理政策的补充,如收入分配政策、人力政策、物价政策、能源政策、人口政策、对外经济政策等。

第四节 新古典综合学派的简要评价

一、值得借鉴的方面

新古典综合学派在第二次世界大战后的几十年间成为西方国家的主流经济学。它适应了 20 世纪 50 年代后西方国家经济出现混合经济,寻找出适应新的混合经济理论与政策,使其理论具有一定的科学性与合理性。①其理论体系是西方经济学说史上的第三次大的综合;②它是一个开放的学派,特别注重吸收其他学派理论观点和政策主张;

③联系实际,与时俱进,不断创新,勇于否定自身过时的理论观点与政策主张。

二、存在的不足

(1)微观经济学和宏观经济学之间缺乏内在有机的联系,没有从微观分析中推出宏观结论。

(2)理论和政策上不能正确认识和解决滞胀出现的高失业率与高通货膨胀率并存问题。理论上接受失业与通货膨胀不能并存且存在交替关系,政策上不能解决滞胀问题。

(3)劳动生产率被看成外生变量,被假定为已知,很少论述,更提不出相应的对策,结果使劳动生产率低下。

(4)继承凯恩斯的鼓励消费政策,长期造成的结果是储蓄减少与资本积累低下。

复习思考题

1. 如何理解新古典综合的基本含义?
2. 如何理解混合经济?
3. 试述 IS-LM 模型及其在宏观经济政策上的应用。
4. 新古典综合学派是如何从供给方面探讨滞胀原因的?
5. 简述新古典综合学派各时期的政策主张。
6. 简述新古典综合学派的政策要点。
7. 如何评价新古典综合学派?

习　　题

第四章

新剑桥学派

【本章要点及学习要求】

知道新剑桥学派的理论特点、主要代表人物、理论渊源;把握新剑桥学派的理论中心是收入公平分析;理解新剑桥学派的经济增长理论;掌握新剑桥学派与新古典综合学派的区别。

第一节 新剑桥学派概述

一、新剑桥学派的名称与理论特点

(一)新剑桥学派的名称

在凯恩斯主义学派形成之前,新古典学派的主要代表人物马歇尔、庇古等曾长期在英国剑桥大学任教,因而新古典经济学派被称为老剑桥学派。第二次世界大战后,在与新古典综合学派的论战之中,剑桥大学的罗宾逊、斯拉法、卡尔多、帕西内蒂等学者追随凯恩斯提出了与新古典经济学派相对立的理论和政策主张,由于他们的理论观点完全背离了以马歇尔为首的老一代剑桥学派的传统理论,因而被称为新剑桥学派。新剑桥学派与老剑桥学派最主要的区别在于老剑桥学派属于自由主义,而新剑桥学派则属于凯恩斯主义学派的政府干预主义。

(二)新剑桥学派的理论特点

新剑桥学派在理解和继承凯恩斯主义的过程中,提出了与新古典综合学派相对立的观点。该学派的理论特点如下。

(1)新剑桥学派是凯恩斯主义学派在英国的一个分支。①他们师承凯恩斯的投资-储蓄分析,坚持有效需求原理,强调投资对经济增长的决定作用;②坚持凯恩斯对新古典学派理论做过的一些批判,如摒弃"萨伊定律"和经济通过市场的自发调节作用总是可以达到充分就业的传统假定,摒弃储蓄支配投资的传统观点,坚持投资支配储蓄的凯恩斯观点等;③新剑桥学派属于凯恩斯左派,理论观点和政策主张接近马克思主义。正因为这些,他们自命是凯恩斯经济理论的嫡传。

(2)理论上以客观价值理论为基础,反对主观价值论。他们认为,在价值理论方面,关键在于价值本身是否具有客观的、物质的基础,价格主要应该由生产条件来决定,而不能把价值视为主观的概念,不能把市场价格的决定归结为消费者起作用,像边际效用价值论那样的看法。

(3) 政策主张上以分配理论为中心,特别强调收入公平分配。①他们认为,资本主义社会的财富和收入分配是不均等、不合理的,只有消灭了这个食利者阶层,社会才会走向文明;②1958年,罗宾逊与卡尔多把经济增长理论和收入分配理论融为一体,着重考察在经济增长过程中工资和利润在国民收入中相对份额的变化,强调应由国家采取各种措施对国民收入的分配进行调节,以实现收入的均等化;③他们提出了通过累进所得税率、高额财产税、赠予税、没收性的遗产税来消灭私有财产的过度集中,抑制食利者收入的过速增长的政策主张。

(4) 在方法上,主张以历史观代替均衡观。新剑桥学派反对新古典综合派的那种没有区分过去和未来的均衡分析方法,他们认为新古典综合派的分析方法是复旧,是滑到凯恩斯理论以前的老槽上去了。

二、新剑桥学派的主要代表人物

新剑桥学派的主要代表人物有罗宾逊、卡尔多、斯拉法、帕西内蒂等。他们都是英国剑桥大学的教授。罗宾逊是这个学派的实际领袖。作为以马歇尔为代表的剑桥学派的成员罗宾逊和斯拉法,在20世纪30年代以前曾是马歇尔理论的积极支持者,但同时又发展了马歇尔学说。例如,罗宾逊创立了不完全竞争理论。20世纪30年代凯恩斯经济学产生后,他们又追随凯恩斯,在与新古典综合学派的论战中,形成了凯恩斯理论在英国的一个学派。

(一) 罗宾逊

琼·罗宾逊(Joan Robinson,1903—1983),英国著名女经济学家,在凯恩斯《通论》出版后,追随凯恩斯,成为新剑桥学派中最有影响力的经济学家。其主要著作有《不完全竞争经济学》(1933)、《就业理论引论》(1937)、《资本积累论》(1956)、《经济增长论文集》(1962)、《经济学异端》(1971)等。1973年她与约伊特韦尔合写的《现代经济学导论》一书,则被认为是按照新剑桥学派观点系统阐述经济问题的一本入门书。在她晚年研究生涯中,曾经设想把马克思、凯恩斯和李嘉图的经济理论结合在一起,形成一套新的经济学理论,但并没有实现这个设想。她的研究特点有:①她于1933年提出的不完全竞争理论闻名于西方经济学界。②她对马克思列宁主义经济理论做过比较深入的研究,甚至提出了"向马克思学习"的口号(但是她对马克思经济理论也做了不少歪曲或曲解)。③她写了许多阐述凯恩斯理论的著作和文章,是一个重要的凯恩斯主义者。④从20世纪50年代起,她投入了很大精力与经济理论界居统治地位的新古典综合学派进行论战,某种程度上动摇了新古典综合学派分配理论的根基。⑤她一生写了30本书、发表了数百篇论文和数不清的评论。

(二) 卡尔多

尼古拉斯·卡尔多(Nicholas Kaldor,1908—1986),英国著名的经济学家,新剑桥学派的主要代表人物之一,以提出与经济增长论相融合的收入分配论和建议以消费税代替个人所得税著称。他的主要著作有《价值和分配论文集》(1960)、《经济稳定与增长论文集》(1960)、《经济政策论文集》(两卷,1964)、《经济理论论文续集》(1978)等。他与罗宾逊在分析方法上虽然不完全一致,但他们之间仍有相似性。例如,他们都以凯恩斯的经济收入分配失调作为考察的重点,都把收入分配理论作为经济学研究的重点。他的理论贡献主要有:①提出了由他所命名的"蛛网理论"①(1934);②在福利经济学中被称为"卡尔多补偿测验"的补偿原理(1939)是由他提出的;③他以凯恩斯的投资—储蓄分析为基础,从宏观入手,结合经济增长来说明国民收入的分配(1956);④他认为,资本主义社会中的收入分配是不公平的,在税制上应让富者多付税,贫者少付税或不付税(1955)。

(三) 斯拉法

皮埃·斯拉法(Piero Sraffa,1898—1983)在 1936 年以前,曾写过一些论文对以马歇尔为代表的经济理论提出了修正。他从 20 世纪 30 年代初期起就着手收集、考订和编辑李嘉图的全部著作和通信工作,1951—1955 年完成了《李嘉图著作和通信集》,共有 10 卷,先后于 1951—1973 年由英国剑桥大学出版社出版。经过 30 多年的准备和琢磨,1960 年,他的《用商品生产商品》一书出版,这本书在西方经济学界引起了巨大反响,被认为是对李嘉图—马克思价值论的"重大发展",并对新剑桥学派经济理论的发展起了决定性的作用。罗宾逊把斯拉法的这本著作的出版称作经济理论上的革命。他的理论贡献在于:①在 1925 年、1926 年发表的两篇论文指出马歇尔完全竞争模式的突出弱点,体现了他对不完全竞争理论的探索;②斯拉法证明了如何有可能解决马克思也未能完全解决的关于价值如何转化为生产价格和李嘉图终生困惑而未找出的"不变的价值尺度"和"标准商品"问题。

(四) 帕西内蒂

卢伊季·帕西内蒂(Luigi L. Pasinetti,1930 年出生)的主要著作有《多部门经济增长模型》(1963)、《增长与收入分配》(1974)、《生产理论》(1977)、《联合生产理论论文集》(1980)、《结构变化和经济增长》(1981)。他的贡献被认为是在卡尔多理论的基础上,对收入分配问题做了进一步的理论分析,丰富了新剑桥学派的经济增长理论。

---

① 蛛网理论是指某些商品的价格与产量变动相互影响,引起规律性的循环变动的理论。它在 1930 年由美国的舒尔茨、荷兰的 J.丁伯根和意大利的里奇各自独立提出,由于价格和产量的连续变动用图形表示犹如蛛网,1934 年卡尔多将这种理论命名为蛛网理论。

三、新剑桥学派的理论渊源

(一)卡莱斯基的理论

波兰经济学家米哈尔·卡莱斯基(Michal Kalecki,1899—1970)是当代经济动态理论、社会主义经济增长理论和发展经济学这三个领域的最早开拓者之一。他在20世纪30年代发表一批论文,利用马克思的经济理论观点早于凯恩斯提出了国民收入决定和有效需求理论,他认为,在假设工人的工资全部用于消费的条件下,当资本家的储蓄大于投资时,将导致有效需求不足和利润下降。同时他把不完全竞争、垄断价格的作用结合到国民收入决定理论中,强调投资对国民收入变动和分配所起的决定作用。这些对新剑桥学派的形成起了一定的作用。罗宾逊说:"卡莱斯基的论述在某些方面是比凯恩斯的《就业、利息和货币通论》更为真正的通论。"[①]

(二)凯恩斯经济学

新剑桥学派坚持凯恩斯的投资决定储蓄分析,坚持有效需求原理,强调投资支出对经济活动水平的决定作用。他们将凯恩斯的《通论》中关于公平分配思想更加系统化和深入化研究。他们认为:①社会的财富和收入分配是不均等的,因而是不合理的,政府应当进行干预,这是凯恩斯经济思想的精髓;②要把凯恩斯革命进行到底,就应该把研究的重点转移到凯恩斯没有充分论述的国民收入分配上;③社会存在着食利者阶层,只要消灭了这个食利者阶层,社会才能走向文明生活新阶段。

(三)斯拉法的经济理论

1960年,斯拉法在《用商品生产商品》中为新剑桥学派提供了微观经济理论基础,也是批判新古典综合学派的主观价值理论和边际生产力分配理论的武器。新剑桥学派宣称要通过斯拉法的理论体系回到李嘉图古典经济学的传统,重建政治经济学。所以,新剑桥学派有时又被称为新李嘉图主义。

第二节　新剑桥学派的主要经济理论

新剑桥学派指责新古典综合学派篡改了凯恩斯经济理论的原意,宣称要与新古典经济学综合派做最彻底的决裂,把凯恩斯革命进行到底。在补充、完善凯恩斯理论的过程中,他们提出了自己的价格理论、收入分配理论、经济增长理论。他们力图返回李嘉图的传统中去,把凯恩斯和古典经济学派的理论结合起来,重新建立古典基础上的政治经济学。

一、价值理论

理论界认为,迄今为止经济学对于价值理论主要有五类解读:①斯密、李嘉图、马克

---

① 罗宾逊.经济理论的第二次危机[M]//现代国外经济论文选(第1辑).北京:商务印书馆,1979:7.

思的劳动价值论；②配第、萨伊等人的要素价值论；③新古典经济学派的主观价值论；④斯拉法的商品价格决定理论和标准商品理论；⑤知识资本价值论。

新剑桥学派反对主观价值论，主张确立客观价值理论。新剑桥学派认为，价值应当具有客观的物质的基础，而不能像边际效用学派那样把价值视为主观的概念。价格应由生产条件决定，而不能归结为消费者起着主要作用。他们的客观价值理论就是从客观的社会生产体系出发，从对诸产品生产部门在再生产中彼此发生物质联系的分析中，探求产品价格的确定。其理论是斯拉法的商品价格决定理论和标准商品理论。斯拉法从李嘉图的"不变的价值标准"这一概念出发而设想出的"标准商品"和"标准体系"，用生产过程中的技术关系以及劳动与资本的利益关系解释商品价格体系的形成，他认为：①由商品体系决定商品之间的价格关系；②标准商品是各部门所生产的商品之间比例等于所有部门所消耗生产资料总量之间的比例；③把采取这种比例生产"标准商品"的组成生产部门称为"标准体系"。新剑桥学派强调，为了建立客观的价值理论，应从李嘉图的劳动价值论传统中去探讨，以便由价值研究过渡到对分配的阐述。罗宾逊竭力主张，需要把李嘉图、马克思和凯恩斯的理论"打通"，相互"补充"，以便实现经济理论上的"第二次凯恩斯革命"。

二、收入分配理论

新剑桥学派提出了以客观价值论为基础的收入分配理论。其主要观点表现在以下几个方面的论述中。

（一）反对边际生产力分配理论

在新古典综合学派看来，工资由劳动的边际生产力决定，资本的利润取决于资本的边际生产力。在生产过程中，资本家提供了资本，工人提供了劳动，他们都作出了贡献。因此，在收入分配的过程中，资本家取得利润和工人取得工资都是理所当然的，是凭借他们各自的贡献所获得的报酬，不存在谁剥削谁的问题。所以新古典综合学派认为，国民收入中工资和利润的这种分配方式是公平合理的。但这一理论在新剑桥学派看来，却是错误的，它只是一种循环推理。因为人们不能事先知道工资率、利息率或利润率，便不可能测定劳动的边际产品或资本的边际产品，这样所谓劳动的边际产品决定工资，资本的边际产品决定利息或利润，就等于说"工资决定工资"或"利息决定利息"了。所以边际生产力分配理论是难以成立的。

（二）工资和利润在国民收入中所占份额的大小取决于同技术条件相关的利润率水平

新剑桥学派将国民收入划分为工资和利润两部分，这两部分在国民收入中所占份额的大小，在一定收入水平条件下是由利润率决定的，而利润率又同生产技术条件有关。对此斯拉法做了分析。

在斯拉法的 $r=R(1-W)$ 公式中，r 代表利润率，R 代表纯产品对生产资料的比例，W 代表支付工人工资的比例，利润率 r 同两个变量存在以下关系。

(1) 当工资等于 0 时，$r=R$，即全部的国民收入都归于利润，此时 R 是最大的利润率。

(2) 当工资不为 0 时，$r \neq R$，即国民收入不全部归于利润，此时利润率 r 与纯产品中对生产资料的比例 R 成正比，与支付工人工资的比例 W 成反比。因此，在一定的利润率水平上，工资和利润的运动方向是相反的。又由于代表纯产品对生产资料的比例 R 和代表支付工人工资的比例 W 都同一定的生产技术水平有关系，所以利润率 r 也同生产技术条件有直接关系。

综上所述，工资和利润在国民收入中所占份额的大小是互相对立的，呈反方向运动的。利润率越低，则说明工资在国民收入中所占的份额就越大；利润率越高，则说明利润在国民收入中所占的份额就越大。斯拉法的这种分析是承袭了李嘉图对工资和利润对立关系的论证，所不同的是新剑桥学派将物质的生产技术条件视为决定利润率水平的根本要素。

（三）财产占有制度与劳工市场的历史状况是制约收入分配结果的外生力量

新剑桥学派认为，货币工资率取决于一国历史上形成的工资水平、财产占有权、国内劳资双方议价力量的对比等，货币工资率不可能依赖实际工资率而自行变动。而利润是资本占有者凭借其财产占有权而取得非劳动收入，是不劳而获，是通过剥削工人而得到的收入。因此，工资和利润之间的分配绝不是公平合理的。

三、经济增长理论

（一）新剑桥学派的经济增长理论的特点

新剑桥学派的经济增长理论是将古典价值理论、分配理论与凯恩斯储蓄—投资理论结合在一起的经济增长模型。它的特点是，把经济增长同收入分配结合起来进行分析，一方面阐述了如何通过收入分配的改变来实现经济的稳定增长；另一方面说明在经济增长过程中收入分配的变动趋势。

（二）罗宾逊增长的黄金时代

罗宾逊在《资本积累》(1956)一书中，提出了黄金时代的概念和经济增长模型。她认为，决定一国经济增长率的，除了资本增长率以外，另一个因素就是劳动人口增长率。她的黄金时代的概念是指劳动充分就业和资本充分利用的均衡状态，假定资本与劳动比例不变，当劳动量增长率与资本量增长率相等时，就实现了劳动和资本都处于充分就业的黄金时代。

（三）新剑桥经济增长模型

新剑桥经济增长模型是由英国的罗宾逊、卡尔多和意大利的帕西内蒂提出来的。其主要内容如下。

1. 基本假设

①资本生产率不变；②均衡时储蓄等于投资；③社会只有利润收入者和工资收入者两大阶级，他们的平均储蓄和消费倾向不变，都为常数，且利润收入者的平均储蓄倾向大

于工资收入者的平均储蓄倾向。

2. 从非均衡出发对资本主义经济进行了动态分析

新剑桥学派认为,资本主义经济是在历史时间中增长的经济,但它的增长过程是很不稳定的,因而处于非均衡状态是常态。为了说明这种非均衡,他们在分析步骤上首先确定为保证经济按照稳定的比率不断增长所需的条件。他们在哈罗德"有保证的增长率"(可以保证经济不断地稳定增长的增长率,公式 $G_w = S/V$,G_w 是有保证的增长率,S 是储蓄在国民收入中的比率,V 是资本产出比率)的基础上,把社会储蓄倾向(储蓄在国民收入中的比率)S,分解为利润收入的储蓄倾向 S_p 和工资收入的储蓄倾向 S_w;这样,他们的增长率方程可用下式表示:

$$G_w = \frac{P}{K}(S_p - S_w) + \frac{S_w}{K/Y} \tag{4-1}$$

式中:Y 为国民生产或国民收入量,P 为利润量,K 为资本量,$\frac{P}{K}$ 为利润率,$\frac{K}{Y}$ 为资本产出比率,即哈罗德公式中的 V。

若假定工资收入的储蓄倾向 $S_w = 0$,则上式变为

$$G_w = \frac{P}{K} \cdot S_p \tag{4-2}$$

这就是说,保证经济不断地稳定增长的条件,是要使经济增长率满足等式(4-1)的要求;在 $S_w = 0$ 的情况下,要使增长率等于 $\frac{P}{K} \cdot S_p$(利润率与利润收入的储蓄比率的乘积)。

然后,他们论证这个条件在实际经济生活中是不可能实现的。①决定这个有保证的经济增长率的一些因素本身如 S、S_p、S_w 是随收入分配的变化而变化的,资本-产出比率 V 也会随着技术条件的变化而变化。②一些短期内起作用的力量,如投资的短期波动会使实际增长率和作为稳定增长条件的有保证增长率发生差离,从而使经济的实际增长脱离并围绕长期的增长而形成周期性的短期波动。③如果有保证的增长率、由人口增长和技术进步所确定的"潜在的增长率"不相一致,也会造成不均衡,或者增长受到人力资源的限制,或者人力资源得不到充分利用形成不同程度的失业。总之,新剑桥学派的增长理论是一种宏观的动态的非均衡分析,它与新古典学派的均衡增长理论是对立的。

3. 把经济增长理论和收入分配理论融为一体

新剑桥学派认为投资支出不仅是生产和就业水平的决定因素,而且也是国民收入在利润与工资之间分配的主要决定因素。他们把国民收入分为利润(或财产收入)和工资(或劳动收入)两大部分,就社会阶级来说,即划分为工人与资本家两大阶级的收入;并认为这两个阶级两种收入有着不同的消费倾向或储蓄倾向。同时,他们还把国民生产分为消费品和投资品两大部门。为了说明在经济增长过程中投资怎样决定国民收入在利润与工资之间的分配,可以卡尔多下列的收入分配方程为例:

$$\frac{P}{Y} = \frac{1}{S_p - S_w \cdot \frac{I}{Y}} - \frac{S_w}{S_p - S_w} \tag{4-3}$$

式中:P、Y、S_p、S_w 的含义同前列增长率公式,I 为投资,$\frac{P}{Y}$ 为利润在国民收入中所占的份

额，$\frac{I}{Y}$ 是投资在国民收入中的比重即投资率。

设工人消费其全部工资收入,资本家将其利润全部用于储蓄,即 $S_\omega=0, S_p=1$,则上式变为

$$\frac{P}{Y}=\frac{I}{Y} \tag{4-4}$$

这就是说,在上述假定下,利润在国民收入中所占的份额公式符号取决于投资率公式符号。投资率越高,利润在国民收入中所占的份额越大。设资本家将利润收入一部分用于消费,一部分用于储蓄,即 $S_p<1$,同时工人仍将其全部工资收入用于消费,则式(4-3)变为

$$\frac{P}{Y}=\frac{I/Y}{S_p} \tag{4-5}$$

这表明利润在国民收入中所占的份额除了取决于投资率的高低外,还取决于利润收入的储蓄倾向(成反比)或消费倾向(成正比),即利润收入中的储蓄比率越低或消费比率越高,则利润在国民收入中所占的份额越大。总之,按照新剑桥学派的观点,资本家的利润大小及其国民收入中所占的份额取决于他们的投资支出和消费支出的大小。

他们从分析中得出如下结论:①经济增长中收入分配的变动趋势是,利润在国民收入中的比重越来越大,而工资的比重越来越小,所以经济增长理论加剧了收入分配的不平等,使工人阶级的处境相对恶化。②资本主义社会的弊端由收入分配失调所引起,这种失调随着经济增长而加剧。③解决资本主义社会问题的途径不是实现经济增长,而是实现收入分配的均等化。[①]

四、滞胀理论

新剑桥学派关于滞胀原因及对策问题的研究也是与新古典综合学派相对立的。他们认为,滞胀不是由货币供应量的增加或集体议价的工资提高而引起的,而是由于各阶层为了提高自己的收入相互争夺的结果,即"市场操纵"理论。他们的理论分析过程是首先把世界经济分为三个部门,而后从不同部门的不同产品或市场入手,最后由货币工资率水平的变动说明滞胀的直接原因。

(一) 部门之间的比例失调导致"垄断价格"的存在

新剑桥学派把世界经济分为三个部门:①初级部门为工业活动提供必不可少的基本供给品(食物、燃料和原料);②第二级部门是加工制造部门,它把制成品提供给投资者或消费者使用;③第三级部门则提供辅助其他部门的各种服务。初级产品的市场是一种竞争的市场,由供求关系决定价格,而制造品的市场是一种垄断的市场,垄断程度决定了价格水平的高低,供求关系并不对价格产生影响。这样制造品的价格对需求变动反应不敏感,而对成本变动却能做出迅速反应。由于两种市场所产生的两种产品的价格的不同确定方式造成了两种产品之间增长比例的失调。而这种比例失调的后果将会引起初级产品

---

① 赵峰.新编经济学说史[M].北京:北京师范大学出版社,2006:361.

市场价格波动,由此必然对工业部门的活动起到抑制作用。

(二) 初级产品价格波动抑制着工业部门的发展

新剑桥学派认为,初级产品无论是价格的上升还是下降,都会对工业活动起着抑制作用。

(1) 当初级产品价格下降时,抑制了工业品的发展。因为,初级产品价格下降会减少初级产品生产者对制造业产品的需求,制约了工业部门的发展。

(2) 初级产品价格上涨时,工业部门的成本上升,减少其生产。①工业部门生产资料的成本和工资水平提高了,制造业部门会减少生产。②工业部门会通过由成本上升提高自己产品价格来对付初级产品价格的上涨,结果使原来的贸易条件有利于初级产品生产者的局面转变为不利于初级产品生产者的局面。③初级产品价格上涨会导致工资-物价螺旋式上升的通货膨胀的结果。因为工会与垄断公司斗争的结果不可避免地会导致物价与工资、工资与物价的螺旋式上升的通货膨胀。在这种情况下,即使大量失业也将难以制止物价的持续上涨。

(3) "滞胀"的根本原因来自赤字财政政策。罗宾逊认为,新古典综合学派滥用财政政策和货币政策来刺激投资和消费,结果造成财政赤字累累,通货膨胀加剧,资源配置失调。所以,滞胀在很大程度上是第二次世界大战后一些国家的赤字财政和通货膨胀政策的后果。

第三节 新剑桥学派的政策主张

一、新剑桥学派政策主张的特点

新剑桥学派认定资本主义主要弊病的根源在于收入分配不公平、不合理,因而主张对经济的调节措施应放在收入分配领域和其他可能影响现有收入分配格局的方面。新剑桥学派的政策特点是:①既反对新古典综合学派的财政和货币政策,也反对新自由主义学派的自由放任政策。②特别强调收入均等化政策。他们认为,经济的问题根源在于收入分配失调,利润在国民收入中的比重越来越高,而工资所占的比重越来越低。因此,经济政策的根本出发点在于解决收入分配中的不平等,实现收入分配的均等化。

二、新剑桥学派政策的内容

新剑桥学派认为,政府的主要职能是限富济贫,该学派特别强调政府应当充分发挥在缩小贫富不均方面的作用。

(1) 在税收政策上主张:①在税制的设计方面,应根据不同的行业和纳税人的负担能力进行税制设计,体现公平原则;②在所得税制度上,主张采取累进税率,使高收入者多纳税,低收入者少纳税或不纳税;③在消费税上,对奢侈品征税,对生活必需品则给予减免税;④通过累进所得税率、高额财产税、赠予税、没收性的遗产税(除了给寡妇、孤儿留下适当的终身财产所有权外)等,消灭私有财产的过度集中,抑制食利者收入的过速增长；⑤政府把没收性的遗产税所取得的财产及其收入用在公共福利上。

（2）对低收入者政府要加大补助和救济，以缓和收入差距拉大问题。

（3）减少用于军事等方面的支出，以增加发展民用部门和服务部门的开支，为民众谋求更多的福利。

（4）提高失业者的文化技术水平，以便他们能有更多的就业机会。

（5）制定适应经济增长的、逐渐达到消灭赤字的财政政策和预定实际工资增长率的政策。

（6）用财政预算的盈余去从事盈利经济活动，以增强政府经济实力。如用政府预算中的盈余去购买公司股份，把一些公司股份所有制从各个人转移到国家手中等。

（7）加强政府对经济活动的干预：①及时调整经济结构的方向；②实行进口管制鼓励出口商品的生产，为劳动者提供更多的就业机会。

第四节　新剑桥学派与新古典综合学派的区别及简要评价

从长期的"两个剑桥之争"[①]我们可以看出新剑桥学派与新古典综合学派有如下区别。

一、新剑桥学派与新古典综合学派的区别

（一）对凯恩斯经济理论核心认识不同

新古典综合学派认为，凯恩斯经济理论的核心是国民收入决定理论，失业、通货膨胀、经济增长以及宏观经济政策，都是围绕这个核心而展开的；新剑桥学派认为，凯恩斯经济理论的核心是收入分配理论，政府干预的目的就是要解决收入分配不均，建立一个没有食利者阶级的繁荣社会。

（二）对凯恩斯经济理论的缺陷的看法不同

新古典综合学派认为，凯恩斯经济理论缺乏微观经济分析的基础；同时他只注重宏观需求分析，而忽视了供给分析，只注重经济失衡而忽略了长期经济增长；新剑桥学派认为，凯恩斯主要缺陷是没有客观的价值理论和分配理论的微观分析基础。

（三）弥补凯恩斯经济理论缺陷的思想来源不同

新古典综合学派用新古典经济学的微观经济分析来补充凯恩斯的经济学；而新剑桥学派则用古典经济学的价值与分配理论来补充凯恩斯的经济分析缺陷。

（四）收入分配理论不同

新古典综合学派的收入分配以边际生产力理论为基础，认为其分配是公平合理的；新

---

① 以地处马萨诸塞州剑桥市的美国麻省理工学院教授萨缪尔森、托宾、索洛等人为代表的新古典综合学派和以英国剑桥大学经济学家琼·罗宾逊、卡尔多、斯拉法及意大利学者帕西内蒂为代表的新剑桥学派的争论。

剑桥学派则认为,收入分配理论应以客观的价值论为基础,同时还要与社会历史、制度的分析结合起来,并指出现实的分配是不公平的。

(五) 政策主张不同

(1) 政策主要目标不同。新古典综合学派的政策主要目标是充分就业和实现经济增长;而新剑桥学派的政策主要目标是收入分配的均等化。

(2) 措施不同。新古典综合学派主张松紧搭配的财政、货币政策,并使宏观经济政策微观化;而新剑桥学派则提出了税收、福利、劳动、外贸等一系列政策措施。

(六) 分析方法不同

新古典综合学派基本采取了新古典经济学的边际分析和均衡分析方法。新剑桥学派则在方法上表现出其分析的如下特点。

(1) 新古典综合学派注重实证分析,而新剑桥学派注重规范分析。

(2) 新古典综合学派注重均衡分析方法,而新剑桥学派则注重历史与制度分析。新剑桥学派严厉地指责新古典派背弃了凯恩斯的"历史观",他们认为,现实生活发生的各种事件均有着历史与制度的根源。

(3) 新剑桥学派以凯恩斯经济理论体系的完整性为理由,反对综合为微观经济学与宏观经济学。新剑桥学派认为,新古典综合学派拼凑起微观与宏观理论体系的综合完全破坏了凯恩斯理论体系的完整性。

(七) 对资本主义经济增长的前景估计不同

新古典综合学派是乐观派,认为经济增长的前景是美好的,随着经济的增长,工人的失业和贫困以及资源利用、技术进步等问题都将得到解决;新剑桥学派是悲观派,认为随着经济的增长,收入分配的差距会越来越大,难以避免产生富裕中的贫困与寄生问题。

二、新剑桥学派的简要评价

(一) 新剑桥学派的贡献

(1) 新剑桥学派揭露了资本主义社会收入分配中各阶层的对立关系,承认收入分配运行失调,这体现了该学派的求是态度。

(2) 新剑桥学派以历史的收入分配的结构分析作为凯恩斯宏观经济分析的理论基础,创立了客观价值理论、收入分配理论及经济增长理论,在一定程度上丰富了凯恩斯经济理论。

(3) 新剑桥学派主张政府要解决社会收入分配不合理,实现收入"均等化",对我国有借鉴意义。

(4) 新剑桥学派在分析方法上采用历史观,抛弃均衡观,丰富了凯恩斯主义经济学的分析方法。

（二）新剑桥学派的缺陷

（1）理论体系的缺陷。与新古典综合学派相比，理论体系不太完善。没有实现把马克思、凯恩斯和李嘉图的经济理论结合在一起，形成一套新的经济学理论体系的设想。

（2）分析方法的缺陷。①他们倡导的用"历史观"代替"均衡观"并没有真正实行，在其分析中的所谓"历史观"被片面地理解为时间因素，而不是经济制度与经济发展的状况来分析。②新剑桥学派强调的制度分析，主要是分配制度，并没有根本性的制度分析。

（3）政策主张的缺陷。①他们政策主张强调公平，对如何提高效率论述较少，不能很好地解决政府福利开支过大与生产效率下降问题；②他们政策主张不能科学地认识和解决滞胀问题。

复习思考题

1. 简述新剑桥学派的理论渊源。
2. 简述新剑桥学派的主要经济理论。
3. 简述新剑桥学派的政策主张。
4. 新剑桥学派与新古典综合学派有哪些区别？
5. 如何评价新剑桥学派？

习　　题

第五章

新凯恩斯经济学派

【本章要点及学习要求】

知道新凯恩斯经济学派产生的背景、主要代表人物;理解新凯恩斯经济学派的商品价格黏性及市场失灵理论;把握新凯恩斯经济学派的劳动力市场理论和资本供给限额和利息黏性理论;掌握新凯恩斯经济学派的信息经济理论;熟悉新凯恩斯经济学派经济政策主张的特点和内容;了解新凯恩斯经济学派的社会影响及简要评价。

第一节 新凯恩斯经济学派概述

一、新凯恩斯经济学派产生的背景

新凯恩斯经济学派是指美国在20世纪80年代以来发展起来的凯恩斯主义理论。20世纪80年代,美国一批中青年经济学者致力于为凯恩斯经济学主要组成部分提供严密的微观经济基础。因为工资和价格黏性往往被视为凯恩斯经济学的主题,所以他们研究的目的在于表明这些黏性是如何由工资和价格确定的微观经济学而引起的。

(一)现实背景

20世纪70年代,西方一些国家的"滞胀"危机出现了高失业与高通胀并存,使凯恩斯理论失业与通货膨胀不能并存和新古典综合学派失业与存在交替关系通胀的理论受到了质疑,20世纪80年代一些西方国家的政府采用了新自由主义的政策主张(英国采用货币主义,美国采用供给学派),新自由主义进入复兴,凯恩斯理论的主流经济学地位受到了严重挑战。

(二)理论背景

20世纪70年代至80年代,长期占统治地位的新古典综合学派受到冷落和严重挑战,其原因有以下几个方面。① 微观经济学和宏观经济学缺乏内在有机的联系,没有从微观分析中推出宏观结论;②较少论述劳动生产率问题,其政策主张无法解释劳动生产率增长问题;③资本积累的迟缓使其鼓励消费限制储蓄的理论受到怀疑;④理论和政策主张不能解释和解决滞胀问题。在这种背景下,凯恩斯主义受到新自由主义的强烈批判,为捍卫凯恩斯主义的主导地位,新凯恩斯经济学派就应运而生了。

二、新凯恩斯经济学派与新古典综合学派的关系

(一) 共同点

①都坚持凯恩斯的基本观点,都承认产量和就业量的经常波动的非均衡性质;②都承认劳动力市场中存在着非自愿失业;③都认为市场存在着失灵;④都主张政府干预宏观经济,刺激总需求,从而使经济由非均衡经济状态解脱,能够较快地恢复到充分就业的均衡状态;⑤都认为政府应该采取逆经济风向的相机抉择政策,从而达到减缓经济波动、稳定经济增长的目的。

(二) 区别点

(1) 新古典综合学派没有从微观分析推出宏观结论,而新凯恩斯经济学派则由微观分析推出了宏观结论。新凯恩斯经济学派从微观的角度证明了工资和价格的黏性,在此基础上说明市场失灵、非自愿失业、生产过剩的可能性以及政府干预经济的政策必要性。

(2) 新凯恩斯经济学派从新的视角论述了新古典综合学派没有或较少论述市场机制缺陷理论。他们从垄断竞争、价格黏性、风险和不确定性、经济信息的不完全性和不对称及昂贵性的微观角度阐明了市场机制出现的长期的市场非均衡和社会福利的巨大损失。

(3) 新古典综合学派主要是从传统的市场失灵(公共物品、垄断、外部效应等)理论推出政府干预经济的必要性;而新凯恩斯经济学派则是从企业不调整价格和工资而调整产量引发的经济波动,说明政府干预经济的必要性。

三、主要代表人物

(一) 曼昆

格雷戈里·曼昆(Gregory Mankiw),1958年出生,美国著名经济学家,29岁成为哈佛大学历史上最年轻的终身教授之一,2003年走入政坛,担任美国经济顾问委员会主席。1992年他出版了《宏观经济学》,克鲁格曼高度评价《宏观经济学》,认为它是在国际上最有影响力的中级教科书之一。1998年他又出版了最负盛名的经济学教材《经济学原理》,成为最成功的经济学教材之一,首年就销售出去20万册,之后不断进行版本的新再版。他研究的特点是通过自己在微观经济领域的研究,努力为凯恩斯主义提供一个新的、更坚实的微观基础。在这一过程中,他大量吸收货币主义、供给学派和理性预期学派的精华,并发展自己的学说,如他的菜单成本理论,这一理论已成为新凯恩斯经济学派经济学的一个组成部分,1985年曼昆发表的论文《小菜单成本与大经济周期:垄断的宏观经济模型》已成为经典。

(二) 斯蒂格利茨

约瑟夫·斯蒂格利茨(Joseph Stiglitz),1943年生于美国印第安纳州,美国著名经济

学家,曾师从萨缪尔森。他著有《公共经济学讲义》(与 A. B. 阿特金森合著,1980)、《商品价格稳定理论》(与 D. M. G. 纽伯里合著,1981)、《现代经济增长理论选读》(与宇泽弘文(H. Uzawa)合著,1969)等。他所著的《经济学》(1992)教材是世界上最通行的教材之一,被翻译成多种语言。他的《经济学》教材,被称为经济学史上的第四次大综合,该教材特点体现在以下三个方面。

(1) 超越萨缪尔森综合将宏观经济学的表述置于扎实的微观经济学之上。

(2) 将经济学研究的新成果和新发展纳入其研究领域,使之更加具有实际应用价值。如信息问题、激励问题、道德问题、逆向选择问题等。

(3) 对政府干预政策进行了新的注解。他以信息不对称、公共产品、外部性、垄断等"市场失灵"现象界定了政府活动的范围;在如何干预上,他将"科斯定理"称为"科斯谬见",认为"科斯定理"及其"自愿解决"解决不了"搭便车"问题,高昂的交易费用将导致其无效率;恰恰相反,依靠政府的依法调控,就能发挥市场有效配置资源的作用。

他的特点是:①青年才俊。24 岁就获得了麻省理工学院的博士学位,26 岁被耶鲁大学聘为经济学教授;1979 年 36 岁他获得了美国经济学会两年一度的约翰·贝茨·克拉克奖。②多个学校任教。他先后执教于耶鲁大学、普林斯顿大学和牛津大学,并从 1988 年开始在斯坦福大学任教。③决策专家。自 1993 年开始成为克林顿总统经济顾问团的主要成员,并且从 1995 年 6 月起任该团主席。在此期间,他是克林顿总统顾问班子的关键成员。④全球经济学大师。1997 年起任世界银行副总裁、首席经济学家。2001 年他又获得了诺贝尔经济学奖,2011—2014 年,他是国际经济协会的主席。他为经济学的一个重要分支"信息经济学"的创立作出了重大贡献,他所倡导的一些前沿理论,如逆向选择和道德风险,已成为经济学家和政策制定者的标准工具。

新凯恩斯经济学派的代表人物还有戴维·罗默(David Romer)、奥利维尔·布兰查德(Olivier Blanchard)、乔治·阿克洛夫(George Akerlof)、珍妮特·耶伦(Janet Yellen)等。

第二节 新凯恩斯经济学派的主要经济理论

新凯恩斯经济学派是以不完全竞争、不完善市场、价格黏性、信息不完全和不对称信息为基本理论,坚持"非市场出清"这个重要的假设,认为政府的经济政策能够影响就业和产量,市场的失灵需要政府干预来发挥积极作用。

一、商品价格黏性及市场失灵

商品价格黏性是指商品价格在一定时期内相对稳定在某种水平而不变化的特性。他们阐述的商品价格黏性有以下五种理论。

(一) 价格调整风险成本论

他们认为,在竞争的市场下,厂商调整价格是有风险的,厂商调整价格主要有三种风险:①价格下降会遭到竞争对手报复,把价格降得更低;②价格上涨使购买者减少,失去顾客或市场;③价格水平变化时,企业拥有的资产价值有何影响难以确定。这些风险使价格调整要付出代价,这些代价即为风险成本。由于风险成本较高,厂商不会轻易调整价格,这样就使价格具有了黏性。在价格存在黏性的情况下,厂商往往会调整产量和就业量,当产量和就业量减少时,就会出现非自愿失业问题。

(二)价格调整菜单成本论

曼昆在《小的菜单成本与大的经济周期:垄断的宏观经济模型》中认为,企业调整价格要付出相当多项目的代价,类似饭店里印的菜单项目那样繁多,故称菜单成本。菜单成本是指调整价格时所花费的多项成本,它包括研究和确定新价格的成本、重新编印价目表的成本、通知销售点和更换价格标签的成本、把新价格通知给顾客所必需的交通和通信成本,甚至包括思考改变价格时所付出的努力成本、改变价格的机会成本等。菜单成本的存在阻碍了厂商调整价格,使得商品价格水平有了黏性。在价格黏性的条件下,厂商对需求变动的反应是改变产量,这样,总产量随总需求的变化而变动,经济中就会出现大的波动。曼昆提出的菜单成本理论主要是阐明:小小主菜单成本能引起经济大幅度波动。

(三)合同定价论

鲍尔(Laurence Ball)和塞何替(Stephen G. Cechetti)(1988)从不完全信息出发,提出了交错价格调整论。合同定价有时间上交错、相互参考、续短为长的特点。如现时人们签订供货价格合同不可能在时间上是一致的,他们是两年前签订的供货价格合同,我们可能是几年前的供货价格合同,由于我们的供货价格合同到期需要签订新的供货价格合同;于是就参考别人几年前签订的供货价格合同,我们现在签订的合同由于参考了别人两年前的供货价格合同,再加上新合同期限三年,这样多年的供货价格合同就相对保持价格水平多年不变。由于这些特点,就产生了价格黏性。

(四)成本加成定价论

一些垄断企业通常都是按照生产成本加上一定的利润百分比来确定价格的。这种定价策略一般对成本的变动反应灵敏,而对需求的反应较小。①成本中的劳动成本占的比重很大并存在黏性;②一家厂商的产出,便是另一家厂商的投入,于是一家厂商产品价格的黏性也就会影响到另一家厂商产品价格的黏性,而不论其产品的需求是否减少。

(五)非市场出清定价论

霍尔(Hall)对美国经济中50个产业进行统计分析得出结论:①美国的大部分产业具有非竞争性市场的特征。在不完全竞争的情况下,垄断厂商在确定价格时,往往把价格定在非市场出清的水平之上。②厂商在一种新产品上市时把价格定得高于市场出清水平,而当实际销售中发现偏高时也不愿降价,因为降价会使利润减少,这势必使价格存在黏性。③垄断力的控制,使价格失去了弹性,市场机制无法运用价格变化推动经济向充分就业的均衡点运动。④由于价格黏性使市场调节失灵,因此必须通过政府干预来校正市场失灵,使经济向优化状态运行。

二、劳动力市场理论

(一) 工资黏性理论

先前,英国经济学家希克斯曾经指出,工资黏性是指当失业存在时,工资不会下降,当劳动力缺乏时,工资也不会上升。对希克斯工资黏性解说的是新凯恩斯经济学派的两种黏性工资论。

1. 交错调整工资论

交错调整工资论认为,一个社会经济中所有的劳动合同不可能是在同一时间签订的,也不可能同时达到终止期,因此,各种长期合同都是交错签订的,从而工资的调整也是交错进行的。这种合同的交错签订使得工资不可能及时调整,这是工资具有黏性的一个重要原因。例如,一些有工会组织的大型企业的工资是由劳资双方谈判签订合同固定下来的,一旦确定就是多年不变;一些没有签订劳动合同的企业的工资也会受到有合同企业的合同工资的影响,这样就会使工资在一个时期内相对稳定在某一水平上而不发生变化,使工资具有了黏性。

2. 合同工资论

(1) 显性劳动合同论。他们认为,长期的固定劳动合同会使工资具有黏性。合同工资维持工资的稳定性的作用越大,总工资水平越稳定,就业和产出的波动就越大。反之,合同机制对稳定工资的作用越小,产出和就业就越稳定。因此,当政府力图稳定实际工资水平时,通货膨胀必然产生,同时超额需求波动剧烈,生产下降时,失业就会增加。

(2) 隐含合同论。隐含合同是指风险中性的厂商与厌恶风险的工人之间没有正式工资合同,但互相有将工资相对稳定的非正式协议和默契,这同显性劳动合同论作用一样使工资具有了黏性。

合同工资论着重解释工资黏性与非自愿失业的关系。合同使工资具有黏性,由于黏性工资失去了调整劳动供求的灵敏性,当厂商根据经济的变化减少雇员数量时,就可能出现非自愿失业。

(二) 效率工资理论

效率工资理论基本原则是20世纪70年代提出来的,20世纪80年代由新凯恩斯经济学派发展的一种理论。效率工资理论主要是解释厂商为什么不愿意采取降低平均工资水平以减少失业增加利润的原因。

1. 实行效率工资的原因

(1) 从怠工上讲,低工资易引发雇员怠工行为,高工资增加了雇员的失业成本,激励雇员努力工作以保证其工作岗位。

(2) 从劳动力转换上看,低工资容易造成劳动力跳槽,不利于积累劳动者的经验和技能;而效率工资能减少高素质劳动力流失,有利于积累劳动者的工作经验和提高效率。

(3) 从对职工选择上说,低工资不利于吸收优秀职工,而且还会降低单位职工素质(优秀职工流失),而效率工资可以吸收优秀职工,减少低素质的劳动者。

（4）从劳资关系上，是"礼物交换"。作为雇主给予雇员高工资相当于是给予雇员内在价值和尊严肯定的一种礼物；作为雇员会使出非金钱收入额外的努力或效率回报雇主的高工资，相当于返还雇主高工资的又一种礼物。

（5）在社会影响上，低工资会降低雇员对雇主的向心力，而效率工资可以减少工人对抗雇主的联合、降低工会在企业的作用。

2. 实行效率工资会引起失业问题

①当所有的厂商都采用高工资去阻止工人偷懒提高效率时，平均工资就会上升，厂商不愿多雇工人，就业率就会下降；②厂商为阻止工人跳槽而采用高工资，这样就不能使劳动力市场出清，将出现非自愿性失业；③厂商一般是反向选择职工的，厂商往往雇用要求高工资者，摒弃低工资的求职者，所有厂商都做这样选择的结果，使在职工人的工资高于市场出清时的水平，因此效率工资会造成一些劳动者的非自愿失业。

（三）"失业回滞"理论

"失业回滞"理论主要解释由于失业的惯性和不可逆转性，较高的实际失业率必然导致一个较高的自然失业率。按照一些学者的解释，高的实际失业率必然导致高的自然失业率的主要原因有三个。

（1）从人力资本折旧来看，一方面，劳动者较长时间失业，其人力资本就会折旧，丧失重新再就业的职业技能，将会沦为更长时间的失业者；另一方面，雇主对长时间的失业者会认为其劳动态度不好与技能低下而拒绝雇用。

（2）从内部人的控制来讲，内部人借助工会和已就业的有利地位把工资水平提高到不可能再雇用外部人的位置，随着新成长起来的劳动力不断增加，加上已有的失业人员，就使较高实际失业率导致高的自然失业率。

（3）从投资活动来说，由于失业率比较高一般是在经济衰退和萧条时期，企业的利润率也很低，企业的投资水平就下降，将进一步导致失业增加，从而较高的实际失业率产生较高的自然失业率。

（四）内部人—外部人理论

内部人是指受某种组织保护同属于某一利益集团（如工会）的人；外部人是指不受利益集团（如工会等）保护的失业工人、新成长的劳动力或在职的临时工。内部—外部人理论是解释劳动者在劳动市场上不能开展平等竞争，当劳动力市场存在失业时，企业不能用降低工资的办法来雇用更多的人就业。因为一方面，工会代表内部人要求雇主提高工资，而不管外部人的就业需求；另一方面，雇主解雇内部人需要支付成本（如赔偿费、安置费等），而雇用外人又需要花费新的成本（如征选费、培训费等）才能使外部人与内部人一样。由于厂商出于内部人与外部人交换的高成本的考虑，外部人想要进入用人单位取代内部人是非常困难的。

内部人与外部人相比有两点优势：①就业优势，厂商总是优先雇用内部人，率先解雇外部人；②工资优势，在谈判工资中，内部人的工资高于外部人。由于存在内部人与外部人，当劳动需求减少时，内部人不愿削减工资，外部人失业。当劳动需求增加时，内部人工资增加，外部人就业仍不会有大量增加。这样就出现了高工资与高失业并存的情况。

三、资本供给限额及利息率黏性

新凯恩斯经济学派认为，资本供给的主要来源是新发股票和向银行贷款，但二者受逆向选择和道德风险的制约，都会使资本的来源不可能无限增长，前者称为产权限额论，后者称为信贷限额论。

（一）产权限额论

在信息不对称的情况下，当外部投资者未能有效获取公司信息时，投资者往往无法区别诚实的公司和不诚实的公司，也无法辨识公司的信息是可靠的信息还是虚假的信息，他们所能采取的唯一保护自己利益不受损害的方法就是对市场拟发行的新股票报以低价。在这种情况下，股票发行者可能降低融资的规模或频率，甚至退出融资市场。所以，企业新发股票到一定的数额将会导致市场对企业的估价逐渐降低到一定的水平，使企业决策者认识到若继续发行新股票是不明智的，从而停止发行新股票。因此，靠发行股票来增加资本供给总是有限的。

（二）信贷限额论

新凯恩斯经济学派者认为，金融机构对企业的贷款利率一般都定得较低，这使企业得到信贷资金的需求远远大于供给，以致银行不得不采用信贷配给的办法，从而企业的信贷只能获得有限的满足。金融机构为什么不提高利息率来出清信贷市场，而把利息率定低呢？新凯恩斯经济学派认为，这是考虑到了有道德风险的缘故。金融机构道德风险是指提高利息率会刺激企业界进行风险投资。由于信息不对称，银行难以辨明企业的诚实性与投资的风险性。①企业进行风险投资一旦失败，银行连本钱也收不回来；②高利息率还会使诚实而风险小的企业退出借款队伍，致使银行贷款的对象只是那些善于冒风险的不诚实企业。所以银行宁愿采取低息贷款，也不愿意用提高利息的办法把贷款给那些善于冒风险或不诚实的企业，这样就使企业不能得到足额的资金并使利息存在黏性了。

（三）资本供给有限是经济衰退的一个重要原因

其传导机制是：当有效需求增加而企业要增加资本投资时，由于资本受到产权限额和信贷配给的限制，不能获得足够的资金去生产满足社会需求的产品，这就导致了产品的有效供给不足，于是价格上升，价格上升又使实际信贷供给减少，从而有效投资减少。随着有效投资需求减少，对资本的需求也减少，最终使经济陷于衰退之中，失业增加。

四、信息经济理论

（一）不完全信息

1. 不完全信息的理论

不完全信息是指市场参与者不拥有某种经济环境状态的全部知识（已知的系统化的

信息)。不完全信息既包括绝对意义上的不完全信息,也包括相对意义上的不完全信息。绝对意义上的不完全信息是指由于受认识能力的局限,人们无法获得完全的信息,人们不可能知道在任何时候、任何地方已经发生或将要发生的任何情况;相对意义上的不完全信息则是指市场本身不能够提供出足够的信息并有效地配置它们。斯蒂格利茨(1985)曾经对现有不完全信息条件下的各种经济分析模型做过概要的总结,他将不完全信息的经济分析模型划分为九种类型,我们在此基础上将不完全信息的经济分析模型归纳为以下四种类型。

(1) 不利选择和道德风险条件下市场价格的不完全信息。道德风险是指人们享有自己行为的收益,而将成本转嫁给别人,从而造成他人损失的可能性。这主要涉及:①市场中买卖商品(如产品、劳动力或资本借贷等)特性的不完全信息;②保险市场上有关个人从事经济活动的不完全信息;③市场参与买卖的双方在长期或短期的不完全信息状态下的经济活动,如雇主与雇员在不完全信息环境下的经济行为;④信息自由流动时买卖双方利用信息所作出的决策活动,如传递信息涉及数量(如教育量、保险量等)时或者涉及价格时决策者的行为。

(2) 考察市场信息的传递形式对经济活动的影响。在某些情况下,市场信息的传递有可能是由某些人或由许多人组成的群体进行的,这时,市场价格可能传递有关市场供求关系的自然状态的信息。然而,在另外一种情况下,某个具体活动所传递的信息取决于其他个体所采取的行为。例如,在指定的劳动市场上申请工作的个人所传递的信息,取决于他获得该工作的概率,而此概率又依赖于劳动市场上申请该工作的人数。更深入地分析,申请该工作的人数受制于社会就业率(失业率)、工作技术程度、工资率、经济发展程度和提供该工作信息的传播范围和影响等。也就是说,一种经济信息的传递有可能依赖于另外一种经济信息的传递。

(3) 考察市场买卖双方信息不完全或者买卖者单方信息不完全条件下的经济行为。如雇员和雇主双方都彼此不了解对方的有关信息,这些就是双方信息不完全的模式。又如雇员了解公司的生产特性和发展趋势,而公司雇主却不了解雇员的私人信息。或者买卖一方采取了道德风险,而另一方并没有这样,这些是单方信息不完全的模式。

(4) 考察不完全信息条件下竞争市场的均衡问题,同时研究与竞争均衡联系的非竞争均衡、垄断或垄断性竞争市场,以及工资率、失业和国际贸易等论题。此外,不完全信息条件下的经济波动和经济发展模式也属于这类模型的分析主题。

2. 不完全信息的交易搜索

他们认为,在劳动力市场存在着职工技能和偏好差异,在不完全信息的条件下,对劳动者来讲不断持续寻找合意的工作是一种必要的投资,而大量职业搜寻者的存在必然提升失业水平。一般对劳动者来讲,他们在劳动力市场上寻找职业的时间越长,花费的成本越多,他们就越有可能找到自己满意的工作。职业搜寻的数量和持续时间主要取决于以下四个因素。

(1) 就业结构和工资的差异性。就业结构差异性和工资差异性越大,寻找工作的人员的数量就越多,搜寻职业的时间就越长;反之,持续的时间就越短。

(2) 新增劳动力的数量。其数量越多,职业搜寻者就越多;反之,寻找职业者就越少。

(3) 经济形势。经济形势越好,职业搜寻者就越多,因为经济形势好,提供的就业机会多、报酬高;反之,寻找职业者就越少。

(4) 失业保障。失业者的失业保障越好,职业搜寻者就越多,持续的时间就越长。这样在工资差异性大、经济形势好、失业有收入保障的情况下,人们确信搜寻职业的收益大于成本,职业搜寻型失业就会增长。

3. 不完全信息与市场失灵

新凯恩斯经济学派认为,在现实经济中,信息的传播和接受都需要花费成本,而市场通信系统的局限和市场参与者释放市场噪声等主客观因素的影响也都将严重阻碍市场信息的交流和有效传播。其结果是价格信息不可能及时传递给每一个需要信息的市场参与者,而每个市场参与者所进行的交易活动及其结果也不可能及时地通过价格体系得到传递,因而市场价格不可能灵敏地反映市场的供求状况,市场供求状况也不可能灵敏地随着价格的指导而发生变化,市场机制由此失灵。在不完全信息经济下,市场均衡理论必须在不完全信息条件下予以修正,随之而来的假设完全信息均衡模型被信息经济学中各种不完全信息的均衡模型所取代。

(二) 信息不对称

不完全信息是在市场调节中存在信息传递的阻碍,使许多人得不到完全的信息。信息不对称是指信息分布的不平衡,有些人得到的信息多,而有些人得到的信息少,甚至得不到所需要的信息。信息不对称理论是指在市场经济活动中,各类人员对有关信息的了解是有差异的,掌握信息比较充分的人员,往往处于比较有利的地位,而信息贫乏的人员则处于比较不利的地位。

1. 信息不对称的理论模型

在信息经济学文献中,人们把研究事前非对称信息博弈的模型称为逆向选择模型,而研究事后非对称信息的模型称为道德风险模型。黄琪博士把信息不对称的理论模型归纳为如下五种不同的模型。①

(1) 逆向选择模型。逆向选择是指信息不对称所造成市场资源配置扭曲和市场效率的降低的现象。如按市场机制的作用,降低商品的价格,该商品的需求量就会增加;提高商品的价格,该商品的供给量就会增加。但是,由于信息不对称,有时候会出现"卖贱卖贱越卖越贱,买贵买贵越买越贵"现象:①卖者降低商品的价格,消费者反而不作出增加购买的选择,因为买者可能担心生产者提供的产品质量低,是劣质产品,而非原来他们心中的高质量产品,从而不采取购买行为;②卖者提高商品的价格,会出现买者反而抢购的现象,如房屋价格提高时,购房者却大量增加(买贵不买贱)。信息不对称使市场机制不能很好地调节供求关系,出现了市场失灵。

(2) 信号传递模型。信号传递模型是经济学家迈克尔·斯宾塞(A. Michael Spence)第一个提出的,由于他对信息经济学研究作出了开创性的贡献而荣获 2001 年的诺贝尔经济学奖。例如,一年一度的中国留学申请工作,美国大学首先要看申请者的 TOFEL(the

---

① 黄琪.信息不对称与市场效率的关系研究[D].济南:山东大学,2014:12-13,43-44,46.

Test of English as a Foreign Language,托福考试)和 GRE(Graduate Record Examination,美国研究生入学考试)的成绩;其次是他们的 GPA(grade point average,平均学分绩点);最后是推荐信。他们当然不可能知道每个中国学生研究能力的高低,到底适不适合研究工作,能否做出成就。但是,他们必须根据中国学生所提供的材料作出录取与否的选择。而 TOFEL 和 GRE 成绩(以及其他材料)就可能起到传递申请者能力以及学习意愿等的作用。再一个例子是雇主与雇员的聘用关系,雇员知道自己的能力,而雇主不知道,为了证明自己的能力,雇员向雇主提供接受教育水平及职业证书的信号,雇主根据雇员受教育和技能水平决定其录取与否和薪资高低。

(3) 信息甄别模型。信息甄别是斯蒂格利茨在信息不对称市场理论研究上的最大贡献,1976 年,罗斯切尔德(Rothschild)和斯蒂格利茨在其经典论文《竞争性保险市场的均衡:论不完全信息经济学》中,提出了著名的"信息甄别"理论,进一步发展了乔治·阿克洛夫(George Akerlof,1970)、迈克尔·斯彭塞(Michael Spence,1973、1974)的研究成果。[①] 信息甄别是指在市场交易中没有私人信息的一方为了减弱不对称信息对自己的不利影响,能够区别不同类型的交易对象而提出的一种交易方式、方法(或契约、合同)。在"信息甄别"理论中他们提出均衡可以分混合均衡和分离均衡两种主要模型。在混合均衡之中,所有人签订相同的合同;在分离均衡之中,则不同的人签订不同的合同。分离均衡如在委托-代理关系中,代理人知道自己的类型,委托人不知道;委托人可以提供多个合同供代理人选择,代理人根据自己的类型选择最适合自己的合同并根据合同选择行动。信号传递与信息甄别的区别在于:①在信息甄别模型中,要想产生分离均衡,甄别者(没有私人信息的一方)所提的同一交易合同对不同的被甄别者必须有不同的收益(效用);而在信号传递模型中,同一信号对不同发送者必须产生不同的交易费用,才能产生分离均衡。②在信息甄别机制中,没有私人信息的一方先行动,而在信号传递机制中,有私人信息的一方先行动。

(4) 隐藏行动的道德风险模型。签约时信息是对称的,签约后代理人选择行动(如工作努力还是不努力),代理人的行动决定某些可观测的结果(如利润),而不能直接观测到代理人的行动本身。委托人的问题是要设计一个以诱使代理人从自身利益出发选择对委托人最有利的行动激励合同。再一个例子是雇主与雇员之间的关系,雇主不能观测到雇员是否努力工作,但可以观测到雇员的任务完成结果,雇主可以设计出雇员报酬与其完成任务情况有关的工资制度。

(5) 隐藏信息的道德风险模型。交易时信息是对称的,交易后,代理人观测到自然的选择,然后选择行动;委托人观测到代理人行动,但不能观测到自然的选择。一个简单的例子是企业经理与销售人员的关系:销售人员是代理人,他知道顾客的特征。例如,他知道顾客张三是很好说的人,只需要 50 元买几斤水果去登门拜访就可以把生意合约签订下来。企业经理是委托人,他不知道顾客的特征。这样,销售人员可能欺骗经理,说张三这个顾客很难搞定,需要请他吃一餐丰盛的酒宴,至少要花费 2 000 元才行,如果经理老老

---

① 乔治·阿克劳夫研究的是产品市场上的信息不对称,斯彭塞研究的是劳动力市场的信息不对称,约瑟夫·斯蒂格利茨进一步把信息甄别模型引入保险市场和信贷市场的研究,并且在诸多领域都有建树。

实实给销售人员2 000元,这个销售人员就净赚1 950元了。当然,经理一般不是那么愚笨,他会通过设计一套激励机制向销售人员提供刺激,以使后者如实向他透露顾客的真实情况。这个模型就是一个"隐藏信息的道德风险博弈模型"。

2. 劳动力市场中的信息不对称

一般来说,在劳动力市场中招聘者与应聘者之间存在着信息不对称,招聘者与应聘者之间信息不对称有以下三种类型。

(1) 应聘者处于信息优势。招聘者对于应聘者的信息也是通过应聘者提供的一些表面文件获得的,如个人简历、推荐表或者是与应聘者面谈等,这些信息很难对应聘者的个人能力、诚信程度、品质等方面有全面的了解,而应聘者为了能够成功地应聘,他们往往会提供一些虚假信息,如假文凭、假荣誉证书、假资格证书或者编造假的校园实践、社会工作经历等。这种现象在招聘市场中时有发生,同时这些信息在招聘过程中也很难识别。这样有可能误导招聘者使他们应聘成功,如果招聘者录用这样的应聘者,他们的能力达不到用人单位的要求,他们也很难完成用人单位交给他们的任务,同时也给用人单位带来很大的损失。

(2) 用人单位处于信息优势。应聘者对招聘者的了解仅仅通过招聘广告、网站、招聘者的介绍等途径,所以说应聘者对招聘企业相关信息如经营方针、管理制度、公司前景、工作环境、企业文化等及岗位所要求的能力特征等方面的信息不可能完全了解,然而对于企业来说,招聘者比应聘者更了解自己企业的实际情况。招聘者为了给企业招募到高素质的优秀员工,他们不惜欺骗应聘者说为招聘者提供许多优惠的条件,如住房补贴、企业年金等,实际上这些条件招聘者可能没有能力提供,招聘者还对自己的企业进行美化,夸大了自己的经营业绩,对自己企业面临的困境根本不会提及,如果应聘者在不知情的情况下选择了这样的企业,可能会耽误自己的职业发展。

(3) 招聘者与应聘者双方对目标选择的信息不对称。在劳动市场由于应聘者和招聘者对于某些信息的认识和把握不同,如经济发展走向、市场信息、政策、法规等,这样就使双方产生信息不对称现象。在招聘过程中招聘者或者是应聘者一方比较占有优势,而另一方则占劣势地位或者持悲观态度。在这样的情况下,在招聘过程中招聘者和应聘者会对工资、福利待遇等方面的看法和要求有很大的不同。

3. 保险市场中的信息不对称

根据斯蒂格利茨和罗思切尔德的研究,在保险市场上,投保人对于风险标的信息的掌握要更加完整真实,而保险人对于投保人的风险却知之较少。在这种信息不对称的情况下就会存在以下情况。

(1) 事前,逆向选择。投保者往往是身体不健康或容易发生事故的人群,他们会积极参加人身保险和财产保险,这样的逆向选择使保险公司不得不提高保费。而当保费提高时,低风险顾客又会选择退出保险市场,只留下高风险的顾客,如此恶性循环下去,保险市场无疑最终也会成为萎缩的或不存在的市场。

(2) 事后,道德风险。投保人的诚信缺失表现在恶意制造保险事故,造成保险财产的损失或被保险人的人身伤亡事故,骗取保险金,或故意夸大损失程度,使保险人支付了赔付率之上的保险金。

(3) 信息甄别,实行有效率的"分离均衡"。为避免上述现象的出现,斯蒂格利茨和罗思切尔德提出,保险公司可以通过制定两类不同保单将高风险顾客与低风险顾客甄别开来,即低保险金和低赔付比例的保单,高保险金和高赔付比例的保单。对于发生事故概率较高的顾客而言,选择第一类保单是不划算的,他们会偏向于选择购买第二类保单;同样,对于发生事故概率较低的顾客而言,选择第二类保单是不划算的,他们会偏向于选择购买第一类保单。这样,通过参保顾客的自选过程,不同风险程度的投保人选择适合于自己的最优保险合同,保险公司就可以把顾客的风险信息甄别开来,保险市场实现了有效率的"分离均衡"。

另外,斯蒂格利茨还创造性地分析了信贷市场由于信息不对称而引起的逆向选择和道德风险。他们认为银行降低坏账损失的最优策略是对贷款进行配给而不是提高贷款利率,如前边的信贷配额论所述。

4. 信息不对称理论的作用

(1) 该理论指出了信息对市场经济的重要影响。随着新经济时代的到来,信息在市场经济中所发挥的作用比过去任何时候都更加突出,并将发挥更加不可估量的作用。

(2) 该理论揭示了市场体系中的缺陷。他们指出,由于信息不完全和信息不对称,市场是失灵的,完全靠自由市场机制不一定会给市场经济带来最佳效果,特别是在投资、就业、环境保护、社会福利等方面。

(3) 该理论强调了政府在经济运行中的重要性,呼吁政府加强对经济运行的监督力度,使信息尽量由不对称到对称,由此纠正由市场机制所造成的一些不良影响。

第三节 新凯恩斯经济学派的政策主张

一、经济政策主张上的特点

新凯恩斯经济学派在经济政策主张上与凯恩斯和新古典综合学派相比,具有如下特点。

(一) 温和性

凯恩斯的经济政策具有扩张性,新古典综合学派的经济政策具有灵活性(不同时期有不同的政策主张,提出了松紧搭配的宏观政策,提出了宏观政策微观化措施),新凯恩斯经济学派的经济政策具有温和性。新凯恩斯经济学派认为,政府经济政策的着力点在于修复失灵的市场机制,从而稳定经济增长和增进社会福利。

(二) 适度性

在度方面,凯恩斯的经济政策较为强硬,新古典综合学派的经济政策表现为中性,新凯恩斯经济学派的经济政策具有适度性。新凯恩斯经济学派在运用大量模型论证工资、价格黏性和信息不完全及信息不对称的基础上,提出了市场失灵。为消除市场失灵,政府应该对经济进行适度干预。政府经济政策的着力点在于抑制工资和价格的黏性,以修复失灵的市场机制,从而稳定经济,增进社会福利。因此,强调微观经济基础的新凯恩斯经济学派更加强调市场机制的作用,主张"适度"的政府干预。在政策操作上,他们针对新古典综合学派倡导的微调政策,设计出调节政策,以抵消或避免宏观水平波动的问题。

(三)原则性

新凯恩斯经济学派通过数学模型推导出许多公式化的经济对策,但较少把这些对策具体化,也没有给出具体可操作性的经济政策措施。这些政策建议的相对原则化有利有弊,好处在于弹性较大,可以灵活运用,但是却不便于政策执行者实际运作。在经济政策主张方面,新凯恩斯经济学派在财政政策上基本遵循新古典综合学派的政策主张,无根本创新之处。而在价格政策、人力政策和货币政策方面,他们的政策主张具有一定的独到之处。

二、新凯恩斯经济学派政策的内容

(一)价格政策

(1)根据交错调整价格黏性论提出的政策建议是:制定能诱导企业实行同步调整价格的政策,减少经济中的价格黏性,以克服物价总水平的惯性。

(2)根据菜单成本论提出,为了稳定经济,增加社会福利,国家应该推行抑制价格黏性,使价格具有弹性的政策,以纠正市场失灵,稳定总产量和总就业量。

这两项政策建议主张利用政府干预来恢复价格弹性,修复失灵的市场机制,的确抓住了问题的关键,但这两项建议都过于原则,没有提出具体的政策措施,不便于在实际中操作。

(二)就业政策

根据内部人控制理论,提出的政策建议是,政府应该更多地考虑长期失业者的利益,为他们提供更多的就业机会。合同理论则认为,政府不应该干预劳动工资合同,货币政策应该使工资较有弹性,以提高就业率。这种就业政策具有较强的理想色彩,具体实施有较多的困难。他们认为,为了要降低内部人的权力和使外部人对雇主更具吸引力,制度改革是必要的。

(1)降低内部人的权力的政策包括:①工作保障法规的软化以便降低雇用和解雇劳工的流转成本;②劳资关系的改善以便减少罢工的可能性。

(2)有助于给外部人以公民权的政策包括:①再培训外部人以便增进他们的人力资本和边际产量;②改善劳工流动性的政策,如完善住房市场等;③使工资具有更大灵活性的利润分享制度安排;④失业补偿制度的再设计以便鼓励寻找工作。

(三)货币政策和信贷政策

(1)最优的货币政策是,货币量的调整与影响价格的实际变动相适应,与引起价格变动反向行事。

(2)针对银行不愿意贷款给社会效益高的风险项目,信贷配额论建议政府应该利用贷款补贴、借款担保等手段来降低市场利率,使那些社会效益高而风险大的项目能得到贷款。

(3) 针对金融市场的信息不对称，他们提出了进行信息甄别，实行有效率的"分离均衡"的主张。

第四节 新凯恩斯经济学派的社会影响与简要评价

一、新凯恩斯经济学派的社会影响

新凯恩斯经济学派通过对凯恩斯经济学派的发展和完善，对现代宏观经济学产生了深远的影响，具体表现在以下几个方面。

(1) 新凯恩斯经济学派从理论上进一步明确了现代宏观经济学的发展方向，充实了现代宏观经济学的理论内容。作为对凯恩斯主义经济理论的重要发展和贡献，新凯恩斯经济学派在重塑宏观经济学的微观基础方面取得了丰富的研究成果，使宏观经济学和微观经济学之间开始出现内在的一致性和相容性。新凯恩斯经济学派认真对待各学派对凯恩斯主义的批评，对凯恩斯主义的理论进行了深刻的反省，同时吸纳并融合各学派的精华和有用的理论观点，有批判地继承、发展了凯恩斯主义，极大地充实了现代经济学的理论内容。

(2) 新凯恩斯经济学派在经济研究中能够综合运用不同学派的分析方法，丰富了现代宏观经济学的方法论。新凯恩斯经济学派引入理性预期学派的"理性预期假设"及相关分析方法，突出预期在经济模型中的作用，将预期作为一个内生变量包含在模型的分析范围之中。另外，新凯恩斯经济学派还引入不完全信息与信息不对称假定和长期与短期相结合的分析方法，丰富了现代经济学的方法论。

(3) 新凯恩斯经济学派的宏观经济政策面向实际，更具有现实感。新凯恩斯经济学派突破凯恩斯只强调财政政策而忽视货币政策的旧框框，吸收现代货币主义的部分观点，把货币政策与财政政策放到同等重要的地位，将适当的总需求水平与最佳的财政政策和货币政策相结合。新凯恩斯经济学派针对资本主义的经济现实调整政策的主张使宏观经济政策具有可行性，这对阻止现代宏观经济学脱离实际、纯学术化很有帮助。

(4) 新凯恩斯经济学派对前美国总统克林顿政府有很大影响，在克林顿执政期间美国出现了"新经济增长"(经济和出口贸易长期高速增长、低失业率、低通胀率、低财政赤字)奇迹，产生了较好的效果。

(5) 20世纪90年代，新凯恩斯经济学派处在当代经济学的主流经济学地位，使人们重新重视凯恩斯。20世纪80年代由于新自由主义的复兴，传统的凯恩斯理论不再被大多数经济学家所重视，相传20世纪80年代初期一位研究经济周期理论的代表人物曾经宣布，在他的学生中，没有一个人知道凯恩斯是谁。而在20世纪90年代至21世纪初，新凯恩斯经济学派复兴了凯恩斯主义的主流经济学地位。

二、新凯恩斯经济学派的简要评价

(一) 新凯恩斯经济学派的贡献

(1) 该学派的代表人物有一些当今世界顶级经济学家及诺贝尔经济学奖获得者。如曼昆、斯蒂格利茨、罗默、阿克洛夫等。

(2) 创新性地提出了一些经济学前沿经济理论,如信息理论、激励理论、价格黏性、效率工资、内部—外部人理论等。

(3) 把宏观经济学建立在坚实的微观经济分析基础之上,从微观分析得出了宏观结论。

(4) 新凯恩斯经济学派提出的修复市场的功能性的政策主张是对凯恩斯理论的发展,丰富并拓展了凯恩斯理论宏观经济政策的内容。

(二) 新凯恩斯经济学派的缺陷

新凯恩斯经济学派的缺陷主要体现在以下几个方面。

(1) 新凯恩斯经济学派一直偏重于理论发展层面,而忽视了实践经验的重要性,造成经验证据比较缺乏。经济理论最终都是需要实践证据来证实的,尽管经济理论不断发展,经济模型比较完美,但是如果缺乏经验证据的证实,这是比较缺乏说服力的。

(2) 基于价格调整的小额成本,这一菜单成本对于单个厂商的作用可能是重大的,但是如果从总量方面来考虑,这种影响会不会消失? 这一问题并没有得到充分有力的证明。另外,菜单成本理论中假设厂商边际成本在短期内是不变的,这也并不一定符合实际,尽管在短期,厂商的边际成本也有可能发生变化。

(3) 新凯恩斯经济学派所采用的分析方法,仍然属于局部均衡分析方法,而不是一般均衡的分析方法。没有充分考虑所有经济变量之间的关系,理论观点适用性可能会受到限制。

(4) 经济理论体系内部的联系并不是十分紧密,相对来说比较脆弱。因为该理论将理性预期学派和一种理论的某些基本假定直接吸纳,而又要结合原凯恩斯主义经济理论的某些假设,两种理论主张本来就是对立的,由此造成该理论体系内部逻辑衔接和相互联系上显得不够顺畅。

(5) 有些政策主张过于原则,不便操作。

复习思考题

1. 如何认识新凯恩斯经济学派产生的背景、主要代表人物?
2. 简述新凯恩斯经济学派与新古典综合学派的关系。
3. 为什么说新凯恩斯经济学派是经济学史上的第四次大综合?
4. 简述新凯恩斯经济学派的价格黏性理论。
5. 简述新凯恩斯经济学派的劳动力市场理论。
6. 简述新凯恩斯经济学派的资本供给限额理论和利息黏性理论。
7. 试述新凯恩斯经济学派的信息经济理论。
8. 简述新凯恩斯经济学派的经济政策主张的特点和内容。
9. 简述新凯恩斯经济学派的社会影响及简要评价。

习　题

第六章

瑞 典 学 派

【本章要点及学习要求】

　　了解瑞典学派的主要代表人物、瑞典学派的形成发展、瑞典学派的特点;理解宏观动态经济学理论的创始人及其主要内容、瑞典学派的主要形成原因;掌握H-O理论及需求相似理论、购买力平价理论在国际经济中的重要作用及其局限性;知道瑞典学派的福利国家理论观点及瑞典模式的特点;把握瑞典学派的主要政策主张;知道"瑞典病"的主要表现及其改革。

第一节　瑞典学派概述

一、瑞典学派主要代表人物

(一)缪尔达尔

　　冈纳·缪尔达尔(Karl Gunnar Myrdal,1898—1987)是瑞典学派和新制度主义以及发展经济学的主要代表人物之一,1974年诺贝尔经济学奖获得者,代表作有《经济变动中的价格形成问题》(1927)、《经济理论发展中的政治因素》(1930)、《货币均衡理论》(1931)、《经济理论与不发达地区》(1957)、《超越福利国家》(1960)、《世界贫困的挑战:世界反贫困计划纲要》(1970)等书。他的学术贡献主要是:①在货币和经济波动理论方面进行了开创性研究,把总量分析与动态过程分析结合在一起,提出了循环积累因果原理,形成了宏观动态均衡理论,因此他荣获诺贝尔经济学奖;②他从结构和制度演进上研究社会经济问题,对经济的、社会的和制度现象的内在依赖性进行了精辟分析;③他提出了"扩散效应"和"回波效应"的概念,用来说明国际间和地区间经济发展的不平衡问题,这对发展经济学产生了较大的影响;④在研究方法上,他坚持整体方法论,重视制度分析和动态分析方法,为宏观动态经济学的发展打下了基础。他有关制度的研究,我们放在第七章新制度主义学派中分析。

(二)林达尔

　　埃里克·罗伯特·林达尔(Erik Robert Lindahl,1891—1960)是瑞典学派主要代表者之一。他除曾任斯德哥尔摩大学经济学教授外,还曾兼任过瑞典中央银行顾问、国际经济学家协会主席等职务。他的主要著作有：《课税的公正》(1919)、《货币政策的范围和手段》(1929)、《货币和资本理论的研究》(1939)、《就业稳定问题》(1949)。他对瑞典学派的突出贡献在于：①他与缪尔达尔一起提出的宏观动态均衡理论，对20世纪20年代和30年代西方经济理论的发展起到了极为重要的推动作用；②提出了由他的名字命名的"林达尔均衡"（是公共产品理论最早的成果之一，即每个社会成员都按照其所获得的公共物品或服务的边际效益的大小，来贡献自己应当分担的公共物品或服务的税金，则公共物品或服务的供给量可以达到具有效率的最佳水平）；③他首先在经济学中使用序列分析方法（是一种动态数据处理的统计方法，该方法基于随机过程理论和数理统计学方法，研究随机数据序列所遵从的统计规律，以用于解决实际问题）。

（三）俄林

戈特哈德·贝蒂·俄林(Gotthard Bertil Ohlin,1899—1979)，瑞典著名经济学家，当代国际贸易理论的创始人。1977年，俄林因对国际贸易理论和国际资本运动理论作出了开拓性的研究，获得了诺贝尔经济学奖。他一生主要研究国际贸易理论，著有《国际贸易理论》(1924)、《区间贸易和国际贸易论》(1933，揭示了区间贸易和国际贸易形成的原因，指出国际贸易中生产要素禀赋的差异)、《国际经济的复兴》(1936)、《对外贸易政策》(1955)等。

另外，瑞典学派的学者还有古斯塔夫·卡塞尔(Gustav Cassel,1866—1945)、大卫·达维逊(David Davidson,1854—1942)、斯戴芬·伯伦斯坦·林德(Staffan Burenstam Linder)等。由于瑞典学派主要代表人物林德伯克侧重于制度研究，我们放在第七章新制度主义学派中分析。

二、瑞典学派的形成和发展

（一）国情及背景

瑞典是一个拥有1 006.77万人口(2017)、449 964平方千米土地的小国，同时又是经济发达[2017年人均GDP(国内生产总值)5.33万美元]和对外高度开放型（对外贸易依存度为80%左右，出口利润占GDP的45%左右）的国家。瑞典学派萌芽于20世纪初的资本主义由自由阶段过渡到垄断统治阶段，传统的新古典经济学的理论和自由放任经济政策已趋破产，经济学需要在理论上另辟蹊径，以维持资本主义制度的统治。瑞典学派就是为适应这种新的形势需要而逐渐形成发展起来的。

（二）瑞典学派形成和发展的三个时期

1. 萌芽时期

克努特·威克塞尔(Knu Wicksell,1851—1926)在他1898年出版的《利息与价格》（后修订为《国民经济学讲义》分别于1901年和1906年出版了第一卷和第二卷）一书中提出的积累过程原理，为瑞典学派的经济理论奠定了基础。瑞典学派的理论渊源除威克塞尔的理论外，还有卡塞尔、达维逊的理论。他们从不同方面对威克塞尔的理论进行批评和补充从而形成了瑞典学派的又一重要思想来源。当然,在这一时期这两人的影响同威克塞尔比起来还是属于次要的。

2. 形成时期

瑞典学派形成于20世纪30年代,标志着这一学派形成的主要著作有6部:①缪尔达尔在1927年出版的《价格形成问题与变动因素》。此书在传统的静态均衡价格理论基础上,加进了预期因素,强调企业家对未来的主观预期及不确定性和风险等因素在价格形成理论中起的重要作用。②缪尔达尔在1931年出版的《货币均衡论》。此书把一些经济变量区分为事前估计与事后估计两种,进行动态分析。③林达尔在1929年出版的《货币政策的目的和方法》中,建立了动态分析的期间分析,以代替静态均衡分析。④林达尔在1939年出版的《货币和资本理论的研究》中,对预期因素进行分析,提出了补偿性财政政策理论,建立一个一般动态理论体系。⑤伦德贝格在1937年出版的《经济发展理论研究》中,采用过程分析或序列分析来研究经济周期波动和增长。⑥瑞典政府失业调查委员会于1933—1935年发表了《失业委员会最后报告书》,参加最后撰写的有缪尔达尔、俄林等。他们采用瑞典学派的分析方法和观点,得出了需要通过政府干预来消除失业的结论。

3. 发展时期

第二次世界大战后,特别是20世纪60年代以后,瑞典学派的经济理论获得了进一步发展。这时期的主要代表人物是林德伯克。他所著的《新左派政治经济学》(1971)、《瑞典经济政策》(1974)两书,在全面评述激进派经济学的理论观点的同时,系统地总结了瑞典近百年来,特别是第二次世界大战后的经济政策,既保持了瑞典学派原来的传统,又加强了瑞典学派理论中的社会民主主义经济思想。

三、瑞典学派的特点

瑞典学派是在20世纪20—30年代资本主义进入私人资本垄断阶段,资本主义矛盾已十分尖锐并爆发空前严重的经济危机的形势下,在一定程度上摆脱了新古典学派的理论框架而形成发展起来的。它与新古典经济学派比较起来具有如下特点。

(1)"一分法"的经济分析方法。新古典经济学派从萨伊定律和旧货币数量论,把货币的变动与经济的变动视为互不相干的两回事,瑞典学派则把二者结合起来创立了货币经济理论。

(2)倡导动态经济学。他们修补了静态经济理论的缺陷,提出了动态经济学。在动态经济学分析中创新出一系列新的经济术语,如资本价值、所得、投资、储蓄、成本等区分为事前、事后两种数值。主张采用期间分析或过程分析、序列分析来阐释经济的运行变化过程。

(3)把预期纳入经济分析之中。强调预期在经济运行中的决定性作用。缪尔达尔认为必须把预期纳入经济分析之中,离开了预期,许多经济概念不可能在经济分析中发挥应有的作用。

(4)注重国际经济理论和经济制度理论的研究。瑞典是一个高度开放型的国家,同时又是一个社会民主主义传统很深的国家。瑞典学派经济学家从国情出发,自然对国际经济理论和社会民主主义经济制度理论的研究比较注重,并取得了相当成果。其中有些理论在西方产生了广泛而深远的影响。例如,购买力平价理论、国际贸易理论、经济制度理论等。他们的经济制度理论放在第七章中分析。

(5) 主张政府干预经济。其主要成员都直接参与瑞典的政府经济政策的制定和执行工作,受凯恩斯主义学派的政府干预思想的影响较大。

第二节 瑞典学派的主要经济理论及成因

瑞典学派有四大理论:①宏观动态经济理论(威克塞尔、缪尔达尔和林达尔);②国际经济理论(卡塞尔的购买力平价论、俄林的生产要素禀赋论、林德的需求相似理论);③林德伯克和缪尔达尔的社会经济制度理论(放在第七章中介绍);④福利国家理论。

一、宏观动态经济理论

威克塞尔的积累过程原理为宏观动态经济理论奠定了基础,而后又由林达尔、缪尔达尔等人予以修补加以发展。

(一) 威克塞尔的积累过程原理及局限性

1. 积累过程原理

威克塞尔所处的年代是瑞典周期性经济危机频繁发生,严重困扰经济发展的时期。威克塞尔通过研究发现经济危机与经济周期性波动总是与价格和利息率的波动相伴,于是他在1898年出版的《利息与价格》一书中提出了积累过程原理,试图通过对利息率与价格变动的研究,给经济危机一个合理的解释。

(1) 他将利息率分为货币利息率和自然利息率。货币利息率是指借贷资本的市场利息率,即实际利息率;自然利息率是指在没有货币参加的实物经济中,资本与供求相一致时的利息率,相当于实物资本生产力的利率(或者是商品的一般价格水平保持稳定的利率)。

(2) 物价水平的高低由自然利率和货币利率的差异决定。①当货币利率等于自然利率时,物价稳定;②当货币利率小于自然利率时,物价积累性上涨;③当货币利率大于自然利率时,物价积累性下降。

(3) 自然利息率和市场利息率的差异对价格起着渐进的累积的影响。当市场利息率低于自然利息率时,由于生产资料的需求扩张、信用膨胀、投资大于储蓄、货币所得增长,从而导致物价水平累积性上涨的经济扩张过程;反之,则出现物价水平累积性下降的经济紧缩过程。当自然利息率与货币利息率相一致时,经济处于均衡状态,此时的利息率称为均衡利率。

(4) 政府应通过调整利息率来干预物价变动和经济波动。只有使两种利率保持一致,才能实现物价稳定和社会经济的正常发展,但现实中总是市场利率对于价格变动的影响要大于自然利息率,所以政府要对其进行干预。

2. 积累过程原理的局限性

①只强调货币因素对经济周期运动的影响,忽略了其他因素的作用,因此,无法对经

济危机的根源加以全面的科学解释;②受传统经济学的影响,将充分就业作为假设前提,进而把经济危机看作价格波动,而不是就业和产量的波动,因而具有一定的局限性。

(二)林达尔和缪尔达尔的宏观动态经济理论

针对威克塞尔积累过程原理的上述缺陷,林达尔和缪尔达尔不断对其加以修正,为宏观动态经济理论的发展作出了贡献。

(1)林达尔在把充分失业当作特例的情况下,进一步发展了总量分析法。他一方面提出了消费品的总需求和总供给之间的变化决定物价水平的变化;另一方面考察了物价、就业、产量和利息率等一些社会经济总量及其相互关系。虽然林达尔并未解释产出和就业的变化,但他的综合分析所取得的成果对当代西方宏观经济学具有较大的影响。

(2)将时间因素引入经济分析中,将静态均衡理论发展为动态均衡理论。缪尔达尔提出了时点分析方法和时期分析方法。他认为时点分析是围绕一个均衡点展开的分析,它对于研究静态均衡是重要的;时期分析是对两个时点之间的间隔的分析,它着重研究的是动态经济发展问题。

(3)缪尔达尔还提出了"事前"和"事后"的概念、序列分析法,使经济分析更接近于现实。缪尔达尔的"事前"和"事后"的概念,为解决西方经济学中的许多纷争提供了简单的途径。很多人认为,经济学中所提出的储蓄与投资相等之所以令人费解,就是因为没有明确说明储蓄与投资虽相等,但必须经过一定的时间间隔才能达到事后均衡。后来,林达尔在此基础上,又提出了序列分析法,使经济分析更接近于现实。

(4)林达尔提出了新的货币政策目标。他认为威克塞尔的货币政策目标不易实现,而主张把完全消除或者最少是缓和价格、产量和就业等经济因素的波动作为货币政策目标,这是从否定威克塞尔的充分就业假定得出的必然结论,标志着瑞典学派宏观政策的新发展。

(三)对宏观动态经济理论西方经济学的评价

(1)传统经济学把将货币因素排除在实际经济运动的分析之外。威克塞尔将利率的变动和经济均衡联系起来,将传统的经济理论与货币理论融为一体,弥补了传统理论的缺陷。

(2)瑞典学派注重时间因素,克服了静态研究的局限性,使经济分析更接近经济过程的现实。但其动态均衡理论仅注重经济运动扩张、收缩时序先后的数量分析,忽视对运动过程质的分析,这是片面的。

(3)威克塞尔的积累理论认为总供给与总需求的失衡以及价格的震荡是常态,从而将微观静态均衡分析转为宏观动态均衡分析。但由于威克塞尔的宏观分析只说明了生产的扩大和收缩的趋势问题,没有阐述总产量和就业量的变化及决定问题,因此只是建立了现代宏观经济体系的雏形。

(4)在经济自由主义思潮占主流的条件下,瑞典学派主张政府干预经济,这是难能可贵的。

二、国际经济理论

(一) 卡塞尔购买力平价论与评价

1. 卡塞尔的购买力平价论

购买力平价理论是关于汇率决定的一种理论,最初由英国经济学家桑顿在1802年提出,后来它成为李嘉图的古典经济理论的一个组成部分,最后由瑞典经济学家卡塞尔加以发展和充实,并在其1922年出版的《1914年以后的货币和外汇》一书中做了详细论述,他认为,汇率的变动趋势始终是两国货币购买力之比。购买力平价分为两种:①绝对购买力平价。绝对购买力平价是指本国货币与外国货币之间的均衡汇率等于本国与外国货币购买力或物价水平之间的比率。②相对购买力平价。相对购买力平价是指不同国家的货币购买力之间相对变化时,两国的购买力比率发生变化,则两个国家货币之间的汇率就必须调整。

这一理论的要点是:①两国货币之所以能够互相兑换,是因为它们在各自国内具有购买力;②两国货币的汇率应该等于这两国货币的国内购买力之比;③由于一国货币购买力的大小与该国通货膨胀率和物价的变动有关,二者呈负相关关系,因此,汇率将随通货膨胀率与物价的变动而变动;④当两国都发生通货膨胀时,名义汇率将等于原先的汇率乘以两国通货膨胀率之商(本国货币购买力变化率除以外国货币购买力变化率)。

2. 购买力平价论在国际经济中的积极意义

(1) 该理论较令人满意地解释了长期汇率变动的原因,长期以来它已成为汇率理论中具有重要影响力的理论之一。

(2) 它提供了换算各国有关经济指标的一个工具。可以以购买力平价为基础的汇率来换算各国有关同一经济指标(如国民生产总值、国内生产总值等)。

(3) 为国家衡量和调节现行实际汇率提供了依据。从统计验证来看,许多国家相对购买力平价很接近均衡汇率。

(4) 相对购买力平价理论在物价剧烈波动、通货膨胀严重时期具有重要的意义。因为它是根据两国货币各自对一般商品和劳务的购买力比率,作为汇率决定的基础,能相对合理地体现两国货币的对外价值。同时它也为金本位制崩溃后各种货币定值和比较提供了共同的基础。

(5) 以购买力平价汇率为尺度去与现行实际汇率进行比较,便可发现后者偏离正常均衡汇率的程度,从而采取相应的对策。

3. 购买力平价论的局限性

(1) 在现实操作上较为困难,实用性有限。①按购买力的汇率是绝对购买力或是相对购买力难以确定;②两国物价水平究竟是以批发价为依据,还是以零售价为依据也是难以确定的;③在物价指数的选择上,是以参加国际交换的贸易商品物价为指标,还是以国内全部商品的一般物价为指标,更难以确定;④就相对购买力的汇率而言,应选择哪一个时点为基期来计算基期汇率也难以确定。

(2) 把汇率的变动完全归之于购买力的变化,忽视了其他因素。如忽视了国民收入、国际资本流动、生产成本、贸易条件、政治经济局势等对汇率变动的影响,也忽视了汇率变动对购买力的反作用。

(3) 计量不均衡。对有些国家可能是高估,有的则是低估。如20世纪90年代至21世纪初以购买力平价为基础来核算我国GDP的美元的数值,结果使我国GDP的美元数值大大高于现行按市场汇率来换算的美元数值,被列入经济发达国家之列。

(二) 生产要素禀赋论与评价

1. 赫克歇尔—俄林定理

赫克歇尔—俄林定理是用生产要素丰缺程度的差异解释国际贸易的产生和一国的进出口贸易类型的理论。1919年,赫克歇尔(Heckscher,1879—1952)发表了题为《对外贸易对收入分配的影响》的论文,提出了要素禀赋论的基本论点,俄林在综合李嘉图的比较成本学说、穆勒的相互需求理论、马歇尔的均衡价格论、赫克歇尔要素禀赋论等的基础上,于1933年出版了《域际贸易和国际贸易》一书,深入探讨了国际贸易产生的深层原因,创立了要素禀赋论。该理论又称作赫克歇尔—俄林定理,或H-O模型(Heckscher-Ohlin model)。

在商品和要素价格相互影响、相互决定的机制中,俄林以生产要素禀赋的差异来说明国际贸易发生的基本原因。他们分析的思路是:要素禀赋差异→要素价格差异→生产成本差异→商品价格差异→赫克歇尔—俄林定理。赫克歇尔—俄林定理是指一国应该生产和出口哪些拥有丰富要素的产品,而进口哪些相对缺乏的要素的产品。即发达国家应该生产资本密集型产品出口到发展中国家;而劳动密集型产品则由发展中国家出口到发达国家,国际贸易就是这样发生和进行的。生产要素禀赋理论开辟了现代国际贸易理论的开端,后来很多经济学家对要素禀赋理论不断进行验证和发展,出现了里昂惕夫之谜和林德尔的需求相似理论。

2. 里昂惕夫之谜

根据俄林的生产要素禀赋理论,美国应进口劳动密集型产品,出口资本密集型产品。但是1973年诺贝尔经济学奖获得者、美国经济学家华西里·里昂惕夫(Wassily Leontief,1906—1999)运用投入产出法对此进行了验证。他于1947年和1951年先后两次借助200个行业的投入产出表,对出口商品和进口替代商品所需要的资本与劳动的比率进行比较,结果发现美国出口的商品是劳动密集型的产品,进口的反而是资本相对密集型的产品,这一结论与俄林的理论正好相悖,因而被称为"里昂惕夫之谜"。人力资本理论出现后解释了里昂惕夫之谜,美国出口的劳动密集型的产品主要是人力资本型的劳动产品。

3. 生产要素禀赋理论的意义

(1) 生产要素禀赋理论开辟了当代国际贸易理论的开端,为后来国际贸易理论的发展奠定了基础。

(2) 俄林继承和发展了李嘉图的比较成本学说。李嘉图从比较成本上解释了国际贸易,生产要素禀赋理论进一步说明了为什么各国的比较成本具有差异,在理论上有所发展和创新。

(3) 自由贸易弥补了各国在生产要素方面的先天不足,使双方在贸易中获利。这一观点在一定程度上遏制了贸易保护主义的蔓延,促进了国际贸易的进一步发展。

4. 生产要素禀赋理论的局限性

(1) 生产要素禀赋理论只是强调供给因素,忽视需求在国际贸易中的作用,导致该理论无法解释第二次世界大战后出现的工业品主要是在发达国家之间的贸易格局,降低了该理论的应用价值。

(2) 赫克歇尔—俄林定理在当时无法解释"里昂惕夫之谜"。

(3) 生产要素禀赋理论只是解释了发达国家与发展中国家之间进行贸易的成因,没有解释发达国家之间和发展中国家之间进行贸易的问题。这被瑞典经济学家林德的需求相似理论加以完善补充。

(三) 林德的需求相似理论

俄林的生产要素禀赋理论虽可以解释发达国家与发展中国家的贸易,但无法解释工业品贸易主要在发达国家之间进行的格局(20世纪50年代中后期发达国家之间的工业品贸易占75%,发达国家与发展中国家之间的工业品贸易仅占25%)。1961年,林德(Staffan B. Linder)在出版的《论贸易和转换》中提出了需求相似理论,第一次从需求角度对国际贸易的原因进行了分析。他的研究思路是:一国人均收入水平提高→对工业制成品尤其是奢侈品的需求增加(恩格尔定律)→带动本国工业制成品生产增加→产量的增加超过本国需求的增长→出口多余的产品→出口主要对象是收入水平相近和需求相似的国家(只有收入水平相近才有这类产品需求)→收入水平相近和需求相似的国家之间贸易数量增大。

需求相似理论又称偏好相似理论或重叠需求理论,它是解释发展水平相似国家之间开展贸易的理论。需求相似理论的基本观点是:①需求相似是产生国际贸易的重要条件,人均收入水平相似的国家需求结构也相似,成为贸易伙伴的可能性较大;②当两国的人均收入水平越接近时,则需求相似的程序越高,范围也就越大,两国重复需要的商品都有可能成为贸易品;③如果收入水平相差悬殊,则两国之间重复需要的商品就可能很少,贸易的密切程度也就很小;④如果各国的国民收入不断提高,则由于收入水平的提高,新的需要的商品便不断地出现,贸易也相应地不断扩大,贸易中的新品种就会不断地出现。所以,工业品的贸易主要在人均收入水平相似的发达国家之间进行。

俄林的生产要素禀赋理论与林德尔的需求相似理论的区别:①研究视角不同,前者是从供给角度分析国际贸易,后者是从需求角度分析国际贸易;②贸易适用的国家不同,前者适用于社会经济发展水平不同的国家,后者适用于社会经济发展水平相同或相近的国家。

林德的需求相似理论在一定程度上弥补了俄林只从供给角度解释国际贸易问题的不足,但是,他只从人均收入的需求角度来说明问题,没有看到一国的需求结构除了受人均收入的影响外,还受到风俗习惯、产业结构、技术水平等多种因素的影响。

另外,瑞典学派的理论还有社会制度理论,社会民主主义经济理论,所有这些将在以后的章节中进行介绍。

三、福利国家理论

瑞典在20世纪50—70年代初期前曾经是"福利国家"的典范,这与它们的福利国家理论相关。

(一)福利国家价值观①

福利国家奉行"权利观、平等观、整体观和普享观"四位一体的价值观。

(1)权利观。他们认为,获取社会福利应成为现代国家中公民的一项重要社会权利,无论职业、身份、贫富或政治倾向,每一个公民均有此权利。这一权利是不可剥夺、不可侵犯、不容漠视的。正因为社会福利保障涉及基本人权的落实,所以社会福利问题实质上是一个涉及全体公民权利的政治问题。

(2)平等观。福利国家追求福利的平等享有,由于各种原因造成的贫富差距并不完全是个人的原因,国家需要把平等作为标准,通过收入再分配的方式进行干预,对富有者收税,对贫困者救济,实现国民的平等福利。

(3)整体观。要想使福利政策顺利实施,还必须有整体观念,即把全社会视为一个共同体,共同承担责任,共同分享福利。地区之间、城乡之间、民族之间都应该以同一个大家庭的成员相待,社会各阶级的团结与和谐,全社会力量的整合,应该是福利国家的又一个理论立足点。

(4)普享观。既然享有社会福利是全体公民的基本权利,那么所实施的福利政策就应该具有普遍覆盖的特征,不仅覆盖到每一个公民,而且覆盖到人的一生的每一个阶段,覆盖到人生的各个需求领域。每一个公民都有权利获得同等的福利待遇,而不会以各种理由在福利问题上被边缘化,也不致因获取福利的差异而遭受歧视。

(二)福利国家的核心是合作主义

根据丁东红先生的解读,合作主义有四个方面的内容:①合作主义是一种制度安排,这种制度安排包括代表制、契约制、协商制等多种具体制度;②合作主义是一种利益协调机制,在市场失灵和政府失灵频繁出现的当代,国家与各群体利益协调已经成为一种重要的机制;③合作主义强调国家、雇主、雇员以信用为基础具有法律效力三方的伙伴关系;④合作主义是缓和各种社会矛盾的调节器。

瑞典合作主义有三个主要支柱:①集中的工资谈判和合理有序的劳资关系;②指向明确的"劳动市场政策";③对福利制度的普遍共识。

(三)实现福利国家是政府的责任

福利国家理论认为,市场经济的基本原则之一是按照努力得福利,福利国家的基本原则之一是按照需要得福利。瑞典学派把市场经济原则比为飞机的引擎,使社会前进;把社会福利原则比为飞机的稳定器,使社会稳定。只有把二者结合起来才能使社会稳定持续

---

① 丁东红.论福利国家理论的渊源与发展[J].中共中央党校学报,2011(2).

地发展。

四、瑞典学派理论的成因

瑞典学派理论对西方经济学的发展作出了较大贡献,也为瑞典学派成为当今西方世界主要经济学流派奠定了基础。瑞典作为人口和面积的小国之所以能在经济学理论上取得如此大的成就,主要有以下四个原因。

(一)重要历史事件的出现和时代潮流的发展呼唤新理论的出现

瑞典学派的宏观动态经济理论是在新古典学派面对频繁发生的周期性经济危机而无能为力的条件下创立和发展起来的。俄林的要素禀赋理论是在均衡价格论已成为西方经济学的基础,但劳动价值论仍在国际贸易理论中占支配地位的条件下,为迎合改革的需要提出来的。社会民主主义经济理论是国家垄断资本主义发展的必然产物。正如戈登所言:历史事件的结果常常向理论家提出挑战,并将理论推翻,从而导致新理论的出现和发展。

(二)瑞典的特殊国情为瑞典学派的建立奠定了基础

瑞典经济对外高度开放,国际贸易在国民经济中所占的比重很大。当世界性经济危机或国外贸易保护主义盛行时,瑞典经济在劫难逃。宏观动态经济理论和生产要素禀赋理论就是为应对这些对瑞典经济发展不利的因素创立起来的。福利国家理论是在瑞典浓厚的社会民主主义传统,工会、雇主协会和政府是瑞典三大权力中心,同时作为长期执政党的社会民主党主张经济平等和民主,致力于消除贫富差距的情况下形成的。

(三)瑞典学派注重理论的继承和发展

瑞典学派理论的创立和发展集中了几代人的智慧与努力,使得理论的研究具有继承性,并向纵深推进和有所创新。①宏观经济理论是林达尔和缪尔达尔对威克塞尔理论的继承和发展;②俄林的生产要素禀赋理论是在俄林继承李嘉图的比较成本学说、穆勒的相互需求理论、马歇尔的均衡价格论和赫克歇尔要素禀赋论等的基础上,对瓦尔拉斯—卡塞尔模型加以修正的基础上提出的;③林德伯克也是在继承瑞典学派传统理论的基础上提出了新制度主义理论。

(四)瑞典学派重视与政府部门合作,使彼此理论和实践优势互补

他们注重从理论分析中引出政策建议,供政府部门参考,其主要成员还直接参与瑞典政府经济政策的制定和执行工作,从而实现了理论和实践互动发展的良性循环。

第三节 瑞典学派的经济政策主张

一、充分就业政策

社会民主党自1917年长期执政以来,一直把充分就业作为宏观经济政策的首选目

标,它们采取的主要措施有:①运用财政和货币政策来支持举办公共工程和扩大住宅计划借以安置失业者和增加就业岗位;②政府依靠财政支持拯救面临破产或已经破产的企业,以维持劳动力就业;③加强对劳动力的再就业培训;④在全国普遍设置职业介绍所,免费为求职者或用人单位牵线搭桥。

二、社会福利政策

瑞典实行六大类具有强制性的、由国家统一提供的社会保障,即儿童保障、教育保障、医疗保障、失业保障、住房保障和养老保障,实行了从摇篮到坟墓的社会福利保障制度。通过提供良好的公共服务,瑞典有效地缩小了社会贫富差距,缓和了社会矛盾,提升了本国竞争力,从一个落后的欧洲国家成为一个在世界上拥有较强竞争力的国家。

(1) 父母生育保险。妇女有15个月的产假,其中一年保留工资的90%,后3个月如同没有工作的家庭妇女,每天发60克朗(2016年3月,1瑞典克朗兑换0.7603元人民币)补助。儿童12周岁之前父母每年最长可请4个月假照顾病儿,待遇如同休病假。

(2) 儿童福利。所有儿童高中毕业前国家每月补助750克朗。20岁以下医疗和教育全部免费。因父母分居或病逝而生活发生困难的儿童,国家还再每月提供一定补助。

(3) 医疗保险。瑞典医院绝大多数属于公立。患者看病一次交70克朗,买药一次最多交75克朗,一年内超过15次后免费。人均年收入低于6000克朗者住院免费,其他人扣发1/3的疾病补贴,一天不超过65克朗。看牙费用一年不超过3000克朗时可报销40%,超额部分可报75%。

(4) 失业补助。工会会员自动加入失业保险。凡入会一年以上并在过去的一年中工作不少于5个月者,失业后可得到相当于其工资90%的补贴,但一天最多不超过543克朗,一次最长不能超过90周,年龄超过55岁的也不超过90周。未参加失业保险者可得到每天191克朗的现金补贴。

(5) 基本养老金。满65周岁的瑞典公民均享有养老金待遇(在瑞典生活30年才得全额)。单身老人可得基数的96%,夫妇可得基数的157%。仅靠养老金生活的老人还可得到基数54%的补充养老金、住房补贴和免税待遇等。

(6) 补充退休金。工作3年以上的老人还可得到与其退休前工资相联系的补充退休金,大体相当于其15个最高收入年份平均收入的60%。

(7) 劳动保险。在工作时或上下班途中因事故受伤,或因工作或环境污染致病都可享受完全免费治疗。保险部门负责赔偿由此而造成的包括收入下降在内的一切损失。

(8) 残疾人。工作年满16年后即可提前退休,并领取基本养老金和基数104%的补充养老金。其生活难以自理或学习、工作需要特别帮助时,如需要购买汽车还可得到一笔补助。父母因照看残疾儿童而不能工作时,国家提供其相当于提前退休金的补助。

(9) 社会救助。地方政府根据居民家庭情况还向低收入者提供住房补贴,并向收入低于生活最低水准的人提供社会救济。其他还有一些福利,特别是一些由国家补贴的社会服务,如老人护理和幼儿护理等。

第四节 瑞典模式与瑞典病

一、瑞典模式

瑞典曾是欧洲最贫穷的农业国之一,经济上的极端贫困使大批人流往国外,仅1860年到1930年的70年间便有120万人背井离乡,移居北美。两次世界大战,瑞典都没卷入,反而乘机有所发展。战后各国的重建又给瑞典发展经济的机会。在社会民主党长期执政的瑞典在20世纪50—70年代经历了黄金发展时期,创造出瑞典模式。瑞典模式表现在政治上实行阶级调和、经济上实行混合经济、在分配上实行收入均等化的社会福利保障制度。瑞典著名经济学家林德伯克指出,所谓瑞典模式,一方面是指劳资双方通过"自由谈判"来确定合理工资,避免政府干预;另一方面又要运用政府政策来实现充分就业,均等收入分配,实行社会福利保障制度等。瑞典模式的主要内容如下所述。

(1) 混合经济制度。混合经济制度是瑞典模式的经济基础和重要内容。如在1981年瑞典的GDP的构成中,私人经济成分占比为64.62%,公共经济成分的比例为35.37%。

(2) 社会民主主义秩序。瑞典模式在政治上的显著特征是工人和雇主(资本家)都处于平等地位,各自都有自己的组织(总工会和雇主协会),国家是超阶级的,因而居民享有充分的民主。有关工资和其他劳资纠纷问题,由雇主协会与工会双方自由谈判,协商解决;协议不成,则由政府出面谈判解决。这样,全社会依靠政府、雇主协会和工会三大权力中心相互协调、相互制衡,就可以维护阶级合作与社会民主主义的正常秩序。

(3) 收入分配均等化和社会福利保障制度。周密完善的社会保障制度是瑞典模式的特点,使瑞典成为西方"福利国家"的典范,瑞典正是以实行这种"从摇篮到坟墓"的周密而完善的社会福利制度,在相当程度上解除了其民众的生、老、病、死和失业等的后顾之忧,既扩大了需求、带动了经济增长,也有利于社会稳定。

二、瑞典病

(一) 国家病

用"病"来形容一国经济,表明这个国家的经济出现了一些病态。

(1) 英国病。英国病是指在第二次世界大战结束后,由于英国长期执行凯恩斯理论的政策主张而经济出现的长期滞胀状态,而且这种状态持续了几十年。对此罗志如、厉以宁的《20世纪的英国病》一书做了专门分析。

(2) 拉美病。拉美病有三个特点:①国际垄断资本控制受资国经济,形成大量的利润转移;②对外资的依赖造成长期困扰一些拉美国家的严重的债务危机;③外资主导型的开放经济不利于受资国消化、吸收国外先进技术,不利于拉美国家产业的技术升级。

拉美病有五大社会症状:①政府政权不断变化,权力更迭不断;②农业经济陷入破产半破产境地,大量无地农民拥入城市,附着在城市边缘,成为犯罪群体的后备军;③地下经济猖獗,黑社会组织泛滥成灾,并与政府官员合流;④贫富差距继续拉大,极少数人占有社会总财富的绝大部分;⑤政治利益集团、经济利益集团与一些外商相结合,联合对广大中下层人民进行统治。

(3) 印度病。印度病是政府对企业的管制增加了官员决策权的范围,由此产生官员贪污蔓延、经济发展迟缓、贫富差距扩大现象。

(4) 日本病。日本病是指日本在20世纪80年代初赶超美国经济时逐步染上的、严重的经济结构不合理、体制老化僵化、泡沫经济等的病症。它使得日本经济一蹶不振,从20世纪90年代初至今仍未走出泥潭。其主要特征有四个:①经济停滞持续的时间长达近20年之久。②病因复杂,其中既有泡沫经济时期遗留下来的"负遗产"问题(如银行不良债权问题),又有产业空心化问题,还有老龄化、教育停滞等社会问题。③经济泡沫破灭造成巨大经济损失。④迄今为止尚未找到有效的治疗方法。

(5) 瑞典病。黄范章的《瑞典福利国家的理论与实践——瑞典病研究》(1987)一书提出了瑞典病。

(二) 瑞典病及改革

1. 瑞典病的表现

20世纪70—90年代,由瑞典模式变为瑞典病,瑞典病主要表现为政府福利支出过大、高通货膨胀率、高税收和低效率等。瑞典病主要表现在以下几个方面。

(1) 过度的社会福利支出,如1981年其福利支出占国家财政总支出的84.98%和GDP的56%。

(2) 过度的高额税收,其平均税率在20世纪70年代初为65%,到1981年上升到87%,平均税率为68.9%。

(3) 严重的通货膨胀,通货膨胀率1970年、1975年、1980年分别为7%、9.8%和13.7%。

(4) 经济增长率下降,失业率提高。①经济增长率1965—1973年为3.2%,下降到1973—1979年的1.9%,下降了40%;②失业增加,失业率由1991年的2%上升到1994年的8%;怠工严重,仅在2003年,就有400万雇员没有上班,而是休"病假"或靠领取各种社会福利生活,病假补贴占到其公共总支出的16%。30%的人养活了70%的人,正是对这种情况的形象概括。

2. 瑞典病的改革

严重的"瑞典病"实际是给瑞典长期推行的社会民主主义政策和社会福利政策的沉重打击,因而必然要引起政治上的剧烈变动。这突出地表现在社会民主党政府与以保守党为首的联合政府在20世纪70年代以来的三次更替上。

第一次是1976年10月,在瑞典的财政赤字、通货膨胀迅速增长的形势下,社会民主党政府在连续执政44年之后,被保守党为首的联合政府所取代。但执政6年,也并未使瑞典经济好转,以致1982年9月,社会民主党在竞选中获胜重新执政。

第二次是1991年9月,当瑞典经济急剧恶化,GDP出现了战后第一次绝对下降1.1%的形势下,社会民主党在竞选中又下台,由以保守党为首的联合政府所替代。保守党联合政府上台后,面对严重的经济衰退,不得不改变"瑞典模式",压低税收,紧缩福利。

但是传统的瑞典模式已深入人心,保守党没有使其经济好转,在 1994 年大选中失利,由社会民主党重新执政。

第三次是社会民主党重新执政后,进行了改革:①通过实施新的大力发展高新信息技术的经济发展战略;②部分削弱和控制社会保障支出的改革。通过改革使瑞典经济再次繁荣,在国际上竞争力不断加强。根据世界经济论坛《2017—2018 年全球竞争力报告》,在全球 137 个瑞典经济体中竞争力排名第七位;根据联合国"2017 年世界幸福指数报告",2017 年联合国对 155 个国家进行最幸福国家排名,瑞典位居第九位。

复习思考题

1. 简述宏观动态经济学理论的创始人及其主要内容。
2. 简述 H-O 理论及需求相似理论。
3. 简述购买力平价理论在国际经济中的重要作用及其局限性。
4. 简述瑞典学派的主要形成原因。
5. 福利国家理论观点及瑞典模式的特点是什么?
6. 瑞典学派的主要政策主张是什么?
7. 简述"瑞典病"的主要表现及其改革。

习　题

第七章

新制度主义学派

【本章要点及学习要求】

　　了解制度学派的演变、旧制度学派与新制度主义学派的区别、新制度主义学派与新制度经济学派的不同称谓;掌握加尔布雷斯的公共目标、二元体系论、权力转移论、生产者主权论;理解林德贝克的制度经济理论;知道格鲁奇的新制度理论;熟悉缪尔达尔的制度分析及意义。

第一节　制度学派概述

一、制度学派的演变

　　制度经济学的发展主线有两条:①从空想社会主义到马克思主义政治经济学,进而延伸到苏联社会主义及中国的经济体制改革;②德国历史学派→美国旧制度学派→新制度主义学派→新制度经济学派。西方制度经济学的演变大体经历了四个发展阶段,出现了四个制度学派。制度学派的演变见表7-1。

表7-1　制度学派的演变

学派名称	年　　代	代 表 人 物	思潮属性
旧制度学派	20世纪20—30年代	凡勃伦、康芒斯和密契尔等	
制度过渡期	20世纪30—40年代	贝利、米恩斯等	
新制度主义学派	20世纪40—70年代	加尔布雷斯、林德贝克、格鲁奇、缪尔达尔等	政府干预主义
新制度经济学派	20世纪60年代后	科斯、威廉姆森、德姆塞茨、诺斯等	新自由主义

(一)旧制度学派

　　20世纪20—30年代,是以凡勃伦、康芒斯和密契尔等为代表的旧制度学派。这一时期美国已完成了由自由资本主义向垄断资本主义的转变,大的垄断组织统治着最主要的经济命脉,受垄断资本的压迫,中小资产阶级有着改变当前状况的强烈愿望,国内阶级矛盾进一步加剧。而1929—1933年的西方世界大经济危机,导致马歇尔的主流经济学说无法自圆其说,出现了注重制度分析和强调制度因素在经济发展中的作用,批判资本主义制度的旧制度学派。这一时期的主要代表人物之间观点不太一致,没有形成统一的理论,大致可以分为社会心理学派、社会法律学派和经验统计学派三支学派。

1. 社会心理学派

社会心理学派以托斯丹·邦德·凡勃伦(Thorstein Bunde Veblen,1857—1929)为代表,他们强调对社会文化心理和习惯的分析,特别是科学技术进步对制度的影响。凡勃伦的主要观点可概括为以下几点。

(1)本能说。在他看来,经济制度是人类利用天然环境以满足自己物资需求所形成的社会习惯,而一切社会习惯又来自人类的本能,本能树立了人类行为最终的目的,推进了人类为达到这一目的而做的种种努力。由于本能是天赋,具有不变属性,因而由本能所决定制度的本质也是不变的,变化的只是制度的具体形态。

(2)进化论。凡勃伦认为制度的进化是逐渐演变的,而不是突变的。

(3)否定客观规律。凡勃伦认为制度的演进不但是一个永没有结束的过程,而且改变变化的趋向和进化的将来形态,除了短期外,都是不可能预期的。

(4)技术决定论。他认为在人类经济生活中有两个主要制度:一个是满足人类物质生活的生产技术制度,一个是私有财产制度。在资本主义社会,这两个制度具体形式是机器的利用和企业管理,机器在工业生产中的作用是现代经济的决定性因素。

(5)既得利益者论。凡勃伦把19世纪末出现的以控制和减少生产来取得高额利润的垄断组织称为既得利益者,并对其进行谴责,但同时凡勃伦认为这些垄断组织为维持经济的繁荣与稳定起了积极的作用。他的思想成为加尔布雷斯思想的主要来源。

2. 社会法律学派

社会法律学派以约翰·罗杰斯·康芒斯(John Rogers Commons,1862—1945)为代表,他们强调集体行动在控制个体行动方面所起的作用,认为法律制度是决定社会发展的主要力量。康芒斯所代表的社会法律学派概括起来有以下几点。

(1)稀缺性是冲突的根源,也是合作、同情、公道和私有财产的根据。稀缺性导致人为秩序,即集体行动;由于稀缺性,所以人们之间的利益是冲突的。康芒斯认为应该从冲突中产生秩序。在他看来,在秩序中可以继续存在冲突,而且不仅存在互相冲突,还存在互相依存。他把冲突和依存归结为基本的社会关系,在他看来这只有在集体行动所产生的秩序中才能共存。

(2)交易是经济学研究的基本单位。在康芒斯看来,冲突,依存和秩序是经济学研究的基本单位,而这三者只有在交易中才会结合。康芒斯把交易定义为一种合法控制权的转移。因此,所有权成为制度经济学的基础。他认为买卖交易的一般原则是稀缺性,而管理交易的一般原则却是效率。

(3)无形资产的合理价值。康芒斯认为无形资产的概念就是马克思所说的剥削和习惯法中的合理价值概念,它只有在交易中才会出现。

3. 经验统计学派

经验统计学派以威斯利·克莱尔·密契尔(Wesley Clair Mitchell,1874—1948)为代表。经验统计学派认为,分析制度因素的作用要以经验统计资料为基础,经济理论的研究是次要的,应当先对事实进行统计分析,然后得出结论。他在《经济周期》(1913)一书中，把凡勃伦的制度研究同经济周期分析结合起来，又以大量统计史料为依据，论证了经济周期各阶段的必然连续过程。

旧制度学派各个分支虽然研究的出发点、内容并不相同，但他们在研究对象、研究方法等方面却有相同之处。他们在研究对象上都强调制度在经济生活中的重要作用；在研究方法上，主要汲取了德国历史学派的观点，采取历史主义和制度分析的方法，一方面强调从制度的整体方面研究问题；另一方面强调从制度的演进方面研究问题，提出要建立以研究制度演进为基本内容的经济理论，从结构上改革资本主义社会。这种对制度趋势的研究既是制度学派的一个共同点，又是形成旧制度学派的理论基础。

（二）制度研究的过渡期

20世纪30—40年代，是以阿道夫·A. 贝利（Adolf A. Berle）和加德纳·C. 米恩斯（Gardiner C. Means）为代表的制度研究过渡期。他们在《现代公司和私有产权》(1932)中最早提出了"两权分离"理论，即公司所有权与经营管理权分离的理论，他们对美国200家大公司进行了分析，发现在这些大公司中相当比例的是由并没有拥有公司股权的高级管理者所控制。由此得出结论，现代公司已经发生了所有权与控制权的分离，公司实际已由职业经理组成的管理者集团所控制。此阶段是制度经济学的重大突破，从社会和企业结构角度分析资本主义经济问题并把经济制度微观化为企业制度，具体化为权利结构。贝利和米恩斯揭示了现代企业内部结构特征，也为新制度经济学的委托-代理理论提供了命题。

（三）新制度主义学派

新制度主义学派形成发展于20世纪40—70年代，以美国的加尔布雷斯、瑞典的林德贝克和缪尔达尔、美国的格鲁奇为代表。加尔布雷斯在《丰裕社会》(1958)、《新工业国》(1967)、《经济学和公共目标》(1973)中主要分析了权力和权力分配，集团利益和不同集团的利益冲突以及经济的不同组织结构。加尔布雷斯关心"公共目标"，并分析了资本主义社会矛盾，探究了这种社会存在种种弊端的原因，建立了"二元结构"理论模式，并提出了建立"新社会主义"社会改良的政策主张。林德贝克划分了社会制度的类型，提出了混合经济制度（社会民主主义）的理论。格鲁奇提出了新二元经济理论、经济制度改革理论、比较经济制度理论。缪尔达尔在《美国的两难困境：黑人问题和现代民主》(1944)中，提出"循环积累因果联系"理论。

（四）新制度经济学派

20世纪30年代及60年代后，是以科斯、德姆塞茨、威廉姆森和诺斯为代表的新制度经济学。新制度经济学主要内容是交易费用理论、产权理论、委托—代理理论和制度变迁理论，详见第十一章。

二、旧制度学派与新制度主义学派的区别

旧制度学派与新制度主义学派的区别主要有以下三个方面。

（一）哲学基础上的不同

旧制度学派和新制度主义学派均以实用主义为哲学基础，这是它们存在一些理论共同性的思想根源。差异在于，旧制度学派的哲学基础是皮尔士和詹姆士等人的较老的实用主义，而新制度主义学派的哲学基础是杜威的实用主义。旧制度学派运用的是德国、英国新历史学派、达尔文进化论、心理因素决定论。新制度主义学派明显地采用演进观、整体主义、集体主义、人类学等方法论，对经济行为和制度进行结构、历史和社会文化的分析。

（二）新制度主义学派具有更明显的政府干预取向

新制度主义学派强调市场作用的不完全性、明确政府对经济的干预作用是新制度主义学派的特点。新制度主义学派经济学家的著作多与公共目标、公共政策相关，如加尔布雷斯的《经济学和公共目标》，强调要关心"公共目标"，探究了这种社会存在种种弊端的原因，建立了"二元结构"理论模式，并提出了社会改良的政策主张——建立"新社会主义"。

（三）与新古典经济学理论的关系不同

新古典经济理论建立在偏好、制度等参数给定的基础上，以价格机制为核心，以个人主义为方法论和以边际和均衡分析为主要范式。旧制度学派对这种理论范式进行了深入的批判，并建立了一套各方面都与新古典主义迥异的制度分析体系。新制度主义学派虽然同样对新古典的理论进行了激烈的批判，揭示了市场作用的不完全性，强调通过政府政策、制度变革来调节经济实现社会目标，但它仍采用新古典的部分分析工具来进行公共政策分析。新制度主义学派的理论，特别是公共政策理论，客观上形成了对新古典市场理论的补充，两者在一定程度上可以衔接。

三、新制度主义学派与新制度经济学派

20世纪30年代后，由于凯恩斯理论的兴起，制度学派被忽视，但是到了20世纪60年代，制度主义学派重新兴起。这一时期，出现了两个制度主义学派：一个是以加尔布雷斯、林德贝克、格鲁奇、缪尔达尔等为代表的新制度主义学派；另一个是以科斯、诺斯等为代表的新制度主义学派。为了区分这两支制度学派，国内学者一般习惯将以加尔布雷斯等人为代表的制度学派称为新制度主义学派，而将以科斯等为代表的制度学派称为新制度经济学派。前者属于政府干预学派，后者属于新自由主义学派。

第二节 加尔布雷斯的新制度主义

约翰·肯尼思·加尔布雷斯(John Kenneth Galbraith，1908—2006)，美国经济学家，新制度主义学派的主要代表人物。他坚持以制度为经济学的研究对象，认为把资源配置与利用作为研究对象是一种错误，把经济学分为微观和宏观是一种不幸。经济学的研究要改变重物轻人，只看产值不见福利的倾向。其主要理论有政府的公共目标、二元体系、权力转移论、生产者主权论、社会趋同论和新社会主义等。

一、加尔布雷斯的经济理论

(一) 公共目标

1973年加尔布雷斯在《经济学和公共目标》中认为,现代正统经济学把诸如经济增长这类目标作为公共目标是错误的。政府的公共目标应该把人的福利、人的尊严、人的完善作为目标(以人为本),主要应该解决减少贫富差距、遏制经济结构畸形化、控制环境污染、制止道德败坏等问题。

(二) 二元体系

二元体系主要体现在他的著作《丰裕社会》(1958年首版,到1961年出版第8版)之中,实质上,他的二元体系是丰裕与贫乏、计划与市场之间的二元体系。他认为,美国经济实际上是由计划经济体系和市场体系二元体系组成的,美国社会弊端的主要根源是二元体系所造成的权力分配的不均衡。

(1) 计划经济体系。它是由1 200多家大公司组成的"计划经济体系"(进行有计划的生产和销售并且操纵价格),主要从事制造、贸易、运输、金融等活动,其提供的商品和劳务约占政府以外生产者所提供的商品和劳务的一半。计划经济体系的大公司可以操纵价格、控制市场,实现生产者主权并能影响政府。

(2) 市场体系。它是由1 200万个小企业主、小商贩、农场主和个体经营者所组成的"市场体系",大多从事服务、修理、建筑和零售业等。在市场体系中的中小企业不能操纵价格,无力控制市场,也无法对消费者进行引导和影响政府。

他认为,正是由于计划体系和市场体系之间权力分配的不平衡,才导致大企业对小企业的剥削,造成收入的不均衡,造成资本主义经济的畸形发展和比例失调。

(三) 权力转移论

加尔布雷斯从纵向与横向两个方面考察权力的转移。

(1) 加尔布雷斯根据历史上最重要的生产要素变化作出了纵向考察,认为谁掌握了当时最重要的生产要素,谁就主宰了当时的经济权力。农业社会最重要的生产要素是土地,因而地主就掌握了权力;工业化时期最重要的生产要素是资本,因此权力掌握在资本家手中;在后工业化时期,最重要的生产要素是管理和技术,所以社会权力落到了技术专家和企业家手中。

(2) 对当时公司企业内部权力结构作出了横向考察,公司企业内部权力结构依次是:第一层高层管理者是权力的核心,第二层是技术专家,第三层是一般管理者和技术人员,第四层是普通劳动者,最后一层是资本所有者(投资者)。这可以理解"经理革命",即经营管理者(企业家)革了资本家(资本所有者)的命,经营管理者处在公司企业权力的最高层,而资本家(资本所有者)处于公司企业权力的最底层。

(四) 生产者主权论

他在《消费者主权神话》(1958)中认为,20世纪30年代大危机后是消费者主权,消费者主权是指在商品市场上消费者占据主导和支配地位的状况,消费者的购买和消费决策决定着生产者的生产;而在现代大公司产生后,消费者主权已被生产者主权(生产者的生产决定消费者的购买和消费)所取代。加尔布雷斯认为,生产者自行设计和生产产品,并控制价格,通过庞大的广告网、通信网和营销网劝说消费者购买,使得消费者听从生产者的指挥。生产者主权产生的两个广泛的经济效应是整个社会的权力转移和公司的新目标出现:①权力开始从资本供给者手中向专门知识阶层转移;②专门知识阶层不再追求公司利润的最大化,而是追求企业的稳定和增长以及特定的技术兴趣,技术兴趣开始替代利润最大化成为大公司新的目标。

(五)社会趋同论和新社会主义

他认为,资本主义与社会主义两种制度最终会走向趋同(计划终究要取代市场,技术专家终将取代资本家,国家调节经济)。他提出,只要进行社会改革就能够实现新社会主义。他主张政府通过限制计划体系的权力,提高市场体系的地位,并在这两个体系实现权力和收入均等化,从而实现"新社会主义"。

二、加尔布雷斯的经济政策主张

(一)社会统制与政府扩大就业

加尔布雷斯反对把自由竞争当作经济均衡的调节者的理论,极力主张对社会经济实行统制。在政府干预经济问题上,他与凯恩斯的观点有许多类似的地方。但在一些具体措施和政策上也存在着明显的区别。凯恩斯实行政府干预理论的核心是解决有效需求不足问题,加尔布雷斯实行社会统制则是为了使大公司适应科学技术进步和大规模投资的要求。

(二)加强对工资和物价的控制

由于加尔布雷斯认为,现代经济中通货膨胀加剧的原因是工资和物价的螺旋式上升,所以他非常重视工资与物价的作用。他指出,要消除通货膨胀只用增加失业的办法是不行的,必须实行收入政策,要加强对工资和物价的控制。

(三)重视人力资本投资,大力发展科学技术

加尔布雷斯认为,随着科学技术的迅速发展,社会迫切需要技术人员和熟练工人,而教育制度的落后,不能满足这种要求,致使没有技术的人员失业,而需要技术工人部门又存在职位空缺。因此要解决失业问题,就要改善教育制度,促进技术进步,提高职工的技术素质。加尔布雷斯主张增加对人的投资,重视人力政策,强调对人的投资数量要赶上对物的投资数量。另外,在他的社会统制主张中他还非常强调对国民经济实行计划化管理。

三、对加尔布雷斯的评价

(一) 对他个人的评价

1. 他著述极多

加尔布雷斯是学术研究成果最多的学者之一,著述极多,他一生出版了42本书,发表了1 500多篇文章。

2. 他是经济全才

美国的经济学家分为学院派经济学家、政府经济学家和媒体经济学家三类,加尔布雷斯能够贯通三界,这在经济学界中并不多见。他不仅是著名的经济学家、政治活动家、老练的外交官,而且还是小说家、专栏作家和畅销书作者。

3. 他属于主张政府干预的左派

他对美国资本主义发展进行了深入的剖析,对主流经济学提出了深刻的批判,对美国政府的政治经济政策进行了无情的抨击。但是他属于政府干预学者,主张政府干预经济。

4. 他提出了许多独特的理论观点

他虽然属于非主流经济学家,没有获得诺贝尔经济学奖,但他的公共目标、二元体系、权力转移、生产者主权、社会趋同、社会统制的观点在经济学界较为鲜见,莱斯特·卡尔·瑟罗(Lester Carl Thurow)曾有一句经典的评价,可以作为加尔布雷斯一生经历的真实写照:他置身于经济思想主流之外,却驻足于经济事件主流之中。

(二) 学术评价

(1) 值得借鉴的:①他的公共目标体现了以人为本,改变了经济学见物不见人的情况;②他的权力转移论为我们提供了新的思路;③他的二元体系理论观点是符合现实的;④他的生产者主权理论适合大型跨国公司和高科技公司,有一定的现实意义;⑤他提出的政策建议有一定的合理性、可操作性。

(2) 局限性:①理论体系不完善;②趋同论值得商榷。

第三节 林德贝克简介与他的制度经济理论

一、林德贝克简介

阿瑟·林德贝克(Assar Lindbeck)生于1930年,瑞典斯德哥尔摩大学教授,著名经济学家。他曾获得多项殊荣:①1980年至1994年曾担任诺贝尔经济学奖委员会主席;②瑞典皇家工程学院和皇家科学院院士;芬兰、丹麦、挪威三国的科学院院士;③美国经济学学会资深会员;④2001年获得瑞典皇家工程学院金质奖章。他对瑞典公共政策具有相当的影响力,长期在瑞典政府、世界银行、国际货币基金组织、经济合作与发展组织等担任经济顾问。林德贝克主要研究领域包括货币经济学、宏观经济学、经济制度多维性理论、失业问题研究以及福利分析。他在各类国际科学杂志和刊物上发表了100多篇有影响的论文。其主要著作有《货币分析研究》(1963)、《新左派政治经济学》(1971)、《瑞典经济政策》(1974)、《通货膨胀：全球性的、国际的和国内的方面》(1980)等。他系统地总结了瑞典学派的动态经济理论以及瑞典近百年来的经济政策。他反对把经济制度区分为社会主义和资本主义的传统研究方法，提出了社会趋同理论。

林德贝克的制度分析理论和对制度模式的总结有其合理性，他的混合经济制度理论对瑞典模式的形成和发展具有参考价值。但是他对瑞典福利国家制度的认识是矛盾的：一方面，他认为，福利国家是"现代文明的一项主要成就"。主要表现在：减少了个人收入的风险，提高了人力资源的市场价值，以收入和社会服务形式对低收入者进行了再分配，在效率和平等方面都给人留下深刻的印象。另一方面，他又批评社会民主党的政策和福利措施，他认为，我们不能让过于慷慨的福利措施和过于松弛的福利管理毁掉福利制度本身。有人认为，他反对福利制度是政治上的右倾。

二、林德贝克的制度经济理论

（一）经济制度的模式与特点

1. 经济制度的模式

1971 年，他在《新左派政治经济学》中将经济制度定义为完成生产、投入和消费决定而实行的一整套的机制和组织机构。林德贝克将经济制度分为无政府主义经济制度、自由放任经济制度、社会民主主义经济制度、市场社会主义经济制度和中央集权经济制度五种类型。他认为最理想的是社会民主主义经济制度（混合经济制度）。

2. 三种制度模式的特点

林德贝克认为，当代世界实际上存在的经济制度有三种制度模式：①以瑞典为代表的混合经济制度；②以南斯拉夫为代表的市场社会主义制度；③以苏联为代表的中央集权经济制度。这三种制度模式的特点如下。

（1）在集权与分权（决策结构）的关系上，西方国家经济偏重于分权，苏联偏重于集权，南斯拉夫介于二者之间，略偏重于分权。

（2）在市场与行政管理（资源配置机制）的关系上，西方国家经济偏重于市场制度，苏联偏重于行政管理，南斯拉夫介于二者之间，略偏重于市场制度。

（3）在所有制上，西方国家以经济私有制为主，苏联公有制占绝对统治地位，南斯拉夫介于二者之间，略偏重于集体所有制。

（4）在经济刺激与行政命令（调动积极性机制）的关系上，对待个人，三种模式都偏重于经济刺激；对待企业，西方国家经济刺激，苏联偏重于行政命令，南斯拉夫介于二者之间，略偏重于经济刺激。

（5）在竞争与非竞争的关系上，就个人而言，三种模式都偏重于竞争；就企业而言，西方国家偏重于竞争，苏联偏重于垄断，南斯拉夫介于二者之间，略偏重于竞争。

（6）在对外关系上，西方国家偏重于国际化，苏联偏重于自给自足，南斯拉夫介于二者之间。

（二）混合经济制度

林德贝克认为，第二次世界大战后瑞典混合经济制度既不属于传统的资本主义制度，也不属于社会主义制度,而是一种特殊类型的混合经济制度。他通过对世界各国的资本主义制度、社会主义制度、混合经济制度三种模式进行分析比较之后认为,最理想的经济模式乃是以瑞典为代表的混合经济制度,即社会民主主义经济制度。他认为,混合经济制度的重要内容如下。

(1) 在所有制方面,实行在私有制经济占统治地位基础上的部分国有化。在他看来,私有制是刺激企业主动性、创造性和克服官僚主义所必不可少的,因此应占统治地位。而部分国有化包含两方面的内容:①对某些生产公共产品和公共劳务的基础设施,如铁路、邮电等实行国有化;②国民收入和社会消费基金要实行国有化,即通过累进税制将一部分国民收入纳入国家预算,作为社会保险和供应集体消费的基金。

(2) 保持权力分散化和集权两者平衡的决策结构。消费品决策权归居民;生产经营权归企业;公共品供给、经济统计研究、环境保护、经济稳定、收入公平分配属于政府机构。

(3) 保持市场调节与中央计划相结合的资源配置机制。居民消费与企业生产经营主要由市场调节。经济情报交流、协调物价、公共物品和公共服务的供应等主要由中央计划提供。林德贝克认为,在分工相当广泛的社会里,为了使经济正常运行,必须交流情报、配置资源、协调众多企业和亿万居民的决策,使每一种产品的供应符合亿万居民和其他行业的需要,这就需要采取市场和计划相结合的办法。在经济中如果只有计划没有市场,就会出现商品短缺、排长队、供应票证泛滥成灾等现象;如果只有市场没有计划,亿万居民和众多企业就很难了解宏观经济情况,同时也难以很好地提供公共物品和公共福利、基础设施建设、环境保护等。所以,中央计划离不开市场调节,市场调节也离不开中央计划指导,需要把二者很好地结合起来。

(4) 经济刺激与政府指令相结合。可采用经济刺激为主辅以非经济刺激(友谊、慈善、爱国等)手段调动人的积极性。他认为,经济刺激有利润差别和工资差别两种形式,经验证明,适当缩小工资差别,可以提高效率。政府指令主要是协调收入分配、稳定社会秩序等。

(5) 竞争与垄断相结合。竞争是社会发展的动力,它普遍存在于个人间、企业间、国家间;而政府也要对公共物品和公共劳务的基础设施实行必要的垄断。

第四节　格鲁奇的新制度主义理论

美国学者艾伦·格鲁奇(Allan G. Gruchy)不仅是一个比较经济学家,也是一个新制度主义者。他用演进的、动态的观点补充和发展了传统的静态发展均衡观,格鲁奇重视科学技术的作用和强调政府干预经济,特别强调国民经济计划。

一、新二元经济理论

(一) 新二元经济的构成①

格鲁奇认为,在现代工业经济中存在着新二元经济活动:①早期建立的工业。如钢

---

① 陈银娥,罗良文.格鲁奇的新制度经济理论[J].中南财经大学学报,2001(1):48.

铁、汽车、炼油、化学和重型机械工业等,这些工业采用的是自动生产线,为大量的蓝领工人提供了就业机会。②知识、信息等技术产业及私人和公共服务事业。这些行业较少强调自动生产线,而更多地注重白领工人的知识和技能,强调科学研究的重要性、风险资本的使用等。格鲁奇所指出的这种二元经济相对于加尔布雷斯的二元经济来说,被称为新的二元经济。

(二) 新二元经济存在的原因

格鲁奇认为,新二元经济存在的原因主要是科学技术的发展、人口结构的变化和产业结构的变化。

(1) 科学技术的发展。人类社会有过三次科技革命:第一次科技革命是机器的发明,使人类进入以蒸汽机为代表的工业革命;第二次科技革命是电的发明,使人类社会进入了电气时代;第三次科技革命则是与信息技术有关,而且尤以信息技术的影响最大、最深远。仅工业技术的发展就经历了手工劳动技术→机器生产技术→流水线生产技术→电子和信息化技术。科学技术的发展使现代经济分为传统工业经济和现代化的知识信息经济。

(2) 人口结构的变化。①人口年龄结构老龄化。美国及其他发达国家的人口出现老龄化,这意味着这些国家的经济结构将出现新的趋势,即大型工业制造业的减少和服务行业尤其是医疗保健服务行业的增加。②美国人口地域结构的变化。他认为,1950年以来,工业随人口从北部和东部移至南部和西部,这种人口流动有利于国民经济中高技术部门的出现,而对早期建立的工业部门的发展不利。③劳动力性别结构变化。自第二次世界大战以来,大量的妇女不断加入劳动大军之列,但她们的技术水平低。由于传统工业部门提供的就业机会越来越少,因而必须发展新兴的高技术产业及私人和公共服务事业。

(3) 产业结构的变化。美国在第二次世界大战后几十年进行的工业改造使传统的旧工业部门减少,新兴高技术和服务行业增加,同时工业过程中计算机和机器人的推广减少了对传统工业部门中蓝领工人的需求。对蓝领工人需求的减少、个人和服务行业及新兴高技术的增加,带来了国际环境的主要变化,先进工业国家的国际经济霸权地位正在受到来自已经实现了工业化的第三世界国家的挑战。这些变化加深了传统的不断衰退的工业部门和地区与新兴的不断扩展的高技术工业部门之间的鸿沟。

(三) 新二元经济出现的平等问题

处于传统的衰退的工业部门和地区的企业、工人及消费者感到,相对于那些在快速增长的信息和服务行业及发展地区工作的个人和企业而言,他们被剥削了。因而,新的二元经济体系中的一个主要问题是平等问题。

(1) 从微观经济的角度来看,平等问题与一系列事情如利润、工资、价格和工作条件有关。在存在数以万计的生产者的竞争性部门中,利润、工资、价格等主要由竞争市场上的供求关系自发决定,政府基本上不干预;而在大规模寡头垄断部门中,市场由大厂商和大工会控制,政府引导在这些部门中起着十分积极的作用,只有当企业管理者、工人、消费者之间存在着合作的情况下,企业利润、职工薪资和消费者价格才能够被合理地决定,否则就会出现不平等问题。而实际上企业管理者、工人和消费者之间的合作是很难的。

(2) 从宏观经济的角度来看,重要的问题是工资问题。如果物品价格上升快于工资,或者一些工人的工资提高了而另一些工人的工资没有提高,就是"不平等的"。由于工资决定中存在着平等与否的问题,因而决定是否提高工资的不是劳动稀缺程度,而是要求平等待遇的社会压力。在寡头垄断部门中,企业管理者和有组织的工人,有力量影响货币工资率的决定,如果双方讨价还价的结果是使该部门的工资提高,那么其他部门甚至一些劳动生产率极低的部门中的工人也会要求提高工资,以避免受到不平等待遇或相对被剥削,而不管该部门的经济状况如何。其结果是所有工业部门中的工资提高,引起价格上升。而只要价格的上升快于工资的增长,就被认为是不平等的。由于宏观经济中的平等问题涉及国家的税收制度,而只有当所有经济制度集团达成一致协议、税收制度以平等合理的态度对待所有个人和集团时,平等问题才能得到合理的解决。

(3) 从国内外经济的角度来看,平等问题关系到政府目标。平等问题包括生活质量、为所有阶层提供机会均等、保护自然和社会环境、保存非生产性自然资源、在私人和公共用途之间分配国民收入、减少贫困和消除劳动市场上的歧视、对不发达国家提供经济和资金援助等,所有这些平等待遇问题是福利国家追求的目标,即在保存资本主义制度的条件下平等对待所有个人和阶级。这就要求政府努力采取措施对国民经济进行指导。美国由于没有在国家水平上采取一致行动,许多个人和集团感到相对地被剥削了,而且认为他们没有得到和其他个人和集团那样好的待遇。因此,只有当国民经济利益集团联合行动以某种形式作出可行的国民经济指导时,平等问题才能得到最终解决。

二、经济制度改革理论[①]

(一) 经济制度改革的理论基础

格鲁奇关于经济制度改革的基础是新制度经济理论和比较制度经济理论两种理论。①新制度经济理论。它是将经济制度视为以一个不断发展的过程而出现的历史文化的产物,是一种关于配置可供选择使用的稀缺资源的具有逻辑联系的制度。它将经济制度的产生、发展及其作用视为研究对象,强调制度(主要包括经济制度)的可变性、科学技术等各种历史、文化因素在制度变迁中的作用,尤其强调国家在对经济制度的结构和职能进行改革等方面的作用。②比较制度经济理论。它则从不同角度说明了经济制度的结构和职能,如经济制度的构成、影响因素、经济模式及特征、经济绩效、存在的矛盾、发展趋势等方面的问题;通过对不同经济制度成就的比较和评价,寻找完善本国经济制度的途径,这就是通过制度主义的改革方式来发挥一种特殊经济制度的优越性。

---

① 杨艳琳,陈银娥.论格鲁奇的经济制度改革理论[J].经济科学,1998(5):109-113.

（二）经济制度改革的原因

格鲁奇认为，由于经济制度是一个不断发展的过程，这一过程是开放的而不是封闭的，其未来是不确定的，因而经济制度中可能存在许多问题，这就需要对经济制度进行改革；同时从旧的经济体系到新的二元经济体系的转移，经济制度高水平成就的取得也要求进行各种经济改革。虽然格鲁奇没有专门系统地论述经济制度改革的原因，但从他的新制度经济理论、比较经济理论来看，经济制度改革的政策要求和主张等方面可以归纳出经济制度改革的原因。经济制度改革的必要性主要表现在以下几个方面：①制度经济学的研究对象是经济制度的产生、发展及其作用，制度改革就是要完善经济制度的结构和职能。②制度是历史文化发展的产物，是机能整体作用的结果，制度改革就是要使制度适应历史文化发展要求，适应机能整体发展的要求。③从比较经济制度的成就可以看出，通过制度改革能寻找完善本国经济制度的途径和发挥一种特殊制度的优越性。④在发达的工业化经济中存在着新二元经济，它使现代混合经济不能取得可能发挥潜能的高水平的经济成就，通过制度改革可以使新二元经济实现平等与效率的统一。⑤当代不同类型的经济制度的发展会出现趋同现象，这会产生一些具有普遍性的问题，而世界性的联合行动则要求改革经济制度。可见，经济制度改革的根本原因就在于经济制度本身存在着不完善的方面，而它作为整个制度的重要组成部分又影响了整个历史文化的发展进程，制度改革就是要使制度自身不断得到完善。这就既表明了经济制度改革的必要性，又说明了经济制度改革的渐进性质。

（三）经济制度改革的指导原则

1. 保护和增进私人部门利益的原则

改革虽然不能依赖私人市场体制提供私人利润和满足社会需要，但国家对经济的指导及其相关改革应使私人获得更多的利润而不是消灭它。因为私人市场体制主要考虑的是获得高效率和高利润，而没有注意平等和社会优先权问题。在格鲁奇看来，经济制度改革的第一原则并不意味着否认经济的主要推动力来自私人企业。实际上，在西方民主国家，甚至像法国、日本等采用国民经济计划的国家，国民生产总值的主要部分仍然来自私人部门。因此，国家对经济的指导及其相关改革，应该是使人获得更多的利润而不是消灭它。

2. 社会福利原则

福利和平等一样是不断发展中的整个经济过程的一个重要方面。因此，经济制度改革必须坚持社会福利原则。因为这个原则的经济制度改革可以提高工人劳动生产率、增加低报酬工人的收入、为退休工人提供福利。而从挪威和瑞典的实际情况来看，为支持高福利而实行的高税收负担并没有降低个人刺激及劳动生产率。可见格鲁奇经济制度改革的总原则是不要触动私人的资本主义制度。

(四) 经济制度改革的目标

经济制度改革的目标是缩小传统的工业部门与新兴的工业部门之间的差距,使新兴经济部门应该与传统的经济部门分享繁荣和进步的成果。两部门差距的扩大,对新兴高技术部门和传统部门的福利形成了严重的威胁,同时也不利于提高整个国民经济的福利。因为,萧条的传统工业部门必将在住房、运输及工作条件等方面提出不平等待遇问题,因而这些部门与新兴的工业部门同时存在,不会为高水平的国家福利提供坚实基础。而且劳动力人口从传统的工业部门向新兴的高技术部门及个人和公共服务事业的大量转移只会扩大两个部门之间的差距。因为企业权力的存在对消费者主权和劳动者的利益提出了挑战,消费者的利益或社会福利目标相对于企业的利润目标而言就显得不重要了,消费者主权受到生产者主权挑战,由此出现了环境保护、提供适当住房和教育、对所有个人和集团实行平等待遇等问题。

(五) 经济制度改革的措施

经济制度改革的重点在于通过短期措施和长期措施来逐步完善经济制度的结构和职能。将国家的宏观计划指导引导与市场经济体制结合起来。格鲁奇将经济改革的措施分为短期措施和长期措施两类。

1. 短期措施

短期措施主要是对先进工业经济的结构和职能进行改革,包括减少通货膨胀率和失业率、消除经济波动的财政政策、货币政策和收入政策。

2. 长期措施

长期措施主要是对引起经济制度的结构和职能发生变化的改革,如国家对国民经济实行指导,具体有以下几个方面。

(1) 税收政策改革。具体做法是实行"信用收入税",即对各种来源的收入征税;废除所有的免税、减税,取消各种税收优惠,降低收入税的起征率等。

(2) 货币政策改革。采取的措施是建立一个反映社会需要的"公有社会的"标准来补充私人银行的利润标准。因为当利率稳定在一个低水平时,银行贷款的分配并不完全由市场标准来决定,而是由社会或集团的标准共同决定,这样可以使银行借贷与社会需求更一致。

(3) 收入政策改革。①收入政策应该成为政府各种经济政策中的一项长期政策;②应该解除固定的工资-价格指导线;③企业和有组织的劳动者应该参加国家收入政策的制定;④政府在推行收入政策的过程中只是一个调停者,主要是为企业和有组织的劳动者双方提供有关国家经济现状和未来的信息。

(4) 企业体制改革。第二次世界大战以来,国民经济中寡头垄断部门拥有越来越大的经济和政治权力,这种"企业霸权"的存在扩大了新二元体系之间的差距,使经济制度难以取得高水平的成就,因而必须进行改革。从短期来看,克服企业霸权的即时政策是要求企业的联邦特许,即将企业置于联邦而不是州的监督之下。从长期来看,企业霸权的克服取决于工业民主或国民经济指导和国民经济计划。对国民经济的指导是在保存大量私人寡头垄断企业的情况下,保持寡头垄断部门中财产与劳动者权益的一致,实现企业管理者与劳动者之间的合作,使竞争性部门和寡头垄断部门都受到公平合理的待遇。

(5) 国民经济计划。①国民经济计划可以通过协商和调整,消灭大公司权力集中的矛盾和冲突、提高经济成就,是改善人类福利的一种手段。②民主的国民经济计划是协调这些对立利益集团之间矛盾的一种方法,是一种将权力转移给公众的重要方法。③国民经济计划可以为私人企业提供情报、协调私人公司的活动、防止严重比例失调。④国民经济计划在开发经济资源、管理科学技术、影响生产和消费结构等方面起协调的作用,可以提高企业效率进而提高国民经济成就和生产质量。⑤国民经济计划能够处理二元经济中出现的问题。所以,国民经济计划是国有经济存在和发展的不可缺少的形式,也是国有经济部门在国民经济中发挥作用的必要条件。

三、比较经济制度

(一) 经济制度的结构

格鲁奇认为,经济制度可分为狭义和广义两种:①狭义经济制度是指传统经济学家所提出的经济组织。狭义经济制度的结构是由它的组成部分或组织,如住户、工业企业、农场、农业合作社、工会、银行和其他金融机构、政府部门和机构等组成的。狭义经济制度没有考虑导致经济制度发展或在它们的结构和职能方面发生根本变化的力量。②广义经济制度考虑到导致经济制度发生变化的动态力量,是指"各个参加者的组织的发展的复合体";广义经济制度的结构可以分为公有和私有两部分,西方国家大部分是私有制,而东方国家则大部分是公有制。

(二) 经济制度的模式与成因

1. 经济制度的模式[①]

格鲁奇把当代经济制度分为四种模式:①成熟的资本主义经济模式,如美国、英国、联邦德国、法国和日本等国家;②成熟的民主社会主义经济模式,如瑞典、挪威和工党执政时的英国;③社会主义或共产主义的经济模式,如苏联、东欧国家和南斯拉夫;④不发达经济模式,包括中国、印度、非洲和拉丁美洲等国家的现实经济。

2. 经济制度的成因[②]

经济制度之所以可以分为不同的类型,是因为具有不同的影响因素。①自然环境对经济制度的形成起着重要的作用。地理位置、土地面积、人口、资源和气候等与国家的经济增长速度和发展水平有密切的联系。②影响经济制度本质的重要因素是它们的历史和文化状况。每个国家都是历史和文化连续的统一体,这种连续的统一体构成国家经济制

---

① 杨艳琳,陈银娥.论格鲁奇的经济制度改革理论[J].经济科学,1998(1):10.
② 陈银娥,罗良文.格鲁奇的新制度经济理论[J].中南财经大学学报,2001(1):50.

度的总框架。③影响经济制度本质的历史和文化因素在其思想体系中达到了顶点。思想体系是观念、信仰和评价标准的复合体,它引导个人和集团努力去适应自然与文化的环境。④公共机构的组合是影响经济制度形成的另一因素,它构成国家的社会组织并表现国家的阶级结构及其经济、法律和政治上的安排。

3. 经济制度的趋同

格鲁奇还分析了经济制度的趋同现象。他认为,美国和其他西方资本主义国家已抑制了市场的自发势力,并在经济活动中进行了大量的政府干预,甚至采用了国家计划;而一些实行社会主义经济制度的国家,则放弃了高度集中的命令经济形式,注意充分发挥市场的自发调节作用,允许市场力量影响经济资源的分配,正逐步走向有限的市场社会主义。因此,现实的经济制度正走向趋同,成为某种中间的或统一的制度。虽然经济制度的趋同会受到一些国家的思想、政治和文化因素的限制,但是从长期来看,具有世界影响的一些经济问题,如稳定国际金融制度、对不发达国家提供财政和经济援助、分配世界自然资源的有限供给、抑制人口增长和保护国际环境等,将推动世界上许多国家采取联合行动,也会使之走向经济制度趋同。

四、格鲁奇的新制度主义的贡献与值得借鉴的内容

(一)格鲁奇新制度主义的贡献

格鲁奇对新制度主义的贡献主要有以下几个方面。[①]

(1) 用演进的、动态的观点补充和发展了传统经济学的静态均衡观。传统经济学家的静态均衡观没有考虑制度的变化及发展,以此为基础的经济学只是分析了一些短期或中期的周期性经济问题,而忽视了长期经济分析,因而其理论和政策具有许多局限性。格鲁奇根据经济制度的演进变化性质分析经济问题,其理论和政策是实用主义的,在一定程度上弥补了传统经济学的不足。

(2) 扩大了经济学的研究范围。格鲁奇采用了文化主义的方法,并用"文化人"代替"理性人、经济人"来分析经济学的各种问题,从而其经济学不仅研究生产、交换、分配和消费等体制的作用,而且还包含社会的、心理的、政治的、法律的等各方面的研究,从而扩大了经济学的研究领域。

(3) 重视科学技术的作用。格鲁奇指出,技术是经济发展的基本动力,社会必须不断进行调整以吸收和使用新的技术知识,同时更好地利用这些新的技术成果,而且社会中的基本问题即生产什么、如何生产等,实际上是由适合技术水平的可利用自然资源决定的。因而,科学技术在国民经济中起着十分重要的作用。

(4) 强调政府干预经济,特别重视国民经济计划作用。

(二)格鲁奇新制度主义值得借鉴的内容[②]

①制度是一个可变因素,是一个发展的变量,它并不是如传统经济理论所认为的那样

[①] 陈银娥,罗良文.格鲁奇的新制度经济理论[J].中南财经大学学报,2001(1):48-50.
[②] 杨艳琳,陈银娥.论格鲁奇的经济制度改革理论[J].经济科学,1998(5):115.

是一个不变的既定量,这就为认识经济制度改革和制度变迁提供了前提。②强调制度改革,这就说明制度本身存在着矛盾,尤其是经济制度的结构和职能存在着不完善之处,从而否定了传统经济学所认为的制度是完善的、不需改革的观点。③强调制度改革的整体性,主张在机能整体中完善制度,整体的意义要大于各组成部分之和的意义,改革应强调整体利益,主张实行不同利益集团之间的合作。④强调国家在制度改革中的作用和地位,主张将国家引导与市场机制结合起来。⑤主张通过经济制度成就的比较来寻找完善本国经济制度的改革途径。⑥要处理好新二元经济的矛盾,改革应充分体现平等与效率相统一的原则,改变过去偏重效率、忽视平等而导致社会差距扩大的做法。⑦强调改革的政策要长期和短期措施相结合,并且主要立足于本国的经济实践,使其政策具有针对性。⑧经济制度改革的重点在于完善经济制度的结构和职能,主张通过结构调整,实现渐进改革方式,以保持制度改革能稳定地进行。

第五节　缪尔达尔的制度分析及意义

一、缪尔达尔的"循环积累因果联系"[①]

瑞典经济学家缪尔达尔认为,传统经济学家因袭了约翰·穆勒以来的观点,把生产领域与分配领域截然分开。因此他们往往忽视社会平等问题,更不关心不发达国家的贫困问题,他们避开了价值判断问题,只重视表面的均衡分析。缪尔达尔认为经济学应该是规范的,而不是实证的,价值判断的标准应该是社会的平等和经济的进步。而在一个动态的社会过程中,社会各种因素之间存在着因果关系,某一社会经济因素的变化,会引起另一种社会因素的变化,后者反过来又加强了第一个因素的变化,导致社会经济过程沿着最初的那个变化的方向发展。所以社会经济诸因素之间的关系不是守衡或趋于均衡,而是循环的方式运动,但也不是简单的循环流转,而是具有积累效果的运动,即"循环积累因果联系"。

缪尔达尔的"循环积累因果联系"理论,最初是在《美国的困境:黑人问题和现代民主》一书中提出的。他指出,白人对黑人的歧视和黑人的物质文化水平低下,就是两个互为因果的因素,白人对黑人的歧视,使黑人的物质文化水平低下;而黑人的贫困和缺乏教育,又反过来增加了白人对他的歧视。在 1950 年以后的著作中,缪尔达尔对这个理论,在具体应用过程中又做了进一步的发挥。他指出,事物之间的"循环积累因果联系",不仅存在着上升的循环积累运动,也存在着下降的循环积累运动。前者指"扩散效应",详见第十五章第四节。

二、缪尔达尔对发展中国家改革的主张[②]

根据"循环积累因果联系"理论,缪尔达尔认为影响发展中国家发展的因素是多方面的,它主要包括产量和收入、生产条件、生活水平、对待工作和生活态度、制度等方面。因

---

① 王志伟.现代西方经济学流派[M].北京:北京大学出版社,2002:348-350.
② 王志伟.现代西方经济学流派[M].北京:北京大学出版社,2002:350.

此，为了求得一国的发展，就必须顾及影响发展的各种因素，而不能仅仅考虑经济因素。缪尔达尔关于发展中国家社会改革的基本主张是实现"社会平等"，为了实行这一平等主义的改革，他提出了以下几个方面的改革主张。

(1) 权力关系的改革。缪尔达尔认为，在许多发展中国家中权力掌握在地主、实业家、银行家、大商人与高级官员组成的特权集团手中，这些人大多只顾自己发财致富，不关心国家的发展。因此为了使国家得以顺利发展，首先要改革这种权力关系，将权力从特权集团手中转移到下层大众手里。

(2) 土地改革。缪尔达尔认为，许多发展中国家的现有土地所有制关系，严重地妨碍了耕种者的积极性和生产效率。因此必须进行土地所有制关系的改革，如把土地平等地分配给耕种者、组织合作农场等。

(3) 教育的改革。在缪尔达尔看来，许多发展中国家的教育制度不但不能促进"发展"，相反还会阻碍"发展"。他提出要在发展中国家广泛开展成人教育，优先发展初等教育、技术教育和职业教育，采取措施鼓励大学毕业生到贫困落后的地区去工作等。

(4) 制订国民经济计划。缪尔达尔认为，国家应该用计划来干预市场经济活动，用计划来促进社会过程的上升运动，但是关于发展中国家应如何用计划来指导经济发展的问题，缪尔达尔反对传统经济学家把为发达国家制定的模型照搬到发展中国家来；也反对在不平等的条件下，在国际贸易中实行自由贸易。他主张发展中国家的对外贸易要置于国家计划的管制下，实行贸易保护政策。

三、缪尔达尔制度分析的意义

缪尔达尔的理论及政策主张对制度经济学发展的意义主要有以下四个方面。

(1) 强调了对社会经济关系的研究，在于考察社会经济演进过程中诸因素之间的相互依赖关系，从而有力地说明了为什么经济学的研究不能局限于纯粹的经济因素，而是要把同经济因素有关的其他因素尤其是制度因素同时进行研究。

(2) 他对制度学派的"整体性"方法论，是一个很好的运用和发挥。它强调要对社会经济过程的各种因素进行综合分析，探求其因果联系，因此在经济学的研究中，他反对把社会现象区分为"经济的"和"非经济的"，而只能区分为同经济因素"有关的"和"无关的"。

(3) 缪尔达尔对制度经济学的价值判断标准做了进一步的论证。它强调了社会的平等、大众消费的增加、健康的增进、文化的提高等因素对于社会经济发展的意义。

(4) 缪尔达尔对发展中国家改革的主张对发展中国家有一定的借鉴意义。

复习思考题

1. 简述制度学派的演变。
2. 简述加尔布雷斯的二元经济体系。
3. 简述加尔布雷斯的权力转移论和生产者主权论。

4. 加尔布雷斯的政策主张有哪些？
5. 简述林德贝克的经济制度的模式及特点。
6. 简述林德贝克的混合经济制度。
7. 简述格鲁奇的制度理论。
8. 简述缪尔达尔的制度分析及意义。

习　题

第二篇 新自由主义思潮各学派

新自由主义是相对于老自由主义而言的,老自由主义是从古典到新古典(从斯密到马歇尔)的自由主义。新自由主义在其产生与发展过程中有三种:①20世纪20—40年代是反对社会主义的计划经济的新自由主义,主要是以哈耶克为代表的伦敦学派;②20世纪50—70年代是对抗凯恩斯政府干预主义的新自由主义,有众多学派;③20世纪80年代至今是国际垄断下的新自由主义。

新自由主义思潮学派众多,主要有以弗里德曼为代表的货币主义学派、以拉弗和费尔德斯坦为代表的供给学派、以卢卡斯为代表的理性预期学派、以布坎南为代表的公共选择学派、以科斯和诺斯为代表的新制度经济学派、以威廉姆逊和多伊尔等为代表的国际资本垄断下的新自由主义。

新自由主义思潮的主要学派

新自由主义思潮各学派	代表人物	主要观点
货币主义学派	在美国有弗里德曼、哈伯格、布伦纳和安德森等人;在英国有莱德勒和帕金等	坚持经济自由,强调货币作用,主张实行"单一规则"的货币政策,反对凯恩斯主义的政府干预政策
供给学派	费尔德斯坦、拉弗、蒙代尔、万尼斯基、罗伯茨等	降低边际税率能促进经济增长,并可抑制通货膨胀,主张大量地减税和削减国家福利支出
理性预期学派	穆斯、卢卡斯、萨金特、巴罗等	由于人们的理性预期,政府干预经济的任何措施都是无效的。要保持经济稳定,就应该听任市场经济的自动调节,反对任何形式的政府干预政策

续表

新自由主义思潮各学派	代表人物	主要观点
公共选择学派	布坎南、图洛克等	政治家也是经济人，政府的最大化目标表现为公共物品利益和政治支持的最大化。主张通过将经济市场的竞争机制引入政治市场来提高政府的效率
新制度经济学派	科斯、诺斯、福格尔、奥利弗·威廉姆森、阿尔奇安、德姆塞茨等	①科斯认为，企业也是配置资源的一种机制；②交易费用的节省是企业产生、存在以及替代市场机制的动力；③产权安排直接影响资源配置效率，一个社会的经济绩效如何，最终取决于产权安排对个人行为所提供的激励；④诺斯认为在一个国家经济增长和社会发展中，制度是唯一起决定作用的因素
国际资本垄断下的新自由主义	约翰·威廉姆逊、多伊尔等	①宣扬自由化、私有化、市场化、全球一体化；②否定公有制、否定政府干预经济、否定社会主义；③利用"民主和平论"和所谓的人道主义干涉别国内政，甚至发动战争

第八章

货币主义学派

【本章要点及学习要求】

知晓货币主义学派的产生与发展;了解传统货币数量论与弗里德曼现代货币数量论的区别;认识货币主义学派通货膨胀是一种货币现象的理论观点;把握货币主义学派的单一规则货币政策;理解货币主义学派的负所得税方案和收入指数化政策;掌握货币主义学派与凯恩斯主义学派的主要分歧。

第一节 货币主义学派概述

一、货币主义学派的含义

货币主义学派是以制止通货膨胀和反对凯恩斯主义政府干预为目标,以现代货币数量论为基础,主张实行"单一规则"货币政策的新自由主义派别。卡尔·布伦纳(Karl Bruner)在1968年首先使用"货币主义学派"一词,其基本含义是:①货币是最重要的要素,它是说明产量、就业和物价变化的最主要因素;②货币存量的变动是货币推动力最可靠的测量标准;③货币当局应当通过对货币存量的控制来调节通货膨胀和经济增长的变动,以稳定社会经济。

按照新古典综合学派代表人物之一托宾的说法,货币主义学派的含义是:①它是相对于凯恩斯主义的财政主义而提出的,货币主义学派强调货币政策的重要性。②强调中央银行要控制货币存量以适应市场经济活动的需要。③把反对通货膨胀当作宏观经济政策的优先目标。④反对使用财政和货币政策来制服经济周期波动,而主张代之以紧缩的通货政策。

二、货币主义学派的产生与发展历程

货币主义学派是在20世纪50年代美国开始出现,在20世纪70年代至80年代蓬勃兴起的一种新自由主义学派。由于它以美国芝加哥大学为主要阵地,因此又称为芝加哥学派。货币主义学派的产生与发展经历了三个阶段。

第一阶段,20世纪50年代中期,是货币主义学派产生阶段。可以把1956年弗里德曼发表的《货币数量论的论述》一文作为其产生的标志。由于凯恩斯在《通论》里也谈到了

货币需求问题，在这点上，货币主义学派也认为他们和凯恩斯并不矛盾，正像弗里德曼说过的，"现在，我们都是凯恩斯主义者"。新古典综合派的代表人物之一莫迪利安尼也说过，"我们都是货币主义学派者"了。

第二阶段，20世纪60年代至70年代初，是货币理论成熟阶段。在20世纪60年代初，货币主义学派理论逐渐成型。到70年代初，开始建立各种货币模型，即用数学的方法来建立现代货币理论。

第三阶段，从20世纪70年代中期以后，货币主义学派进入政策实施阶段。1979年英国撒切尔夫人担任首相时就实施了货币主义学派的政策主张，美国前总统里根的经济政策很重要的一条就是实施货币主义学派的限制货币发行量的政策。一些发展中国家在治理通货膨胀时，也实施了一些货币主义学派的政策主张。

三、货币主义学派的理论渊源——传统货币数量论

货币主义学派的核心理论是现代货币数量论，它是弗里德曼继承和改造传统货币数量论的结果。

（一）传统货币数量论的含义

传统货币数量论是关于货币流通量与货币价值、物价水平之间数量关系的理论。它的基本论点是：商品的价格水平和货币的价值是由货币的数量决定的，假定其他事项不变，商品价格水平与货币数量成正比例变化，货币价值与货币数量成反比例而变化。因而流通中的货币越多，商品价格水平也越高，单位货币价值就越小。

（二）传统货币数量论的沿革

1. 休谟的货币数量论

1732年，英国经济学家大卫·休谟（David Hume，1711—1776）发表著名的《论货币》，他把货币数量论作为反对重商主义主张的通过政府干预以积累本国金银货币的论据。他认为金银作为货币只有在社会交换中才有自己的价值，货币不过是用来计算或代表商品的价值符号。在商品数量不变的情况下，货币数量增多，商品价格就会同比例提高。所以人为地增加货币量，对一国并无好处。

2. 李嘉图的货币数量论

19世纪初李嘉图依据1787年英格兰银行停止银行券兑现以后许多商品价格上涨的事实，也得出货币数量决定价格水平的结论，他在1809年匿名发表的"黄金的价格"一文中指出，纸币贬值和价格上涨的原因在于英格兰银行发行的纸币（银行券）过多，金块的升值就证明了这一点，他竭力主张恢复原先的金本位。

休谟、李嘉图的共同点是他们都认为短期内，商品供给量是稳定的，因此，他们断言货币价值取决于货币流通量的大小，同时他们都没有考虑到货币流通速度的影响问题。

3. 费雪的货币数量论

美国的欧文·费雪（Irving Fisher，1867—1947）在其1911年出版的《货币的购买力》一书中提出了交易方式程式，系统地阐述了他的"货币数量论"，其公式如下：

$$MV = PT \quad 或 \quad P = MV/T$$

式中：M 代表货币的供应量；V 代表货币流通速度；P 代表商品与劳务的平均价格；T 代表商品或劳务供应量。

他得出的结论是，货币在经济运行中唯一的作用是决定一般物价水平的高低，两者同方向同比例变化。他虽然强调货币作为流通手段和支付手段的作用，但是他没有注意其作为储藏手段的职能，因而，他的货币学说被称为现金交易方程。庇古的剑桥方程分析了货币作为储藏手段的职能。

4. 庇古的剑桥方程

1917年，英国著名经济学家阿瑟·塞西尔·庇古（Arthur Cecil Pigou, 1877—1959）在《经济学季刊》上发表《货币的价值》一文，提出了"剑桥方程"，他强调了货币作为储藏手段的职能，剑桥方程式如下：

$$M = KPY$$

式中：P 表示一般物价水平；Y 表示一年的最终产品和劳务总量；PY 表示国民收入；M 表示人们手中持有的货币量，或人们对货币的需求量；K 表示人们手中经常持有的货币量与国民收入的比率，即 $K = M/PY$。

该方程实际上是剑桥学派的货币需求函数方程。该方程认为，人们的收入和财富是决定人们对货币的需求的主要因素。它表明，人们对货币的需求量取决于货币流通速度与国民收入两个因素，它与货币流通速度成反比，与国民收入成正比。

庇古的剑桥方程与费雪的交易方程的区别在于：①交易方程所指的货币数量是某一时期的货币流通量，而剑桥方程所指的货币数量是某一时点人们手中所持有的货币存量；②从对货币的作用来看，交易方程强调货币流通职能，而剑桥方程强调货币作为储藏手段的职能，侧重于货币的持有方面；③交易方程重视货币流通速度以及经济社会等制度因素，而剑桥方程则重视人们持有货币的动机，更关心利息率和利息率的预期；④交易方程是从宏观角度解释货币数量变动与变化的关系，而剑桥方程则是从微观的角度进行分析。

尽管二者有一些区别，但根本观点是相同的：①他们都认为物价水平同货币数量的变化成正比例变动；②他们都认为物价水平的高低取决于货币数量的大小。

庇古的剑桥方程虽然认识到货币的储蓄职能，但并没有明确提出货币需求与利率之间的关系。凯恩斯的货币数量论研究了利息率和收入对货币需求的影响。

5. 凯恩斯的货币需求函数方程

与以前的货币数量论不同，凯恩斯详细分析了人们持币的各种动机对货币需求、收入及利率的影响，他以灵活偏好为基础提出了新的货币需求函数方程。凯恩斯的货币需求函数方程的要点是：①把构成货币需求分为交易动机、预防动机和投机动机三种动机；②把金融资产分为货币和长期债券两类，债券的市场价格与利率成反比变化；③用 M_1 代表满足交易动机和预防动机而持有的现金额，M_2 表示满足投机动机而持有的现金额；④与这部分现金额相对应的是两个流动性偏好函数 L_1 和 L_2（函数符号），L_1 主要是取决于收入水平 Y，L_2 主要取决于当前利率水平（i）与当前预期状况的关系；⑤凯恩斯认为，由交易和预防动机引起的货币需求是收入的增函数，由投机动机引起的货币需求是利率的减函数。凯恩斯的货币需求函数方程为

$$M = M_1 + M_2 = L_1(Y) + L_2(i)$$

凯恩斯的灵活偏好货币需求函数,特别是其中的货币投机需求,发展了庇古的剑桥方程。但他也存在缺点,主要是他只注意到利息率和收入对货币需求的影响,而忽略了人对财富的持有量也是决定货币需求的重要因素;同时凯恩斯把财富的构成看得过于简单,好像在现实的社会里财富只有货币和债券两种资产可供选择。

弗里德曼是在吸收和修正凯恩斯灵活偏好论的基础上,从剑桥方程中推演出现代货币数量论的,它构成了货币主义学派的理论基础。

第二节 货币主义学派的主要经济理论

一、现代货币数量论与庇古剑桥方程、凯恩斯货币需求函数的关系

(一)现代货币数量论

现代货币数量论最先是由诺贝尔经济学奖获得者(1976)米尔顿·弗里德曼(Milton Friedman,1912—2006)[①]在 1956 年发表的《货币数量论——重新表述》一文中提出来的,并在以后的研究中得到发展。在弗里德曼看来,货币是债券、股票、商品的替代品,货币需求是个人拥有的财富及其他资产相对于货币预期回报率的函数。据此,弗里德曼将他的货币需求公式表述如下:

$$(M/P)d = f(r, Yp, h, ze, u)$$

式中:M/P 为实际货币需求;r 为一组收益率(如债券利率和股票市场收益);Yp 为持久性收入;h 为人力资本对非人力资本的比率;ze 为预期通货膨胀率;u 为一个混合变量,它反映了嗜好和偏爱的变动。从弗里德曼的货币需求函数方程中可以看出,他认为影响个人实际货币需求量的有以下四方面的因素。

(1) 持久性收入(Yp)。这是弗里德曼在他的《消费函数理论》中使用的一个概念。所谓持久性收入,就是指以不变价格计算的过去、现在和未来预期的实际平均国民收入。在弗里德曼看来,货币需求主要取决于总财富,但总财富实际上是无法衡量的,只能用持久性收入而不是用不稳定的现期收入来代替。他指出,消费者不是根据他们的现期收入,而是根据长期的或已成为惯例的持久性收入来安排自己的支出。弗里德曼还认为,随着实际国民收入的增长,人们对真实货币的需求在其收入中所占的比例会加大,从而货币流通速度将减小。他依据美国 1869—1957 年资料计算出,在这个时期国民收入每增长 1%,人们对真实货币的需求将增加 1.8%。这进一步说明,在货币需求函数中,考虑"持久性收入"这个因素是很重要的。

(2) 非人力财富在总财富中所占比重。弗里德曼把总财富划分为非人力财富和人力财富两部分。非人力财富指有形的财富,包括货币持有量、债券、股票、资本品、不动产、耐用消费品等;人力财富指个人挣钱的能力。他认为,要使个人挣钱的能力真正转换成现时

---

① 弗里德曼在经济理论上有四大贡献:现代货币数量论;持久性收入消费函数理论;自然失业率假说理论;通货膨胀理论。

的货币收入较难。例如,在大量失业存在时,工人的人力财富就不容易转变为收入。因此,非人力财富在总财富中所占比重大小对货币需求量就有影响,其数值越大,对货币需求越小;反之,对货币需求越大。

(3) 各种非人力财富的预期报酬率。弗里德曼认为,各种有形资产预期的报酬越高,愿意保存的货币就越少,对货币需求的影响就越多;反之,对货币需求的影响就越少。

(4) 其他不属于收入方面的因素。这些因素是指那些决定货币流动本身的价值,从而影响到对货币需求的一些变量,如财富最终持有者对未来经济稳定程度的预期就可能是其中的一个重要变量;当预期经济状况不稳定时,人们赋予货币流动性的价值较大,因而对货币的需求较大;再如资本品的转手量,资本品的转手越是频繁,总资产中以货币形式持有的部分也越小。

弗里德曼的货币需求函数式表明:①由于货币需求函数是极为稳定的,因而物价的变动决定于货币的供给,从货币供给的变动去研究其对物价的影响是货币数量论的特点;②货币需求与其决定因素(持久性收入、贷款利率与货币预期回报率的差额、预期通货膨胀率与货币预期回报率的差额)之间具有极为稳定的关系;③利率变动对货币需求影响极小,因此利率的变动在长期中对产量和就业的影响也就小;④影响货币需求的因素与货币供给完全无关,还需要建立一个货币供给函数,才能完善货币分析。

(二) 现代货币数量论与剑桥方程的比较分析

从弗里德曼货币需求函数的内容看出,现代货币数量论不过是剑桥方程加几个自变量而形成发展起来的。但是二者也存在着差别,现代货币数量论与剑桥方程货币数量论的区别主要表现在以下几个方面。

(1) 剑桥方程把货币流通速度当作由制度决定了的一个常量;而现代货币数量论把它当作有限的、可观察到的各个量值的稳定函数。

(2) 剑桥方程中的 Y 是当作现期的最终产品和劳务的总量,即现期的实际国民收入;而现代货币数量论方程中的 Y 则是指作为总财富水平代表的持久性收入,即以收入为代表的过去、现在和未来预期的收入平均数。

(3) 剑桥方程由于以充分就业假定为前提,Y 和 K 被视为不变的常量,于是便认为货币供应量的增加会引起物价同比例上涨;而弗里德曼因不以充分就业假设为前提,认为货币供应量的变化将直接影响名义国民收入水平的变动(名义国民收入是以现期物价水平计算的国民收入)。

从以上比较分析中可以看出,现代货币数量论与旧货币数量论虽然在本质上没有太大区别,但在现象分析上却具有更为丰富的内容,也更接近于实际。

(三) 现代货币数量论与凯恩斯货币需求函数的关系

现代货币数量论与凯恩斯货币需求函数比较起来也具有相同之点:①二者都以灵活偏好的分析为基础,因而都对利息率进行了分析;②二者都把物价的变动归结为货币供应量的变动;③二者都抛弃了新古典学派把货币与经济分开的"两分法",而把二者结合起来,认为货币供应量的变动,不仅会影响物价,还会影响国民收入或经济发展水平。

但对它如何影响物价与收入水平,二者却有不同的观点,在与此相关的其他一些问题上也有不同看法。具体说来,二者主要区别如下。

(1) 收入假说不同。凯恩斯货币需求函数的收入是绝对收入假说;而弗里德曼的现代货币数量论中的收入则是指作为总财富水平代表的持久性收入,是持久性收入假说。

(2) 对于利率的界定不同。凯恩斯的货币需求函数中的利率只限于货币利息率和债券的预期利息率,而在现代货币数量论的货币需求函数中的利率则指各种有形财富(货币、债券、股票、物质财富)的预期报酬率。

(3) 对货币传导机制的作用认识不同。凯恩斯认为,货币对经济影响的传递机制是:货币供给量增加→利息率下降→投资增长→国民收入增加。弗里德曼则认为,在短期内货币增加既可引起物价上涨,也可引起产量收入增加;但在长期内,货币增加只会引发通货膨胀,其传递机制是货币供给量增加→货币流通速度下降→通货膨胀。

(4) 对增加货币供给对物价的影响认识不同。凯恩斯认为,在非充分就业的情况下,货币供应量的增加只会增加产出,直到充分就业之后,货币供应量才会对物价产生明显的影响。弗里德曼则认为,货币供应量无论在什么情况下都会对物价产生影响,通货膨胀是一种货币现象。

(5) 政策主张不同。一般认为,凯恩斯是反经济危机的祖师,弗里德曼是反通货膨胀的旗手。二者在政策主张的区别有:①政策目标不同。弗里德曼认为,要以稳定地增加货币供应量以稳定物价、防止通货膨胀为目标,而凯恩斯则主张以经济增长和扩大就业为目标。②在对政策重视上,费里德曼特别重视货币政策。他认为,只有通过货币供应量的适当控制,通过使货币量均衡增长,同时利用市场机制的内在稳定性,才能达到经济运行均衡发展的目的。其他的经济手段并不有效,反而会破坏经济机制的内在平衡,造成不良的效果。而凯恩斯则认为货币政策的作用是次要的,只有以政府的财政政策为主导才能解决有效需求不足的问题,实现充分就业,促进经济的发展。

二、通货膨胀理论

(一) 一些学派的通货膨胀理论观点

1. 凯恩斯主义学派的观点

凯恩斯讲过,过分地刺激需求会产生通货膨胀,即"需求拉上型通货膨胀",新古典综合学派在此基础上从供给视角提出了"成本推进型通货膨胀"。新古典综合学派反通货膨胀思路的核心是"需求管理",其内容主要包括三方面:①利用松紧搭配的财政政策和货币政策分别刺激增长,抑制通货膨胀;②通过增强财政政策和货币政策调节来从微观层面削弱"滞胀"的基础条件;③通过收入政策和人力政策分别强化低收入阶层需求能力和非自愿失业者的就业竞争能力来控制"滞胀"。新剑桥学派的特点是强调从收入分配调节入手反滞胀。他们提出的策略包括实行累进税制,实行高额遗产税和赠予税,财政拨款进行失业培训,削减财政赤字,进出口管制等。

2. 理性预期学派的观点

该派的特点是反对政府干预经济,强调政府决策应该反映民意。他们认为,预期的通货膨胀和实际的通货膨胀之间不存在差距,政府不可能运用这种差距来实行失业和通货膨胀间交替政策,政府应侧重反通货膨胀,货币当局最好公开宣布稳定的货币供给年增长率。

3. 供给学派的通货膨胀理论

供给学派认为,凯恩斯理论在刺激总需求时没有立刻增加供给,难免形成通货膨胀。为此,有必要实行供给管理政策:①通过大幅度、持续削减个人与企业所得税税率来增加投资;②适当增加货币供给,降低利率;③削减政府支出,特别是社会福利支出;④精简政府需求管理的规章制度,强化自由市场经济的内在刺激力和平衡力。

(二) 货币主义学派的观点

1. 通货膨胀无论何时何地都是一种货币现象

弗里德曼有一句名言:"通货膨胀无论何时何地都是一种货币现象。"他指出,当货币增长速度超过产量的增加速度时,通货膨胀就发生了,货币数量增长得越快,通货膨胀率就越高。弗里德曼用美国1867—1960年的统计资料表明,美国每次通货膨胀都伴随着货币供给量的增加。弗里德曼认为,货币的过度增加是造成通货膨胀最主要的原因。

2. 货币供给量增加对物价水平变动的影响

弗里德曼认为,货币供给量的增加对物价水平变动的影响,主要表现在以下几个方面。

(1) 货币量的增长率同名义收入的增长率保持着一致的关系,即货币量增长,名义收入也会增长;反之亦然。

(2) 货币增长率的变动平均需在6~9个月以后才能引起名义收入增长率的变动。

(3) 在名义收入和产量受到影响之后,平均再过6~9个月物价才会受到影响,因此,货币增长的变动和通货膨胀率的变动二者间隔的总时间平均滞后为12~18个月。

(4) 当产量不变时,如果货币数量突然增加。这就使人们(或企业)所保有的现金量及其同其他资产的比率也随之增加,但由于每个人都企图保持他拥有的代表性的真实资产,因而持有这部分多余现金的人就会增加开支,通过购买其他资产(包括耐用消费品和其他不动产之类的资产)的办法以求扭转这种不平衡状态,这样,物价也就必然随之上涨。

(5) 货币量的变动只在短期内影响产量,而在长期内,货币的增长率则只能影响物价,不影响产量。

3. 货币供给超速增加的原因

(1) 政府的财政赤字。弗里德曼认为,实施赤字财政是否造成通货膨胀主要是看政府如何为高财政支出筹措资金。如果政府运用增税或向公众借款来筹措资金,这两种办法是用政府支出的增加代替私人支出增加,不会发生通货膨胀。但这样做在政治上会遭到公众反对。可行的办法就是增加货币量,其方法是把政府公债卖给中央银行,所得到的钱用于开支,而中央银行就可以把公债作为发行货币的准备金,增加货币的发行量,这时就会发生通货膨胀。

(2) 政府推行充分就业政策。经济中由于自然失业率存在一定的失业是难免的,但是政府总是想实现不切实际的充分就业目标。为了实现这一目标,政府就采取了增加开支、减少税收的办法,其结果就是以增加货币量来弥补赤字。此外,中央银行用货币购进政府债券,从而增加了货币量。在充分就业的压力之下,中央银行的政策与政府的财政政策一样有造成通货膨胀的倾向。

(3) 中央银行错误的货币政策。中央银行可以控制货币数量,但却不去控制货币量,中央银行无法控制利息率(利息率应该由借贷市场供求关系决定),却力图去控制利息率。当利息率提高时,中央银行就通过增加货币供应量来降低利息率;当利息率下降时,中央银行就减少货币供应量来提高利息率。这样,造成了利息率和货币供给经常出现大的波动,使人们对价格无法预期,加深了通货膨胀。

三、失业理论

弗里德曼以自然失业率为失业理论的分析起点,论证了通货膨胀和失业之间在长期内不存在稳定的此消彼长的交替关系。

1. 自然失业率

自然失业率是指由劳动力市场和商品市场的自发供求力量发挥作用时应有的处于均衡状态的失业率。这个自然失业率并非常数,而是经常在变动的。例如,流动性较大的妇女、青少年在劳动力中所占比重越来越大,或者失业保险和救济使失业者不急于找到工作等,都有可能提高自然失业率。所以,这种失业率的高低完全取决于经济、社会中诸如风俗习惯、自然资源和技术水平以及工人的就业倾向等因素,而与货币数量无关。

2. 在长期内,失业与通货膨胀之间没有互相替代的关系

货币主义学派运用适应性预期分析了通货膨胀与失业之间的关系,他们认为,通货膨胀与失业之间的关系在短期内可能有交替关系,但在长期内没有这个互相替代的关系。如图 8-1 所示。

在图 8-1 中,在短期内,降低通货膨胀率能够提高就业率,二者存在着一定的替代关系。但在长期中,菲利普斯曲线是一条垂线,失业与通货膨胀无法替代。因为在长期中决定失业的是自然失业率,自然失业率是由社会中的客观因素(经济状况、科技发展、劳动供给、资源限制等)形成的,在既定的自然失业率下,长期的菲利普斯曲线是一条竖直的直线。

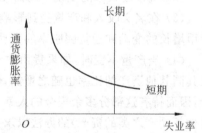

图 8-1 菲利普斯曲线的短期和长期变化

所以在长期内失业与通货膨胀之间没有互相替代的关系,凯恩斯主义利用失业与通货膨胀之间的互相替代关系制定的政策是无效的。

四、货币传递机制

货币传递机制是指货币对经济活动的作用方式或过程。与凯恩斯主义不同,货币主义学派认为货币传递机制不仅具有直接性,而且具有广泛性(货币的变化既影响利息率,也影响商品价格)。如果说凯恩斯强调的是利率效应,而货币主义则强调价格效应。货币主义学派的传递机制的特点是强调货币供应量的变化是通过总支出的变动而影响经济活动的,其最终结果是引起一般物价水平的变动。

货币供应量增加,6 个月内,只对利率有影响;6~9 个月,GNP(国民生产总值)增长率提高;18 个月后,价格变动;两年半后,产出增长率回到甚至低于"正常水平";长期内,货币量的变动反映在物价水平上。其货币传递机制可表示为

$$M \to E \to <PR> \to I \to Y$$

式中:M 表示货币供应量,E 表示支出,P 表示价格,R 表示利率,I 表示投资,Y 表示收入。即,货币供给的增加会通过公众支出的增加引起资产价格的上涨和利率的下跌,从而刺激新资产的增加而使收入增加;相反,当货币供给减少时,同样的传递机制会导致收入减少。

弗里德曼强调,传递机制的一个重要特点是货币供给量的变动,最初对利率的影响和后来对利率的影响是反方向的,应该对考察的阶段加以区分。货币供给的增加,最初往往使利率降低,但是后来引起价格上涨,就会使贷款需求增加从而使利率提高,后来则随着它所引起的支出减少,通货膨胀率降低,就会使利率下降。因此,货币量增长最快的国家往往利率最高(如巴西、智利、韩国),货币量增长最慢的国家往往利率最低(如瑞士、联邦德国)。

上述货币传递机制所要说明的是:由于真实货币需求函数的稳定性,货币供给量的变动是通过货币持有者支出方向的变化引起资产相对价格的调整,进而影响名义收入的;这一过程在短期内,表现为利率的下降和产量的增加,在长期内则表现为利率的回升或上涨(从而投资的回跌)和一般物价水平的普遍上涨。

五、经济自由主义

货币主义学派认为,在社会经济发展过程中,市场机制的作用是最重要的。他们坚持自由市场和竞争是资源与收入合理分配的最有效方法,是形成个人和社会最大福利的最佳途径,如果政府干预经济,就将破坏市场机制的作用,阻碍经济发展,甚至造成或加剧经济的动乱。因此,他们旗帜鲜明地反对政府干预,特别是反对第二次世界大战后凯恩斯主义学派的理论和政策主张,他们认为除了货币之外,政府什么也不必管。

第三节 货币主义学派的经济政策

一、反对政府过多干预经济与政府的作用

(一)反对政府过多干预经济

其原因有两条:①私人经济本身具有内在稳定性,引起经济不稳定的根源在于政府反复无常的货币政策干预;②市场调节机制的完善性,无须政府过多干预经济。

(二)政府的作用

货币主义学派不是不要政府,它也反对无政府主义。弗里德曼认为:①政府的首要作用是反对外来的侵略;②保护儿童、未成年人及少数病残者的利益,承担一些私人无法承担的公共工程,但这是有限的;③政府还要制定一些法律,起一个仲裁人的作用;④政

府当务之急是从积极干预经济的道路上改变方向,尽量减少经济的干预,政府的职能应该受到限制,政府的权力应该分散,从集权走向分权。

二、单一规则货币政策

(一) 单一规则货币政策的含义

单一规则货币政策,又称稳定货币增长率规则,它是指将货币供应量作为唯一的政策工具,中央银行要制定货币供应量增长的数量法则,要按一个稳定的增长比率扩大货币供应,使货币增长率同预期的经济增长率保持一致。这一政策主张包括两重含义:①排除利息率、信贷流量、准备金等因素,而以货币供应量作为货币政策的唯一支配因素及唯一控制指标;②反对凯恩斯主义学派相机行事的货币政策,而主张以既定的货币数量规则来防止货币政策的摇摆性。

(二) 单一规则货币政策的提出

20世纪60年代末期,西方世界陷入滞胀性危机时,弗里德曼提出了对抗凯恩斯主义学派的相机抉择货币政策(权衡性货币政策)的单一规则货币政策。弗里德曼认为,由于货币扩张或紧缩对经济活动从而对价格水平的影响有"时滞",所以货币当局或中央银行采取相机抉择的货币政策必然产生过头的政策行为,对经济活动造成不利的影响,这是西方国家产生通货膨胀的重要原因,因此主张应实行单一规则的货币政策。他通过分析得出如下的认识。

(1) 货币数量保持不变,即货币增长率为零。由于美国每年经济实际增长率约为3%,人口增长率为1%~2%,因此将使物价每年下降4%~5%。名义工资与物价水平均下降,在通货紧缩条件下也能充分就业,但名义工资下降会遭到工人反对,难以顺利进行。

(2) 按劳动力的增长率确定货币量的增长率,保持货币工资不变。由于经济增长率约为3%,商品价格水平将降低3%,这将遭到资本所有者的反对,也难顺利进行。

(3) 以经济增长率与人口增长率为货币供应量增长率。他以美国为例认为,货币供应量年增长率为4%~5%,这样既可以保持物价水平稳定,也不会使名义工资下降,可以保证经济的均衡发展。弗里德曼认为,这是"最适当的规则"。他建议,美国货币供应量年增长率应稳定在4%~5%,除此之外,政府不用对经济进行其他形式的干预,完全让市场自发调节,保持经济均衡。

(三) 单一规则货币政策的主要内容

实行单一规则货币政府,需要解决三个问题:①如何确定货币数量的范围;②如何确定货币的增长率;③货币数量增长率是否允许在年内或季节内有所变化。

(1) 确定货币数量的范围。弗里德曼认为,应确定为流通中的货币加上商业银行的存款,亦即 M_2。

(2) 关于货币增长率的确定,应与经济增长率相适应。弗里德曼根据美国近百年的历史资料的实证研究提出,美国的年平均经济增长率为3%,就业的年平均增长率为

1%～2%,若货币供应量不增加,工资水平的增长率计算会下降 1%～2%,再加上 3%的年经济增长率作用,物价将下跌 4%～5%,造成通货紧缩,消费减少。但若货币供给过多就会带来物价上涨,导致通货膨胀和经济混乱。因此,如果美国的货币供应量以每年 4%～5%的速度稳定增长,就可望保持一个比较稳定的物价水平,避免经济波动。

(3)关于货币增长率在年内或季节内是否允许变动。在一个年度内,不同季度或月份对货币需要量是不同的,在季节变动的操作方面较难处理。弗里德曼主张,可按每月增加率为每年增加率的 1/12,或每周增加率为每年增加率的 1/52 来解决。

三、浮动汇率制

浮动汇率制是弗里德曼主张自由市场的典范。单一规则的货币政策只适应于对付一个封闭的经济体系内的通货膨胀,但对世界性的通货膨胀,弗里德曼认为单一规则的货币政策是远远不够的。除非各国均采取一致行动,共同制定各自稳定的增加货币供应量的政策并排除一切人为干预。但各国的经济政策的协调一致是很难做到的,为此只有废除固定汇率制,实行浮动汇率制。弗里德曼主张完全依靠市场的力量决定而没有任何政府干预的自由浮动的汇率制度,也就是完全抛弃政府干预的汇率制度,并且他认为他所主张的浮动汇率制具有内在的稳定机制。早在 1950 年,弗里德曼就在《浮动汇率问题》一文中对国际收支变化的调节问题做了详细分析,反对布雷顿森林会议上规定的固定汇率制(以美元为中心,美元与黄金直接挂钩,参加这一体制的各国货币直接与美元挂钩,以美元为基础确定各国货币的汇率,并规定各国汇率的变动不得超过 1%～2%),主张浮动汇率制。弗里德曼认为浮动汇率制是一种自动调节机制,能够保护国内经济免受国际收支严重失衡的损害,能够持续不断地调节国际收支。20 世纪 60 年代末 70 年代初,西方国家出现了严重的通货膨胀。弗里德曼认为严重的通货膨胀正是长期坚持的固定汇率制,使得通货膨胀从美国向其他国家传递造成的。一个国家如果发生国际收支逆差,在实行浮动汇率制时,汇率会自动下降,导致该国出口商品的价格下降,出口增加,该国的进口商品上升,从而进口减少,这样逐步平衡该国国际收支。1971 年"美元危机"后,西方各国先后实行了浮动汇率,由此证实了弗里德曼的预见,使浮动汇率政策主张得以实现。对浮动汇率制的坚持也是弗里德曼获得 1976 年诺贝尔经济学奖的一个重要原因。

四、反对福利国家政策,主张负所得税方案

(一)反对福利国家政策

弗里德曼反对一些西方国家的福利政策,他认为一些西方国家实施的一整套的社会福利计划使政府的支出庞大,加重政府的财政负担。得到社会福利的人不满意,认为这些福利还不能满足他们的需要;得不到的人,认为这笔支出过大,也不满意。福利国家政策形成的问题主要有:①受益的人,靠别人的钱来生活,工作不工作都一样,因此养成依赖政府的习惯,从而不能发挥他们的能力和天赋;②社会福利资金使用不当;③掌握和管理这些货币的人,在使用这笔资金时,不是靠他们工作的积极性,而是靠他们的善心,从而造成官僚主义。执行这种计划的人,可能利用他们手中的权力去谋取自己的私利,使应该

得到社会福利的人得到的数量减少了。

（二）主张实行负所得税方案

弗里德曼认为，现在实行的福利计划又不可能一下全部取消，因为这会遭到人们的反对。所以他主张实行负所得税方案，作为一个过渡。所谓负所得税方案，就是政府规定某种收入的保障额，如果某人的实际收入低于这个保障数额，他不仅不用交所得税，还可以按一定的比例得到补助。但是，如果实际收入超过规定的数额，就得交所得税。由于这种方案不是把人人的收入拉到同一水平，这就会使每个人努力工作，以便赚取更多的收入，宁可交税，也不要这种补助，这样就提高了工作效率。负所得税方案见表8-1。

表8-1　负所得税方案

税前总收入/美元	税收减免/美元	应纳税收入/美元	税率/%	税收/美元	税后收入/美元
0	3 000	−3 000	50	−1 500	1 500
1 000	3 000	−2 000	50	−1 000	2 000
2 000	3 000	−1 000	50	−500	2 500
3 000	3 000	0			3 000
4 000	3 000	+1 000	14	+140	3 860

资料来源：弗里德曼.弗里德曼文萃[M].北京：北京经济学院出版社，1991：70-71.

五、主张实行收入指数化政策

自20世纪70年代后期以来，为了应付日益严重的通货膨胀，一些西方国家纷纷采取对工资和物价进行管制的收入政策，这种政策的实施不但没有取得预期效果，反而造成了经济的低效率和不公平。弗里德曼反对实施对工资和物价进行管制的收入政策，因此，他提出了收入指数化政策方案。

收入指数化是指使各种名义收入，如税收、工资、利息等，部分或全部地与物价指数相联系，自动随物价指数的升降而升降。它主要包括：①税收指数化，它是按照每年消费物价指数的涨落，自动调整应纳税所得额和纳税扣除额，以便剔除通货膨胀的名义所得增减的影响；②工资指数化，它是指劳动者的货币工资随物价指数浮动自动调节收入的一种工资政策，物价指数上升，工资也随之提高；③利息指数化，根据通货膨胀率来调整名义利率，以保持实际利率不变等。

收入指数化的作用是：①在收入额上，削减了通货膨胀对实际收入的背离影响，消除或减少人们因通货膨胀造成的损失，提高了税制的公平性和效率；②避免或减少了人们收入需要根据通货膨胀而年年进行调整和变动的复杂手续，保证收入政策前后连贯性和稳定性；③在某种程度上可以缓解政府与公民、雇主与雇员、银行与储户之间在通货膨胀条件下的矛盾激化；④能够有效地制止一些政府滥用通货膨胀来增加税收。但是，同时弗里德曼也认为，收入指数化并不能根治通货膨胀，根治通货膨胀最有效的办法是控制货币供应量的增长率。

第四节 货币主义学派与凯恩斯主义学派的分歧

货币主义学派与凯恩斯主义学派存在以下几个分歧。

一、思想理念不同

货币主义学派者声称不愿意出卖自由以换取平等,甚至还认为正是因为政府管理市场的权力而得到了很少的平等;而凯恩斯主义者认为,如果没有平等,一切的自由是不会有的,他们认定要利用政府干预可能解决收入分配不平等和资源配置的不合理利用等问题。

二、对货币的作用认识不同

(1) 货币主义学派坚持货币供应变动对决定产量的首要作用,利息率是不重要的;凯恩斯主义以为货币供应量会影响产出,只不过是通过利息率的影响而间接发生作用的,凯恩斯主义认为对于经济的增长,货币供应变动是次要作用,投资乘数才是最重要的。

(2) 货币主义学派认为货币变动会影响各种资产的相对价格和收益,凯恩斯主义则强调货币变动对利息率的影响和利息率对投资的影响。

三、对经济作用机制认识不同

凯恩斯理论的经济作用机制的核心链条是,政府的货币供给和私人的货币需求决定利率,利率决定投资,投资决定有效需求,有效需求决定国民收入和就业。因此,政府可以利用货币政策和财政政策刺激有效需求,增加国民收入和扩大就业。而货币主义学派者信奉自由市场对经济的调节作用,认为劳动力市场和商品市场的自发供求力量存在着自然失业率,如果脱离实际经济变量人为地扩张货币数量,并不能扩大就业,而只能导致通货膨胀,因此,货币主义学派主张实行单一规则货币供给政策。

四、经济政策主张不同

凯恩斯主义学派认为,市场经济不会自动达到均衡,经济周期主要起因于投资需求的反常变化,因此需要政府干预经济,由政府实施反周期的稳定政策,以调节经济体系的运行。而货币主义学派者则持相反的论点,他们认为,在现实中,经济波动之所以发生,都是由于政府采用了错误的经济政策,因此反对任何政府干预的经济政策,主张充分发挥市场机制在配置资源中的作用。

复习思考题

1. 简述货币主义学派的产生与发展历程。
2. 现代货币数量论中,弗里德曼认为影响货币需求的因素有哪些?
3. 简述现代货币数量论与凯恩斯货币需求函数的关系。

4. 货币主义学派通胀理论的主要内容有哪些？
5. 什么是自然失业率？货币主义学派对菲利普斯曲线的观点是什么？
6. 简述单一规则的货币政策及内容。
7. 简述货币主义学派的负所得税方案。
8. 简述货币主义学派的收入指数化政策。
9. 试述货币主义学派与凯恩斯主义学派的主要分歧。

习　题

第九章

供给学派

【本章要点及学习要求】

　　了解供给学派的产生背景及其主要代表人物,掌握拉弗曲线的内容与政策含义,理解供给学派对通货膨胀的认识,把握供给学派的税收对储蓄和投资的影响,掌握供给学派的减税政策,理解供给学派的影响,知晓对供给学派的评价。

第一节　供给学派概述

一、供给学派的产生背景

　　它是在20世纪70年代,在对抗凯恩斯主义学派的过程中在美国产生的一个新自由主义流派,该学派强调经济的供给方面,认为需求会自动适应供给的变化,因而得名。其特点是没有完整系统的理论体系,只是从调节供给方面提出谋求经济均衡的政策主张。供给学派的产生背景主要有以下几点。

　　(1) 现实背景。美国经济出现了较长时间的"滞胀"危机。从20世纪70年代以后,西方国家经济普遍出现"滞胀"局面。美国1973—1980年实际国民生产总值年平均增长率只有2.4%,失业率却经常高达6%～7%,同时整个20世纪70年代通货膨胀率年平均都达到了7.4%的高位。由于劳动生产率的增长落后于日本、西德、法国等其他国家,美国商品在国内外市场的竞争能力受到严重削弱,对外贸易连年出现巨额逆差。美国在世界经济中的地位大大下降。面对严重的经济滞胀和衰落局面,供给学派提出,西方国家的"滞胀"危机正是长期执行凯恩斯理论的需求管理政策造成的,要解决"滞胀"问题,就要放弃凯恩斯主义的需求管理,转向供给管理上。

　　(2) 理论背景。凯恩斯理论的需求理论受到挑战。由于凯恩斯理论过多地侧重于需求理论研究,忽视了对供给的分析,使美国等国家按照凯恩斯主义需求理论制定政策形成了资本供给不足、生产率低下的问题。供给学派试图从供给入手分析并解决这些问题。

　　(3) 政策背景。凯恩斯理论需求管理政策的困惑。在经济萧条情况下,凯恩斯提出,政府要采取扩大需求的政策来反经济萧条,新古典综合学派认为失业与通货膨胀交替相机抉择政策不能解决高失业与高通货膨胀并存的"滞胀"问题。供给学派认为,凯恩斯理论的刺激需求则会使通货膨胀恶化,而抑制通货膨胀又会导致生产更加萎缩,出现严重的失业。因此供给学派主张从供给管理上解决"滞胀"问题。

二、供给学派的代表人物

(一)蒙代尔是供给学派理论的先驱

1999年诺贝尔经济学奖获得者、当代供给学派理论思想的奠基人、"欧元之父"罗伯特·蒙代尔(Robert Mundell,1932—　)，早在1971年就在《货币理论：世界经济中的利息、通货膨胀和增长》中批评美国尼克松政府的增税和放松货币供给量的政策导致了1969—1970年的经济危机，并认为正确的办法应是紧缩货币供给量和实行减税，这样既可以抑制通货膨胀，又能够降低失业率。因此，美国的一些报刊把蒙代尔称为"美国供给学派"的先驱。然而蒙代尔并非纯粹的供给主义者，在蒙代尔的经济思想中仍有凯恩斯主义的因素，因而他并不是供给学派中引人注目的代表人物。

(二)费尔德斯坦是供给学派之父

马丁·费尔德斯坦(Martin Feldstein,1939—　)，1982—1984年曾任里根总统时期的经济顾问委员会主席、美国国家经济研究局主席。他起初是一名凯恩斯主义学派者，但是在研究完"罗斯福新政"和约翰逊的"伟大社会计划"等政策之后，他意识到政府干预的恶果往往以好的意愿开始，却以坏的结果告终。由此，费尔德斯坦转变成为市场的信徒，他主张依靠资本积累和市场刺激，建议对失业津贴征税等。理论界一般把费尔德斯坦划分为供给学派的温和派，是因为他的理论和政策主张并没有拉弗那样纯粹的供给主义，其中包含很多折中因素，掺杂着凯恩斯理论、货币主义的思想。费尔德斯坦主要理论观点有：①提出了"费尔德斯坦曲线"。费尔德斯坦曲线虽与拉弗曲线不同，但它形成了"对宏观经济问题的供给学派的总体解释"，这一理论模型浸透了供给学派的理论和思想，因而费尔德斯坦被称为"供应学派之父"。②储蓄与投资是经济增长的关键。他认为，提高劳动生产率、促使经济增长、改善国民生活水平的重要条件是投资，而投资是由储蓄转化而来的，储蓄就是投资，所以经济增长的关键是储蓄和投资。③在财政与税收理论上，他反对赤字财政，强调要平衡预算。他认为巨额赤字是造成高税率的重要因素，也是阻碍资本形成、影响经济健康发展的一个危害因素。④在货币与通货膨胀上，在货币问题上，费尔德斯坦的观点同货币主义相近，都认为高通货膨胀是第二次世界大战后实行凯恩斯理论扩张性货币政策的结果，是单纯增加了货币数量引起了高通货膨胀。高通货膨胀不仅降低了私人实际收入和公司利润，也降低了国民的储蓄率和购买力，而且使投资品价格上涨，生产成本增加，产品竞争力削弱，造成了生产停滞。

(三)拉弗是供给学派耀眼的明星

美国经济学家阿瑟·贝茨·拉弗(Arthur Betz Laffer,1941—　)因提出"拉弗曲线"而著称于世，拉弗曲线并不是严肃的经济学家精心研究的结果，而是拉弗1974年的一天为了说服当时福特总统的白宫助理切尼，使其明白只有通过减税才能让美国摆脱"滞胀"的困境，即兴在华盛顿一家餐馆的餐巾纸上画的一条抛物线，并向在座的人说明税率与税收收入的关系,这就是著名的"拉弗曲线",所以被戏称为"餐桌曲线"。这个曲线得到同来赴宴的《华尔街日报》副主编万尼斯基极大的赞赏,他利用记者身份在报纸上大肆宣传,很快减税主张便博得社会各界的认同,最终被里根政府所采纳,从此其影响遍及欧美许多国家。他因反对凯恩斯扩张性财政政策,要求降低个人和企业所得税,以刺激储蓄和投资,促进生产和抑制通货膨胀的主张而闻名,他曾任里根总统的经济顾问,为里根政府推行减税政策出谋划策。拉弗的主要著作有《税率、生产要素之运用以及市场生产》(1981)、《政府的苛捐杂税与税收不足》(1984)、《重返繁荣:美国如何收复经济霸权》(2014)。

(四) 万尼斯基是宣传供给学派的舆论高手

裘德·万尼斯基(Jude Wanniski,1936—2005),曾任《华尔街日报》(美国发行量最大的财经报纸)副主编、美国综合经济咨询公司总经理等。他在该报大力宣传供给学派以增加供给、提高生产率来促进经济增长的主张,反对凯恩斯的"需求自行创造供给"的理论。布鲁斯·巴利特曾说,"如果没有《华尔街日报》的宣传,没有共和党议会党团的支持,供给学派本来是不会引起公众兴趣的",可见万尼斯基这位舆论高手的重要作用。万尼斯基是拉弗的好友,也是拉弗理论的忠实拥护者和鼓吹者。他曾经数次发表文章支持拉弗。

(五) 罗伯茨是供给学派的总结者

保罗·克雷·罗伯茨(Paul Craig Roberts,1939—   ),曾长期在乔治大学的战略和国际问题研究中心从事经济政策研究。1981—1982年任里根政府财政部主管经济政策的助理部长。罗伯茨一直致力于对凯恩斯理论的批判和供给学派理论的研究工作,在其社会活动中,为使供给学派经济学成为美国经济政策的理论基础做了不懈的努力,他在供给学派崛起过程中有两大贡献:①为"肯普—罗斯减税法案"(美国会议员肯普和罗斯联名于1977年提出了三年内降低个人所得税高达30%的法案)提出所做的巨大努力,当时罗伯茨是肯普的得力助手;②在担任财政部主管经济政策助理部长期间,他深入考察了供给学派在美国的起源、发展和演变的过程,掌握了大量华盛顿决策内幕的第一手资料。最终写出《供应学派革命:华盛顿决策内幕》,这是第一部比较系统地论述供应学派经济学的理论与实践的著作。同时他还著有《凯恩斯模型的破产》(1984),1984年出版了《供给学派革命》一书,系统论述供应学派的经济理论和实践。

第二节 供给学派的主要经济理论

对供给学派的认识有两种:①把凡是强调供给,主张从刺激需求转为刺激储蓄和投资的人都列入供给学派;②供给学派指的就是那些主张通过减税来刺激经济活动的人。本书主要介绍后者。

一、强调供给第一,推崇自由市场经济理论

(一)强调供给第一

在供给学派看来,凯恩斯的"需求会自行创造供给"的观点是错误的,凯恩斯主张"需求管理政策"是造成"滞胀"的根源。这是因为,需求增大不一定造成实际产量增长,很可能只是单纯增加货币量,引起物价上涨,储蓄率下降,这又必然引起利息率上升,影响投资的增长和设备更新,造成技术变革的延缓。拉弗指出,萨伊定律不仅概括了古典学派的理论,而且确认供给是实际需求得以维持的唯一源泉。因此政府不应当刺激需求,而应当刺激供给。

1. 复活"供给自创需求"的萨伊定律

在19世纪,萨伊提出了"供给会自行创造需求"的经济定律。巴雷特断言,他们的理论是"萨伊定律"的重新发现,万尼斯基甚至把供给学派的经济学家拉弗称为"当代的萨伊"。供给学派认为,凯恩斯主义把需求看成经济中的决定因素,供给反而成为派生的次要因素,这是颠倒因果关系。因为在社会经济中,首先是生产要素的投入,然后才有产品,需求量由供给量决定。吉尔德认为,购买力永远等于生产力,不会由于总需求不足而造成商品过剩。那么怎样解释现实社会中生产过剩的经济危机呢?供给学派仍然因袭了萨伊的辩解,生产是不会过剩的,充其量是一部分产品的过剩,而其他产品则是有效供给不足。至于所出现的经济危机,则是由凯恩斯需求管理政策造成的。

2. 供给学派对萨伊定律的补充与发展

萨伊处在自由竞争时代,他主张完全的自由竞争,反对任何性质和形式的政府干预,供给学派则处在国家垄断资本主义发展阶段,他们不可能反对政府干预,而是制定了"供给管理政策"。例如,他们主张政府应该通过减税、加速折旧、保持一定量的军事订货以刺激供给的增加。因此,与其说供给学派反对凯恩斯主义的政府干预,不如说是在新的历史条件下,主张把有利的政府干预与市场调节作用结合起来,这就是供给学派对萨伊经济理论的补充和发展。

3. 经济发展的决定性因素是供给和生产率

供给学派认为生产过剩的危机产生的原因是:①生产过剩是劣等或不适应需求的产品的过剩;②生产过剩的不是需求不足,而是市场充斥着旧商品,消费者对于旧商品边际效用递减,对其需求的下降;③生产过剩是由于有效供给不足造成的,由于企业边际税率过高很少有创新产品,因此在这种情况下如果政府还是继续以刺激需求为主导,就会使矛盾积累,造成经济的恶性循环。因此,经济增长决定于供给,要求生产要素有一个稳定的数量增加以及生产效率不断提高。

(二)推崇市场经济理论

费尔德斯坦从其新自由主义立场出发,非常推崇市场经济理论。他极力反对凯恩斯的政府干预理论和政策,认为长期实行凯恩斯理论需求管理政策的结果大大刺激了总需求,导致政府开支过大,公共经济过分扩张,政府对国民经济干预太多,"妨碍了经济按其

内在规律运转",从而造成了需求过度,通货膨胀,储蓄率低,严重影响了私人和企业储蓄、投资与生产的积极性,形成了滞胀局面。这说明,政府过分干预经济,不但没有起到应有作用,反而带来了许多副作用。因此他认为,"只有经济活动受到的干预最小,才能保持最佳状态",而凯恩斯主义已不适用于分析当今美国经济了,只有市场体制才是达到最佳状态的有效手段。为此,他主张,应当摒弃凯恩斯主义学派经济学以及相应的赤字财政政策,大幅度削减政府开支,以减少政府对经济的影响和干预力量,实现"无为而治"。他还主张回到古典经济学中去,充分发挥自由市场经济的自发调节作用,实行自由竞争和企业自由经营。这样,美国经济就能摆脱困境,实现低通货膨胀和低失业的经济增长。

二、刺激供给的主要手段是降低税率

供给学派认为,正是美国日益增长的税收与政府开支,严重挫伤了美国人的工作积极性并成为造成劳动生产率下降的主要原因,从而形成供给不足引发"滞胀"危机。他们分别从以下几个方面分析了高税率对美国经济带来的危害,从而论证减税政策的重要性和正确性。

(一) 高税率政策减少了投资

1. 高税率政策使投资率下降

他们认为执行凯恩斯主义学派的高税率政策沉重打击了高收入阶层投资的积极性,这是美国投资率下降的根本原因。提高利息率本来是为了提高储蓄率以促进投资,然而结果适得其反,储蓄者觉得投资所得不及储蓄利息收入,反而使投资更加萎缩,生产停滞更为严重,而且高利率使出口商品价格上涨,严重削弱了商品在国际市场上的竞争力,导致国际收支赤字直线上升,通货膨胀加剧,因而高税率是美国"滞胀"的根源。

2. 边际税率过高削减了投资

高税率降低了税后的投资收益水平,相当于提高了投资成本,会使企业减少在厂房设备等方面的投资,使个人减少在教育和职业培训方面的投资,使人力资本和非人力资本存量下降,从而降低劳动生产率提高速度,降低收入水平提高速度。

(二) 高税率降低了劳动生产率

供给学派认为,高税率是降低劳动者工作热情,使劳动生产率下降的根源。据供给学派提供的材料,占美国大多数中等收入的家庭,其边际税率(包括联邦的、州的和地方的总共税额)高达50%以上,这意味着多干活却只能拿到应得报酬的一半。拉弗认为,边际税率越高,闲暇的代价就越小,因而旷工增加,加班减少,人们用于提高技术水平的时间也相对减少,因此,高边际税率妨碍人们的工作积极性,使劳动生产率下降。供给学派认为,过高的边际税率是对勤奋工作的人的一种"惩罚性的税制",是对美国经济增长和社会进步的最大危害。

(三) 高税率还会造成社会的多种弊端

他们认为像社会上出现的逃税、地下经济的兴起与盛行,走私的猖狂进行,社会道德的严重败坏等都与政府实行高税率有直接的关系。同时高税率导致资本和技术外流,不利于本国资本积累和经济增长。

三、费尔德斯坦曲线[①]

费尔德斯坦曲线主要是说明财政赤字对通货膨胀、资本形成的影响:①在通货膨胀率不变的条件下,财政赤字的增加会引起资本形成率下降,即财政赤字与资本形成存在替换关系;②在保证资本形成率不变的前提下,财政赤字的增加将导致通货膨胀,财政赤字与通货膨胀率呈正相关关系。如图9-1所示。

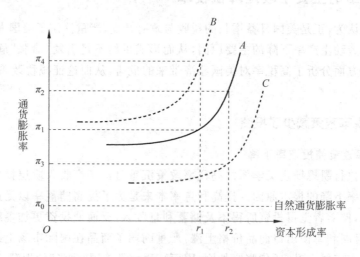

图 9-1 费尔德斯坦曲线

图9-1表明:①通货膨胀率从 π_1 上升到 π_2 时,资本形成率从 r_1 增加到 r_2;相反,如果要使通货膨胀率从 π_2 降到 π_1,这时就要牺牲一些资本形成率,即从 r_2 缩减到 r_1。②当财政赤字增加时,曲线从 A 上升到 B,这时为了保持原来的资本形成率 r_1,通货膨胀率由 π_2 提高到 π_4。③如果财政赤字减少了,曲线从 A 下移到 C,这时为了维持原来的资本形成水平,通货膨胀率降低到 π_3。④当财政赤字为零时,费尔德斯坦曲线就下移转而成为一条水平线,这时的通货膨胀率(π_0)称为自然通货膨胀率。自然通货膨胀率是独立于政府财政变量,并对资本形成没有影响,不存在费尔德斯坦曲线表达的对应关系,即对实际经济变量的影响是中性的。

四、拉弗曲线

(一)拉弗曲线图

拉弗认为,高税率对政府也是不利的。在政府的税收中,决定税收总额的因素不仅要

---

① 吴剑敏. 费尔德斯坦曲线简介[J]. 世界经济,1984(1):71.

看税率的高低,还要看课税的基础(国民收入)的大小。提高税率有时反而会使税收减少。因为过高的税率会缩减课税的基础;相反,减税使生产率提高了,个人与企业的收益增加,政府课税的基础扩大,政府的税收的总额随之增加,政府财政赤字也会得到有效控制。

为了表明这一思想,拉弗提出了"拉弗曲线",它是用来表示税收和税率之间的函数关系的曲线。这种函数关系可见图9-2的曲线变化情况。

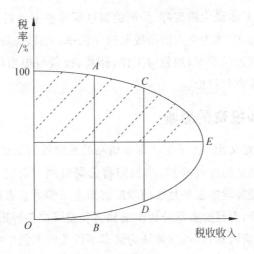

图 9-2　拉弗曲线

在图9-2中,纵坐标代表税率,横坐标代表政府税收,E为最佳税率点,此时政府税收和经济产量均为最大。A点代表很高的税率和很低的税收,B点代表很低的税率和较高的税收,A点和B点两种税率为政府提供税收是相等的,C点和D点两种税率为政府提供税收也是相等的,但税率不同。如政府将税率由很高的A点降低到C点,随着产量提高和课税基础扩大,其税收也将增大;如果把很低的税率由B点提高到D点时,增加等量税收,但是随着产量会大大减少,却严重削弱了课税的基础。

(二)拉弗曲线的经济含义

(1)税率是有限度的。在一定范围内,增加税率可使政府得到较多的税收,当税率超过限度时,政府的税收反而会减少。在图9-2中的E为最佳税率点,此时政府税收和经济产量均为最大。万尼斯基对此作出解释说,"当税率为100%时,人们的所有劳动成果都被政府所征收,他们就不愿意在经济中工作,因此由于经济中断,没有什么可供征收100%税额,政府的收益就等于零"。拉弗认为,美国20世纪70年代的税率已经处在禁区内曲线上(图9-2上方阴影部分),因而不能再刺激供给。

(2)相同数额的税收,既可由高税率征得,也可由低税率征得。在图9-2中,A点代表很高的税率和很低的税收,B点代表很低的税率和很高的税收,A点、B点向政府提供同等的税收,但税率却不相同。C点和D点的情况也一样。

(3)不同税率却对课税基础有不同影响。高税率削弱课税基础(A点),减低经济活力,因而必须大幅度地降低税率。减税造成的财政收入的减少,可以用减税刺激经济增长后所增加的财政收入来弥补(B点)。

（4）降低税率能促进经济增长并增加政府税收。例如，政府将税率由很高的A点降低到C点，随着产量的提高，其税收也将增大；相反，如果把很低的税率由B点提高到D点时，虽然C点和D点增加等量税收，但是在C点却引起经济产量和政府税收的减少。

供给学派依据拉弗曲线大声疾呼，美国的累进所得税率和资本收益税率已深涉禁区，必须果断地进行减税。①减少个人所得税和边际税率；②减免资本收益税。费尔德斯坦认为，应该是强调降低边际税率，加强对工作、储蓄、投资与担当风险的刺激，特别是鼓励资本家投资，以刺激生产和供给。

五、税率对储蓄和投资的影响

供给学派把储蓄定义为：为了生产将来商品的最终目的而储存起来的那部分现在收入。因此，它是资本供给的主要来源，增加储蓄无疑有利于促进投资，扩大生产，增加供给。他们认为，当前经济学的任务是要消除凯恩斯主义储蓄有害论的不良影响，理直气壮地鼓励储蓄，增加投资，而且要着重分析影响储蓄和投资的各种因素，以利于扩大其规模。关于储蓄和投资的影响因素，供给学派认为储蓄不仅受收入的影响，投资也不仅取决于利率，二者在很大程度上都要受税率的影响。

（一）税率对储蓄的影响

1. 税率对储蓄数量的影响

税率对储蓄数量的影响主要是通过可支配收入的变化产生作用的。高税率直接减少可支配收入，削弱了人们的储蓄能力；而减税则通过提高可支配收入扩大了储蓄基数，增加了人们的储蓄能力，从而增加储蓄的数量。因此，在其他因素不变的情况下，税率变化与储蓄数量的变化成反比。

2. 税率对储蓄率的影响

①高税率使人们的可支配收入下降；②高税率使人们进行的储蓄收益中个人可支配收益减少；③高税率使人们消费的机会成本下降，加大消费倾向。因此，在其他情况不变时，税率与储蓄率也是成反比的。高税率打击人们的储蓄意愿，降低储蓄率；而减税可以提高人们的资本净收入，使储蓄和投资具有强大的吸引力，同时因为加大了当前消费的成本，从而改变了人们的总支出构成，使可支配收入中的储蓄率上升。

（二）税率对投资收益的影响

由于税率的高低直接增减投资者的可支配收益，高税率使投资者的可支配收益下降，挫伤投资的积极性。因此，即使利率不变，只要降低税率，同样具有提高投资的作用。特别是减税后，当长期储蓄率开始上升时，必然减轻利率对于投资的压力，所以减税对于投资具有积极的促进作用。

六、通货膨胀理论

(一)通货膨胀的原因

1. 税收引发通货膨胀

税收在打击劳动生产率之前,就有提高直接成本的通货膨胀的趋势,被称为税收推动的通货膨胀。税收导致企业成本增加,利润率下降,一些利润率低的企业退出市场,未退出的企业产品成本上升,导致供给价格上升,同时高税率在减少供给的同时,没有限制货币的供给,出现过多货币追逐较少商品的典型的通货膨胀。

2. 供给不足引发通货膨胀

供给学派对此分析与其他经济学派有很大不同(重点放在供给方面)。他们认为,通货膨胀损伤了经济的供给能力,而供给不足、需求过剩又是引起通货膨胀的主要原因。他们认为,通货膨胀根源在于凯恩斯主义长期实施扩张性需求管理政策,人为地加大需求,扩大了供求矛盾。需求过剩、供给不足引起物价普遍上涨的通货膨胀,而它反过来又伤害了供给因素,二者互相加剧,最终必将形成滞胀。

(二)通货膨胀对经济的危害

他们认为通货膨胀的危害主要在于以下几点:①通货膨胀使个人和企业承受更高的实际税赋;②通货膨胀降低储蓄的数量和效率;③通货膨胀减少投资;④通货膨胀严重损害供给;⑤通货膨胀导致贸易逆差。因此,供给学派认为,通货膨胀的主要危害不在于物价上涨,而在于对经济体系中供给能力的损伤,因此,通货膨胀不仅不能刺激经济增长,反而会导致经济衰退。供给学派的这种理论经常被作为"通货膨胀促退论"(有些学者认为,凯恩斯主义属于通货膨胀促进论,即温和的通货膨胀可以促进经济增长)的主要代表。

第三节 供给学派的政策主张

一、财政政策

(一)减税

1. 减税的作用

供给学派认为,在所有的投资刺激中,税率的变动是最重要、最有效的因素。税率变动影响着劳动力的供应、储蓄、投资以及各种有形的经济活动。供给学派认为减税不仅能将国民收入更多地积累在企业和个人手里,用以扩大储蓄与投资,增加供给,而且减税不但不会影响政府的税收收入,随着国民收入增长和税基扩大还会增加政府的税收。他们认为,美国的主要经济问题是供给不足,解决问题的基本办法是减税。①降低税率可以促进个人和企业增加储蓄与投资,使工人少休闲多劳动,从根本上提高经济效率;②促进政府税收增加,能最终解决政府财政赤字问题;③减税可以抑制通货膨胀;④减税可以减少偷逃税的现象发生。因而,减税成为供给学派政策主张的核心内容。

2. 减税的措施

他们主张：①减税不是削减平均税率，而是降低边际税率，即税收增量占收入增量的比重。②费尔德斯坦主张实行"税收指数化"，即根据物价指数来及时调整税率，抵销由于通货膨胀引起的国民名义收入增加、纳税等级向上调升的副作用；对于不同税率削减对经济造成的刺激作用的看法不一致，有的认为要注重资本方面，即减少公司所得税，有人认为应该减少个人所得税。③在减税时机方面都认为宜早不宜迟。④减税同时，要辅之以财政政策、货币政策的相应配套措施，尽量有步骤地减少财政预算支出，达到预算平衡。⑤在就业方面，反对政府为增加就业进行的公共部门的扩张，认为这种扩张是从生产部门的产品得来，造成对私人生产部门的挤占，反而减少了就业机会。他们主张依靠减税刺激经济增长，由此产生经济运行对劳动力的内在需求。

（二）重视智力资本投资，反对政府过多社会福利开支

供给学派认为，智力资本是人类福利的源泉，应当鼓励人们进行智力投资。一国实际收入的增长，取决于其有形资本与智力资本的积累，也取决于其劳动力的质量与努力程度。尤其是当代智力资本所形成的科技革命，正在迅速改变着物质生产和人们生活的面貌，给人类带来极大的福利。

供给学派认为，如果资本不足时，过多的福利只会产生不良作用：①削弱了人们储蓄和投资的积极性，减少了有效供给；②过多的福利是压抑了积蓄智力资本的动力，滋长了穷人的依赖心理，使失业成本大大降低，不利于扩大就业，不利于鼓励进取，不利于刺激供给，不能实现真正的最大福利化社会；③过多的福利开支扩大了政府的社会性支出而排挤了私人的生产性支出，不利于消除赤字，不利于生产增长；④过多的福利开支不仅对供给起着严重的抑制作用，而且早已进入效率递减的境界。因此，他们主张大量削减社会支出，政府只举办必要的福利设施，停办不是必需的社会保险和福利计划，降低津贴和补助金额，严格限制领受条件等。

二、货币政策

供给学派认为，要消除通货膨胀对减税效果和增加供给的不良影响，必须实行货币限制。只有进行有效的货币限制，才能稳定币值、稳定物价、公平征税，保证人们的实际可支配收入。这样就有利于鼓励储蓄和投资，健全市场机制，增强减税效果，促进生产和增加供给。因此，实行货币限制既是制止通货膨胀和经济停滞的有效措施，又是增加供给、发展经济的必要条件。

（1）主张适当控制货币供给。在怎样进行货币限制问题上，他们不赞同货币学派提出的由货币当局控制货币供应增长率的主张，认为采用"单一规则"来进行货币限制是非常困难的。为了追求无通胀或低通胀的增长，他们提出了稳定、适度和可测的货币增长，强调货币供给的稳定性，既不能多，也不能过分紧缩。费尔德斯坦主张的货币政策是，降低货币供给增长率，让政府宣布一个适度的、可以控制和预测的货币增长率，使其"同经济增长率大体保持一致（4%～5%）"，以适应经济稳定增长和正常发展的需要。

(2) 恢复金本位制。在怎样进行货币限制问题上,供给学派不赞同货币学派提出的采用"单一规则"货币政策来对货币增长进行限制,他们认为"单一规则"货币政策执行是非常困难的,实行有效的货币限制理想的办法是废止信用货币制度,恢复金本位制。这既能使货币当局控制货币数量有据可依,又能硬化货币供应的约束机制,还能有力地限制各种各样准货币(近似货币)的创造和流通,并且消除人们的看涨心理,恢复对法定货币的信心。

三、反通货膨胀政策

(一)费尔德斯坦的反通货膨胀政策主张

对于根治通货膨胀,费尔德斯坦主张采取以下主要措施:①降低货币供应增长率,如前所述。②放慢经济增长速度,以较多的失业和降低设备利用率来减轻物价和工资上涨的压力。③与货币主义不同,费尔德斯坦认为,通货膨胀不仅"是一种货币现象",而且与财政赤字和财政政策效应有关,因而,强调除了以上措施外,降低通货膨胀的关键是减少赤字、平衡预算。④治理通货膨胀要采取"新混合政策"。新混合政策是在紧缩银根抑制通货膨胀的同时,实施刺激投资和生产(供给)的财政政策,其主要内容是:严格控制货币供应量、实行减税、削减政府开支、平衡预算。这也是供应学派经济政策的主要内容,其大部分已被里根政府采纳。

(二)通过减税治理通货膨胀

供给学派认为通货膨胀的主要成因是高税收,高税收源自政府规模不断扩张导致的非生产费用上升,因此给出的政策建议有:①削减政府规模,提高政府这一生产要素的经济效益;②鼓励创新,提高生产率,增加有效供给;③通过减税,只要储蓄率、投资率以及生产率上升,生产增长,通货膨胀就会自动消失;④为防止减税带来的通货膨胀代价,要注意调整税收结构,应该重点降低投资和资本收益方面的税率,以鼓励企业的投资。

四、反对政府干预

供给学派认为政府行为过度扩张会造成对私人经济活动的排挤,而私人部门的效率比公共部门效率高得多。因而,缩减政府活动水平,限制政府不适当干预是必要的,应规范政府行为,为私人部门提供更广阔的空间,带来经济自由。同时主张精简束缚企业主动性和积极性的规章制度。供给学派强调企业家的创业精神和自由经营活动是促进生产、增加供给的关键因素,而自由竞争的市场经济是企业家施展才能的最佳经济体制。供给学派认为,第二次世界大战后美国政府制定的许多关于价格、工资、雇用、环境保护、安全生产、商品检验、贸易及证券交易等法令条例和规章制度严重影响了供给:①加重了企业的负担,增加了商品的成本;②政府对企业管制,使企业生产率增长缓慢,国际收支逆差越来越大,商品在国际市场上的竞争力严重下降。

第四节 供给学派的影响与评价

一、供给学派的影响

(一) 理论影响

1. 从强调需求转向结合供给

自凯恩斯经济学产生以来,经济学家们研究的重点是需求,但从供给学派产生后,特别是自 20 世纪 80 年代以来,西方经济学界研究宏观经济、制定模型,普遍从只考虑需求转向结合供给。即使一些学者对供给学派的论点持有异议,但也承认过去完全忽视经济的供给方面是不恰当的。

2. 从提倡政府干预转向注意市场机制

自凯恩斯经济学产生后,政府干预盛行,一些新自由主义流派虽然早已提出反对政府干预经济,宣扬市场自行调节的理论与政策,但只是在供给学派分析政府政策阻碍经济增长,政府管理经济的法律条例给企业造成巨大负担以后,西方经济学界才普遍注意发挥市场机制,弱化政府管理经济职能。

3. 从赞赏收入公平转向讲究生产效率

西方多数经济学者并不同意供给学派关于累进税制和社会福利计划导致经济出现"滞胀"的论点,但是有些学者也从过去极力赞同收入公平分配的观点转向讲究生产效率和公平分配相结合上。

(二) 政策影响

从 20 世纪 80 年代开始,英国首相撒切尔夫人和美国里根总统都采取了供给学派的政策。撒切尔夫人主要是搞私有化,同时降低社会福利水平。1981 年里根提出的"经济复兴计划"开头就声明,他的计划与过去美国政府以需求学派为指导思想的政策彻底决裂,改以供给学派理论为依据。里根政府主要采取了四项措施:①大幅度减税;②解除政府管制,如放开对民航、电信的管制;③控制货币信贷,推行有节制的稳健的货币供给政策;④大力扶持小企业,加强小企业管理局的服务功能。1985 年,里根总统在第二任期开始时宣称,他将继续实施并扩大原计划。由于里根皈依"供给经济学",对这一学派的重要人物及其支持者委以经济要职,并宣称以供给经济学为主要理论依据来制订美国的"经济复兴计划"。因此,从该意义上讲,里根经济学就是供给经济学的实践表现。

虽然美国经济在里根时代取得了较快增长,但也出现了很多问题:①经济复兴计划实施初期出现了经济危机。1983 年经济复苏后增长虽快,1984 年下半年经济却又趋于呆滞,失业率曾高达 10.7%。复苏后仍一直在 7% 以上。②虽然通货膨胀率下降较多,但利率下降幅度不大。③联邦财政连年出现巨额赤字,里根上台时财政赤字是 597 亿美元,1983 年和 1984 年财政年度均达近 2 000 亿美元,最高年份达到 8 000 亿美元。④巨额赤字导致高利率和美元高汇价,又使对外贸易连年出现创纪录赤字,1984 年高达 1 000 多亿美元。所以 20 世纪 90 年代以后,除了几位倡导者仍在宣扬供给学派获得巨大胜利外,信仰和赞赏供给经济学的已日趋减少,供给经济学的影响力也日趋减弱。

二、对供给学派的评价

(一)供给学派值得我们借鉴的地方

供给学派的理论具有较强的时代特征,他们的政策影响着美国政府20世纪80年代后10年来的决策。这不能不说是供给学派对美国经济发展起到了较大的历史作用。

(1)供给学派和凯恩斯主义学派的论战,有助于我们对凯恩斯主义学派全面地研究。

(2)供给学派的减少政府对企业管制的理论和政策,在一定程度上对我国政府经济管理有借鉴意义,我们要注意改善企业经营环境、减少对企业的管制、减少企业税负等。

(3)供给学派对税收在经济中的作用的分析,对我国制定税收政策有借鉴意义。

(4)供给学派反对大政府、大支出,特别是反对政府机构臃肿、浪费支出,对我们精简政府机构、转变政府职能也有借鉴作用。

(二)供给学派的局限性

供给学派的局限性有:①理论肤浅,体系不完善。供给学派理论是比较肤浅的,其体系也不系统和完整,内部也存在明显的分歧。②片面强调供给,忽视需求对经济增长的作用。③片面强调减税的作用,忽略了其他因素对增加供给的作用。④在强调效率的同时,不能很好地解决公平问题,只看到效率与公平的矛盾,没有关注公平也能提高效率,特别是一些国家在收入差距过大、贫富悬殊时,公平有时比效率重要,公平能够提高效率。

复习思考题

1. 简述供给学派的产生背景及其主要代表人物。
2. 拉弗曲线反映的主要内容是什么?简述其政策含义。
3. 供给学派是如何从供给角度来解释通货膨胀的?其建议解决通胀的措施是什么?
4. 供给学派是如何分析税收对储蓄和投资影响的?
5. 供给学派的主要政策主张有哪些?
6. 供给学派的理论和政策建议对我国有何启示?

习　题

第十章

理性预期学派

【本章要点及学习要求】

了解理性预期学派的产生及发展、主要代表人物;知道卢卡斯的经济学贡献、预期从非理性到理性的发展变化过程;理解理性预期学派的基本假说、经济周期理论、通货膨胀理论;掌握理性预期学派的宏观经济政策理论;把握理性预期学派的政策主张;能够简要评价理性预期学派。

第一节 理性预期学派概述

理性预期学派,即主张理性预期假说的学派,该学派研究的特点是:①把理性预期作为经济分析的对象;②把经济活动当事者基于理性预期所采取的对策作为反对凯恩斯主义学派政府干预的基础;③坚持新古典经济学的信条,反对政府过多干预经济。

一、理性预期学派的形成

理性预期经济学是从货币主义学派中分化出来的一个新自由主义经济学流派。预期是指从事经济活动的行为主体在作出决策之前,对将来的经济形势或经济变量作出的预测或估计。如企业在进行生产决策时,要对未来的商品生产价格和市场需求进行预测,然后才决定生产什么、生产多少以及如何生产。在西方经济学中,对预期的关注由来已久,曾经运用静态预期、外推型预期和适应性预期分析过经济现象,但他们的预期是非理性的预期观。1961年,穆斯在《理性预期与价格变动理论》一文中首次提出了理性预期理论,他的理性预期假说理论在当时曾被用于金融市场动态行为的分析,但未被作为宏观经济动态分析的前提,所以在经济学界并未产生广泛影响。直至20世纪70年代,美国经济学家卢卡斯发表了《预期与货币中性》一文,他首先把穆斯的理性预期假说同货币主义模型结合起来分析,之后卢卡斯又和萨金特、华莱士等人发表了一系列论文,对理性预期假说做了进一步阐述,同时把理性预期引入宏观经济模型,并且用于理性预期整个理论体系的分析,以卢卡斯为代表的理性预期学派最终形成。

二、理性预期学派的主要代表人物

理性预期学派的先驱者是约翰·弗雷泽·穆斯(John Fraser Muth,1930—),主要代表人物有罗伯特·卢卡斯(Robert Lucas,1937—)、托马斯·J.萨金特(Thomas J. Sargent,1943—)和罗伯特·巴罗(Robert Barro,1944—)等。

(一)穆斯

美国经济学家穆斯1961年在美国《经济计量学》杂志7月号发表的著名论文《理性预期与价格变动理论》中发展了适应性预期概念,首次提出了理性预期假说理论。穆斯提出其理性预期假说理论要点有:①理性预期是使厂商利润最大化的预期,是人们有效地利用代价昂贵的信息后形成的,因而它是理性的,其结果与客观及理论上的预测是一致的。②理性预期是观察到的过去经验的规律性总结,它可以指导人们的经济行为。③理性预期模型中存在随机误差项,表明厂商和经济学家都不能无所不知地掌握一切信息,因而会对其产出行为发生影响。④由于人们的理性预期,经济政策不会对实际经济行动产生影响,这一结论部分地否定了凯恩斯主义学派经济政策的有效性。穆斯的理性预期模型是理性预期理论的雏形,还存在明显的缺陷与不足。20世纪70年代以后,卢卡斯等人循着这一思路,提出了较为完整、系统的理性预期理论。

(二)卢卡斯

卢卡斯和萨金特、华莱士等人发展了理性预期理论并在宏观经济学研究中得到运用,深化了人们对经济政策的理解,并对经济周期理论提出了独到的见解。1995年因为卢卡斯发展和应用了理性预期假说,并因此转换了宏观经济分析和加深了人们对经济政策的理解而获得诺贝尔经济学奖。他的主要著作有《经济周期理论研究》(1981)、《经济周期模型》(1987),重要论文是《预期和货币中性》(1972)、《关于使用计量经济方法进行政策评估的批评》(1976)、《对经济周期的理解》(1977)、《实际工资、就业和通货膨胀》(1977)、《失业政策》(1978年)、《理性预期与经济计量实践》(1981)、《经济动态学中的递归法》(1989)、《有效就业保障简化模式中的效率与均等》(1995)等。他的主要贡献如下。

1. 运用理性预期理论说明了政府宏观经济政策的无效性

所谓理性预期,就是指各经济主体在作出经济决策之前,会根据掌握的各种信息对与当前决策有关的经济变量的未来值进行合理的预测。这种预期影响经济中所有参与者的行为,并对经济活动产生重大影响。卢卡斯在穆斯提出的理性预期的概念基础上,于1976年发表的论文《关于使用计量经济方法进行政策评估的批评》提出著名的"卢卡斯批判",即,在个人和企业进行理性预期条件下,政府的宏观经济政策是无效的。这一观点对奉行政府干预政策的凯恩斯主义学派给予了沉重的打击,也被称为理性预期革命。

2. 为动态宏观经济学理论奠定了基础

(1)宏观经济学的微观化。他把分析的重点放在具有理性预期的公众的行为上,分析这些经济活动者如何按照理性预期进行其追求利益最大化的行为,分析各种市场的供求变动、产量、价格和就业的决定。他从分析微观的经济行为与经济变量归纳和概括出宏观经济行为及宏观经济变量的变动关系,这样,便把宏观经济分析变成一种纯然的微观经济主体分析,建立了宏观分析与微观分析内在一致的逻辑基础。

(2)时间序列分析与理性预期相结合,实现了宏观经济分析的长期化和动态化。静态预期的形成过于简单,因而这种主观的预期与客观的经济过程相差较远。外推型预期比较接近于现实,但因为是非理性的,很大程度上要取决于预测者当时是悲观还是乐观的情绪,并不能完全如实地反映客观经济过程。适应性预期以过去预期的误差及经验为重要依据,强调了主观预期对经验的依从关系,因而易为人们所接受,但忽视了经济主体的认识能力与主观能动作用。而理性预期强调了对现实一切有用信息的充分掌握和运用,较为科学地反映了经济行为主体预期的形成过程。

(3) 在理性预期假设的基础上,卢卡斯对宏观经济学进行了全方位的颠覆和重建。对社会总需求、社会总供给、货币、通货膨胀、经济周期等重要的宏观经济概念重新定义。

(4) 卢卡斯运用理性预期和自然率假说,来说明失业与通货膨胀之间的关系。凯恩斯主义者认为,失业和通货膨胀之间存在互为消长的交替关系;货币主义者认为,失业与通货膨胀互为消长的关系,在短期内可能存在,但在长期内是不存在的,因此政府干预在短期内可能有效,在长期内则无效。卢卡斯则认为,失业与通货膨胀不论长期或短期都不存在交替关系,所以政府干预不论在长期或短期都是无效的。

3. 经济发展的机制理论成为解释新经济增长的经典

继 1986 年罗默发表《收益递增和长期增长》一文后,卢卡斯于 1988 年发表了《论经济发展的机制》一文,使他们成为新经济增长理论的代表人物。卢卡斯把经济增长的源泉和动力归结为人力资本内生的积累与增长。换言之,知识积累、技术创新及专业化人力资本不仅能使自身的收益递增,而且还可以使其他投入要素的收益递增,从而使经济增长动态化、长期化。

4. 新古典宏观经济模型成为当代西方主流宏观经济学之一

理性预期假说通过卢卡斯等人的系统表述和应用分析,逐渐发展了一套新的宏观经济模型,即新古典宏观经济模型。该模型遵循古典经济学的传统,相信市场力量的有效性,认为如果让市场机制自发地发挥作用,就可以解决失业、经济衰退等一系列宏观经济问题。其主要观点是:①私人经济自身是稳定的;②货币在短期与长期是中性的;③凯恩斯主义积极干预的经济政策是有害的。当前新古典宏观经济学和凯恩斯主义宏观经济学一起并列为西方主流宏观经济学派中的两大分支。

(三) 萨金特

美国著名经济学家萨金特的主要著作有:《宏观经济理论》(1979)、《合理预期与经济计量实践》(与卢卡斯合编,1981)、《理性预期与通货膨胀》(1985)、《动态宏观经济理论》(1989),重要论文有:《合理预期与恶性通货膨胀动态学》(与华莱士合作,1973)、《简述经济时间序列》(1981)。萨金特的《宏观经济理论》和《动态宏观经济理论》是欧美经济学家以及他们培养研究生的典范读本。2011 年萨金特获得诺贝尔经济学奖,以表彰他在解释政策与经济的相互影响方面的突出贡献。萨金特最主要的贡献是在宏观经济模型中强调理性预期的作用以及动态经济分析方面的研究成果,同时,他在时间序列分析方面有开创性的研究,对古典失业(也称工资性失业,由于工会和最低工资法的限制使工资具有下降刚性所引起的失业)和经济大萧条问题也有深入的研究。

(四)巴罗

巴罗在宏观经济学、经济增长、货币理论与政策等领域都有卓越的贡献。其主要著作有《货币就业和通货膨胀》(与 H. 格罗斯曼合著,1976)、《社会保障对私人储蓄的影响》(1978)、《货币、预期和经济周期》(1981),重要论文有《合理预期与货币政策的作用》(1975)、《美国的非预期货币增长和失业》(1977)。他的研究特点是:①早年作为一个凯恩斯主义者,巴罗是非均衡宏观经济学领域的领头人,20 世纪 70 年代西方国家发生"滞胀"危机后,巴罗抛弃了凯恩斯的宏观经济学,加入理性预期学派的阵营中。②他重新开辟了货币政策研究,认为货币是超中性的,即货币增长率并不能影响产出、实际利率及其他实际变量。他的经济增长理论认为,技术、教育程度对经济增长有正效应,出生率对经济增长有负效应,通货膨胀与经济增长之间存在较弱的负相关性。

三、预期从非理性到理性的变化过程

(1)静态预期。静态预期是在蛛网理论的基础上发展而来的。蛛网理论是 20 世纪 30 年代问世的一种关于动态均衡分析方法的微观经济学理论。其内容是考察价格波动对下一周期产量的影响以及由此产生的均衡的变化。静态预期是把以前的经济变量作为现在的经济变量来对今后经济变化进行的预测或估计。由于它没有考虑经济变量的动态变化,所以称之为静态预期。

(2)外推型预期。外推型预期是指经济活动的主体在预期时既要以经济变量的过去水平为基础,又要考虑经济变量未来的变化趋势。静态预期虽然简洁明了,但却过分简单,市场价格不会始终不变,商品生产者在遭受多次挫折之后会总结经验教训,修正以前对市场价格的预期。因而,1941 年经济学家梅茨勒(L. Metzler)引入了外推型预期,发展了静态预期。他认为,对未来的预期不仅应以经济变量的过去水平为基础,而且要考虑经济变量未来的变化趋势。

(3)适应性预期。适应性预期是指经济活动的主体在估计或判断未来的经济走势时,利用过去预期与过去实际间的差距来矫正对未来的预期。1956 年,美国经济学家菲利普·卡根(Philip Cagen)提出了适应性预期理论。适应性预期是指人们运用某经济变量的过去记录来预测未来,反复检验和修订,采取错了再试的方式,使预期逐渐符合客观现实的过程。

(4)理性预期。前三种预期都没有建立在对经济行为理论深入考虑的基础之上。即使是较先进的适应性预期也只是依据对被预期的变量的过去数值来进行预测,不能充分利用与预期变量相关的其他变量提供的有用信息。1961 年,穆斯在借鉴以往预期模型的基础上,提出了理性预期假说。理性预期是指人们在预先充分掌握了一切可以利用的信息的基础上,对经济变量作出的与所使用的经济理论、模型相一致的预期。这种预期之所以称为理性的,是因为它是人们参照过去历史提供的所有知识,对这种知识加以有效利用,并经过周密的思考之后才作出的一种预期。

第二节 理性预期学派的主要理论

一、理性预期学派的基本假说

(一)理性预期假说

1. 理性预期的前提

(1) 人们为其经济利益能够对经济变量进行理性预期。①生产者和消费者为实现利益最大化考虑,会想方设法收集相关信息;②人们能够把观察到的过去经验和信息加以规律性的总结指导其预期;③人们能够收集到预期所需要的信息,如公布的测量货币价值的数据和财政变量及价格指数等。

(2) 政府的干预行为是可以预测的。即使政府的某些货币和财政活动现在是不可预测的,但并非是以后将永远不可预测的,而且,政府的货币活动和财政活动的部分又是为人们所熟知的,各个时期反复重复一种同样的措施,将会使人们形成一种对政府行为的预期的观念。例如,凯恩斯主义管理需求的政策,在其最初应用于经济生活的时候,人们还不熟悉它,尚不能对它作出理性预期,因而它显示了较大的效力;但是,后来凯恩斯主义的管理需求不断地、反复地在经济生活中应用,人们对它也逐渐熟悉起来,并能作出较为准确的理性预期,采取相应的对策,致使它的政策失去了效力。

2. 理性预期的方式①

(1) 强式理性预期。强式理性预期的重要特点是认为个人与政府拥有同样的信息与知识。它具有如下特点:①当他进行预测时,他要尽可能地收集相关信息,并对这些信息进行最有效的处理;②他像经济学家一样知道各种经济变量之间的内在联系;③如果某变量变动的方式有所改变,那么该变量预期的形成方式也会随之改变;④预期结果就和经济计量模型的预期是一致的,预期的预测误差平均为零。

(2) 弱式理性预期。在强式理性预期受到批评和质疑下,理性预期学派的一些学者提出了弱式理性预期。弱式理性预期与强式理性预期的区别在于,弱式理性预期认为信息是不完整的,关于经济结构和政府行为方式的经济模型并不是常识,并不是每个人都知晓的。在这种前提下,人们所做的预期并不是利用预期模型进行计算的结果,而只是在预期时对现有的信息资讯进行最有效的利用。因此,这种预期的结果不一定与模型一致,也不是无偏差的估计。人们不一定知道描述真实经济结构的正确模型是什么,或者不一定知道模型中的相关参数值是多少,这样预期时就会出现失误。主张弱式理性预期的学者认为,长远来看,人们的预期有失误时会使他们"吃一堑,长一智",理性预期不会犯系统性的错误(如果出现误差,人们会改变预期值,使预期值符合实现值),这种预期会向真实的模型预期收敛,使之一致。

---

① 黄树人.当前主流宏观经济学的基本特征:新古典主义与新凯恩斯主义比较的启示[J].经济评论,2002(6):72-73.

（二）中性假说与非中性假说

这里的中性假说与非中性假说主要是指财政政策和货币政策的中性与非中性。

1. 中性假说

中性假说源于传统货币数量论，它是指货币供给的增长将导致价格水平的相同比例增长，而对于实际产出水平没有影响。以卢卡斯为代表的理性预期学派认为，货币供给中的可预期部分对就业、产量或其他实际变量均无影响，其中不能被预期的部分或货币供应量意外的不规则的变动，虽然能够对实际变量产生一定的影响，但其作用只会加剧经济的不稳定与波动。因此，政府货币当局的经济政策，无论从长期还是短期来看都是无效的，其结果都是引发通货膨胀。

2. 非中性假说

货币非中性假说源于凯恩斯，他认为，货币是非中性的，货币供应的变化会影响利率，并通过利率来影响投资量，而作为有效需求中最易变动的部分，投资的变化会改变经济的短期与长期产出实绩。理性预期学派的另一个代表人物巴罗(1977)也提出货币非中性的假说，他用实际产出对货币回归分析发现只有未预期到的货币影响经济实际变量，这是由于私人经济掌握信息的不完全性和对通货膨胀预期的不准确性所致，使有些货币与财政政策难以预期和觉察到，这就使货币呈现非中性。

3. 中性假说和非中性假说并不矛盾

理性预期学派认为，货币中性假说与巴罗的货币非中性假说并不矛盾，因为前者是基于"完全信息假定"，而后者则建立在"不完全信息假定"基础之上，前者考察的是规则的、可预期的经济政策对经济变量的名义影响；后者研究的则是不规则的、不可预期的经济政策对经济变量的实际影响。两者可以互为补充，是对理性预期学说的进一步拓展，也重新赋予了货币中性命题新的理论基础。

4. 不同信息下的中性与非中性

（1）完全信息假定下的中性。理性预期学派认为，在政府的货币和财政活动可以预期的情况下，政府的财政和货币政策对经济调节是无效的。具体有以下几种情况：①私人经济活动当事者，若实际观察和预测货币政策与财政政策的话，将充分了解经济结构，以正确地预测这些政策的平均影响；②私人经济活动当事者已经按照其设想和预期调整自己的行为；③若货币政策和财政政策包括系统地对商业周期的反映，即使政府不宣布其行为类型，私人经济活动当事者也将把这种类型推断出来。就是说，政府的系统的货币活动和财政活动是可以预测的。

（2）不完全信息假定下的非中性。在政府的货币和财政活动不可以预期的情况下，它们便可能对产量和就业产生影响。具体有以下两种情况：①政府的货币和财政活动既不易于预测，也不易于设想；②政府的货币和财政行为的变化越大，而影响较小。在这些情况下政府的货币政策和财政政策的变化越大，可能引起私人经济活动当事者错误的理解致使经济扰动，要求对资源配置进行调整。

(三) 自然就业率与自然水平假说

1. 自然就业率

劳动的供给和需求相一致的就业量所决定的就业率被称为自然就业率。自然就业率假说是理性预期学派理论的一个重要的组成部分,自然就业率假说是作为反对凯恩斯主义的失业与通货膨胀负相关的互替关系的批判的武器提出来的。他们认为,自然就业率的大小取决于一国的技术水平、风俗习惯、资源数量等,而与财政和货币政策因素无关。在自然率假说提出之前,关于通货膨胀与经济总量(产量、就业和失业)之间的关系,人们通常只是简单地接受两者的交替关系。自然就业率假说反对这种交替的见解,它认为,在经济总量(产量、就业、失业)和通货膨胀率之间不存在交替关系,而在这些经济总量同实际通货膨胀率和其关于通货膨胀率的预期间的差别之间,则存在一种固定的关系。

2. 自然水平

企业家、消费者、工人基于对通货膨胀率的正确的预期的经济行为,会形成唯一的总产量、就业和失业的水平,即其"自然水平"。影响实际通货膨胀率和预期膨胀率间的差别,从而使产量和就业的实际水平相对于其自然水平而发生变化。另外,如果人们的关于实际通货膨胀率高于或低于预期通货膨胀率的经验使得他们倾向于提高或降低通货膨胀预期,那么,产量和就业的自然水平便只是同一种稳定的通货膨胀率相一致的水平。产量和就业水平高于其自然水平,包含着预期的实际的通货膨胀率的稳定的增长。相反,预期的和实际的通货膨胀率下降,则要经过萧条时期,这时的产量和就业水平低于其自然水平。这样,自然率假说便意味着,货币政策和财政政策不会使产量永久地高于其自然水平,或失业率永久地低于其自然水平。

二、经济周期理论

(一) 货币经济周期理论

卢卡斯在1977年《对经济周期的理解》和1978年《失业政策》等文章中,比较系统地阐述了对经济周期问题的看法,明确地提出了他的经济周期理论。他的货币经济周期理论的主要内容包括:①价格的波动和货币总量的波动发生在产量的波动之前。②经济周期波动应该主要从价格的波动和货币总量的波动方面去寻找原因。③价格的波动又可以分为两种类型:a.一般物价水平的变化,也就是由通货膨胀或通货紧缩引起的价格总水平的变化;b.相对价格的变化,也就是不同产品价格之间比例关系的变化。④一般物价水平的变化最终是由货币总量的变化引起的,而相对价格的变化则是由生产技术条件和消费者偏好的变动引起的。经济主体在市场活动中往往容易混淆一般价格水平的变化和相对价格水平的变化。假如政府在人们没有预期到的情况下突然增加货币供应量,一般物价水平将会随之上升,这时生产者可能会把一部分未预期到的一般物价水平的上升,误以为是他们所生产的产品的相对价格的上升,于是就增加了投资,扩大生产规模,使经济进入繁荣时期。但是,到了某一时期,一旦生产者掌握了更充分的信息,意识到自己预期的错误,他们就会立即加以纠正,并重新调整生产政策,减少投资,结果经济由繁荣走向萧条,爆发周期性的经济危机。卢卡斯的货币经济周期理论说明,在一个物价持续平稳上升的国家,政策制定者起初很容易靠引起某种意外的通货膨胀来制造繁荣,但如果不断采用这种政策,通货膨胀会越来越容易变化,这种政策就很难有什么效果。

(二) 实际经济周期理论

主张政府干预的凯恩斯主义和主张自由放任的新自由主义分歧的关键是短期中市场机制的调节是否完善,需不需要政府用宏观经济政策调节经济。他们争议的中心问题之一是经济周期问题,即经济中繁荣与萧条交替的经济波动。在这一问题上他们的争议围绕三个问题:经济周期的性质是什么?经济周期的原因是什么?如何减少经济周期稳定经济增长?正是在这些问题上,以2004年度诺贝尔经济学奖获得者芬恩·基德兰德和爱德华·普雷斯科特等人为代表的真实经济周期理论向凯恩斯主义学派发起全面挑战,并取得了开创性成果。他们基于瓦尔拉斯经济的拉姆齐模型①提出了真实经济周期理论,该模型对拉姆齐模型进行两个方面的修改:①在拉姆齐模型中加入了真实扰动(如技术和政府购买);②考虑了就业变动。该理论认为,经济波动主要是由一些对经济持续的实际冲击引起的。实际冲击包括大规模的技术进步或生产率的波动,这种波动引起相对价格波动,理性的经济当事人通过改变他们的劳动供给和消费来对相对价格波动作出反应,从而引起产出和就业的周期性波动。

(1) 经济周期的时间。凯恩斯主义把宏观经济分为长期与短期、经济增长理论与经济周期理论之分,经济增长理论是研究长期问题,经济周期理论是研究短期问题。理性预期学派的真实经济周期理论否定了把经济分为长期与短期的说法,他们认为,经济增长与经济周期是一个问题,在长期和短期中决定经济的因素是相同的,既有总供给,又有总需求。因此,人为地把经济分为长期与短期是无意义的。由此出发,经济周期并不是短期经济与长期趋势的背离,经济周期本身就是经济趋势或者潜在的或充分就业的国内生产总值的变动,并不存在与长期趋势不同的短期经济背离。

(2) 经济周期的原因。经济周期的原因一直是经济学家研究的中心,到现在为止已有几十种理论之多。凯恩斯主义经济周期理论属于内生论(如乘数加速原理),真实经济周期理论属于外生论。凯恩斯主义各学派尽管对经济周期原因的解释并不完全相同,但都认为经济周期源于市场调节的不完善性。真实经济周期理论则认为,市场机制本身是完善的,在长期或短期中都可以自发地使经济实现充分就业的均衡。经济周期源于经济体系之外的一些现实因素的冲击,这种冲击之所以称为外部冲击,是因为这些冲击经济的因素不是产生于经济体系之内,与市场机制无关。所以,真实经济周期理论是典型的外因论。

真实经济周期理论把引起经济周期的外部冲击分为引起总供给变动的供给冲击和引

---

① 拉姆齐模型由英国数学家和逻辑学家拉姆齐在1928年提出,该模型在确定性的条件下,分析最优经济增长,推导满足最优路径的跨时条件,阐述了动态非货币均衡模型中的消费和资本积累原理。拉姆齐模型已成为现代宏观经济分析最有力的工具之一。

起总需求变动的需求冲击两种。这两种冲击又有引起有利作用、刺激经济繁荣的"正冲击"(有利冲击)和导致经济衰退的负冲击(不利冲击)。外部冲击如何引起经济周期呢？假定一个经济处于正常的运行之中,这时出现了重大的技术突破,如有线通信技术的出现引起对通信技术的投资和消费迅速增加,这就带动了整个经济迅速发展,引起经济繁荣;而网络智能新技术的出现使一些有线通信技术产业受到挑战,有线通信技术的多数产业走向萧条。20世纪70—90年代美国经济衰退与繁荣就证明了这种理论。经济中这些外部冲击无时不有,所以,经济的波动也是正常的,并非由市场机制的不完善性所引起。

(三) 稳定经济的政策

对经济周期原因的不同理论分析得出了不同的稳定经济政策。凯恩斯主义各派在政策上都主张国家用财政政策和货币政策来干预经济,政府干预是他们的基本特点。真实经济周期理论认为,既然经济周期并不是由市场机制的不完善性所引起的,就无须用国家的政策去干预市场机制,只要依靠市场机制经济就可以自发地实现充分就业的均衡。他们说明了由外部冲击引起的周期性波动不可能由政府政策来稳定,而要依靠市场机制的自发调节作用来稳定。只有市场机制才会对经济波动作出自发而迅速的反应,使经济恢复均衡。例如,技术突破引起的投资热带动了整个经济繁荣,这时资源紧张会引起价格上升,价格上升就可以抑制过热的经济,使之恢复正常状态。市场机制的这种调节是及时的,经济不会大起大落。相反,政府的宏观经济政策往往是滞后的,由于政府不可能作出正确的经济预测,政策本身的作用有滞后性,加之政府政策难免受利益集团的影响。决策者信息不充分,对经济运行的了解有限,政策不可能像决策者所预期的那样起到稳定作用。宏观政策的失误往往作为一种不利的外部冲击而加剧了经济的不稳定性。而且,政策限制了市场机制正常发挥作用。用政府干预代替市场机制的结果,是破坏了经济稳定和经济本身自发调节的功能。

三、通货膨胀理论

凯恩斯的新古典综合学派认为,失业和通货膨胀之间存在着交替关系,货币主义的弗里德曼认为失业和通货膨胀的交替关系只是一种暂时现象,在较长时期中不存在这种取舍关系。理性预期学派认为,无论是长期还是短期,实际的通货膨胀率和预期的通货膨胀率总是保持一致,所以无论是长期还是短期,想要通过调整通货膨胀率来改变失业率是不可能的,失业率和通货膨胀率之间没有此消彼长的关系,对于调控失业率或者通货膨胀率的宏观经济政策是无效的。当社会上失业人数增加时,人们就预期到政府会采取通货膨胀措施,从而导致实际工资的下降,于是雇员预先要求提高货币工资,定一个"保险系数"。经过通货膨胀之后,雇主看到实际工资并没有下降就不会增雇工人,所以,通货膨胀不会使失业率发生变化。政府的通货膨胀政策非但无效,反而会在人们的理性预期作用下,加速通货膨胀。所以,理性预期学派的结论仍然是,货币当局只能影响名义变量(物价),而实际变量(失业和产出)则不会受到影响。

四、宏观经济政策理论[①]

（一）宏观政策无效论

新古典宏观经济学的政策无效论是由货币经济周期模型得出的。它最初是在萨金特和华莱士(1975、1976)两篇有影响的论文中提出的。该主张可以用图10-1所示的总需求—总供给模型来阐述。

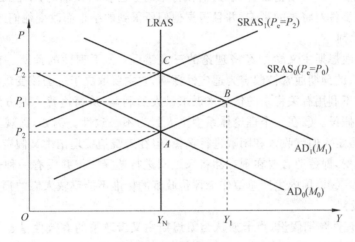

图 10-1　政策无效论

在图10-1中，经济起初在 A 点处运行，该点是 AD_0、$SRAS_0$ 和 LRAS 三条线的交点。在 A 点，价格水平 P_0 被完全预见到（实际和预期的价格水平一致），产出和就业在其长期均衡的水平上。假设当局宣布打算提高货币供给，理性的当事人在形成他们的预期时会考虑这个信息并完全预见到货币供给的提高对一般价格水平的影响，结果产量和就业会停留在自然率水平上而不发生变动。当货币工资在一个向上的价格预期之下提高时，总需求曲线从 AD_0 向右移到 AD_1 的效果就被总供给曲线从 $SRAS_0$ 到 $SRAS_1$ 的向左移动所抵消。在这种情况下，经济将从 A 点直接移动到 C 点，停留在垂直的长期供给曲线 LRAS 上，即使在短期，产量和就业也没有变化，即货币是超中性的。

另外，设想当局出乎当事人的意料，在未宣布其打算的情况下增加货币供给。这时，拥有不完全信息的厂商和工人把一般价格水平上升的结果错误地当作相对价格的上升，他们作出的反应是提高产量和增加劳动供给。根据图10-1，总需求曲线将从 AD_0 移动到 AD_1，在 B 点与 $SRAS_0$ 相交。这时经济的产量为 Y_1 偏离了产出的自然率水平 Y_N，这被认为是当事人预期误差的结果。按照新古典宏观经济学的说法，产量和就业的任何偏离自然水平的变化都只被看作暂时的。一旦当事人意识到相对价格并没有变化，产量和就业就回到它们长期均衡（自然）水平。根据图10-1，一旦当事人充分调整了他们的价格预期，总供给曲线就会从 $SRAS_0$ 向左移动到 $SRAS_1$ 与 AD_1 在 C 点相交。

[①] 吴汉洪. 新古典宏观经济学与宏观经济政策理论的发展[J]. 宏观经济研究, 1999(6): 56-59.

总之，理性预期学派的新古典宏观经济学观点是：①能预期到的货币供给的变化将只改变价格水平，而对实际产量和就业没有影响；②只有未预期到的货币供给的变化才影响实际产量；③宏观经济政策是无效的。

（二）政策评价的卢卡斯批判

卢卡斯批判是卢卡斯提出的一种认为传统政策分析没有充分考虑到政策变动对人们预期影响的观点。卢卡斯指出，由于人们在将来的事态作出预期时，不但要考虑过去，还要估计现在的事件对将来的影响，并且根据他们所得到的结果而改变他们的行为。

1. 理论批判

他指出了凯恩斯主义学派经济理论的三大错误：①不理性的预期。在凯恩斯理论中，经济当事人的预期通常被假定为适应性预期，它主要取决于过去该变量的数值。这就意味着人们并不利用有关将来的信息来谋求最大的利益，从而违背了西方经济学中理性经济人的基本假设。②在一个理论体系中个人行为不一致性。例如，微观经济学中分析劳动供给时，假定人们就收入和闲暇进行选择，但在宏观消费理论中又假定人们储蓄的目的是将来的消费，即劳动者要在现在和将来之间进行选择。但并没有一种理论说明二者之间的一致性。③以国内生产总值作为评价政策的标准不能反映人们的福利状况。

2. 政策批判

（1）基于理性预期假设，卢卡斯认为凯恩斯主义者政策的有效性是建立在欺骗公众的基础上的。政府所实施的调控宏观经济变量的财政政策和货币政策被理性预期的经济主体预期到，其政策效果就不能对国民收入等实际变量产生任何作用。从而最终得出了任何被预期到的政策都不会对实际经济变量产生任何影响的结论。

（2）从博弈论角度看，政策的基本假设是错误的。他认为，凯恩斯主义者的政府把私人部门当成被动的机器来控制，实行"最优控制"以达到预期效果，其政策的基本假设是错误的。因为，任何政策都是政府与私人部门之间的博弈，双方都力图猜中对方的最优策略，当把政策制定过程视为政府与私人部门之间的博弈时，政府的每一个策略，如果已经被私人部门准确地预期到了，则政策的效应便消失了。

（3）在经验检验上，他利用计量经济学的分析技术对菲利普斯曲线的形状进行了充分的检验，批判了凯恩斯主义失业与通货膨胀不能并存的理论，否定了利用失业与通货膨胀的交替来分别治理失业或通货膨胀政策的有效性。

（三）关于公债的分析

新古典宏观经济学的早期理论只涉及货币政策，对财政政策并未予以考虑。以巴罗为代表的学者转而对财政政策做了分析，不仅填补了早期新古典宏观经济理论的空白，而且在更广泛的领域里建立起了新古典宏观经济学的声望。限于篇幅，下面只对影响较大的新古典宏观经济学关于公债的分析作出说明。

公债与税收有共同之处，它们都是从公众手中抽取一部分收入，然后把这些资金转交给政府，供公共计划开支之用。但两者也有重要区别，其中一点便是，税收是由政府分派下来强制执行的，而债券的购买则是人们自愿地把资金以私人交换的形式转让给政府，旨在获得以后的利息和分期偿还。更深层次的区别在于公债将公共开支的负担推迟到了未来,这一点对人们的行为(最终对宏观经济)会产生什么影响,正是公债理论存在分歧之处。凯恩斯主义经济学家不仅把公债作为弥补财政赤字的一个重要手段,而且也是政府实施财政政策的一个重要工具。为此,他们还提出了所谓的"公债哲学",其要点是:①公债的债务人是国家,债权人是公众。国家与公众的根本利益是一致的,政府欠公众的债也就是自己欠自己的债。②政府的政权是稳定的,这就表明了债务的偿还是有保证的,不会引起信用危机。③公债不会对子孙后代构成负担,因为发行公债可以促使资本更多地形成,加快经济增长的速度,从而给子孙后代带来更多的财富和消费。由此,凯恩斯主义经济学家把预算赤字看作经济萧条时期刺激总需求的重要途径。总之,在凯恩斯主义经济学家看来,公债的效果是非中性的,债务负担不会在以后的时期中转移到纳税人的头上。

巴罗利用新古典宏观经济学发展了理性人假说,复兴了"李嘉图等价定理"①。1974年巴罗在《政府债券是净财富吗?》一文中认为,当政府出售债券以弥补减税损失时,敏感的人就会同时意识到将来为了还本付息,他会面临更高的赋税,政府借债只是推迟了纳税。为了应付将来的税收负担,人们将目前的减税收入储蓄起来而不是花掉。巴罗指出,如果政府增加财政预算赤字,纳税人知道他们的孩子可能面临更重的纳税负担时,为此,他们就需要更多地储蓄以便留给后代更多的遗产,而不会增加其目前的消费。巴罗所复兴的李嘉图等价定理有很强的政策含义。如果人人都认识到他们的纳税只是被推迟了,那么,政府借的任何公债增加都将被私人储蓄等额增加所抵消,结果,既不存在消费扩张,也没有收入增加的加速效应,因而,政府用公债的办法来刺激经济的财政政策是无效的。

(四)"时间不一致性"理论

在宏观经济政策理论的发展过程中,货币主义的单一规则与新古典综合学派相机抉择的争论由来已久,以弗里德曼为代表的货币主义反对凯恩斯主义所主张的相机抉择政策的论点。基德兰德和普雷斯科特在1977年和1982年合作完成的两篇学术论文《规则胜于相机抉择:最优选择的不一致性》和《构建时间与汇总波动》重新表述了一个反对相机抉择政策的论点,即时间不一致性理论,时间不一致性是指政府政策缺乏可信性而导致政策实施的实际效果未能达到最初的政策目标,从而无法实现资源的最优配置的现象。相关研究表明,经济政策产生时间不一致性问题的根源包括三个方面:①参与人偏好随时间的不规则变化,在某一时点作出的最优决策往往不能持续到以后,这时要解决时间一致性问题,人们就必须对未来作出前后一致的计划,或者事先作出一些承诺。②普雷斯科特等人的研究表明,实际上政府的政策目标函数与经济个体的目标函数是有差异的,正是这种差异性导致时间不一致性问题的产生。③经济个体之间因偏好不同而产生的外部

---

① 李嘉图等价定理首次出现于布坎南的著作中,他1976年在《巴罗的〈论李嘉图等价定理〉》的评论中首次提出。李嘉图在《政治经济学及赋税原理》一书中表达了这么一种推测:政府无论用债券还是税收筹资,其效果都是相同的或者等价的。从表面上看,以税收筹资和以债券筹资并不相同,但是,政府的任何债券发行都体现着将来的偿还义务,从而在将来偿还的时候,会导致未来更高的税收。如果人们意识到这一点,他们会把相当于未来额外税收的那部分财富积蓄起来,结果此时人们可支配的财富的数量与征税的情况一样。

性,由于众多经济个体的效用函数不完全相同,而且都只是追求自身效用的最大化,而政府则希望能够代表所有经济个体福利的社会福利函数最大化,这样某个个体的最优选择会通过社会福利函数来影响政府的决策,从而对其他经济个体产生外部性,进而导致时间不一致性问题。

理论研究普遍认为,经济政策时间不一致性问题的解决方法就在于事先作出令人信服的承诺,即政策制定者通过某种制度安排来解决。一般来说,这种制度安排的方式主要有以下四种:①强化政策制定者的行动准则,使其无法或者没有动力去制定相机抉择的经济政策;②加强政策制定者的独立性,如有研究表明,总体来看,加强中央银行的独立性就可以较好地解决货币政策的时间一致性问题;③建立良好的声誉,如果政策制定者在平时通过较少制造通货膨胀来积累信誉,那么在紧急情况下就可以利用信誉获得较大的收益;④委托一些个体来制定政策(但这些个体应不赞同公众关于产量与通货膨胀的相对重要性的观点),这样,当货币政策由一个众所周知、极其厌恶通货膨胀的个体来制定时,通货膨胀率就会比较低,从而预期通货膨胀率也会比较低。

第三节 理性预期学派的政策主张

一、反对政府过多干预经济

理性预期学派以追求经济发展的自然水平作为政策目标,反对人为地刺激产量和就业水平的增加。理性预期理论包含"无为而治"的政策思想。在理性预期学派看来,市场经济具有内在的稳定性,其运行遵循一定的自然规律。自由市场制度能使总产量和总就业水平长期保持在自然水平之上。政府对于经济生活的干预不但是无效的,而且是有害的。因为政府干预使人们学会了理性预期,从而使整个社会形成了"人人预防、人人自保"的局面。这样,一旦发生通货膨胀,整个社会就会像大堤决口一样势不可当。因而反对政府通过财政扩张和货币扩张来提高产量和增加就业。这与旨在通过扩大财政开支和货币发行来刺激经济增长的凯恩斯主义形成鲜明对比。

二、政府的政策目标只能是一定的物价水平

理性预期学派认为,政府的唯一政策目标应当是确立最理想的物价水平,是防止和减少通货膨胀,而不是同时解决通货膨胀和失业问题。因为货币供给量的变动只影响物价水平,而就业量和产出则不会受到影响。由于理性预期的作用,提高货币供给量的增长率,只能加剧通货膨胀,就业和产出水平不会相应增长,而降低货币供给量的增长率,能缓解通货膨胀,但却不能降低失业和增加产出。另外,在他们看来,多数的失业都是"自愿的",因而是"自然的",所以政府完全没有必要把失业作为政策目标之一。政府政策的唯一目标是确定理想的一般物价水平。

三、反对政策多变的相机抉择政策

他们认为,反周期的财政政策和货币政策是具有规律性的,如果出现衰退,人们就会

预期到政府将实行扩张性的政策；如果过分繁荣引发了通货膨胀，人们就会预期到政府将实行紧缩性的政策。这种规律性很容易被经济主体所掌握，理性的经济主体会作出相应的反应来守护自己的经济利益，从而抵消政策预定的作用。而突然出台的政策除了对经济产生冲击之外，也只会加强人们的防范心理。因此，政府一方面应放弃对经济的干预；另一方面应制定取信于民的长期稳定的政策，放弃政策的多变性，以消除人们的防范心理，使人们不再采取预防措施。就财政而言，政府应平衡预算以稳定经济，就货币而言，政府应明确实行货币供给量的增长与经济增长保持一致货币供给政策。这样就会消除由于政府频繁干预经济而产生的持续性的通货膨胀的预期，物价就会趋于稳定，失业也不会增加，经济就不会有大的波动。反之，如果政策多变，由于公众有能力掌握一切信息，能够作出理性的预期，政府的干预政策不仅达不到目的，还会干扰经济的正常运行。

四、要建立政府信誉

理性预期学派指责凯恩斯主义学派的理论和政策有无法修补的谬误，即它们是建立在适应性预期的基础上，借助欺骗性的通货膨胀政策，诱导公众作出错误的决策。公众可能一次次地被欺骗，其中有些人也许会再次上当，但借助相同一套宏观经济政策使所有公众再次上当受骗是不可能的。因此建立政府的信誉比具体的政策本身更重要，政府必须取信于民，公开自己的政策，并且宣布其长期不变，这样公众就不再去预测政府对于经济所采取的政策将发生何种变化，不再采取预防性措施了，那么，经济运行也就走入正常的轨道。

第四节 理性预期学派的简要评价

一、理性预期学派的积极意义

（1）理性预期学派把理性预期引入宏观经济分析，有助于人们从另一角度认识和分析宏观经济运行过程。理性预期把经济运行中的微观变量与宏观经济运行之间建立起不可分割的联系，认为经济主体的理性预期是影响国民经济运行的一个重要因素。这说明理性预期是经济研究者和宏观决策者应充分重视的经济变量。但过去研究者和决策者对此并没有给予其应有的关注，理性预期学派对预期的研究，建立并引入了理性预期的宏观经济模型，弥补了西方经济学中的这一缺陷，也拓展了决策者在制定、评估及校正政策时考虑问题的视野，从而使政策能更好地适应外部政策环境，产生预期的政策效果。

（2）经济研究要考虑理性预期对经济活动和经济政策的影响。很多经济学派不但不研究预期这一重要的微观决策变量，甚至有的把对预期的研究当作主观心理因素决定论加以排斥。理性预期学派在这方面拓展了经济学的视野，丰富了经济学的内容。

（3）理性预期学派的建立政府信誉对政策的影响，值得借鉴。如果政府或政策信誉不佳，势必引起公众的抵制，轻者影响政策效果，重者会使政府失信于民。

二、理性预期学派的局限性

（1）理性预期的假定缺乏全面现实性。①理性预期理论认为经济行为主体是完全理性的经济人,经济行为主体会用其所有、尽其所能地追求利益最大化。由于人在生理和智力能力等方面的局限性以及外界事物的不确定性、复杂性,使人们在理解、解决复杂问题和处理信息方面的能力受到限制,因而人们在进行经济决策预期时不可能达到完全理性的程度,至多只能达到有限理性的水平。②他们的结论是以经济主体可以无代价地获得任何信息为基础的,并且经济主体获得信息的数量和质量是不受限制的,这与现实不符。③即使经济活动的主体拥有较充分的信息,但面对错综复杂的经济环境,要他们像经济学家们那样作出完全符合经济运行实际的预期也是困难的。

(2) 理性预期学派反对政府干预经济,政府实行无为而治的主张是值得商榷的。他们认为自由市场制度能自发调节商品供求,使市场实现全面的均衡。这实际上是在20世纪30年代经济大危机中破产的新古典经济理论的复活。事实是资本主义市场并非完全竞争的市场,经济主体的预期也不是完全理性的。因而,国家对经济的干预还是必要的,第二次世界大战后一些欧美国家和日本经济迅速恢复与增长就与其政府制定的有关经济政策有很大的关系。

复习思考题

1. 简述卢卡斯的经济学贡献。
2. 简述预期从非理性到理性的发展变化过程。
3. 简述理性预期学派的基本假说。
4. 简述理性预期学派的经济周期理论。
5. 简述理性预期学派的通货膨胀理论。
6. 试述理性预期学派的宏观经济政策理论。
7. 简述理性预期学派的政策主张。
8. 简要评价理性预期学派。

习　题

第十一章

新制度经济学派

【本章要点及学习要求】

了解制度的概念及类型、制度的功能、新制度经济学派的创新和主要代表人物;理解交易费用理论及其应用;掌握当代企业理论、公司治理理论、科斯定理;掌握诺斯的制度与经济增长理论、制度创新理论、制度变迁理论和路径依赖理论;知晓对科斯费用理论及产权理论的评价;懂得对诺斯新制度理论的评价。

第一节 新制度经济学概述

一、制度概述

(一)制度的定义

1. 凡勃伦:制度是一种思维习惯

凡勃伦认为,制度是一种思维习惯,它包括惯例、习俗、行为规范、权利和财产的原则,由于习惯化和被人广泛地接受,这种习俗已成为一种公理化和必不可少的东西。

2. 康芒斯:制度是控制、解放和扩大个人行动的集体行动

康芒斯认为:"制度是控制、解放和扩大个人行动的集体行动。"他对制度概念描述中有两点值得我们注意:①他强调制度是一种集体行动;②他认为制度作用不仅是对个人行动的控制,而且是对个人行动的解放和扩展。

3. 霍奇森:制度是社会组织

霍奇森(Hodgson,1987)认为,制度是通过传统习惯或法律的约束所创造出来的持久的行为规范的社会组织。

4. 布朗利:制度是对人类活动施加影响的权利与义务的集合

布朗利(Bromley,1989)认为,制度是对人类活动施加影响的权利与义务的集合。制度中权利与义务中的一部分是无条件的和不依赖于任何契约的,有些权利与义务则是在自愿基础上签订的契约。制度体系既可以用法律、社会学或社会人类学表述,又可以用经济学来描绘。

5. 马克思主义者:制度是一种生产方式

马克思主义者认为:①生产方式的物质内容是生产力,其社会形式是生产关系,因此生产方式是生产力和生产关系的统一;②马克思依据生产关系一定要适应生产力性质这一客观规律解释了原始社会、奴隶社会、封建社会、资本主义社会、共产主义社会依次发展的成因;③马克思运用生产关系和生产力、上层建筑和经济基础之间的矛盾说明了资本主义制度必然被共产主义制度所代替。

6. 诺斯:制度是一个社会的游戏规则

1990年诺斯在《制度、制度变迁与经济绩效》一书中开宗明义地写道,制度是一个社会的游戏规则,或者更正式地,是定义人类交往的人为的约束。制度是由非正式约束(道德的约束、禁忌、习惯、传统和行为准则)和正式的法规(宪法、法令、产权)组成的。

(二) 制度的分类

根据诺斯的观点,制度包括正式制度与非正式制度。

1. 正式制度

正式制度是一个社会游戏的正式规则,是指一些成文的游戏规则,它既包括国家立法机构制定的法律和政府制定的政策,也包括企事业部门的规章、合同等以及社会团体所制定的章程等。正式制度总是和正式组织联系在一起:在国家层面上,立法组织制定法律,政府组织制定政策;在社会层面上,各种组织(企业、事业单位、行业协会、商会、学会、地方团体、宗教组织等)的各种规章、章程、契约等也是一种正式制度。

2. 非正式制度

非正式制度是指人们在长期社会交往过程中逐步形成并得到社会认可的约定成俗、共同恪守的行为准则,包括价值信念、风俗习惯、文化传统、道德伦理、意识形态等。

(三) 制度与组织的关系

1. 制度与组织的区别

诺斯的一个重要贡献是区分了制度和组织。他认为,制度是规则,而组织是为了实现特定的目标而受共同意志约束的个人的集合。例如,在球队比赛中,比赛规则是制度,球队是组织;国家与市场不是组织,而是一种制度,政府与企业是组织而不是制度。组织与制度的最大不同在于制度没有目标,而组织是有共同的目标的。例如,制定球队比赛规则并不是要惩罚多少队员,而球队参加比赛的目标是要取胜。

2. 制度与组织的联系

①组织是制度的制定者,组织(议会、政府、政党等)的目的就是改变制度;②组织也是制度的接受者,制度一旦制定,全体组织必须接受和执行。制度与组织的这种联系,使得很多人把二者混淆起来,如把政府看作国家、把市场看作经济组织等。

(四) 制度的功能

新制度经济学派认为,制度有优劣之分,有效率高低之分,有交易费用大小之分,有好坏和善恶之分,因而制度也就有先进与落后之分。好的制度对社会发展起积极作用,坏的制度对社会发展起阻碍甚至破坏社会发展的消极作用。

1. 社会功能

(1) 规范人们的交往行为,消除或降低社会交往中的不确定性。制度规定着人们能做或不能做、必须这样做或不能这样做、可以做或不可以做的行为规则。诺斯认为,制度的作用是规范人的交往行为,消除或降低社会交往中的不确定性。不确定性对人们的决策具有极大的负面影响,在个人交往的层面上,不确定性使个人失去行为的标准;在社会上有的制度能够提高社会效率,而有的制度则会降低社会效率。当制度可能被统治者用来作为达到统治者私利服务目的时,制度是妨碍而不是增进效率。

(2) 制度具有社会整合和行为导向作用。①制度要求人们的行为举止都要遵循一定的规矩和模式,从而管理人们的行为,维持社会秩序;②制度使人们循规蹈矩地进行思想和采取行动,减少因没有制度而产生的那种个人的肆意妄为和社会的混乱不堪现象,从而使众多个人的行为构成全社会的和谐行为;③制度使分散的力量得以整合,朝向一个共同的方向发展形成社会合力;④制度通过权利和义务系统确定个人的地位和角色,为人们提供思想和行为模式,使其较快地适应社会生活,以避免个人与社会的矛盾和冲突。

(3) 制度起到保存与发展社会发展成果的作用。制度将合理的、进步的、文明的社会关系、经济关系、实践的交往关系等用一定的形式固定下来,并赋予一定的强制力推行,这一方面保存和巩固了发展的成果;另一方面又有利于以后的发展。

2. 经济功能

(1) 降低交易费用作用。制度一方面要耗费一定的费用,但又在更大程度上节约交易费用,如产权制度,其功能之一就是明晰产权以节约交易费用。制度的功能就是降低交易费用,使外部性内在化。

(2) 资源配置作用。制度能将一定的人、财、物按一定的比例组合起来,以使其发挥作用。好的经济制度能够做到人尽其才、财尽其利、物尽其用、地尽其力,人力资源和物质资源得到优化配置和合理利用;坏的制度则是压抑人才、物不尽其用,造成人力资源和物质资源的极大闲置和浪费。

(3) 动力激励作用。制度实施是否成功取决于激励的效率、方向,监督的力度,以及奖惩的力度等。有激励、有效率的制度必然是每个人的权利和义务都尽可能明确规定的制度,同时又是劳动和报酬尽可能相关相称的制度,这样才能提供充分、长期而稳定的激励,使人们最大限度地努力从事工作或劳动,同时又有严格的约束条件,使人们对自己的行为、决策充分地承担责任;反之,一个无激励和无效率的制度必然是权利和义务边界模糊的制度,在这种制度下,靠侵权牟取利益的可能性极大,因而必然损害效率,使激励作用趋于最小。一般而言,激励效果的大小、强弱,主要与处在制度活动中当事人的努力与报酬的接近程度有关。个人努力与报酬越接近,制度激励作用就越大、越有效;个人努力与报酬越偏离,制度激励作用就越小、越无效。因为个人努力与报酬偏离太大,个人不但会失去工作劳动的积极性,还会转而排斥和抵制这种制度。

(4) 利益分配作用。在现实中是按劳分配,还是按需分配、按资分配、按权分配,是平均分配还是有差别分配等是由一定的制度设定的,不同的分配制度会有不同的结果,按劳分配和按需分配(社会福利)能够缩小收入差距,形成一个分配公平的社会;而按资产分配、按权分配则会扩大收入差距,形成一个分配不公平的社会。

3. 文化功能

(1) 信息传递作用。制度像任何系统一样,合理、科学的制度必须能够保证信息真实、充分、及时、全面地上下左右传递。信息传递的范围、速度、质量和数量是衡量一个制度先进程度的基本尺度之一。制度的不同也导致了制度框架内信息传递的量与质(时效性、客观性、充足性、全面性等)的差异,这也是区分好坏制度、优劣制度的标志之一。

(2) 文化传承的作用。制度通过保存与传递人类的发明、创造、思想、信仰、风俗、习惯等文化,使之世代沿袭,并在空间上得到普及、累积与继承,推动人们创造新的文化。文化是靠一代又一代人不断地继承、总结、改造、创新、积累活动而发展起来的,社会制度中凝结着人类大量的文化成果,同时许多文化成果是凭借各种正式的和非正式的社会制度(特别是文化制度、教育制度等)留传给后代的。此外,制度本身也是一种文化,它也需要相应的制度,以使其本身得以延续、保存、完善和发展。

(3) 伦理教化作用。制度一旦确立,它也会要求其约束的个人或群体具备与其相适应的道德观、价值观、人生观等。不同的制度伦理教化作用是不同的,好的制度能够使人们形成优良的政德、师德、医德、商德、艺德等各个职业道德;坏的制度能够使人们形成经济活动中缺乏诚信、生产经营假冒伪劣产品、行为出现坑蒙拐骗等现象。

二、新制度经济学派新在哪里

新制度经济学派就是用新古典经济学边际分析、均衡分析、计量分析等的方法分析制度的经济学,新制度经济学派与旧制度经济学派和新古典经济学派相比有了很多的创新,它们的创新体现在以下几个方面。

(一) 分析方法新

在旧制度经济学派中,凡勃伦采用的主要是心理学方法,康芒斯应用的是法律制度分析方法,密契尔运用的是经验统计方法;而新制度经济学派则按照新古典经济学派实证性的分析方法对制度进行研究。

(二) 理论体系新

在旧制度经济学派中,除了康芒斯试图初建一个理论体系之外,可以说旧制度经济学派的理论完全不成体系。而新制度经济学派依托新古典经济学体系来展开理论分析,就使其理论大致能够保持逻辑一致性,同时与新古典经济学派相比,新制度经济学派最具新意的则是引入制度因素分析,修正了新古典经济学缺少制度研究的缺陷。新制度经济学派在新古典经济学的框架内的创新主要表现在以下两个方面。

1. 对新古典经济学的继承

科斯、德姆塞茨和威廉姆森等人创立的交易费用理论、产权理论和制度变迁理论,主要利用新古典经济学的理论工具去分析制度的构成和运行;贝克尔和斯蒂格勒等人则把制度本身作为一个内生变量,进行完全标准的新古典分析。

2. 在新古典经济学基础上的创新

(1) 对"经济人"假定的批判和修正。新古典经济学是以"经济人"这一基本假定为前提的,但是在新古典体系中,并没有对"经济人"展开具体的分析,"经济人"只是作为一个无处不在的隐含的前提而存在。新制度经济学派则强调制度经济学应该研究实际的人、制度与经济活动以及它们之间的相互关系。在科斯、诺斯和威廉姆森等人看来,现实中的人是"有限理性的经济人"和"契约人"。①"有限理性的经济人"。a. 现实社会中的"经济人"并不具有完全理性(追求目标是使自己的利益最大化),而只是有限理性(西蒙的有限理性经济人认为,一般人们发现和选择的只能是满意的方案而不是最优方案),有限理性导出了交易费用最小化动机,而对认知能力有限的认识则鼓励了对制度的研究。b. 现实社会中的"经济人"不仅具有利己性的一面,也有着利他性的一面。利他性突出表现为非财富最大化动机,而非财富最大化动机往往具有集体行为的偏好。②"契约人"。威廉姆森的"契约人"是指在有限理性的前提下,为减小机会主义的风险,为保障制定和实施契约,而以交易费用最小化为目的的行为人。

(2)补充了制度分析。在修正后的基本假定的基础上,新制度经济学派从历史、现实与理论相结合上,进行了一系列的理论创新:①科斯阐明了在存在交易费用的条件下,企业存在的原因、边界和产权制度的重要性;②威廉姆森侧重于节约交易费用研究,从契约角度设计出了交易费用最低的企业治理结构;③德姆塞茨和阿尔奇安则偏重于团队生产和产权研究,创立和发展了团队激励、产权制度的经济学分析体系;④诺斯等人则用交易费用为基本分析工具,以产权制度创新为主线,探讨了制度变迁的规律及其对经济发展和运行效率的影响。

(三)基本理论范畴新

在旧制度经济学派中,凡勃伦的"无形财产""有闲阶级""既得利益者"和"制度导向"等,基本上没有形成严格的理论范畴。而新制度经济学派则提出了许多新的范畴。例如,交易费用、科斯定理、制度创新路径依赖等,形成了经济学上的一场革命。其中交易费用概念被广泛地运用于产权结构、委托—代理关系、外部性问题、集体行动、寻租活动、多种体制组织形态的形成和发展、经济史、政治制度等研究领域。

(四)研究领域新

旧制度经济学派的研究领域基本上在企业层面或微观经济领域,新制度经济学派的理论视野却要广得多。虽然企业内部的产权结构及组织仍然是一个微观研究的重点,但新制度经济学派的研究及其理论应用,从微观到宏观,从企业到国家,从经济到政治,从现实的制度安排到历史的制度变迁,已经涉及社会经济一切领域,形成了一个开放的、庞大的理论体系。

三、新制度经济学派的代表人物

新制度经济学派的名称是由威廉姆森最先提出来的,它既有别于旧的制度经济学派,又有别于加尔布雷斯等为代表的新制度主义学派。其主要代表人物如下。

(一) 科斯

罗纳德·哈里·科斯(Ronald Harry Coase,1910—2013)是新制度经济学的鼻祖,1910年出生于伦敦,1934—1950年主要是在英国的利物浦大学和伦敦经济学院任教。1951年获得博士学位并移居美国,先后在弗吉尼亚大学和芝加哥大学任教,1961年后任美国《法学与经济学杂志》主编。科斯的新制度经济学理论形成分为两个阶段:第一阶段,20世纪30年代,他对传统的微观经济学进行批判性考察,创立了交易费用经济学。其代表作是1937年发表于《经济学家》上的论文《企业的性质》。在这篇论文中,他首次创造性地用交易费用解释了企业存在的原因与企业边界问题。第二阶段,20世纪50年代末,他在分析外部性问题时,创立了产权经济学。这一阶段的代表作是1960年发表在《法学与经济学》的《社会成本问题》一文。该文重新研究了交易费用为零时契约行为的特征,批评了庇古关于外部性问题的补偿方案(政府干预),并提出了"科斯定理",创建了产权经济学。他发现并阐明了交易费用和产权在经济组织和制度结构中的重要性及其在经济活动中的作用,1991年被授予诺贝尔经济学奖。

(二) 威廉姆森

奥利弗·威廉姆森(Oliver Williamson,1932—   ),"新制度经济学"的命名者,1963年他获得了卡内基梅隆大学经济学哲学博士学位后,先后在加州大学伯克利分校、宾夕法尼亚大学从事工业组织的研究和教学工作,自1998年以来在美国加州大学伯克利分校担任企业管理学教授、经济学教授和法学教授,曾任美国政治学与社会学学院院士(1997)、美国国家科学院院士(1994)、美国艺术与科学院院士(1983年)。其主要著作有《自由支配行为的经济学:厂商理论中的管理目标》(1964)、《公司控制与企业行为》(1970)、《市场与等级制》(1975)、《资本主义经济制度》(1985)、《治理机制》(1996)等。他对经济治理的分析,特别是对公司的经济治理边界的分析的贡献,使其荣获2009年度诺贝尔经济学奖。根据刘汉民(2010)的总结,威廉姆森学术思想发展有三个阶段:①1963—1970年是他研究的早期阶段,他的研究主要集中在企业行为与市场管制方面;②1970—1988年巅峰时期,主要研究交易费用和企业边界;③1988年以后,他主要集中于公司治理和管理的研究。

(三) 诺斯

道格拉斯·诺斯(Douglass North,1920—2015)是新制度经济史学的创始人,1952年获得哲学博士学位,历任华盛顿大学经济学教授、剑桥大学在美国机构教授、圣路易大学鲁斯法律与自由教授及经济与历史教授、华盛顿大学讲座教授,1972年担任美国经济史学协会会长。其主要著作是《1790—1860年的美国经济增长》(1961)、《美国过去的增长与福利:新经济史》(1966)、《制度变化与美国的经济增长》(1971)、《西方世界的兴起:新经济史》、《经济史中的结构与变迁》(1981)、《制度、制度变迁与经济绩效》(1990)等。产权理论、国家理论、意识形态理论、路径依赖理论是诺斯的制度变迁理论的基石。他开创性地运用新古典经济学和经济计量学来研究经济史问题,诺斯通过对西方国家经济演变史的审视与分析,升华出制度变迁理论,并以此理论基石来构建他的新制度经济学史框架。他对制度经济学研究的特点是:①用制度经济学的方法来解释历史上的经济增长;②重新论证了包括产权制度在内的制度的作用;③将新古典经济学中所没有涉及的制度作为内生变量和主线,极大地发展了制度变迁理论。鉴于他建立了包括产权理论、国家理论和意识形态理论在内的"制度变迁理论",1993年获得诺贝尔经济学奖。

新制度经济学派的代表人物还有现代产权经济学创始人之一、美国经济学家阿门·阿尔奇安(Armen Alchian,1914—2013),哈罗德·德姆塞茨(Harold Demsetz,1930年出生),中国香港的张五常(1935年出生),新制度经济史代表人物之一、1993年诺贝尔经济学奖获得者罗伯特·福格尔(Robert Fogel,1926—2013)等人。

第二节 交易费用理论及其应用

一、交易费用概念的界定

(一) 交易费用释义

交易费用(有的译为交易成本)是新制度经济学派最基本的概念。科斯在1937年发表的《企业的性质》中并没有明确地提出交易费用概念,但他所提出的市场费用,即利用价格的成本或费用实际上就是交易费用。之后,科斯的追随者曾对交易费用作出了多种解释。

(1) 区分不同外延的交易费用。对此有不同的认识:①宽派认为,交易费用是发生在人与人的社会关系之中的费用,包括所有不可能存在于鲁滨孙单人世界经济中的所有成本,代表人物是张五常(1987);②中派认为,交易费用是指谈判、履行合同和获得信息所需运用的全部资源;③窄派认为,交易费用是指单纯履行契约所付出的时间和努力。后两种划分是库特(Cooter)等人表述的。

(2) 区分为事先的和事后的交易费用。威廉姆森(1975、1985)把交易费用区分为事先的和事后的两类。事先的交易费用是指企业起草、谈判、保证落实某种协议的各项费用(信息搜寻和交换成本、议价成本、决策成本),事后的交易费用是交易之后发生的各项费用(执行成本、契约不能适应所导致的成本、违约成本、约束成本、监督成本)。达尔曼(Dahlman,1979)则将交易活动的内容加以类别化处理,认为交易费用包含的内容见表11-1。

表11-1 达尔曼的事前与事后交易费用

交易费用种类		内　　涵
事前交易费用	搜寻信息的成本	欲交易者寻找最适合的交易对象,查询所能提供的服务与产品所需要支付的成本
	协商与决策的成本	交易双方为达成交易所做的议价、协商、谈判并作出决策所产生的成本。由于交易双方的不信任及有限理性,常需耗费大量协商与谈判成本
	契约成本	当交易双方达成协议准备进行交易时,通常会订定契约,并对契约内容进行磋商所产生的成本

续表

交易费用种类		内　涵
事后交易费用	监督成本	交易双方订定契约之后,为了预防对方由于投机主义产生违背契约的行为,故在订定契约之后,会在执行过程中相互监督所产生的成本
	执行成本	契约订定之后,交易双方相互进行必要的检验以确定对方是否确实遵守契约,当对方违背契约时,强制对方履行契约所产生的成本
	转换成本	当交易双方完成交易之后,可能持续进行交易。此时若有一方更换交易对象,所产生的成本

(3) 强调交易费用是经济制度运行的成本。他们认为,交易费用是由于制度摩擦所导致的费用,特别是由于产权不清晰必然导致各类摩擦发生成本,包括信息成本、监督管理的成本和制度结构变化的成本等。肯尼斯·阿罗(Kenneth Arrow,1921—　)明确把交易费用定义为经济制度操作的成本。

(4) 强调信息成本是交易费用的核心。他们认为,交易费用是真实信息获得和识别所必须付出的代价,而市场价格信号的真假以及对其识别的敏感,根本取决于产权制度所规定的市场交易当事人的权利及责任、风险界区是否明确,价格归根到底是产权的市场运动形式。

(二) 交易费用与相关概念的关系[①]

1. 交易费用与生产费用

生产费用是在生产过程中产生的费用,它产生于生产领域。马克思在《资本论》中认为,在创造价值的生产过程中,生产者必然要支付消耗的生产资料并支付劳动力的劳动报酬,这两部分的和就是生产费用。而交易费用是签订和履行契约的费用,它形成于交换领域,是伴随着交换过程中的讨价还价、签订契约、监督契约履行产生的。所以交易费用与生产费用是属于两个不同领域的概念,有着严格且明显的不同。

2. 交易费用与流通费用

流通费用和科斯早期提出的"利用市场机制的费用"较为相近,但随着交易费用概念的发展,它更多地与契约关系和制度决定联系在一起,与流通费用的差异越来越大:①内涵不同,流通费用是商品流通过程中所支出的各种费用;而交易费用则是谈判、履行合同和获得信息所需运用的全部资源。②外延不同,流通费用包括出售商品费用和消费者购买费用;而交易费用包括契约签订和执行的各项费用。③性质不同,流通费用是一种资本形态,可以用价值或价格来计量;而交易费用概念模糊,很难明确其具体内容,在计量上存在一定的困难。

3. 交易费用与交易成本

交易费用与交易成本都是由 Transaction Costst 翻译而来的,在研究交易费用理论时一般不加以区分。但是蒋影明(2007)指出,交易成本与交易费用是有区别的,交易成本是总体上的概念,而交易费用是局部上的概念,交易成本是交易费用之和,并且在市场作

---

① 沈满洪,张兵兵.交易费用理论综述[J].浙江大学学报(人文社会科学版),2013(2):46-48.

用下,交易成本往往在配置到交易参与者时形成不均匀的交易费用。同时交易成本还可能包括交易的心理成本(这不是经济学研究的主要内容),而交易费用不包括交易的心理成本,因此本书采用了"交易费用"这一概念。

二、对交易费用理论的不同解说[①]

(一) 交易分工说

企业或其他组织在社会分工中作为参与市场交易的单位,其经济作用在于把若干要素的所有者组织成一个单位参与市场交换,以减少市场交易者的数量,降低信息不对称的程度,最终减少交易费用。因此,交易源于分工,交易费用是一种源于分工的制度成本。诺斯在研究交易费用的决定因素时也指出了交易费用的产生与分工和专业化程度的提高有关。杨小凯(1995)等分别从劳动力交易和中间产品交易角度区分了企业和市场,指出企业是劳动力市场替代中间产品市场,而并非是市场组织之间的替代;另外,企业与市场的边际替代关系取决于劳动力交易效率和中间产品交易效率的比较。因此,想要研究分工问题,就要从交易活动中寻求答案,同时交易费用也在研究分工的过程中变得明了。

(二) 交易契约说

(1) 达尔曼(1979)以契约过程为主线进行研究认为:①契约签订前,交易双方相互了解交易意愿等需要耗费时间和资源;②决定签约时,需对交易条件的决定支付费用;③契约签订之后,还需对执行契约以及控制、监督对方履约支付费用。

(2) 张五常强调了产权交换对契约安排的依赖关系以及交易费用对契约选择的制约关系。他指出,在市场经济中,每一个要素所有者都面临三种选择:①自己生产和销售商品;②出售全部生产要素;③引入契约安排方式,采用委托—代理的方式把生产要素的使用权委托给代理人以获得一定的收入,企业家或代理人是根据委托代理中的契约所规定的生产资料的有限使用权来安排生产活动的。

(3) 威廉姆森(1985)也曾指出契约是十分重要的,并将交易费用分为事前和事后两部分。从契约的角度研究交易费用,将交易作为经济分析的基本单位,这确实给出了一个很好的研究视角,但从契约的角度并不能让我们深入研究交易费用本身的性质以及交易费用的测量问题。

(三) 交易维度说

威廉姆森在交易费用理论的发展上作出了重大贡献,他认识到交易的交易频率、不确定性和资产的专用性三个基本维度,这三个维度是区分各种交易的主要标志,也是使交易费用经济学与解释经济组织的其他理论相区别的重要特点。威廉姆森基于交易维度的研究很好地解释了交易费用存在的成因,但并不能为交易费用的量化的实际测度提供依据。

---

① 沈满洪,张兵兵.交易费用理论综述[J].浙江大学学报(人文社会科学版),2013(2):46-47.

(四)制度成本说

张五常认为,只要是一个人以上的社会,就会需要有约束个人行为的制度。从广义的角度讲,制度是因为交易费用产生的,所以交易费用也可以称作制度成本。在张五常的研究中,鲁滨孙单人世界的引入使我们更深刻地了解到现实世界中交易费用的广泛存在,然而,他的广义的交易费用引入超现实的东西,并将其定义为如此大的一个范围,会在应用上引起混乱。

(五)交易行为说

诺斯(1994)在张五常关于一个人的社会不可能存在交易费用的认识基础上,建立了完善的人类行为理论。他从对人类社会分工的分析入手,将人类的社会行为分成交易行为和转化行为,其中交易行为指购买投入品、中间投入、协调生产过程、获取信息、进行市场营销、产权保护等行为;转化行为指对自然物质的开发研究、变换和位移、服务的生产等行为。交易费用是与交易行为相关的费用,是为交易行为而花费的资源;转化费用就是为转化行为而花费的资源。诺斯所讲的转化费用就是前面所述的生产费用,只不过诺斯认为交易行为和转化行为都具有生产性功能,不能抛开交易费用而仅把转化费用称为生产费用。诺斯对交易费用和转化费用的研究能够让我们看到交易活动的生产性功能,让我们对交易费用有另一种新的认识,但这也容易引起人们对交易费用、生产费用及转化费用的混淆。

三、交易费用的测度与量化[①]

(一)交易费用测度与量化的难点

对交易费用的测度一直存在争议。有些学者认为交易费用中收集信息、谈判和签约等费用会涉及人的时间和精力的耗费,很难用货币衡量,要准确地计算交易费用是不可能的。交易费用的测度确实存在很多障碍,如缺少普遍认可的定义,对交易费用内涵的表述不一,不能够形成被广泛接受的具有操作性的统一标准;如果交易费用非常高,许多交易根本不会发生;一价定律在此并不适用。另外交易费用与国家的政治制度、文化习俗等有关,这也让交易费用很难量化。

另一些学者则认为,虽然不能够精确地计算交易费用,但还是可以通过间接的方法对交易费用进行近似计算。沃利斯(Wallis)和诺斯(1986)最先采用绝对量计算了美国经济中交易费用占资源耗费总额的比重;而威廉姆森提出了采用序数比较的方式来测度交易费用;张五常也指出,测度分为基数测度和序数测度,原则上交易费用是可观察到的,可以采用基数进行测度,但实际测度却存在困难,测度本身的费用很高,而采用序数测度便可以解决这个问题。

(二)宏观层面交易费用的测度

在沃利斯和诺斯的研究中,整个经济部门被分为交易部门和转换部门,交易费用来源于

---

① 沈满洪,张兵兵. 交易费用理论综述(J). 浙江大学学报(人文社会科学版),2013(2):48-51.

两部门的交易费用之和,而交易部门的交易费用以该部门所利用的资源的总价值表示,转换部门的交易费用以该部门从事交易服务的职员人数和薪水的乘积来计算。他们计算出美国的交易费用占国民生产总值的比重由1870年的24.9%～26%增加到1970年的46.66%～54.71%。沃利斯和诺斯提出的方法随后在交易费用的测度上被广泛使用,其中缪仁炳和陈志昂、金玉国和张伟也分别对中国的交易费用比重进行了测度,见表11-2。①

表11-2 一些学者对宏观层面交易费用的测度

作者	测量国家	测量年份	交易费用占GDP比重
B. Dollery & W. H. Leong(1998)	澳大利亚	1911—1991	由1911年32%上升至1991年60%
M. Ghertman(1998)	美国 日本 德国 法国	1960—1990	由1960年55%上升至1990年62% 由1960年40%上升至1990年56% 由1960年38%上升至1990年52% 由1960年34%上升至1990年63%
J. M. Dangnino-Pastore & P. E. Farina(1990)	阿根廷	1960—1990	由1960年29%上升至1990年35%
T. Hazledine(2001)	新西兰	1956—1996	由1956年36%上升至1991年86% 由1991年86%下降至1996年68%
G. Chobanov. H. Egbert & A. Giuredzheklieva(2007)	保加利亚	1997—2003	由1997年37%上升至2003年52%
缪仁炳、陈志昂(2002)	中国	1978—2000	非交易部分交易费用从13.5%上升至23.1%,交易部门从28.4%上升至43.2%
金玉国、张伟(2005)	中国	1991—2002	各年份交易费用围绕20.13%上下波动

(三)微观层面的交易费用测度

微观层面的交易费用测度包含公共部门、行业或企业交易费用的测度,当然有时在公共部门公共政策实施的交易费用的测算上,也会涉及个人交易费用的测算。Mettepenningen(2009)等采用普通调查法对包括交易费用在内的多种农业环境计划所包含的成本进行对比,并采用一年登记法对具体的成本值进行测度,最终显示交易费用占农业环境计划总成本的14%,占补偿支付的25%。斯托尔(Stoll)和惠利(Whaley,1998)直接采用价差加佣金作为证券市场交易费用的方法对证券交易市场的交易费用进行了测度,得出纽约证券交易所的交易费用占市场价值的2%,而其他较小的证券交易所交易费用占市场价值的9%。Polski(2012)采用沃利斯和诺斯的方法将商业银行利息支出和非利息支出之和作为交易费用,对商业银行的交易费用进行了测度,得出美国银行业的总交易费用占总收入的比重从1934年的69%上升到1989年的85%,而到1998年则下降为77%。在其他领域,贝纳姆(Benham,1998)对公寓转让的交易费用进行测度,并对开罗和圣路易斯进行对比,得出了开罗的交易费用是圣路易斯的8倍的结论。

---

① 沈满洪,张兵兵. 交易费用理论综述[J]. 浙江大学学报(人文社会科学版),2013(2):49.

Gabre-Madhin(2001)对埃塞俄比亚谷物市场进行研究,测度结果是谷物交易双方面临的交易费用占总成本的19%。Royer(2011年)对牛奶市场的交易费用进行了测度,但与前人不同,他对比了市场与契约条件下信息、谈判、强化成本分别占交易费用的比重。结果显示,在市场条件下,三者占交易费用比重分别为16%、50%、34%;在契约条件下,三者占交易费用的比重分别为1%、1%、98%,表现出不同条件下交易费用构成的不同。除了采用基数方式测度交易费用外,采用序数比较的方式对交易费用进行测度也是可行的,并且可以解决交易费用中某些内容不容易量化的难题。威廉姆森最早指出,尽管直接测度事前和事后的交易费用很困难,但可以通过制度的比较,把一种契约与另外一种契约进行比较来测度交易费用。

四、交易费用的广泛应用

交易费用理论可以解释许多社会经济现象,诸如企业存在和边界(在下一节细说)、货币产生与发展、产业集群、国家制度变革、城市化等。

(一)交易费用在货币产生和发展中的应用

货币的产生和发展经历了物物交易→等价物交易→金属货币交易→纸币→信用卡交易→网络银行交易,而货币每次发展都节约了交易费用。物物交易由于卖非所买,一次完成的情况极少,通常要经过三次以上的交易才能完成,如猎人用兽皮换石斧、卖石斧的不需要兽皮、需要兽皮的没有石斧,这样猎人需要花费大量的信息寻找费用。由于物物交易的交易费用高且交易困难,为了节约交易费用,人们开始用等价物交易,如用羊作为等价物。羊作为等价物不便携带和分割,使交易费用提高,人们开始用金属作为等价物交易。后来人们发现作为货币只是一个价值符号,出现了纸币,方便了人们交易,但是却增加了银行的交易费用,于是用信用卡交易可以节约交易费用,便流行了纸币与信用卡混合进行交易。而后出现的电子货币、网络银行交易更是越来越方便了交易,也越来越节约了交易费用。

(二)交易费用在商业中的应用

在没有商业和商人的社会里交易费用是极高的,卖者不知道到哪里出卖产品,买者不知道在哪里购买商品,需要大量的信息收集费用。商业和商人的出现能够从以下几方面降低交易费用:①节约交易者的信息搜寻费用;②节约交易者的交易空间占用费用;③节约交易者的储管费用。

中间商和销售渠道的选择也是为了减少交易费用。①大型耐用商品往往选用代理商,日常用品往往选择经销商销售,在于它能有效降低生产者的销售费用及消费者的购买费用;②厂商根据产品选择宽渠道与窄渠道、长渠道与短渠道,也是基于节约交易费用考虑;在一些偏僻地区行商的出现也是为了降低交易者的交易费用。

由经纪人的代理交易也是为了节省交易费用。如名演员之所以需要经纪人,是因为他出售其劳务的搜寻费用虽然很低(随时可以找到观众),但谈判成本很高,要说服观众接受昂贵的服务价格并非易事,因而通过经纪人进行交易能够节约交易费用。

经营方式的选择取决于降低交易费用。①对特殊耐用商品和选购商品实行专项经营可以节约交易费用。对于商品价格占买者收入比重较大、买者购买频率较低、买者对品牌规格比较注重的商品,买者喜欢货比三家反复甄别。为节省搜寻费用,买者往往希望在一个地点能看到尽可能多的品牌和规格。这种商品一般以专项经营为主。②对日常用品实行综合经营能够节省交易费用。对于各种价格较低、买者购买频率较高、品牌规格不太重要的商品,买者往往希望它们能同时出现在一个地方,以便以较低的搜索费用同时买到它们。这些商品一般以综合经营为主。

(三)交易费用在城市化上的应用

在生产经营、劳动就业、子女就学等方面交易费用由高到低的顺序为特大城市→大城市→中等城市→小城市→镇→农村。人口流动之所以按照上述顺序进行,主要是考虑到节约交易费用。交易者努力降低交易费用的重大结果是导致人口的城镇化。城市化加大了人口密度、信息密集度、交通密集度等,这将更多地降低交易费用。①三高之地使信息收集费用少,有利于人们务工经商;②定点集中市场贸易降低了卖者和买者的空间费用;③交易者和交易对象集中降低了谈判、合同履行等交易费用等。

(四)交易费用在我国经济管理体制改革上的应用

把整个社会当作一个大工厂的计划经济,会因为交易费用过高而效率低下。在计划经济体制中,交易费用过高是它的各种弊端之一。例如,国有企业各部门之间的互相"扯皮"和"踢皮球"、计划审批投资项目时出现的"公章旅行"、公司注册时繁杂程序等低效率问题。在居民生活上,各种产品凭票供应,形成了排长队购买,极大地浪费了人们的时间和精力。

政府对市场的完全替代只能带来资源配置效率和激励效果低下,解决的办法就是进行市场化改革。例如,同样要进行一项投资,在市场经济中要依赖证券市场,在计划经济中要得到计委批准。如果人与人之间办同样一件事情的交易费用较高,就说明其效率低下。

五、交易费用理论的缺陷

(1)交易费用概念的模糊性和不可操作性。混淆了交易费用与信息费用在内涵上的差异。如果将交易费用等同于信息费用,那么,必然会陷入计算信息费用尚需信息的无限倒推的逻辑困境。张五常曾估计中国香港交易费用占其GNP(国民生产总值)的80%,给人不着边际的感觉。另外,虽然有些国内外学者计量了交易费用,但还是存在计量核算上的困难。

(2)在强调交易费用的重要性时忽视了企业组织变动对于直接生产成本的影响,如关于企业在组织协作生产方面的作用。

(3)科斯虽然提出交易是有费用的,但没有明确指出引起和决定交易费用的具体因素。

(4)将交易费用作为衡量制度绩效的核心尺度,忽视了制度变更的成本及其他因素。

第三节 当代企业理论与公司治理理论

一、当代企业理论

当代企业理论的产生是以 1937 年科斯发表的著名论文《企业的性质》一文为标志的，它已成为发展快、创新多、影响大的一种当代主流企业理论。

（一）科斯的经典企业理论

科斯的《企业的性质》一文开创了当代企业理论的先河，他在文中提出的交易费用、企业与市场的边界理论成为现代企业理论的基石。他的企业理论的特点和要点是：①分析的问题是企业与市场关系；②中心理论是交易费用理论；③企业性质定位，企业是以实现交易费用最小化为目标，在边际交易费用低于市场交易费用时，可以替代市场配置资源的微观经济组织和机制；④企业存在的原因是在边际交易费用低于市场交易费用时，可以替代市场配置资源的机制；⑤企业的边界是企业（边际）交易费用等于市场（边际）交易费用。

1. 企业的性质

在科斯之前，对企业的性质的定位有两种认识：①新古典经济学把企业看作以利润最大化为目标的微观经济组织；②苏联和东欧洲社会主义国家把企业看作以完成政府计划为目标的基本组织。科斯把他的书名称为《企业的性质》是因为他提出了第三种企业性质的定位：企业是以实现交易费用最小化为目标，在边际交易费用低于市场交易费用时，可以替代市场配置资源的微观经济组织和机制，见表 11-3。

表 11-3　不同学派的企业的性质定位

学　派	企业的性质定位
新古典经济学派	企业是以利润最大化为目标的微观经济组织
苏联和东欧洲社会主义国家	企业是以完成政府计划为目标的基本组织
科斯的新制度经济学派	企业是以实现交易费用最小化为目标，在边际交易费用低于市场交易费用时，可以替代市场配置资源的微观经济组织和机制

2. 科斯企业理论的观点

科斯企业理论的观点主要有以下四点。

（1）发现和利用价格机制是要花费成本（市场交易费用）的。关于交易费用理论如前所述。

（2）企业与市场均是配置资源的机制。企业配置资源是在企业内部通过企业家管理进行的，企业内部交易费用可用企业管理成本来衡量；市场配置资源则是在企业外部由价格机制进行调节，市场交易费用可以用企业之间的签订执行契约成本来衡量（后来学者的观点）。

（3）企业存在的原因是企业替代市场能够节约交易费用。科斯认为，在企业交易费用低于市场交易费用时,企业可以替代市场配置资源。如斯密曾描述过一个生产别针的工场有 18 道工序,如果不组成一个企业,则每道工序都必须拿到市场上将半成品卖给生产的下一道工序,由于增加了交易的环节,交易费用会提高。而把这 18 道工序结合成一个企业则更能节约交易费用(市场交易费用高于企业内部交易费用)。

(4) 企业和市场都有边界。企业的边界(最大规模)取决于企业内部的边际交易费用与市场的边际交易费用相等,市场的边界是其交易费用小于企业内部边际交易费用。

这样,科斯解释了企业存在的原因和决定企业边界的问题,说明了企业能够部分地替代市场,但不能完全代替市场的原因,使他的企业理论成为当代企业理论的经典。科斯的企业理论我们可以用表 11-4 加以总结。

表 11-4 企业交易费用与市场交易费用的关系与企业和市场的边界

企业交易费用与市场交易费用的关系	企业和市场的边界
企业(边际)交易费用小于市场(边际)交易费用	企业存在的原因:企业内部交易替代市场交易能够节约交易费用
企业(边际)交易费用大于市场(边际)交易费用	市场边界:市场交易替代企业内部交易能够节约交易费用
企业(边际)交易费用等于市场(边际)交易费用	企业的边界:决定了企业的最大规模

(二) 威廉姆森的企业理论

1. "契约人"假设

古典经济学和新古典经济学派的人性假设是"经济人",威廉姆森在综合了赫伯特·西蒙(Herbert Simon)等人有限理性的基础上提出了"契约人"假设。"契约人"就是指在有限理性的前提下,为减小机会主义(损人利己的行为)的风险,以保障制定和实施契约,而以交易费用最小化为目的的行为人。他(1985)从两个方面对"经济人"假说进行了修改:①"经济人"假说以个人行为的完全理性化为前提,而"契约人"假说却认为人们获取和处理信息的能力有限,因此人的理性是有限的;②"经济人"和"契约人"都是自身利益的寻求者,"经济人"诚实无欺,没有机会主义倾向,而"契约人"具有机会主义倾向。威廉姆森认为,"契约人"的有限理性和机会主义大大增加了经济活动的不确定性,使得一切合作或协议都变得不稳定,一切签订的契约都是不完备的,所以制度是重要的,适应不同属性的交易安排与不同类型的治理机制就成了企业契约理论的核心内容。

2. 产生交易费用发生的原因在于市场交易失灵

交易费用发生的原因来自人性因素与交易环境因素交互影响下所产生的市场交易失灵现象,造成交易困难所致,威廉姆森列出了六项交易费用来源。

(1) 有限理性。有限理性是西蒙在 1947 年出版的《管理行为》中提出的,他认为,人并非是完全理性的"经济人",而是只具有有限的决策能力和选择能力。威廉姆森的有限理性是指交易进行参与的人,因为身心、智能、情绪等限制,在追求效益极大化时所产生的限制约束。威廉姆森认为有限理性导出了最小化交易费用的动机。

(2) 机会主义(投机主义)。威廉姆森把人一有机会就会不惜损人而利己的本性称为机会主义。企业契约理论认为机会主义存在要挟行为和道德风险两种表现形式：①要挟行为取决于契约双方的谈判力量，可以在公开信息的情况下发生；②道德风险是在契约既定的前提下，一方不是利用自身谈判的能力，而是利用信息方面的优势来掠夺对方的利益。人的机会主义本性直接影响了以私人契约为基础的市场效率，市场上交易的双方不但要保护自己的利益，还要随时提防对方的机会主义行为。每一方都不清楚对方是否诚实，都不敢轻率地以对方提供的信息为基础，而必须以自己直接收集的信息为基础作出交易决策。因此，机会主义的存在使交易费用提高，交易越复杂，交易费用提高的幅度也越大。

(3) 不确定性与复杂性。环境因素中充满不可预期性和各种变化，交易双方均把未来的不确定性及复杂性纳入契约，使得交易过程增加不少签订契约时的议价成本，并使交易困难度增加。在市场中，一项交易从发生到完成需要持续一段时期，在该时期中可能会发生很多影响交易双方权利和义务的事件，从而影响交易契约的执行。又由于契约执行者很可能有机会主义行为，那么，当市场条件变化对他不利时，他可以借口契约的前提改变而停止履行契约，在不违反法律的情况下对交易伙伴造成损失。为了避免这种情况的发生，交易双方将尽可能把契约写得十分复杂，力图包括一切未来的可能性，以及每一种情况发生时双方的权利和义务。但是，任何契约不可能是完全的，总会给机会主义行为留下可乘之机。其基本态势是，交易本身越复杂，交易谈判及其所达成的契约越趋复杂化，交易费用就越高，市场作为一种交易的机制其效率就越低，甚至不能完成交易。

(4) 少数交易。如果市场是充分竞争的，交易的一方对另一方的依赖性就很小，那么，机会主义本身就会有较高的代价（机会主义的行为会使机会主义者失去交易伙伴）。因此，竞争的压力会使经济利益的考虑较少地诱发机会主义行为，而是抑制机会主义行为。然而，如果市场上交易者的数目很小，那么，交易的一方对另一方的依赖就会增大，经济利益的考虑就会更多地诱发机会主义行为。当市场是寡头甚至是完全垄断时，依赖寡头垄断和完全垄断的另一方就要付出很高的代价，或者说，对于非寡头、非垄断的一方，市场交易费用将会十分高昂。同时某些交易过程过于专属性或因为异质性信息与资源无法流通，使得交易对象减少及造成市场被少数人把持，致使市场交易运作失灵。

(5) 信息不对称。因为环境的不确定性和机会主义，交易双方往往掌握有不同程度的信息，使得市场的先占者拥有较多的有利信息而获益，并形成少数交易。

(6) 气氛。它是指交易双方若互不信任，且又处于对立立场，无法营造一个令人满意的交易气氛，将使得交易过程过于重视形式，还可能增加不必要的交易困难及成本。

3. 交易的三个维度

为了使交易费用具有可操作性，威廉姆森提出从资产专用性、不确定性和交易频率三个维度刻画交易的属性。对交易进行维度化的划分是威廉姆森构建交易费用企业理论的重要理论要素，也是他对交易费用经济学发展所作出的主要贡献。

(1) 资产专用性。这是三个维度中最重要的维度，也是交易费用理论区别于其他解释经济组织理论的最重要特点。资产专用性是指资产被锁定特定用途后很难再移作他用的性质。如果资产改作他用，则价值会降低，甚至可能变成毫无价值的资产。资产专用性与沉没成本（已用作投资而无法收回的成本支出）相联系。威廉姆森(1989)把资产专用性分成五种类型：①场所专用性（如打靶场）；②有形资产用途的专用性；③人力资本专用性，这与"干中学"有关；④专向性资产，它与顾客特别要求的投资有关；⑤品牌资产的专用性。威廉姆森认为资产专用性就是为支持某项特殊交易而进行的耐久性投资。在此情形下，如果初始交易过早终结，耐久性投资无法全部或部分转移到其他用途而导致生产价值的损失。因此，契约关系的持久性具有重要价值，于是支持资产专用性交易的保护性组织和契约便由此产生，保护性组织和契约可以限制由于资产专用性而引致的"敲竹杠"等机会主义行为。

（2）不确定性。不确定性是指经济主体对于未来的经济状况尤其是收益与损失的分布范围以及状态不能确知。人类有限理性的限制使得在面对未来的情况时，人们无法完全事先预测，加上交易过程买卖双方常发生在交易信息不对称的情形下，交易双方因此通过契约来保障自身的利益。因此，交易不确定性的升高会伴随监督成本、议价成本的提升，使交易费用增加。

（3）交易频率。交易频率是指在一定时间内交易发生的次数，交易频率可以通过影响相对交易费用而影响交易方式的选择。如企业的大型机器设备，其交易频率就低，而企业的原材料交易频率就高。交易频率高，相对的交易费用也升高，交易频率的升高会使企业把该交易的经济活动内部化（企业一体化）以节省企业的交易费用。

4. 企业存在的原因

在科斯分析的基础上，威廉姆森从资产专用性和个人机会主义的假设为前提论证了企业存在的原因。他认为，在解决资产专用性和个人机会主义等问题上，企业比市场更有效率，更能节约交易费用。

（1）企业在避免机会主义上比市场更有效。机会主义往往发生在市场上，而企业利用加强管理（雇员的有选择的使用、提升、酬劳和内部资源分配等管理程序）就能消除企业内的机会主义，如企业可以通过监督、惩罚等措施加大机会主义的成本，使之超过机会主义行为的收益，从而达到消除机会主义的目的。而在市场上企业之间、人与人之间由于信息不对称和契约人的属性，就可能产生机会主义。

（2）企业在解决利益冲突上比市场更能节约交易费用。当企业内部发生利益冲突时，企业有比较有效的解决冲突的机制（如座谈、劝阻、调解、谈判等），能够解决企业内部的利益冲突。而在市场上的利益冲突往往采用制度规则、司法程序等来解决，从而使交易费用大大提高。

（3）企业在资产专用性上比市场利用更有效率。由于市场竞争和资产专用性，很多企业会产生大量的沉没成本；而企业的一体化能够更好地发挥资产专用性的作用，既节约交易费用，也提高了资产专用性的效率。

5. 对企业边界重新认识

随着现实中出现的兼并和并购使企业规模越来越大，如何回答科斯对企业边界的解释呢？对于这个问题，威廉姆森把资产专用性和交易频率作为决定企业边界的关键因素，用企业一体化（包括纵向一体化和横向一体化）理论做了回答。

（1）纵向一体化。纵向一体化是指处于生产同类产品的不同生产经营阶段，具有投入产出关系的企业之间发生的兼并或并购行为。它包括后向一体化（上游，加工企业与原材料供应企业的兼并或并购)和前向一体化(下游,加工企业与制造企业的兼并或并购)。企业的纵向一体化是揭示企业的纵向边界问题,前向一体化是指企业沿着与自己当前业务的输出活动方向扩展自己的边界;后向一体化是指企业沿着与自己当前业务的输入活动方向扩展自己的边界。纵向一体化内的企业如果不实行一体化,它们的交易频率高、存在着机会主义风险,并且可能发生因资产专用性而产生较多的沉没成本:①纵向一体化能够减少交易频率。如冶金企业与采矿企业不组成一个企业,冶金企业需要不断地在市场上向采矿企业购买矿石,由于交易频率高,随着市场行情的变化,需要不断地重新变更或修改交易契约,加大了交易费用,而冶金企业与采矿企业组成一个企业就大大节约了这些交易费用。②纵向一体化可以防止市场交易中的机会主义。由于存在机会主义,如原材料企业向加工企业掺假使假、缺斤短两等,加工企业向制造企业提供劣质钢材等,这样就会发生企业之间的矛盾和冲突,产生毁约甚至付诸司法,更是加大了交易费用,如果它们能合并成一个企业就能大大节约交易费用。③纵向一体化可以减少沉没成本,由于资产专用性的锁定效应,相关纵向关联企业合并成一个企业能够有效地避免因沉没成本造成的损失,也节约了交易费用。

(2) 横向一体化(水平一体化)。它是指为了增强企业实力、降低成本(包括交易费用)、提高企业竞争优势而与同行业企业进行联合的一体化方式。横向一体化是揭示企业的横向边界问题,它是企业沿着与自己当前业务有竞争活动方向扩展自己的边界,企业服务的产品市场的规模有多大,它的边界就有多大。采用横向一体化的原因是:①可以化解企业间的竞争带来的损失;②可以减少甚至消除企业间因矛盾和冲突产生的巨大交易费用;③可以减少甚至消除一些企业的机会主义(假冒伪劣、虚假广告、以次充好等);④可以减少乃至消除一些竞争不力企业因资产专用性而失去的沉没成本。

总之,威廉姆森的企业纵向和横向同时一体化是揭示企业的整体边界问题:①他的企业边界理论深化了人们对企业规模不断扩大的新认识;②他的企业边界理论克服了科斯企业边界理论缺乏操作性的不足;③他的企业边界理论具有广泛的应用价值。

6. 交易技术结构与经济组织匹配

威廉姆森的交易技术结构是指交易频率与资产专用性。他认为,如果某种交易技术结构与特定的经济组织形式相匹配,其交易费用最低,资源配置的运行效率也最高。对此,威廉姆森提出了以下四种类型的匹配模式。

(1) 对资产专用性很弱(接近和等于通用性资产)或交易频率低的交易,适合于采取市场机制交易。市场适应利益最大化行为动机要求,具有很强的激励功能,市场能在交易者偏好和能力多样性以及有限理性的条件下,按照价格信号而有效地配置资源。市场交易的弱点是随机变化、容易受到机会主义者行为的损害。但是,在资产专用性很弱或交易频率较低时,其交易中断并被新交易替代的成本通常很低,因此,在充分利用市场优点的同时,又能较少地受机会主义行为的损害。

(2) 对具有中等程度资产专用性或中等程度交易频率的交易,适合采取纵向的中间经济组织交易。例如通过形成长期的订货、供货契约,或当供方必须进行专用性资产投资时,供需交易伙伴形成相互的产权关系。资产专用性的提高,使市场中的机会主义行为产生了较高的交易费用而不再适宜。另外,交易重复率不高时,企业内的管理成本还比较高,同样还不适宜。在市场失效同时存在时,中间体经济组织是发挥作用的合适场所。

(3) 对具有高强度资产专用性,或频率很高的交易,适合于由经济组织一体化的内部交易(组成一个企业,实行内部交易)。如前所述。

(4) 对具有高度专用性资产,但纳入企业体制后明显出现规模不经济的交易,适合于采用政府组织交易。这类交易具有一方独占的特征,一般是由一个卖者向许多买者提供产品,由于该产品都具有高度专用性,寻找替代交易伙伴或者不可能,或者要求承担过高的成本。例如,城市供水、电力、煤气供应、公交公司以及处于自然垄断地位的矿山开采公司与其用户之间的交易等。如果采取市场机制,买者被卖者要挟而遭受损害的概率较高;然而,对任何一个买者而言,把交易纳入企业内部则是规模不经济的。在这种情况下,这类卖方企业由政府直接经营或由政府给予控制就是合理的。政府从社会利益出发,与买者签订价格合理、保障供应的契约。在保持规模经济的同时,又使买者免受机会主义行为的损害。

(三) 阿尔奇安和德姆塞茨的团队生产理论

阿尔奇安和德姆塞茨将重点从使用市场的交易费用转移到解释企业内部结构的激励问题(监督成本)上。1972年,阿尔奇安和德姆塞茨发表了《生产、信息费用与经济组织》一文,从企业内部结构的激励角度提出了团队生产理论。

1. 团队生产的概念及特征

团队生产是由各种生产要素所有者按照分工合作和专业化的原则组织起来,使合作生产的总产出大于各成员分别产出之和的生产活动。团队生产是一种合作性的生产活动,具有以下特征:①按照分工合作和专业化进行合作生产,生产使用的所有资源不属于一个人;②多项投入在一起合作生产得出的产出要大于各项投入在分别生产时的产出之和;③团队生产的产出是整个团队总产出,因此,在生产中无法准确地分解和测度每个队员的边际产品贡献;④在团队中,具有机会主义倾向的队员在生产中可能出现偷懒行为,从而降低生产效率。

2. 阿尔奇安和德姆塞茨团队生产的理论观点

(1) 采用团队生产的意义在于合作生产的产出大于各项投入分别生产的产出之和。团队生产可以利用专业化分工的优势、规模经济、集体智慧等好处,使合作生产的效率高于分散生产的效率。阿尔奇安和德姆塞茨在团队生产理论中指出,当团队产出超过各要素独立产出的产出之和,并足以抵补组织和约束团队成员的成本时,那么团队合作生产就变得十分有效,就会使用团队生产。

(2) 团队成员中可能存在偷懒行为。由于团队生产中参与合作的成员的边际产品贡献无法直接、分别、准确地观察和测度,团队成员中可能存在偷懒行为。团队成员因能将偷懒的成本转嫁给别人,结果使团队生产率受到损害。如果这些偷懒和欺骗能被监测到,那么它们就可能不会出现,因此,需要找到能使测度费用和观察费用尽可能低的组织方式。

(3) 测度团队中每个队员的边际产品贡献非常重要(费方域,1995)。这种测度的重要性在于,能促进所有投入要素所有者的合作,发挥各自在专业化分工与协作中的比较优势,减少甚至避免团队成员的偷懒行为,从而提高整个组织的生产率。如果测度正确,报酬的支付与其生产率相一致,就能提高组织的生产率;如果测度不准确,随机进行支付,并不考虑生产者的贡献,那么这个组织就没有提供努力生产的激励;如果报酬与生产率负相关,那么这个组织就具有破坏性。

(4) 减少偷懒人的方式是设立监控者和形成团队精神。①监控者通过对生产率加强计量和监督,使投入每个人的报酬与其边际生产率相匹配,从而有效地减少偷懒行为。这样的监控费用同市场相比是比较低的(监控费用也是交易费用)。这里还有一个问题需要解决,那就是由谁来监督监控者。阿尔奇安和德姆塞茨认为,解决的办法是将剩余索取权赋予监控者,监控者为获得剩余而使其偷懒行为减少。由于多种原因,特别是由于内部监控费用低于其他(市场)监测费用,因此就产生了由监控者充当中心代理人的契约安排形式。②他们还阐明了以合作性生产为基础形成的团队精神与忠诚度的重要性。这才是企业家实行团队生产,达到高于队员单独生产的产出的优势而诞生的根本保证,从而由生产的制度结构层面科学地揭示出了团队意识、团队文化,以及企业共同价值赖以生成的内在机制。

(5) 团队形式与减少偷懒行为。[①] 不同类型的组织,其组织内部肯定有不同的监督成本,从而对减少偷懒行为的监督力度各不相同。阿尔奇安和德姆塞茨从以下几种类型探讨了企业可以根据自己的需要,选择适合于企业的减少偷懒行为的方式:①利润分享型企业和合伙制团队。在利润分享型企业,企业的剩余索取利润在团队成员间平摊共享,此时偷懒动机与团队的最优规模正相关,利润分享适合小规模的团队(两个人的团队与10个人的团队相比,两个人的团队偷懒的情况肯定较少),特别适合于艺术性或专长性投入的合伙制团队。②自我监督式的合伙企业,在个人行为上给予相对大的自由支配权,没有雇主和雇员的合同安排,依靠有效的相互监督机制和彼此相互依赖的信任机制减少责任推卸和偷懒行为。③社会主义企业和合伙制。南斯拉夫式的社会主义企业每个员工都有剩余索取权,对剩余的普遍分享导致监控者增加的偷懒所引起的损失超过职工分享的剩余,所以需要补充管理技术(如授予工人委员会建议终止管理者契约人的权利)来减少偷懒现象。④公司企业。在公司企业,大量占有公司小额股份的小股东若都参与公司决策,不仅行政成本过高,也难以明确责任。因此,管理者的偷懒动机增加(由偷懒造成错误决策导致的损失主要由其他股东承担)。此时,合理的制度安排是:a.股东承担有限责任;b.确定公司股东负责管理公司成员调度和制定公司决策;c.对公司管理层偷懒行为的约束依赖企业外部经理人员的竞争,而企业内部的监督来自股东集团的投票。⑤互助和非营利组织。在非营利公司、学校、互助储蓄银行和互助保险公司中,提高企业绩效并不能使其资本化为股东利润,因此,高层管理者根本毫无激励来减少偷懒行为。对于这类组织主要依靠团队精神和加强团队忠诚度,使团队朝着共同奋斗目标努力,而实现无人偷懒的境界,那么此时团队效率也明显改善。这种团队精神促进了雇员潜在的生产与闲暇的替代率更加接近,并能使每个队员实现一个更好的境况。

---

① 费方域.团队生产、监控和激励[J]. 外国经济与管理,1995(7):38-39.

(四) 张五常的企业契约理论

科斯的企业理论观点之一是企业对市场的替代可以节约交易费用,张五常则从契约的角度出发,把这种替代看作一个契约对一系列契约的替代。张五常在"企业的契约性质"(1983)一文中认为,要素所有者之所以会选择企业这种契约安排,主要是基于以下三个理由。

1. 企业可以减少缔结契约数量

在市场上企业进行交易,需要与众多企业签订一系列的契约,使交易费用增多。而在企业中,一个生产要素所有者不必同与他合作的其他生产要素所有者签订一系列契约,从而节省交易费用,因此,企业替代市场,就是一份契约取代一系列的契约,能够节约交易费用。

2. 企业可以减少熟悉一种产品的交易费用

(1) 整产品比零部件生产能够节约交易费用。由于许多产品是由多种零部件构成的(如飞机有几十万个零部件),人们分别了解各个零部件性能需要花费很大的信息费用,而在市场上分别就这些零部件进行谈判的成本显然要高于就一个完整成品进行谈判的成本。而把这些零部件组成一个整产品签订一个契约与多种零部件交易签订一系列契约相比,整产品签订一份契约就能完成交易且交易费用很低。所以把生产多种零部件的企业组成一个企业,能够节约交易费用。

(2) 整产品比零部件销售能够节约交易费用。一般来说,消费者对零部件的质量和功能知之甚少,而需要更多地了解半成品的质量和性能,也要花费较多的信息费用,企业以整产品供给消费者,就使消费者可以少花一些信息费用去了解产品的各个部件的信息。企业用整产品销售的一次契约代替了零部件销售一系列契约,从而节约了交易费用。

3. 企业可以减少考核的费用

在市场上存在着对要素所有者表现的考核困难,必须采取某些替代的考核方式,企业可以用代理人考核来避免对各种投入活动的直接考核。这里的代理人是指一种契约方式,可以按工作小时数或者计件数来考核。例如可以用桌子与椅子数来考核一个木匠的绩效,而不必按木匠的每一锯、每一刨的动作来考核他的投入。另外,企业契约还可以减少计酬的费用。

二、公司治理理论

企业分为公司企业与非公司企业(如个人独资企业、合伙企业、个体工商户),公司企业又称股份制企业,它与非公司企业的主要区别是是否所有权与经营权相对分离和利用发行股票筹集企业所需资金。公司企业存在所有权与经营权相对分离并利用发行股票筹集企业所需资金;非公司企业所有权与经营权相对统一,并且不能利用发行股票筹集企业所需资金。公司企业治理又称为法人治理结构,它是当代企业制度中最重要的组织架构。狭义上,公司治理主要是指公司的股东、董事及经理层之间的关系。广义上,公司治理还包括公司与利益相关者(如员工、客户、供应商、债权人、社会公众)之间的关系,以及有关法律、法规等。

（一）公司治理的理论基础[①]

自1932年美国学者贝利和米恩斯提出公司治理结构的概念以来，众多学者从不同角度对公司治理理论基础进行了研究，其中具有代表性的是超产权理论、两权分离理论、委托—代理理论与利益相关者理论，它们构成了公司治理结构的理论基础。

1. 超产权理论

（1）产权理论的不足。超产权理论不满意产权理论提出的通过产权改变，完善企业治理机制，引入利润激励机制，从而不断提高企业的效益的观点。超产权理论认为，产权理论存在以下不足：①产权理论夸大了产权明晰在提高企业绩效中的作用，他们的研究表明，企业绩效主要与市场竞争程度有关，并不主要是由产权明晰提高了企业绩效；②产权理论用剩余索取权理论来说明经营者的努力投入程度与效益改善的关系是不完善的，它没有涉及对经营者精神上的激励；③随着社会化的发展，企业产权归属将出现多元化、公众化、证券化、混合化和虚拟化的趋势，企业产权归属不是变得更为明晰，而是变得更为含糊。

（2）超产权理论的内容。针对产权理论的不足，澳大利亚经济学家泰腾郎（Tittenbrun,1996）、英国经济学家马丁和帕克（Martin & Parker,1997）等学者以竞争理论为基础提出超产权理论。超产权理论认为企业绩效主要与市场竞争程度有关。超产权理论有两项基本内容：①企业治理理论。企业治理主要包括信息不对称下的合同激励机制理论、信息不对称下的经理聘选理论、监督机构和产权结构等。②竞争理论。竞争理论主要有四个方面：a.竞争激励论。它是除了利润激励之外的隐含激励，就是由竞争诱导的激励。其动力分别为信息比较动力、生存动力和信誉动力。b.竞争激发论。企业之间利益的对抗性、信息的非对称性及潜在违约性（短期内的违约利益可能超过长期的践约合作利益），这三个要素激发了竞争。c.竞争发展论。市场竞争程度越高，市场份额的变化与绩效的相关程度就越高，这种环境下最利于锤炼企业的发展力，真正优质的企业由此脱颖而出。d.竞争信息完善论。通过竞争促使信息产生，以便于企业所有者或经理作出更准确的判断。

2. 两权分离理论

两权分离是指公司所有权与控制权分离。该理论的代表人物有贝利和米恩斯（1932）及钱德勒（Chandler,1918—2007）等。贝利和米恩斯对美国200家大公司进行了分析，发现在这些大公司中相当比例的是由并未握有公司股权的高级管理人员控制的。由此得出的结论是，现代公司已经发生了所有权与经营权的分离，公司实际已由职业经理组成的控制者集团所控制。钱德勒认为，股权分散的加剧和管理的专业化，使得拥有专门管理知识并垄断了专门经营信息的经理实际上掌握了对企业的控制权，导致了所有权与经营权的分离。

3. 委托—代理理论

委托—代理理论把企业看作委托人和代理人之间围绕着风险分配所做的一种契约安排。该理论在"两权分离"的公司制度下，把委托人（所有者）与代理人（经营者）双方关系

---

① 这一部分的理论不完全是新制度经济学派的理论。

的特点归结为经济利益不完全一致、承担的风险大小不对等、公司经营状况和资金运用的信息不对称。公司股东是公司的所有者,即委托—代理理论中所指的委托人,经营者是代理人。代理人是自利的"经济人",具有不同于公司所有者的利益诉求,具有机会主义的行为倾向。所以,公司治理结构的中心问题就是解决代理风险问题,即如何使代理人忠实履行经营业务,也就是如何建立起有效的激励约束机制,督促经营者为所有者(股东)利益最大化服务。

4. 利益相关者理论

1963年,斯坦福研究所最先提出"利益相关者"的概念,之后发展成为利益相关者理论。该理论认为,公司是各种生产要素的所有者为了各自的目的联合起来而组成的一种具有法人资格的契约联合体。因此公司不能局限于股东利润最大化,应同时考虑其他利益相关者,包括员工、债权人、供应商、用户、所在社区及经营者的利益,企业各种利益相关者利益的共同最大化才是现代公司的经营目标,也才能充分体现公司作为一个经济组织存在的价值。因此,有效的公司治理结构应当能够向这些利益相关者提供与其利益关联程度相匹配的权利、责任和义务。

(二) 公司治理的选择

按照威廉姆森(2002、2003)等人对契约关系有效治理结构的理论,主要有契约的市场治理、契约的双方治理、契约的三方治理、契约的统一治理四种选择。

1. 契约的市场治理

契约的市场治理又称依约治理结构和完全契约,主要适用于计划性交易。由于是在非资产专用性的条件下,因此对于偶然性或经常性的交易可采用契约的市场治理结构。交易双方可在信息对称的条件下,签订条款经仔细斟酌敲定、强调法律原则、正式文件以及自我清算的契约,以保护当事人免受对方机会主义之害。契约条款已规定了交易的实质性内容,并且也符合法律原则,因此这类契约无疑会使依法履约人从中受益。威廉姆森认为,当相同频率的交易或相同交易种类被合作者所熟悉时,协商调解的决策就会变得更加容易。无疑,这是交易费用较低的治理结构。

2. 契约的双方治理

契约的双方治理又被称为关系法契约治理结构,这种关系法契约适合持久的、复杂的、具有适应性的交易,实际上就是事后适应性在契约关系治理中的运用。通常市场交易双方对于消费品和中间产品所获得的利益是不一致的。对于消费品而言,产品质量和数量不能适应消费需求和市场定价需求时,一般采取质量与数量调整的做法,而这种调整更具有兼容激励的作用。如果交易双方都有维持合作关系的愿望,那么通过明确方式表明他们的意见,就能按照双方都能信赖的条款作出调整。而对于中间产品,可以采用两类专用契约治理结构:①双方结构,其中双方都自主行事;②统一结构,即不是在市场上进行交易,而是在组织或企业内部进行交易。很显然,这种治理结构的关键在于交易双方的相互适应性,适应性已成为经济组织降低交易费用的核心问题(威廉姆森,2003)。

3. 契约的三方治理

契约的三方治理又称调解治理结构,主要适用于可信性交易和竞争性交易。鉴于双方专用资产交易的成本太高,显然需要有一种中介性的制度形式才能建立相应的治理结构。采用三方治理不是将遇到的问题提交法庭来裁决,而是借助第三方的帮助(仲裁)来解决纠纷,并对双方行为作出评价。采用仲裁的优越性在于:①具有商业性,解决纠纷的效率较高;②具有专业性,许多专家学者被聘请参加仲裁,降低了由法庭来裁决的交易费用;③具有非公开性,避免交易者的商业秘密被泄露。广泛采取仲裁这种专业性的补救措施,是为了达到持久合作的目的。

4. 契约的统一治理

这种结构指的是对专用性资产契约的治理结构。契约统一治理结构的选择,完全取决于适应资产专用性交易的形式,在这种情况下,采取纵向一体化的契约形式的优点在于强调适应性。即这种契约能适应一系列连续的变化,只要双方的所有权统一起来,就能保证双方都得到最大的利益。因此在纵向一体化的契约治理结构中,价格调整的措施会更加完善,而且,如果交易者内部制定有各种激励机制,那么无论怎样调整产量,都能使交易双方得到最大的利益。如果交易者内部的专业人员稳定不变,加之价格和产量都可以随时进行调整,就会产生性质极为特殊的交易。这样,随着资产专用性的程度不断加强,市场签约就让位于双边约定,而后者随之又被统一的契约治理结构所取代,这种治理结构通常被广泛应用于资产专业性较强的交易中。

(三) 大公司委托—代理理论[①]

在大公司中,委托人可能需要支付巨大的代理成本,它主要包括三个部分:①委托人的监督费用;②代理人的保证费用;③剩余损失,即委托人监督不了、代理人又不能自律的情况下委托人承受的损失。当代理费用相当高,以致抵消了大公司的好处时,现代大公司就不能有效存在。然而在现实中大量大公司的存在证明,这些大公司是解决了代理问题而生存的。

1. 效率与报酬平等交换论

效率与报酬平等交换论也称效率报酬论,它是指委托人运用高的薪资交换代理人工作的高效率。它是在20世纪80年代发展起来的一种理论。该理论的基本假设是:①在没有激励的条件下,代理人是懒散的。②委托人对代理人偷懒行为的监管是需要成本的,而且在信息不完全情况下监督是不容易的事。③代理人的工作效率取决于报酬率。这样要使代理人主动地在岗位上付出努力,必须支付较高的代理成本。

接着是要分析当代理人高薪资提高成本时,企业怎样实现较高的利润呢?对该问题有两种解释:①成本转换论。企业可把监督成本(低薪资下必须支付的成本)转移为代理人的薪资。②礼物交换论。阿克罗夫(Akerlof)等人的"礼物交换"模型说明这一点,企业提供高于市场出清水平的那部分报酬等于向代理人赠送的一份"礼物",代理人超出工作标准部分的劳动也是赠送给企业的一份"礼物",两种礼物交换,企业支付的代理成本等于没有增加,所以效率报酬并不影响企业利润的扩大。用于激励的报酬分为内在报酬和外在报酬,除了上面所说的外在报酬外,公司还可以采用内在报酬对代理人进行激励,它包括具有挑战性或令人愉快的工作、声望提升、责任和自尊等。

2. 企业家市场竞争论

企业家市场竞争论有以下三种代表性理论。

[①] 为了理论全面性,借用其他学派学者的理论观点。

(1) 管理者市场竞争理论。尤金·菲莫在《代理问题与企业理论》(1980)一文中指出,由于存在管理者市场和股票市场,管理者的行为受到了约束,代理费用得以降低。管理者市场又分内部市场和外部市场:内部市场是指企业内部管理者之间的竞争,对奖励和升迁的追求,使管理者能够表现得更为出色;外部市场则是指企业之间的管理者之间的竞争。无论是内部市场还是外部市场,都是通过对管理者的"声誉"的评价而发挥作用的。代理人过分损害所有者的利益,就会同时贬低自己的"声誉"这个无形资本的价值。股票市场的存在,使得股东可以用脚投票的方式避免代理人滥用职权带来的损失,同时引起的股票价格的跌落,又能间接地评价出代理人的绩效。1976年,詹森和马克林在《企业理论:代理人行为、代理费用与产权结构》一文中证明,企业股票的市场价值,可以反映代理费用的多寡,从而股票市场是约束代理人行为的一种有效的制度安排。

(2) "锦标赛"理论。1981年,美国芝加哥大学的罗森(Rosen)和斯坦福大学的拉齐尔(Lazear)两个教授提出了"锦标赛"理论,该理论认为,代理人的收入与其在公司中的位置有关,即职务越高者,收入也越高。而高级代理人是通过长期市场竞争和层层筛选才担当此任的,其实质如同体育比赛中通过竞争来选拔和淘汰运动员以调动积极性一样,所以称为"锦标赛"。这一理论强调了竞争优胜者的收入优势和代理人收入级差问题。

(3) 美国著名经济学家卢卡斯提出的企业家"明星效应"理论。卢卡斯认为,优秀企业家(代理人)是在长期市场竞争中形成的,是一种非常稀缺的人力资源,能像体育、影视和音乐明星一样产生明星高收入效应。

第四节 产权理论

一、产权概述

产权即财产权利,它既包括物质形态的产权,也包括知识形态的产权;既包括有形的资产产权,也包括无形资产产权(诸如企业信誉或产品知名度等)。关于财产权利的内涵,经济学家们通常认为,它是由三项子内容构成的:①法律意义的所有权或处置权;②财产的管理经营权或使用权;③通过占有或使用财产而拥有收益权和不受损权。

经济学家们定义的产权,实际上是指与公共产品相对的私人产品权。它具有下述三种特性:排他性、可分性和稀缺性。在众多的研究文献中,较为普遍的是将所有权关系的排他性归结为三种类型:国有产权、集体产权和私人产权。西方学者的产权划分见表11-5。

表11-5 西方学者的产权划分

划分的依据	产权的类型	产权包括的项目
内容	人、物、财、知识	人权、物质产权、金融产权、知识产权
表现形式	有形产权与无形产权	有形产权包括物质产权、金融产权;无形产权主要是知识产权
所有制	公有产权与私有产权	国有产权、集体产权和私人产权

(一) 产权的含义

对于什么是产权,一些学者有不同的解说,主要有以下几种释义。

(1) 产权是人们对资产或知识所有权或处置权、管理经营权、收益权和不受损权的综合体现。

(2) 产权是在一系列可选择的排他性行为中作出选择的权利。如果地主拥有一块土地的产权,就意味着地主可以决定这块土地是用来种植玉米或者用来放牧等。地主对土地的使用是排他性的,如在未经允许下别人不能在它上面建筑楼房。

(3) 产权是人们对资产附带有约束条件的权力。把产权理解为必定附带约束条件的有:拥有土地但不能用来种大麻,拥有手枪但不能打劫银行,拥有汽车但不能违反交通规则;此外,当航空公司的航线恰好穿越地主的土地上空时,地主是没有权力禁止飞机飞越其土地上空的。

(4) 产权是一种通过社会强制而实现的对某种物品多种用途起决定选择的权力(阿尔奇安)。这个产权定义强调了两点:①产权要通过社会强制才能实现;②产权是对某种物品多种用途选择的权力。通俗地讲,产权是法律赋予人们对某种财产拥有并可以实施的权力。

(二) 新制度经济学派的产权与马克思产权的区别

马克思虽没有系统地提出产权理论,但他的生产资料所有制理论实际上便是他的产权理论。新制度经济学派的产权与马克思的产权主要存在以下四点区别。

(1) 在财产内容上,新制度经济学派的财产所包括的内容比马克思生产资料所有制宽广得多。新制度经济学派的财产内容既包括生产资料、流通资料,也包括分配资料、消费资料;既包括有形财产,也包括无形财产(如知识产权等);既包括实物财产,也包括价值财产(或货币财产)。马克思的产权概念主要限于实物的生产资料。

(2) 在权力内容上,马克思的财产权力主要限于对生产资料的所有权、占有权、支配权、使用权这四种权利;而新制度经济学派的权利除了这四种权利外还包括上述各种财产的受益权和不受损权。

(3) 在权利因素上,马克思认为生产资料所有权是最重要的权利因素;而在新制度经济学派产权中各种权利因素并重,有时甚至否定归属权的决定意义(如经理革命后的一些大公司经营管理权比所有权重要等)。

(4) 在强调的重点上,马克思主要是强调公有制的重要,他揭露了资本主义私有制是造成剥削、经济危机的根源,说明私有制必然被公有制所代替。而新制度经济学派则强调私有产权的重要,私有产权因产权明晰而产生高效率。

根据何维达和杨仕辉(1998)归纳,产权理论的主要观点可概括为:①经济学的核心问题不是商品买卖,而是权利买卖,人们购买商品是要享有支配和享受它的权利。②资源配置的外部效应是由于人们交往关系中所产生的权利和义务不对称,或权利无法严格界定而产生的,市场运行的失败是由产权界定不明晰所导致的。③产权制度是经济运行的根本基础,有什么样的产权制度,就会有什么样的组织、技术和效率。④严格定义或界定的私有产权并不排斥团队生产,反而更有利于合作和组织。⑤在私有产权可以自由交易的制度下,中央计划也是可行的,只要计划是有效的,就可以使自由交易双方得利。

二、外部性问题与科斯定理

理解科斯定理要注意三点:①科斯定理的出发点是为了解决外部性问题;②科斯纠正了庇古在解决外部性问题方面的片面性;③科斯提出了解决外部性问题的相互性,即自愿协商、市场机制调节和明晰产权。

(一)外部性问题与科斯定理研究的起因

1. 外部性的讨论

(1)外部性的概念。外部性也称外部成本、外部效应。有些学者认为当一个或一些人没有全部承担他的行动引起的成本或收益时,就存在着外部性。

(2)外部性分类:①正外部性(外部经济性)受益者不用付出成本(如植物园旁的住房等);②负外部性(外部不经济性)受损者无法得到补偿(如空气污染);③生产的正外部性(如养蜂场与果园的外部性);④消费的正外部性(如摆花)与消费的负外部性(如吸烟)。

(3)外部性理论发展进程中的三块里程碑。第一块里程碑是马歇尔(1890)的"外部经济"理论。他把经济分为内部经济和外部经济,马歇尔虽然并没有提出外部不经济概念,但从他对外部经济的论述中可以从逻辑上推出外部不经济概念及其含义。外部不经济是指由于企业外部的各种因素所导致的生产费用增加的现象。第二块里程碑是庇古的"庇古税"。庇古(1920)在马歇尔外部经济基础上扩充了外部不经济的概念和内容,他将外部性问题的研究从外部因素对企业的影响效果转向企业或居民对其他企业或居民的影响效果,并提出了"庇古税"。第三块里程碑是科斯的"科斯定理"。

2. 解决外部性的方案与庇古、科斯解决外部性问题的异同点

(1)解决外部性的方案。①"庇古税"方案。亚瑟·赛斯尔·庇古(Arthur Cecil Pigou,1877—1959)通过分析边际私人净产值与边际社会净产值的背离来阐释外部性。他认为,在边际私人收益与边际社会收益、边际私人成本与边际社会成本相背离的情况下,依靠自由竞争是不可能达到社会福利最大的。于是就应该由政府采取适当的经济政策,消除这种背离。政府应采取的经济政策是:对边际私人成本小于边际社会成本的部门实施征税;对边际私人收益小于边际社会收益的部门实行奖励或补贴。庇古认为,通过这种征税和补贴,就可以实现外部效应的内部化。这种政策建议后来被称为"庇古税"。"庇古税"方案的局限性是:a.政府干预本身也是要花费成本的,如果政府干预的成本支出大于外部性所造成的损失,从经济效率角度看消除外部性就是不值得了;b.政府不可能拥有与决定帕累托最优资源配置相关的所有信息,难以制定出最优的税率和补贴标准;c.它具有损害性,对边际私人成本小于边际社会成本的部门实施征税,损害了这些部门的利益,不符合经济效率最大化的要求。②科斯方案。科斯方案是用明晰产权、市场机制、自愿协商解决外部性问题,因此具有互惠性。

(2)庇古、科斯解决外部性问题的异同点。①庇古、科斯解决外部性问题的共同点:

a. 解决问题相同,都是外部性问题;b. 实现的目的相同,都试图解决外部性问题,以实现资源最优配置;c. 案例分析方法相同,都是边际分析方法。②庇古、科斯解决外部性问题的区别点：a. 分析外部性领域不同。庇古研究外部性是在分配领域,而科斯分析的是在生产领域中的人与人关系。b. 实现的公平与效率目标不同。庇古解决外部性的目标是要实现收入的公平分配,而科斯解决外部性的目标是要实现社会总效率的提高。c. 分析外部性的理论方法不同。庇古使用的是社会成本与收益比较分析方法,而科斯利用的是制度分析方法。d. 解决外部性采用的方式不同。解决外部性的途径有市场、企业和政府管制三条,庇古认为,外部性的存在意味着市场失灵和企业无能为力,要由政府通过征税、补贴等手段加以解决;而科斯则认为外部性可以通过市场交易(自愿协商)减少外部性。e. 解决外部性问题的方案特点不同。庇古方案具有政府干预性、强制性、损害性、片面性的特点;科斯方案具有自愿协商性、市场机制调节性、互惠性、全面性的特点。

3. 科斯定理研究的起因与科斯对"科斯定理"的阐述

1960年,美国芝加哥大学《法律与经济学报》的主编戴维德教授,为了欢迎科斯教授的到访,邀请弗里德曼和施蒂格勒等同事到他家共进晚餐,饭后,科斯与他们进行了外部性问题的争论。在激烈的争辩中,弗里德曼与科斯一起将他的同事们批得哑口无言。他就此写成论文《社会成本问题》,发表在1960年的《法律与经济学报》上。科斯本人对"科斯定理"有如下四种阐述。

(1) 在"联邦通讯委员会"(1959)中："权利的界定是市场交易的基本前提……最终结果是产值最大化,这与法律判决无关。"

(2) "社会成本问题"中："如果定价制度的运行毫无成本,最终的结果(产值最大化)是不受法律状况影响的。"

(3) 在"社会成本问题的注释"(1988)中："在零交易费用条件下,产值将最大化。"

(4) 在斯德哥尔摩"新制度经济学年会"上："在一个私有的自由经济中,资源将被运用到其产品具有最大价值的地方。"

(二)科斯定理

1. 科斯定理的内容与要意

科斯定理其实是一个定理组,包含三个定理：①如果存在可操作的私有产权,且交易费用为零,则无论产权如何分配,最终的资源配置都是最优的,即市场机制会自动达到"帕累托最优";②在交易费用为正数的情况下,不同的权利配置界定会带来不同的资源配置效率;③因为交易费用的存在,不同的权利界定和分配,则会带来不同效率的资源配置,所以产权制度的设置是优化资源配置的基础。

科斯定理的要义是：①产权是重要的,外部性问题不是市场制度失败,也不是没有政府管制或征收庇古税,而在于没有建立有效的产权制度;②资源的市场配置优于政府配置,当然如果市场运行成本大大超过行政机构运行成本,人们就可能会默认行政造成的配置失误;③制度要明晰界定产权;④产权明晰(第一次配置)加上市场机制(第二次配置)通常能够很好地解决由外部效应引起的冲突问题。

2. 科斯定理的例证

（1）定理一的例证。他以具有外部性的农夫与放牛人为例。

【例证一】 明晰产权，自愿协商就能解决外部性问题。科斯通过牛吃谷物的例子来说明这个问题。当放牛人损害农夫谷物时，一般情况下我们的思路往往会做出制止放牛人的行为或让放牛人作出赔偿，但是制止放牛人的行为会损害放牛人的利益。科斯认为最好的办法是考虑双方收益的最大化（边际成本等于边际收益，MC＝MR），对两种利益进行比较后作出决定。科斯强调，解决问题的方法并不是简单地禁止牛吃谷物。如果牛吃了谷物所增加的肉或奶的价值大于谷物损失的价值，从整个社会看，这是对资源更好的配置。

资源优化配置的条件是企业实现利润最大化，企业实现利润最大化的原则是边际成本等于边际收益，即 MC＝MR。科斯从自愿协商的角度，按权利界定的原则，探讨了放牛人究竟是否有权让牛群吃谷物问题。

第一种假定：放牛者购买了牛吃谷物的权利，同时赔偿农夫的损失，见表 11-6。

表 11-6　放牛者购买了牛吃谷物的权利

MC 与 MR 比较	购买牛吃谷物权利赔偿情况	利润变化情况	牛群变化情况
MR＞MC：牛吃谷物的增值大于牛吃谷物的赔偿	增加赔偿	利润增大	扩大牛群
MR＜MC：牛吃谷物的增值小于牛吃谷物的赔偿	减少赔偿	利润缩小	减少牛群
MR＝MC：牛吃谷物的增值等于牛吃谷物的赔偿	赔偿不再变化	利润最大化，社会总产值也达到了最大	稳定牛群

第二种假定：农夫购买了牛不吃谷物的权利，同时为了不让牛吃谷物，要赔偿放牛者的损失，见表 11-7。

表 11-7　农夫购买了牛不吃谷物的权利

MC 与 MR 比较	购买牛不吃谷物权利赔偿情况	利润变化情况	谷物产量变化情况
MR＞MC：牛不吃谷物的增值大于牛不吃谷物的赔偿	增加赔偿	利润增大	扩大产量
MR＜MC：牛不吃谷物的增值小于牛不吃谷物的赔偿	减少赔偿	利润缩小	减少产量
MR＝MC：牛不吃谷物的增值等于牛不吃谷物的赔偿	赔偿不再变化	利润最大化，社会总产值也达到了最大	稳定产量

通过上述两个相反的假定，得出了相同的结论，即如果农夫和放牛者之间的交易费用为零，无论在产权上规定放牛者应该赔偿还是无须赔偿农夫的损失，他们之间都会通过自愿交易实现资源的最优配置。

【例证二】 明晰产权，自愿协商解决外部性问题，以具有外部性的造纸厂与渔场为例。

造纸厂：①拥有污染权，不对污水进行处理，利润为 500；②不拥有污染权，建废水处理厂(成本为300),利润为500－300＝200;③不拥有污染权,安装过滤装置(成本为200),利润为500－200＝300;④不拥有污染权,赔偿渔场损失(赔偿400),利润为500－400＝100。

渔场:①拥有清洁水权,在清洁水下养鱼,利润为500;②不拥有清洁水权,渔场在污染情况下养鱼,利润为100;③不拥有清洁水权,自己建废水处理厂,利润为500－300＝200;④不拥有清洁水权,给造纸厂安装过滤装置,利润为500－200＝300。

在拥有污染权的情况下,渔场有三种选择:①既不建废水处理厂,也不要求造纸厂安装过滤设备,此时,渔场的利润为100,社会总利润＝100＋500＝600;②自己建立一个废水处理厂,此时,渔场的利润为200,社会总利润＝200＋500＝700;③协商让造纸厂安装过滤设备,并愿意支付250(设备安装费200及合作剩余50),此时,渔场的利润为500－250＝250,社会总利润为250＋550＝800。

在渔场拥有清洁水权的情况下,造纸厂有三种选择:①直接支付渔场的损失400,此时,造纸厂的利润为:500－400＝100;渔场的利润为:100＋400＝500,社会总利润＝100＋500＝600;②建废水处理厂的费用300,此时,造纸厂的利润为:500－300＝200;渔场的利润为500,社会总利润＝200＋500＝700;③安装过滤设备,此时,造纸厂的利润为:500－200＝300;渔场的利润为:500,社会总利润＝300＋500＝800。

在交易费用为零的情况下,造纸厂与渔场不同的产权分配的均衡结果见表11-8。

表11-8 造纸厂与渔场不同的产权分配的均衡结果

产 权 分 配	造纸厂有污染权	渔场有清洁水权
造纸厂的利润	550	300
渔场的利润	250	500
造纸厂和渔场的总利润	800	800

在交易费用为零的情况下,不同的产权分配的均衡结果是无论将污染权赋予造纸厂,还是将清洁水权配置给渔场,市场交易的结果都是:造纸厂安装过滤装置,全社会的总利润为800。换句话说,不管把污染权或者清洁水权界定给谁,结果都是一样的,资源可以达到最优配置。

(2)定理二的例证。具有外部性的制糖商与医院:假如制糖商停止生产,损失300,而搬迁到别的地方需100,或医生迁移医院只要200,如果交易费用大于100,交易双方就会望而却步。因为如果制糖商有权在此生产,那么医院要想让他搬迁,就得付100多,再加上100的交易费用,就超过了200,还不如医院自己走人。而如果医院有权在此行医,制糖商就会自己花100搬走。由此可见,当交易费用大于零时,不同的产权安排会有不同的资源配置效率。政府应该界定医院有权在此行医的产权制度,也就是说政府的职责是制定有效率的产权制度,不必直接干预经济,政府直接干预经济是低效率的。

(3)定理三。科斯指出,不同的制度安排,会带来不同的资源配置的结果。好的产权制度能够促进交易双方自愿协商且交易费用低,坏的产权制度阻碍交易双方自愿协商且交易费用高。这被诺斯教授概括为:"当存在交易费用时,制度是至关重要的。"第三定理主要包括四个方面内容:①如果不同产权制度下的交易费用相等,那么产权制度的选择就取决于制度本身成本的高低;②某一种产权制度如果非建不可,而对这种制度不同的设计和实施方式及方法有着不同的成本,则这种成本也应该考虑;③如果设计和实施某项制度所花费的成本比实施该制度所获得的收益还大,则这项制度没有必要建立;④即便现存的制度不合理,然而,如果建立一项新制度的成本无穷大,或新制度的建立所带来的收益小于其成本,则一项制度的变革是没有必要的。

3. 科斯产权理论的总结与斯密、凯恩斯在市场机制认识上的区别

(1) 科斯产权理论总结。科斯产权理论总结见表 11-9。

表 11-9 科斯产权理论总结

研究起点	外 部 性
解决方案	自愿协商→市场机制→明晰产权制度
实现目标	资源优化配置
特点	产权明晰→自愿协商性→市场机制调节性,具有互惠性、全面性

(2) 科斯与斯密、凯恩斯在市场机制认识上的区别是:①斯密没有认识到市场失灵的存在,把市场当作没有摩擦的永动机;②凯恩斯认识到市场失灵的存在,以政府干预弥补市场机制来维持经济增长;③科斯认识到并分析了市场机制,强调通过改进产权关系、降低交易费用来进一步完善市场机制。

4. 科斯产权经济理论的缺陷

(1) 科斯定理的缺陷是:①交易费用为零的假设不符合现实;②当越来越多的人将外部性问题内部化时,科斯所谓的资源交易与谈判成立的可能性越来越小;③科斯定理忽略了群体行为中的"免费搭车"现象;④忽略了人们进行交易与谈判的驱动力分析;⑤注重效率忽略了公平。

(2) 科斯产权分析的缺陷是:①主张只有私有制才是产权清晰和高效率的观点是值得商榷的;②主张只要产权明晰就会自动实现资源最优配置的观点过于简单化,没有考虑实现资源最优配置的其他因素(如竞争等)。

第五节 诺斯等人的新经济史学派

一、新经济史学派的研究特点与制度变迁的理论基石

(一) 新经济史学派的研究特点

新经济史学派代表人物是诺斯与福格尔,他们研究源于变革旧的经济史学研究方法和弥补市场经济理论的不足:①传统经济史的研究局限于史料的收集、整理和考证,多是历史材料的堆砌和罗列。新经济史学派则以制度变迁理论为主线创建了新制度经济史学体系。②新古典经济学派解释经济增长时只有市场理论没有制度分析。诺斯的制度分析是要弥补传统市场经济理论的不足,他把制度作为内生变量来研究经济发展。③传统经济史的研究方法是历史考证的单一方法。福格尔开创了一套崭新的融现代统计技术、计算机科学与经济学于一体的方法,构建了计量经济史学。1964 年福格尔的《铁路与美国

的经济增长：计量史文集》一书的出版标志着"历史计量学"或"新计量经济史学"的诞生。

新经济史学派的研究特点是强调理论分析和数据分析,利用理论解释事实,利用数据说明理论：①利用现代西方经济理论指导经济史研究。先给出假设再提出假说,最后用历史事实验证。②强调制度对经济增长的决定作用。③他们将计量经济学的方法应用在历史数据分析中。④与已有结论反其道而行之,进行非现实假设研究。

(二) 新经济史学派的制度变迁的理论基石

诺斯的制度变迁理论的基本思想是：制度是内生变量,它对经济发展的影响重大。在这一逻辑下,他们探讨了制度的基本功能、影响制度变迁的主要要素、经济行为主体作出不同制度安排选择的原因以及产权制度与国家职能、意识形态变迁的关系等问题。诺斯的制度变迁理论包括产权理论、国家理论、意识形态理论和路径依赖理论四大基石。

1. 产权理论

诺斯认为有效率的产权对经济增长起着十分重要的作用：①有效率的产权创造出有效率的市场,能够提高资源配置的效率；②有效率的产权可以推动技术进步,促进经济增长；③有效率的产权使经济系统具有激励机制,提高效率；④有效率的产权可以降低交易费用；⑤有效率的产权能使人们的预期收益得到保证；⑥有效率的产权使个人的投资收益充分接近于社会收益。所以,诺斯认为产权的界定、调整、变革、保护是十分重要的。

2. 国家理论

国家理论被诺斯称为"界定实施产权的国家理论",他把国家理论分为掠夺论、契约论和"暴力潜能"分配论三种。

(1) 掠夺论。掠夺论也称剥削论、暴力论,它是指国家是统治集团或阶级为实现其利益最大化,从被统治集团或阶级榨取收入或利益的工具。出现低效产权结构的原因在于掠夺性国家的存在。这种国家模型具有的特征是：①以权力集团的福利或效用最大化为目标；②制度设计以获取国家收入为主,既要求统治者的租金最大化,又要使国家税收最大化；③为使国家收入最大化,它将选民分为各个集团,并为每一个集团设计产权制度。

(2) 契约论。契约论认为,国家是在经济交易中使社会福利最大化的契约,契约限定着每个人相对他人的活动,因而它对经济增长来说是十分重要的,因为国家是公民达成契约的结果,它要为公民服务。

(3) "暴力潜能"分配论。诺斯指出,契约论假定主体间是在暴力潜能(在使用暴力方面具有潜在比较优势的组织)的平等分配,而掠夺论假定不平等的分配。这也就是说,若暴力潜能在公民之间进行平等的分配,便产生契约性的国家；若这样的分配是不平等的,便产生了掠夺性的国家(或暴力性国家),由此出现统治者和被统治者,即掠夺者(或剥削者)和被掠夺者(或被剥削者)。

诺斯认为,国家的存在是经济增长的关键,又可能是人为经济衰退的根源。对这一悖论的论证,诺斯是从国家与产权的关系上展开的。如果国家能够界定一套产权,提供一个经济地使用资源的框架,它就能促进全社会福利增加,推动经济增长,这就是国家契约论；如果国家界定一套产权,仅使权力集团的收益最大化,就不能实现整个社会经济的发展,而会造成人为的经济衰退,这就是国家掠夺论。

诺斯国家理论的本质是反马克思主义的。按照诺斯的分析,马克思主义的国家理论是一种掠夺论或剥削论。而这种模式的国家理论与高度的集权和低效率的产权存有必然的联系,它与多元政治的统治者和选民间存在冲突。而诺斯试图去寻求掠夺论与契约论两种理论的均衡模式,以取代马克思的暴力革命的学说,所以,我们说诺斯的理论是反马克思主义国家学说的。

3. 意识形态理论

意识形态根据诺斯的解释,是由互相关联的、包罗万象的世界观构成,包括道德和伦理法则等。市场机制得以有效运行的一个重要条件是人们能遵守一定的意识形态。西方传统的经济学理论一直忽视或排除意识形态在经济增长和制度变迁中的作用。诺斯指出,新古典经济理论不能解释两种行为:一是包括"搭便车"在内的机会主义行为;二是对非自我利益的计较并不构成动机因素的行为,即利他主义行为。诺斯认为只有意识形态理论才能说明如何克服"经济人"的机会主义行为,才能进一步解释制度的变迁。他指出,"制度变迁与稳定需要一个意识形态理论",意识形态是降低交易费用的一种制度安排。例如,在界定和执行产权的成本大于收益的情况下,不能用产权来解决机会主义问题,这时就要靠意识形态来约束人们的行为,如果集团的每个成员具有共同的意识形态,具有共同的利益,就容易组织起来实现集团的目标;如果存在分歧的意识形态,利益目标互不相同,且不了解对方的行为信息,在集体行动时,就会产生有人不承担任何代价而享受集体行动的利益的"搭便车"现象。如果对个人的最大化行为缺乏某种制约,产生了过高的遵从规则的成本,这将使政治或经济制度无法安排,那么就需要花费大量的投资去使人们相信这些制度的合法性。在这种情况下,政治或经济制度的安排需要和意识形态相结合。人们之所以能够不计较个人利益而采取服从社会规则的行为,这正是意识形态在起作用。

4. 路径依赖理论

诺斯将路径依赖解释为"过去对现在和未来的强大影响",他指出,"历史确实是起作用的,人们今天的各种决定、各种选择实际上受到历史因素的影响"。详见下面的路径依赖理论。

二、制度与经济发展

(一)制度与增长理论(经济发展)综述

1. 马克思经济增长理论中关于制度的论述

马克思的提法是生产关系,实质上就是制度,从马克思经济学理论可以看出,生产力总是在一定生产关系中组织和运行的。先进的生产关系会促进生产力的发展,落后的生产关系会阻碍生产力的发展。这对许多经济学家研究制度与经济增长和发展关系是一个极为重要的启示。

2. 西方经济增长理论主要流派的论述

(1)模型学派。模型学派认为,社会经济的增长或发展是促进经济增长的各种生产要素的组合、配置、叠加和质变的结果。他们建立各种经济增长模型,解释经济现象。最著名的有哈罗德、多马经济增长模型,新古典经济增长模型(索洛—斯旺模型)以及卡尔多、罗宾逊、帕西内蒂等人倡导的剑桥经济增长模型。这些经济增长模型都忽视了制度因素的作用。

（2）结构学派。他们认为,经济发展是一国经济结构的转换过程。主要有刘易斯等的"二元结构论"、纳克斯的"贫困循环论"、由"投资不可分性"而产生的罗丹的"大推进论"、钱纳里等人主张的"发展模式"理论、"两缺口理论",以及"平衡与不平衡增长"的理论等。在这一流派中,虽然已经隐含着制度的因素和背景,但是他们都没有把制度作为内生变量研究经济增长。

（3）阶段学派。罗斯托的六阶段论、贝尔的工业社会三阶段论、波特的经济发展的四阶段论等（见第十六章阶段学派与未来学派）,虽然制度背景的框架越来越明显,但是他们也没有把制度作为内生变量研究经济发展。

（4）新增长理论学派。其主要有罗默的"收益递增经济增长模式"、卢卡斯的"专业化人力资本积累增长模式"、鲍依德的"动态联合体资本增长模式"、阿温杨的"创新与有限度的边干边学模式"等。这些理论不仅将知识和人力资本因素引入经济增长模式,也是确认了制度对经济增长的重要影响,并总结出一套政策来促进经济发展。例如,支持教育发展、刺激人力资本的投资、保护知识产权、支持研究与开发工作,实行有利于新思想形成并在世界范围内传递的国际贸易政策,避免政府在市场上的大的扭曲等。所有这些都体现了制度的重要性。

（5）劳动分工演进学派。以杨小凯为代表的这一学派指出了新古典微观经济学将社会的产业结构或分工状态当作固定不变的因素,研究资源在其中的最优配置局限性,然后构建了分工演进模式来解释经济增长。他们的分工演进理论模式对我们有两点启示：①促进分工与交易以及知识的发展对经济增长和发展极为重要；②一国的制度创新,应当朝着促进分工、降低交易费用、提高交易效率方向发展。

由上可见,在西方制度与经济增长理论中,虽然学者们对制度与经济增长的研究越来越多,但是他们都没有把制度作为主线和内生变量专门地、系统地和全面地研究。

（二）诺斯的观点

1. 制度是经济发展根本的唯一的源泉

诺斯认为,制度是经济发展的最重要的内生因素,创新、规模经济、技术进步、资本积累和知识进展都不是经济发展的源泉,它们是经济发展本身。经济发展的源泉是唯一的制度创新。他在《西方世界的兴起》中,批驳了那种把近代欧洲经济高速增长的原因归结为是技术革命的结果的观点。他认为技术革命本身是经济发展,并不是原因,近代欧洲经济发展真正的决定性的原因是"私有财产神圣不可侵犯"和市场经济制度。这些社会制度的变革才是近代欧洲经济高速发展的最根本原因。这种经济发展之所以发生在欧洲的某些国家,而没有发生在其他国家,就是因为在那些国家始终没有能够建立起一整套有利于经济发展的私有财产制度和市场经济制度。

诺斯在1968年发表的《1600—1850年海洋运输生产率变化的原因》一文中,通过考察发现,1600—1850年,世界海洋运输业在技术上并没有发生重大变化,但海洋运输的生产率却有了很大的提高。他认为,这一变化主要是因为航运安全制度和市场制度发生了变化,从而降低了海洋运输成本、提高了生产率。他指出,在技术没有发生变化的情况下,通过制度创新或者变迁就能提高生产率,实现经济发展。

2. 经济发展的差别关键在于制度因素

1973年,诺斯与罗伯特·托马斯(Robert Thomas)在《西方世界的兴起:新经济史》中比较了两种不同制度的国家所形成的不同经济发展结果。

(1)竞争失败的法国和西班牙。西班牙与法国在政治上有着惊人的相似之处:①代议制度对所有权的放弃和王权的强大;②国内战乱不断,政治统一长时间没有完成;③地方割据严重,内部贸易障碍重重。这些使法国和西班牙经历了长期的经济停滞。

(2)经济快速发展的荷兰和英国。①诺斯认为荷兰成功的因素主要是:a.荷兰是人类第一次资产阶级革命取得成功的国家,荷兰的统治者倡导国际贸易,减少行会的排外和垄断,并防止地方行会将其限制性惯例强加于国家工业发展之上;b.实现了政治统一;c.政府发明并支持新制度以减少交易费用。②英国的成功在于制度创新。偏安孤岛的英国既缺乏法国的规模、西班牙的外部资源,也缺乏荷兰的有效制度。但是英国在借鉴荷兰的有效制度成功的基础上创造了一套更有效率的制度和组织,如专利法制定、中央银行建立、保险事业的开展以及股份公司兴起等,这样到19世纪初,英国取代荷兰成为世界上最有效率、发展最快的国家,成为"日不落帝国"和"世界工厂"(杨雪冬,1996)。

(3)诺斯以苏联1970—1980年占1%的私有农田产量占全国农业总产量的25%,而占99%的集体农场产量占全国农业总产量的75%,说明了不合理的产权制度对经济增长的阻碍性(诺斯在北京大学中国经济研究中心的讲演,2002)。

3. 经济发展的基本条件是建立有效率的经济制度

有效率的经济制度是指在制度上作出安排和确立所有权,使个人的经济努力的私人收益率接近社会收益率,从而提供最有效的激励机制的制度。诺斯认为,有效率的经济制度是经济发展的关键。许多经济学家在研究制度与经济发展的成果后表明:①发展中国家面临的经济发展问题必须从制度因素上去寻找根源;②制度创新是经济发展的动力源泉;③制度创新供给产生于经济的无效率增长、技术落后、市场无秩序等;④市场经济不发达的国家,根本问题是缺乏发展市场经济的制度背景。

三、制度变迁

制度变迁是指新制度(或新制度结构)产生、替代或改变旧制度的动态过程。作为替代过程,制度变迁是一种效率更高的制度替代原制度;作为转换过程,制度变迁是一种更有效率的制度的生产过程;作为交换过程,制度变迁是制度的交易过程。

(一)制度变迁的诱因

制度变迁的诱因主要有:①相对价格的变化(社会生产过程中的要素价格比率的变化、信息成本的变化以及生产技术的变化等)改变人们之间的激励结构(影响人们行为的利益关系)和谈判能力(讨价还价能力)的对比;②偏好的变化影响人们的理想、风尚、信念和意识形态等;③制度选择集合改变;④技术改变;⑤制度服务的需求改变及其他制度安排改变。

(二)制度变迁的条件

1. 制度变迁的收益大于其成本

存在制度变迁的诱因并不一定会导致制度的变迁。制度变迁理论是用制度均衡来解释的,所谓制度均衡,是在所有当事人的谈判能力给定的条件下,没有人能够通过改变现有制度而获得好处。在这种条件下,人们为改变制度所需付出的成本大于其预期所能获得的收益,因此没有人愿意去致力于制度的变迁。而只有当相对价格的变化使得人们致力于变革制度的预期收益大于成本时,制度均衡才会被打破,从而制度才会发生变迁。制度变迁只有在两种情况下发生:①制度变迁改变了潜在利润;②制度变迁成本降低与预期收益的增加使制度创新变得更为合算。制度变迁实现后在一定时限内会达到制度均衡状态,但是成本和收益的不断变动必然会带来制度的再创新。因此,从总体上看制度变迁是一个连续不断的过程。

2. 形成有效的组织且具有制度创新能力

制度均衡能否被打破,除了取决于制度变迁的预期收益外,还取决于这些制度变迁主体能否形成有效的组织。组织是否有效主要是看它是否具有制度创新能力。在制度变迁主体的制度创新能力的形成过程中,政治企业家是十分重要的。这种政治企业家与一般人的不同之处,就是他们能够更敏锐地觉察到制度变迁的收益所在,有能力发现最有效的、成本最低的变革制度的途径,并且拥有一种致力于制度变革的胆略和激情。

(三)制度变迁的类型

1. 诱致性制度变迁

诱致性制度变迁是指人们为争取获利机会自发倡导和组织实施对现行制度安排的变更或替代。诺斯和戴维斯认为,诱致性制度变迁的主体是个人(或个人组成的群体)、企业(或利益集团)和政府,他们的决策支配了制度安排创新的进程(戴维斯、诺斯,1971)。诱制性制度变迁的特点有:①制度变迁主体来自基层;②程序为自下而上;③具有边际革命和增量调整性质;④在制度变迁成本的分摊上向后推移;⑤在制度变迁的顺序上,先易后难、先试点后推广从外围向核心突破相结合。

2. 强制性制度变迁

强制性制度变迁是指由政府或政策引入并强制实行所引致的制度变迁。政府用强制手段推行一种新制度安排的预期边际收益要等于统治者的预期边际成本。强制性变迁的主体是政府、程序是自上而下、带有激进性质等特点。强制性变迁的优点是:①可以避免"搭便车"现象。由选民推动的制度变迁不可避免地会出现"搭便车"问题,从而削弱个人或团体的积极性。而由于国家对暴力的垄断和统治者在社会中所处的近乎垄断的地位,可以避免这一问题。②由国家推行的强制性变迁在一定条件下可以大大降低制度变迁的成本。

(四)制度变迁的步骤

制度变迁的一般过程可以分为以下五个步骤:①形成推动制度变迁的第一行动集

团,即对制度变迁起主要作用的集团;②提出有关制度变迁的主要方案;③根据制度变迁的原则对方案进行评估和选择;④形成推动制度变迁的第二行动集团,即起次要作用的集团;⑤两个集团共同努力去实现制度变迁。

(五) 国家与制度创新

从制度创新主体来看,诺斯把制度创新分为个人推动的创新、团体推动的创新和政府推动的创新三种。这三种创新在历史上并非截然分离,而是相互影响、互相转换的。而国家在制度创新中则扮演着举足轻重的角色。从诺斯的理论描述中,我们至少可以得出下面关于国家与制度创新关系的两大结论。

(1) 国家为个人和团体创新提供了外在制度环境的支持或约束。国家的作用体现为:①政府制度、法律规则等本身就是国家为个人和团体创新所提供的制度环境。任何个人和团体所推动的制度创新必须在这种环境中进行,必须符合国家设定的规则。②法律上或政治上的某些变化可能会影响整个制度环境,使得某些集团实现一种再分配或趁机利用现存的外部利润机会成为可能。③国家总是支持能够增加其收入的个人和团体创新。但是,国家在一些集团或阶级控制下常常出现短期行为,不能看到创新带来的潜在长远收益,所以国家也可能凭借对暴力的垄断权,扼杀或阻止制度创新。

(2) 国家推动的创新是制度创新的核心内容。诺斯在对比个人、团体和政府三种创新的利弊基础上,强调国家推动的制度创新是经济增长的基本动力。国家推动的创新有两个优点:①可以避免"搭便车"现象。由选民推动的制度创新不可避免地会出现"搭便车"问题,从而削弱个人或团体的积极性。而由于国家对暴力的垄断和统治者在社会中所处的近乎垄断的地位,可以避免这一问题。②国家推行的创新在一定条件下可以大大降低创新成本。有两个条件促成了这一结果:一是一旦一个政府性安排为人们接受,由于国家对一定区域的控制特征,可以大大降低推广的政治成本;二是已经建立的官僚组织,可以执行不同的制度创新,减少建立新组织的成本。

(六) 制度与效率

制度既包括有效率的制度,也包括无效率的制度。

1. 有效率的制度

按照诺斯的观点,有效率的制度至少应当有以下两个基本特征:①有效率的制度能够有效地保护和激励每个社会成员从事经济活动或能够最大限度地消除人们"搭便车"的可能性,从而使每个社会成员的生产投入的个人收益率尽可能地等于其社会收益率。②有效率的制度能给每个社会成员以最充分的自由,并使整个社会的生产潜力得到最充分的发挥。

2. 无效率的制度

而无效率的制度与有效率的制度则恰好相反:①它不能有效地保护和激励每个社会成员的生产性活动,而且还鼓励人们的"搭便车"等损人利己行为;②它也不能给予每个社会成员以最充分的自由,阻碍整个社会成员最大地发挥潜能。

四、无效率制度与路径依赖理论

在制度变迁中存在以下两个问题：①为什么会存在无效率的制度？②为什么有些无效率的制度会长期存在而无法改变？对此诺斯提出了一套路径依赖的理论回答这些问题。

（一）为什么会存在无效率的制度

（1）专制制度的存在。专制制度的特征是统治阶级的利益高于社会大多数人的利益。当两者的利益不相容时，后者的利益要服从前者的利益。于是，当一种制度，虽然从社会大多数人利益的角度看是无效率的，但它却非常符合统治阶级的利益，那么统治者就会想办法维护这种制度。相反，一种制度符合社会大多数人利益，但却违背统治阶级的利益就会取消或不建立这种制度。

（2）不完全信息和主观主义。制度是政治家来制定的，而要制定一个有效率的制度，需要大量的准确的信息，但政治家通常是根据不完全的信息和主观主义的思想观念来决策的。他们"根据不完全信息行事，并且他们常常通过想象来处理信息，这样就可能导致无效制度的依赖路径"。

（3）社会经济的发展和社会条件的变化而制度不变。一种制度，在它建立之初，它可能是有效率的，但是随着社会的发展和社会条件的变化，它也可能逐渐变成无效率的制度。

（二）技术自我强化与制度的路径依赖

（1）技术自我强化理论。诺斯的路径依赖理论来源于布莱恩·阿瑟（Brian Arthur）的技术自我强化理论。技术自我强化是指一种技术一旦投入应用，它就会以一种循环效应而使之在市场上的地位不断强化，并直至统治整个市场。构成技术自我强化机制的因素主要有四个：①规模效应。为推广技术所需的固定成本会得到随着产量的增加而产生单位边际成本下降的好处。②学习效应。随着一种技术的使用时间的延长，它本身会不断地得到改进，从而使其成本降低。③协作效应。一种技术的不断推广，其他的各种经济活动也逐渐采取与之相配合的方式，从而产生出协作效益。④适应性预期。一种技术在市场上的地位不断上升，会加强人们相信它的地位巩固的信念。

（2）制度的路径依赖。诺斯认为，技术自我强化理论在制度领域都是适用的：①规模效应。设计和推行一项制度投入大量的初始资本，而随着这项制度的推广，单位成本和追加成本都会下降。②学习效应。制度的运行成本随着其运行时间的延长和制度的不断自我完善而不断下降。③协作效应。一项制度的建立会导致一系列与之相联系的其他制度和非正式规则的产生，还会引导许多与之相联系的互利组织的产生，而这些与之相配合的制度和组织，会使得该制度的实施成本降低。④适应性预期。随着一项制度实施时间的延长和实施范围的扩大，人们对于该制度的生命力的信心会不断加强。⑤既得利益集团的约束。在一些国家，制度变迁受到统治者既得利益约束，即使有一种对社会大多数人来说是有效率的制度，但只要它对统治者是不利的，这种有效率的制度也很难得到制定和实行。诺斯认为,正是这种"制度自我强化机制"的作用,使得一个社会一旦选择了某种制度,无论它是否有效率,都很难再从这种制度中摆脱出来,这便是制度的路径依赖。诺斯强调,制度创新的国家必须不断解决"路径依赖"问题。

五、诺斯的制度分析与马克思制度分析的区别及简要评价

(一)诺斯的制度分析与马克思制度分析的区别

(1)方法论不同。马克思主义的制度理论是辩证唯物主义和历史唯物主义的方法论,而新制度经济学派是历史唯心主义方法论。

(2)理论基础不同。马克思以生产力与生产关系为理论基础构建制度变迁理论,诺斯以产权理论、国家理论、意识形态理论、制度变迁理论、制度路径依赖理论作为制度变迁的理论基础。

(3)对制度变迁的考察角度不同。马克思主义的制度变迁理论是从生产关系一定要适合生产力发展要求和社会的基本矛盾为视角研究制度变迁的,而诺斯对制度变迁的分析基本上是从历史的角度也限于制度视角对制度变迁进行分析的。

(4)制度变迁的动力不同。马克思认为制度变迁的动力来源于生产关系对生产力的适应;而诺斯认为制度变迁的动力来源于政府推动的创新、团体推动的创新、个人推动的创新。

(5)对国家在制度变迁中的地位和作用认识不同。马克思主义者认为国家作为上层建筑,也是制度变迁的内容之一,经济基础的变迁决定制度的变迁,而不是国家来主宰经济制度的变迁。而诺斯与此相反,认为是国家决定制度变迁和经济发展。

(6)对技术变迁与制度变迁关系的看法相反。技术变迁是制度变迁的动力还是制度变迁的结果?两种制度变迁理论作出了相反的回答。所谓技术变迁,实际上是广义的各种技术及由它导致的生产力水平提高或经济发展。马克思属于技术变迁论(技术决定制度变迁);诺斯属于制度变迁论(制度决定技术变迁)。

(二)对诺斯等人新制度经济史学的简要评价

1. 诺斯等人新制度经济学制度值得借鉴的地方

(1)分析方法值得借鉴。①诺斯把经济理论与历史结合的分析方法值得借鉴。从李嘉图开始一直到马歇尔基本上只注重理论的演绎而忽略了历史的归纳,从而使理论经济学和经济史学逐渐成为两个互不相干的分支学科。诺斯不仅恢复了理论与历史的结合,而且使这种结合更加精密、完全。②诺斯和福格尔把计量经济学方法应用到经济史的分析中,弥补了传统经济史学计量分析不足的缺陷,从而使新经济史学领域具有了全新面貌。

(2)制度变迁理论的诱致性变迁分析值得借鉴。过去我们在正式制度和强制性制度变迁上做得较多,而忽视了诱致性制度变迁和非正式制度(伦理、道德规范等)对经济制度创新的促进或阻碍作用。例如,人们的贫穷观念的更新、风险意识的确立、超经济强制的根除等,只有这样,这些诱致性制度变迁和非正式制度的创新才会推动正式制度的变革。

2. 诺斯等人新制度经济史学的缺陷

诺斯等人新制度经济史学的主要缺陷是：①把制度作为经济发展的唯一源泉有些绝对化，忽视了知识、管理、信息等当代生产要素在经济发展中的作用；②制度变迁因素分析不全面，没有分析人民群众在历史发展中的重大作用；③没有从微观和宏观结合上分析制度的层次性及其相互关系。

复习思考题

1. 如何理解交易费用及其主要类型？
2. 新制度经济学派有哪些创新？
3. 简述交易费用理论及其应用。
4. 简述科斯的企业理论。
5. 与科斯的企业理论相比，威廉姆森的企业理论有哪些发展？
6. 简述威廉姆森的企业一体化理论。
7. 简述阿尔奇安和德姆塞茨的团队生产理论。
8. 简述张五常的企业契约理论。
9. 试述公司治理的理论基础。
10. 科斯在解决外部性问题上与庇古有何异同？
11. 如何理解科斯定理？
12. 如何评价科斯的交易费用理论与产权理论？
13. 试述诺斯的制度变迁理论。
14. 如何理解诺斯的制度是经济增长根本唯一原因的观点？
15. 简述诺斯的制度创新理论。
16. 简述诺斯的路径依赖理论。
17. 如何评价诺斯等人的新制度经济史学？

习 题

第十二章

公共选择学派

【本章要点及学习要求】

知晓公共选择理论与公共选择学派和它的新政治经济学性质,了解公共选择学派的理论渊源,知道公共选择学派方法论的特点,理解公共选择学派的政治市场理论和其对政府失灵的解释,把握公共选择学派对政府低效率的解释,掌握公共选择学派的寻租理论,领会公共选择学派的政策主张,知道公共选择学派的贡献与不足。

第一节 公共选择学派概述

一、公共选择与公共选择学派

(一) 公共选择与公共选择理论

1. 公共选择

人们对物品选择分为私人物品选择与公共物品选择,对于私人物品是私人选择,对于公共物品选择则属于公共选择。公共选择的最主要特点是选择的公共性:①选择的物品是公共物品;②选择的结果来自公共(集体)的决策。因此,公共选择是指人们通过民主决策的政治过程来决定公共物品的需求、供给和分配的过程,或者说是利用非经济市场决策的方式来对公共物品进行选择。

2. 公共选择理论

公共选择理论也称集体选择理论、公共选择经济学、新政治经济学、政治的经济学。它是以经济学的原理和方法作为分析工具来研究政治决策机制如何运作的理论。

(二) 公共选择学派

公共选择学派是以布坎南和塔洛克等人为代表,运用经济学的原理和方法,研究政府决策行为、民众的公共选择行为及两者关系的一个新自由主义流派。公共选择学派的理论特点是:①公共选择学派是建立在"经济人"、交易政治学、方法论的个人主义三大假设之上,并将这些假设泛化到政治领域进行分析公共选择理论的。②完全的"经济人"假设。在公共选择学派之前,经济学分析是"经济人"假设,而在政治学中政治家和政府官员却是公益人假设(没有私利的利他主义者),公共选择学派认为政治家和政府官员也是"经济人"。公共选择学派把经济市场制度中的人类行为与政治制度中的政府行为纳入同一分析的轨道说明政治市场存在的缺陷,得出政府失灵的结论。③公共选择学派为市场失灵辩护,反对政府干预经济。

二、公共选择学派的名称由来与公共选择学派的学科性质

(一)公共选择学派的名称由来

公共选择学派源于20世纪60年代初期弗吉尼亚大学的托马斯·杰斐逊中心。1963年,詹姆斯·麦吉尔·布坎南(James Mcgill Buchanan,1919—2013)与戈登·塔洛克(Gordon Tulloc,1922—   )创立了非市场决策制度委员会,1966年非市场决策制度委员会改名为公共选择协会,并出版了该协会的机关刊物《公共选择》杂志,公共选择学派由此得名。

(二)公共选择学派的学科性质

公共选择学派是把经济学与政治学融为一体,用经济理论和方法来分析政治学理论。公共选择研究的主题就是政治学的主题,如政治市场理论、政府失灵论、政党理论、政治家的类型与政府行为模式、政府低效率理论、利益集团与寻租理论等。因此,公共选择理论是一门融合经济学和政治学之间的新兴交叉学科,即"新政治经济学"。按照布坎南的看法,新政治经济学包括新制度经济学、公共选择、管制经济学、产权经济学和新经济史五个学派。

三、公共选择学派产生和发展的历史背景、理论渊源与代表人物

(一)公共选择学派产生和发展的历史背景

1. 经济学界长期缺乏全面的政府经济理论

微观经济学没有论及政府的行为,凯恩斯主义的宏观经济学只分析政府经济政策及其效果,也没有考察政府政策的政治决策过程。这些理论的共同缺陷是政治过程与经济过程截然分离,这是不全面的。同时居主流地位的新古典经济学和凯恩斯主义对经济行为的分析和对政府行为的分析纯属两个不同的理论体系。前者以"经济人"的利己主义的成本收益分析为唯一的工具,而后者则以利他主义为分析的出发点,由此导引出政府行为的合理化结论。为适应经济学界需要一种把政治与经济结合起来的政府经济学,公共选择学派把经济学与公共行政学、公共政策学和政治学加以综合研究,完善了政府经济理论。

2. 政府干预的加强与政府失灵

第二次世界大战以后,一些西方国家强化了凯恩斯理论指导下的政府干预政策,使得政府部门在公共经济活动领域逐渐扩大,相应地也就刺激了对公共经济活动的理论研究,同时,政府干预经济所引发的各种问题,如通货膨胀与失业、政府工作低效率、寻租等。又促使人们分析非市场的集体决策过程来探讨政府失灵的原因,就像分析市场失灵的原因

一样,把用来考察市场经济缺陷和过失的方法同样应用于政府和公共经济的一切部门。

3. 新福利经济学的影响

自 20 世纪 30 年代以来逐渐形成的新福利经济学,至少在两个方面刺激了公共选择理论的诞生:①社会福利函数理论探讨了将个人偏好次序加总归纳成为社会偏好次序,以实现社会福利最大化的问题。这很自然地刺激了人们对在不同投票规则条件下,相对于一定的一组偏好将会选择出怎样的结果这一问题产生兴趣。②20 世纪 40 年代和 50 年代对资源非市场配置的研究,即论述政策失误、探讨公共物品和外部性存在的情况下资源优化配置问题。这就刺激了公共选择理论对资源配置的非市场决策过程的关注,如关于个人偏好显示过程如何、决策结果是否符合帕累托最优、存不存在均衡等。

(二) 公共选择学派的理论渊源

1. 斯密的古典经济理论

布坎南受斯密"经济人"的影响,主张经济自由反对政府干预思想的影响,将经济自发秩序的原理视作经济学唯一确切的原理。

2. 休谟的政治哲学

英国哲学家大卫·休谟(David Hume,1711—1776)在《人性论》(1739)一书中指出,正是因为自私,才成就了正义,因此自私是建立正义的原始动机,每一个寻求私利的人都能主动遵守能够促进社会利益增长的行为规则(人人为我,我为人人)。休谟的上述思想,对布坎南关于宪章规则能够产生于理性效用最大化的个人选择行为的观点产生了直接的影响。

3. 魏克塞尔的公共财政理论

瑞典经济学家魏克塞尔在 1896 年出版的《公平赋税新原理》一书中,以公共选择方法和立宪解释了公共财政问题,他的研究在方法论上奠定了公共选择理论的方法论上的个人主义、个人理性行为、政治也是个复杂的交易过程三个要素。

4. 意大利公共财政学派的经济理论

布坎南在 20 世纪 50 年代两次赴意大利进修,受其影响,该学派提出了垄断专制国家模型和民主或合作的模型。在垄断专制国家模型中,各种集团都是自私的,统治集团会选择一个被统治集团抵制最小的财政结构。在民主国家模型中,公共决策的基本单位是个人,每个成员既是决策的参与者,又是决策的承受者。除此之外,布坎南抛弃政府是一个慈善君主的观念等,也是受意大利公共财政学派的影响。

5. 投票数学

投票是现代民主决策的重要方式,英国学者邓肯·布莱克(Duncan Black,1908—1991)于 1948 年发表的《论集体决策原理》一文为公共选择理论奠定了基础,重新研究了被人们遗忘的 18、19 世纪的投票过程数学分析,提出了一套后来称为中位选民理论(在多数裁定原则下,选择的结果是由中位选民的偏好决定的)的学说并将其应用于公共选择学。

6. 美国的联邦主义和宪法观点

美国的联邦主义和宪法观点影响公共选择学派中的宪制经济理论。联邦主义主张，联邦政府应实行分权，以产权和宪法的实施为基础，构成以自愿交换或协议为特征的个人或组织的相互合作、相互竞争的政治体制，这对公共选择学派产生了重要影响。

（三）公共选择学派的主要代表人物及其著作

现代的公共选择理论开始于1948年英国学者邓肯·布莱克提出的一套后来称为中位选民理论的概念，公共选择学派的重要代表人物塔洛克将他称为"公共选择理论之父"。

布坎南是公共选择学派最有影响、最有代表性的经济学家，是公共选择学派的创始人与领袖。布坎南早在20世纪50年代就开始从事公共选择理论研究，他发表的第一篇专门研究公共选择的文章是《社会选择、民主政治与自由市场》（1954）。1962年他与塔洛克等人合著的《同意的计算——立宪民主的逻辑基础》被认为是公共选择理论的经典著作，布坎南的著述主要有：《个人投票选择和市场》（1954）、《同意的计算——立宪民主的逻辑基础》（与塔洛克合著，1962）、《外在性》（1962）、《民主进程中的公共财政》（1966）、《公共产品的需求与供给》（1968）、《成本与选择》（1969）、《公共选择论：经济学的政治性效应》（与托列逊合著，1972）、《自由的极限》（1975）、《宪法契约中的自由》（1977）、《赤字民主：凯恩斯爵士的政治遗产》（与魏格纳合著，1977）、《市场、国家和道德范围》（1978）、《征税的权力》（1980）等。他将政治决策的分析同经济理论结合起来，使经济分析扩大和应用到政治法规的选择，因此，1986年他荣获经济学诺贝尔奖。

公共选择学派的另一个重要代表人物是戈登·塔洛克，他出版了23本著作并发表了几百篇论文，内容涉及经济学、公共选择、法律等多学科。其中主要有与布坎南合著的《同意的计算——立宪民主的逻辑基础》（1962）、《官僚政治学》（1965）、《关税、垄断和偷窃的福利成本》（1967）、《私人欲望、公共途径理想政府范围的经济学分析》（1970）、《收入再分配经济学》（1983）、《特权和寻租经济学》（1989）、《寻租》和《新联邦拥护者》及《非人类社会经济学》（1994）、《论投票》（1998）。他对于寻租理论具有开创性贡献。塔洛克教授1967年的文章《关税、垄断和偷窃的福利成本》是一个被广泛引用的经典。

此外，美国著名经济学家肯尼斯·约瑟夫·阿罗（Kenneth Joseph Arrow，1921— ）在1951年发表的《社会选择与个人价值》一书影响了公共选择理论的发展。其他重要的作品还包括美国公共行政学家安东尼·唐斯（Anthony Downs）所著的《民主的经济理论》（1957）以及美国经济和社会学家曼瑟·奥尔森（Mancur Olson，1932—1998）所著的《集体行动的逻辑》（1965），也对公共选择理论有影响。

四、公共选择学派方法论的特点

（一）个人主义的方法论

方法论上的个人主义认为，一切社会现象都必须从个人的角度来分析，个人的目的或偏好是经济学分析的出发点和基石。方法论上的个人主义包含三层原理：①任何行为都是通过个人去做的，行为的性质取决于行为的个人对该行为所理解的意义；②社会过程发生在个人之间，排除个人行为便失去社会基础；③集体行为能够有所作为，取决于集体中的个人。

传统的政治学在分析一个国家或政府时都采取了集体主义，国家利益与公共利益是完全独立于个人利益之外的。公共选择学派视个人为决策的基本单位，而且个人是唯一的最终决策者，无论对于集团行为还是个人行为都适用。为了说明经济行为与政治行为的一致性，公共选择理论使用了"方法论上的个人主义"。公共选择学派的个人主义的分析方法是指经济学以分析单个人的自私性动机、个人偏好和个人预算约束为出发点，来考察这些因素对个人活动的影响。

(二)"经济人"假设在政治学分析中的再现

传统的经济学在分析经济学时把人假定为利己主义的"经济人"，而在政治学分析时却认为政治家是利他主义的"公益人"。公共选择学派认为，政治家并不是"公益人"，而是"经济人"，政治家的效用函数中包括的变量主要有权力、地位、名声、威望、高薪、外快、舒适、享受等。

(三)新政治经济学的核心是交易

布坎南认为经济学中的基本命题不是"选择"，而是交易。有效率的政策不是产生于某个政治领袖的头脑，而是产生于集团之间相互讨价还价、妥协与调整的政治博弈过程。布坎南依据这一基本命题，强调指出经济学的核心问题不是资源的稀缺性及其配置利用效率问题，而应是交易的起源、性质和制度。公共选择学派把经济学以交易为核心的分析扩展到政治决策过程之中，随之产生了两个重要变化。

(1) 政治活动目的。在公共选择学派看来，人们参与政治活动并不是为了追求真、善、美等社会目标，经济市场与政治市场之间的主要差别也并非人们所追求的目标不同，而在于人们追求个人利益时所选用的方法不同。政治是以团体的形式来实现个人有目的活动的方法。

(2) 政治活动的自愿合作性。政府在过去被看作大公无私的公益组织，现在则被当成参与政治活动者进行交易的市场。

由此分析可知，贯穿于公共选择理论之中的方法论特点是遵循"经济人"的利己主义原则和自由交易、自由合作的原则。国家的作用只是通过规则的制定与实施来保证人们的这种自由。

第二节 公共选择学派的经济理论

一、经济市场与政治市场

公共选择学派认为，当今人类社会主要由经济市场与政治市场两个市场组成，二者既有相似之处，也存在差异。

(一)经济市场与政治市场的相似之处

布坎南认为,政治制度就像市场制度,政治家就像企业家,选民就像消费者,选票就像货币,选举制度就像交易制度。由于政治制度与市场制度有很多相似性,经济学的许多原理可以用来分析政治决策行为。政治制度与市场制度的相似之处见表12-1。

表12-1 经济市场与政治市场的相似之处

市 场	相 似 处			
	都有供求主体	都有交易的媒介	都有交换的价格	都是市场交易行为
经济市场	供给者:企业家 需求者:消费者	货币	商品和要素价格	用货币购买商品
政治市场	供给者:政治家 需求者:选民	选票	税收	以纳税换回所需的公共物品

1. 两种市场主体都由供求双方组成

经济市场是由需求方与供给方组成的一个交易结构;政治市场是人们参与政治活动时,与其他政治个体和组织发生交易关系的场所。①在经济市场上活动的主体是消费者(商品的需求者)和厂商(商品的供给者);②在政治市场上活动的主体是选民、利益集团,他们是公共物品的需求者;政治家(获取选民选票的"经济人")和政府官员(政策的职业执行者的"经济人")①是公共物品供给者。

2. 两种市场都存在着市场交易行为

①两种市场都有交易的媒介。在经济市场上,人们通过货币来选择能给其带来最大满足的私人物品;在政治市场上,人们通过选票(政治货币)来选择能给其带来最大利益的政治家、政策法案和法律制度。②两种市场都有交易的物品。在经济市场上,人们交易的是私人物品;在政治交易中,政治家和政府官员向选民提供公共物品,选民以纳税形式换回所需的公共物品,至于具体的公共物品的种类、数量、税收额等,则是要通过选举过程讨价还价来完成。③两种市场的交易目的都是满足需要。在经济市场上,通过交易既满足生产者追求利润的需要,也满足消费者追求效用的需要;在政治市场中,公职候选人以给选民提供优质服务的承诺来争取换得选民手中的选票,政治家得到的是权力与职位,选民得到的是政治家的优质服务。

3. 两种市场主体都追求利益最大化

经济市场中的消费者追求效用最大化与厂商追求利润最大化。同样,每一个政治市场的参与者,无论是选民还是政治家都追求利益最大化,选民追求分享公共物品最大化,政治家追求权力、地位、名声、威望、薪资等最大化。同时他们在进行选择时,都要先对个人的成本与收益进行比较,如果一项集体决策给他带来的收益大于成本,他就投赞成票支持这项决策;否则,就不支持甚至反对这项决策。

---

① 政治家是由选民直接竞争选出,如美国的总统、州长、参议员等;政府官员不是由选民直接竞争选出,而是由政治家提名,议会间接投票通过的公职人员,如美国的国务卿、财政部部长、国防部部长等。

(二) 政治市场与经济市场个人选择的差异

(1) 选择结果的确定程度不同。经济市场选择主体是生产者和消费者,其选择的决策与选择的结果具有一致性,选择具有确定性;而政治市场的选择单位和最终决策单位是公众,所以相对于经济市场,个人选择的结果可能与集体选择的结果不一致,因而,政治市场的选择具有不确定性。

(2) 社会参与性不同。经济市场上的参与者是个人,因而具有非社会性;而在政治市场上的选择是公共选择,因而政治市场上的个人选择具有社会参与性。

(3) 职责不同。在经济市场上的职责与损失是直接相关的;而在政治市场上,职责与损失的相互关联程度相对不大。

(4) 可选择的对象不同。在经济市场上消费者的选择对象可以是多维的,在经济市场上,消费者在选择某种特定的商品与劳务时并不完全排斥他对另一种商品与劳务的选择。而政治市场上选民的选择对象是单维的,在政治市场上,个体选民既不能把他的选票分成若干份投放在不同政治家的选择上,也不能在公共物品分配中选择了某种特定方案后同时又选择另一种方案。

(5) 选择的强制性不同。经济市场中的个人选择完全出于自愿,没有强制性。政治市场上的选择具有内在的强制性,当个人选择与集体选择不一致时,个人投票赞成的结果最终将被公共的选择所否决,个人的选择必须接受公共选择的结果。

(三) 政治市场交易的特点

(1) 以个人为本位。在政治交易中,个人是最根本、最起码的交易主体,所以政治交换规则和制度的设计也必须以个人为根本出发点,在选举中必须是一人一票的直接选举。如果选举不是一人一票(如间接选举),就是少数人对多数人意见的强制,因此,任何组织和团体都不能代替个人选举。

(2) 以自愿同意为基础。作为交易的政治本质是对自愿同意的计算。没有基于自愿同意的政治交易就像经济市场上强买强卖、欺行霸市的行径一样,是完全不正当的。虽然政治中不可能没有强制性,但是作为交易的政治,国家的强制权也需得到个人的自愿认可,并通过确认强制的使用条件来对这种强制权加以限制。因此,作为交易的政治是自由平等的政治,而不是强权的政治。

(3) 以成本收益核算为准则。在政治交易中,管理公共事务的费用是由选民承担其成本,选民得到的收益是政治家的公共物品和提供的公共服务,选民与公职候选人进行交易的过程也是进行成本收益核算的过程。管理公共事务最大的成本是内乱或暴政,最常见的成本是重税和腐败。选民要想得到政治家的优质服务,就要求对公共职务的候选人是真正的竞争选举,并且必须是差额的。如果不能在政治交易中"货比三家",公民付出的成本肯定是最高的,服务质量也是最差的。因此,要使政治家提供优质的服务,就必须有充分、公平、民主的竞争选举。

(4) 以投票为主要交易手段。在政治市场上权力是掌握在选票持有者手中,选票便是政治交易中的货币。选民通过选票选举政治家就像消费者利用货币在商场上购买实行包退

(罢免)、包换(选举必须是定期轮换的)、包修(选民有权要求政治家收回、修正错误的决策和行为)的商品的权利一样。可见,政治与经济的原理是相通的。一次选举永远有效不是作为交易的政治的属性。

二、政府失灵理论

(一) 一些学者对政府失灵的解释

政府失灵论是指政府的政策措施和干预行动没有达到纠正市场失灵的目的,甚至带来了比市场失灵更坏的结果。一些西方经济学家对"政府失灵"做了如下的分析。

(1) 有些学者的观点。对于政府失灵的原因,学者们有三种基本解释:①政府失灵是由政府在制定政策及执行政策过程中的失误造成的,因此,克服的办法是提高政府决策的科学性和民主性。②政府失灵有不可避免的内在原因,因此,减少政府失灵的根本办法是相应缩小政府干预和政策作用的范围。③政府失灵是政府的活动越过了边界,政府的活动的边界应该在公共领域,在私人经济领域,政府过多干预必然造成政府失灵。

(2) 货币主义领袖弗里德曼认为,真实经济变量都有其客观值,它们是由生产的技术条件、经济结构和经济制度决定的,政府政策很难改变。如果政府试图人为地改变它们,其结果必然是政府失灵。总之,破坏市场运行机制的政府干预往往会导致政府失灵。

(3) 理性预期学派代表人物卢卡斯认为,作为政府政策作用对象的经济主体,是不会完全被动地听任政府的摆布,它们会依据自己的利益对政府行为作出反应。当政府的政策与它们的利益相悖时,理性预期行为往往会抵消政府的政策意图(上有政策,下有对策),导致政府失灵。

(4) 迪帕克·拉尔(Deepak Lal)认为,政府失灵存在两个基本原因:①政府干预要受到信息、交易费用的制约。因此,政府会同市场一样,难以使资源配置达到帕累托最优;②政府干预行动往往是通过特定的扭曲性政策实现的,但一旦实施了某一扭曲政策,就会引起整个经济的全面扭曲,致使经济远离市场均衡点。

(5) 斯蒂格里茨认为,政府失灵存在四个内在原因:①政府存在信息局限性;②政府对私人市场反应的控制能力有限;③政府对官僚机构本身的控制能力有限;④政治运作程序存在局限性。

(6) 克鲁格(A. O. Krueger)认为,政府干预的有效性依赖于三个前提:①政府作为政策制定者能自动地将社会福利最大化纳入自己的目标函数;②追求社会福利最大化的决策者有决策所需要的充分信息;③无须成本就可以提出和实施政策。她进而认为,这三个前提条件在现实中都是不存在的,因此,政府失灵是不可避免的。

(二) 公共选择学派对政府失灵的解释

公共选择学派认为,政府失灵是指个人对公共物品的需求在政治中得不到很好的满足,公共部门在提供公共物品时趋向于浪费和滥用资源,致使公共支出规模过大或者效率降低,政府的活动或干预措施处在低效率或无效率之中。

1. 政治家的偏好和有限理性造成的政府失灵

①统治者的偏好。例如,如果政治家关心他在国际政治舞台上的威望,那么他可能牺牲

国家财富而建立强化军事力量的制度安排,还会不顾国家利益而搞"银弹外交"。②统治者的有限理性。政治家掌握不了建立制度所需的复杂信息,使科学合理的制度供给不足。③知识的局限性。制度安排选择需要集合各种知识,即使政府有心建立新制度安排,但由于知识不足,政府也可能不能建立一个有效率的正确制度。

2. 意识形态刚性造成的政府失灵

统治者为了服务于意识形态的目的,会投资巨资教育选民接受他们的意识形态,使其意识形态出现刚性。随着社会经济的不断变化,统治者意识形态和现实之间的差距不断扩大。如果推行新制度有可能改变原来的意识形态,就会伤害统治者权威的合法性,因此,统治者就会努力维持旧的意识形态和无效率的制度,而不进行制度更新。因此,新的有效率的制度安排往往只有在老的统治者被新的统治者替代以后才有可能建立。

3. 官僚机构问题造成的政府失灵

政府的官僚机构本身又都是追求自利性的"经济人",在制度执行中往往扭曲成为使官僚机构本身受惠政策。如果一种制度对官僚自利行为滥用有益的话,他们会千方百计维护它;一种新制度安排对其不利时,要么不能建立,要么建立起来也得不到正确的执行。官僚机构恶化了政府的形象,并增加了统治国家的交易费用,公众由于对政治家失去信任,而拒不执行其政策。结果是官僚和公众都背离了政治家的政策目标,造成了政府失灵。

4. 集团利益冲突造成的政府失灵

制度的变革经常在不同群选民中重新分配财富、收入和政治权力。如果集团利益在制度变迁中受损失得不到补偿,他们将明确地反对这一制度变迁。如果制度变迁中受损失者是统治者所支持的那些集团,那么统治者就会不进行这种制度变迁。不仅如此,统治者的垄断权还受到国内外能提供相同服务的潜在对手的制约,如果制度变迁会把这些集团驱向统治者的对手一边,由于失去这些集团而使统治者蒙受选举的损害,那么制度变迁就不会发生。

5. 寻租造成的政府失灵

垄断导致寻租,寻租导致腐败。政府利用垄断性行政权力和法律手段干预市场,获利的人乐意用较低的贿赂成本获得较高的收益或超额利润。在寻租活动中,政府并非是一个被动的被利用的角色,在垄断的角逐中,一些活动家致力于实施某种限制进行寻租,也有一些活动家致力于反对实施这种限制而避租。设租、寻租、避租活动不仅耗尽人们的才智,而且把费用强加给社会的其他人群,从而阻碍了经济发展。非生产性的寻租使个人收益最大化,但却是社会资源的浪费,导致政府官员的行为扭曲。政府官员为了特殊利益争夺权力,破坏公平的竞争秩序,导致整个经济效率、政府效率和全社会福利损失,最终导致政府失灵。

6. 国家机会主义造成的政府失灵

公共选择学派认为,在没有民主宪政的制衡机制时,执政者为社会服务和对公平游戏规则的承诺都是不可信的:①他们利用其对政治的垄断来垄断经济和不惜损害社会利益来追求执政者的利益。②如果政府的权力没有制衡,政府会追求一党的私利而损害社会利益,造成苛捐杂税、贪污和其他寻租行为。③社会机会主义泛滥。政府的机会主义行为使社会大众不再相信公认的游戏规则,因而所有人的行为都会变成机会主义,只要对己有利,可以不顾社会的道德准则,而使社会成为一个偷抢横行,机会主义和寻租行为泛滥的社会,它们削弱了政府干预的社会正效应。所有这些更会造成政府失灵。

三、政党理论

(一) 政党竞选纲领与公共产品需求

投票人的公共产品偏好集中反映在各自所支持的政党的竞选和施政纲领中,政党的竞选纲领实际上是一揽子公共产品。如果政党竞选纲领中的公共产品是单维的,竞选人为两人,政治家会努力使自己的观点向中间投票人的观点靠拢或向大多数人所持的观点靠拢。如果竞选纲领是多维的,包括多种公共产品,选民也呈多维分布,竞选的结果会是不确定和不稳定的,各政党在制定竞选纲领时会有策略行为。

(二) 选举规则与政党数目

(1) 在过半数规则下,每个政党为争取过半数票以确保当选,小党派会消失或联合组成大党,最终形成两个规模略有差别,但势均力敌的政党或政党联盟。这种制度将产生两党民主制或党派合作形成两个政党联盟。

(2) 在比例代表制规则下,可能产生多党制,政府将由多数党或几个政党的联盟组阁。

四、政治家的类型与政府行为模式

(一) 政治家的类型

公共选择学派把政治家大体分为三类:第一类是纯粹的政治家。他们是利己主义者,目标是追求选票的最大化。他们为了赢得选举而制定政策,不是为了制定政策而赢得选举。第二类是理想的政治家。他们是利他主义者,他们是为了实现一种政治信念而努力赢得选举。第三类是介于上述两者之间的政治家。他们既追求权力、地位、名望和个人利益,同时也关心公众利益,同情弱者,其主要目的是力争当选,既实现政治信念,也使自己获益,这类政治家占多数。

(二) 政府行为模式

布坎南把政府行为归纳为三种不同的模式。

第一种模式是慈善模式。这种政府是以社会利益为其自身利益的,并且把社会利益最大化作为自己的政策目标,同时它又可以保持一种绝对的权威,不受任何约束。

第二种模式是巨物模式。在这一模式下,政府的目标便是追求自身利益的最大化,如最大政府规模、最大的财政收入,以满足政府官员的生活和权力需求等。

第三种模式是民主模式。布坎南假定全体社会成员都通过选票的形式参与政治决策,而政府的经济行为则直接受到民主投票的制约。他认为,在现代资本主义国家的政府实际上正是处于民主模式与巨物模式之间。

五、政府低效率

（一）政府政策的低效率

所谓政府政策低效率，就是指政府所制定和执行的政策不能确保资源的最佳配置。他们把政府的政策分为三类：第一类是由政府有关部门拟订方案，再由选民投票确定的政策，这类政策的效率较高；第二类是由政府的高级领导层拟订方案的政策，如联邦政府或地方州政府拟订的方案政策，这类政策的效率也可以；第三类是由政府部门全权独立制定与实施的政策，这类政策就会产生低效率问题。

他们以第三类政府政策为考察对象解释了政府政策低效率问题：①为这些政府官员的"经济人"动机所左右，其政策制定与实施主要是考虑本部门自身的利益，他们制定的政策很难符合公共利益的要求；②部门官员不是直接竞争选举产生的，常常不关注民众的情况，也不会全面地收集公众信息，而是依据部门官员获得的信息来决策；③如果第一类政策、第二类政策与一些政府部门官员利益相左时，他们会抵制或不积极执行这些政策，从而使这两类政策也出现低效率。布坎南认为，如果约束机制不能制约这些特权的政府官员，那么，再高尚的经济人执政官也很难避免他们对公共利益的损害。

（二）政府工作机构的低效率

（1）政府公务人员缺乏竞争导致的低效率。不是由选民直接选举产生政府工作人员必然出现低效率，再加上部门领导与直选政治家有着密切的关系，不会因工作低效率而遭到解雇，因此他们也就没有压力去高效率工作。另外，提供公共服务的各部门之间缺乏竞争又使他们没有努力工作的积极性。可见，从纵向（逐级任命）和横向（部门之间来看）都缺乏竞争压力，缺乏竞争压力的政府部门必然出现低效率。

（2）政府机构没有降低成本的激励。①政府活动是不计成本，促使政府对公共物品的供给超出社会财富最优分配时所需要的数量，因而导致社会资源的浪费。这种过量供给还可能成为特权阶层一种变相的集体补贴，并且最终是由纳税人承担。②各部、局的工作权力的垄断性缺乏成本激励。这样他们利用垄断地位提供质次价值高的公共产品。

（3）监督信息不完全。监督机构为了执行监督职能，必须对被监督部门的信息充分了解才能实行有效的监督。政府官员利用垄断地位封锁一部分公共产品的成本信息，从而使承担监督任务的议员和执行管理预算职能部门得到的信息不完全，不能准确评价官僚机构的运行效率，也就无法充分行使监督权力。同时监督者还可能被监督者操纵，从而使被监督者能够实现自身利益最大化的政策得以实施，出现了低效率问题。

六、利益集团和寻租理论

（一）利益集团

1. 利益集团存在的原因

利益集团又称压力集团，是指那些具有某种共同的目的，试图对选举或公共政策施加影响的有组织的实体。利益集团为什么会存在？围绕该问题主要有三种解释。

(1) 以大卫·特鲁曼(David Truman)和罗伯特·道尔(Robert Dahl)等人为代表的传统利益集团理论。他们认为集团(或组织)的存在是为了增进其成员的利益,具有共同利益的个人或企业组成的集团,通常总是具有进一步增进利益集团这种共同利益的倾向。个人可以通过代表其利益的集团来实现或增进他的个人利益。该理论进一步认为,社会中的每一个人总是归属于某一个或几个利益集团,这些各异的利益集团间的相互竞争所施加的压力汇总起来就决定了社会政治活动的进行。

(2) 以奥尔森为代表对上述观点提出质疑。他在1965年出版的《集体行动的逻辑》一书中指出,有理性、寻求自身利益的个人不会采取行动来实现他们共同的或集团的利益,因为集团利益的公共物品性质会导致集团成员普遍的"搭便车"行为。对此原因,奥尔森认为集团规模大小与个人行为和集团行动的效果密切相关,小集团的行动比大集团更有效。

(3) 罗伯特·萨利兹伯里(Robert Salisbur)等人提出了政治企业家理论。他们把利益集团的组织者视作政治企业家。他们认为,集团提供给成员的利益可分为物质利益(有形的、直接带来收入增加的利益)、观念利益(理念上的和平、自由等)和归属利益(集团给成员带来的归属感和集团成员之间的相互依赖)三种类型。奥尔森强调的是物质利益而忽视了后两种非物质利益。在萨利兹伯里看来,政治企业家之所以愿意作为集团行动的组织者,是因为政治企业家不但可以从集体行动中获得物质利益,而且可以从集体行动过程中获得成就感、名声和荣誉等非物质利益。

2. 利益集团的类型

根据李纬等人(2012)的研究,美国的利益集团主要有官僚性既得利益集团、维护经济利益的集团、维护政治利益的集团、维护社会利益的集团以及维护其他利益的集团。其中维护集团经济利益的集团主要有:①企业利益集团,包括大型跨国公司、美国商会、全国制造商协会、企业界圆桌会议、全国独立企业联合会、全国小企业协会、全国小企业投资公司协会等;②劳工利益集团,如工会等;③农业利益集团,如农会等;④专门职业利益集团,如教师、医生、律师、建筑师、会计师等协会。

3. 利益集团的活动方式

利益集团的活动主要是通过政治游说影响选举或通过对自己有利的立法或政策制定。它们活动的方式主要有四种:①竞选支持,通过向选民宣传、传播信息影响国家的选举和官员任命;②建立自身的政党或影响其他政党(他们通过提供资助和技术、信息咨询影响其他政党);③直接游说,提供政治资助或游说政治家和政府官员通过对自己有利的立法或政策;④与其他利益集团联合,举行抗议示威,对政府施加压力。

(二) 寻租理论

1. 寻租理论的发展过程

经济学家们对"租"的研究经历了地租(古典经济学)→准地租(马歇尔)→经济租(新古典经济学后的一些学者)→寻租的演变过程。寻租理论的思想最早萌芽于1967年塔洛克发表的《关税、垄断和偷窃的福利成本》一文,他以垄断特权为研究对象认为,租金来自对该种生产要素的需求提高而供应却因种种因素难以增加而产生的差价。寻租作为一个理论是到1974年才由安尼·克鲁格(Anne Krueger)在《美国经济评论》发表的论文《寻租集团的政治经济学》中正式提出的。她在分析关税的福利后果时发现人们为获取进口垄断权的租金而竞相争夺进口权,大量资源被浪费在争取进口配额中所含的租金上,这对社会来说是一种损失。该论文使克鲁格成为寻租理论的鼻祖之一,也使其成为寻租理论国际贸易学派的创始人。后来塔洛克在《特权和寻租经济学》(1989)、《四边形哪里去?》(1997)、《哪个四边形?》(1998)以及《哪个四边形? 一个扩展》(2000)等论文(著)中,丰富并发展了寻租理论。

巴格瓦蒂(J. Bahagwati)于1982年提出了"直接非生产性寻利活动",他认为,寻租就是通过从事非生产性竞争活动,获取某些行业或项目的独家经营权、特许权、优惠权、优惠的税率和汇率及利率及其他稀缺资源的供给,从而获取超额利润。他认为,寻租并不会创造社会财富,它只是改变财富的所有权关系。

美国经济学家弗雷德·麦克切斯内(Fred McChesney)在《抽租与创租》(1988)一文中提出了"政治创租"和"政治抽租"两个概念。"政治创租"是指政府官员利用行政干预的权力来增加私人企业的利润,人为地创造租,诱使企业向他们交纳"贡款"作为得到租金的条件;"政治抽租"是指政府官员故意提出某项会使私人企业利益受损的政策作为威胁,迫使私人企业割舍一部分既得利益与政府官员分享。

2. 对寻租概念的不同解释

①塔洛克把寻租定义为,寻租是利用资源通过政治过程获得特权从而构成对他人利益的损害大于租金获得者收益的行为。②克鲁格认为,寻租是政府运用行政权力对企业和个人的经济活动进行干预和管制,妨碍了市场竞争的作用,从而创造了少数有特权者取得超额收入的机会。③布坎南在1980年发表的《寻求租金与寻求利润》一文中,给寻租下的定义是:"寻求租金一词是要描述这样一种制度背景中的行为,在那里,个人竭力使价值最大化造成了社会浪费,而没有形成社会剩余。"④国外有的学者认为,寻租是在政府干预的情况下,人们为了获得更多的个人利益,往往不是通过增加经济活动、降低成本的方式来增加利润,而是把财力、人力用于争取政府的种种优惠上。⑤我国学者一般认为,寻租是指在没有从事生产的情况下,为垄断社会资源或维持垄断地位,从而得到垄断利润所从事的一种非生产性寻利活动。总之,寻租是利用政府权力转移财富分配并给社会造成资源浪费的各种活动。

3. 寻租活动的层次与类型

(1) 寻租活动的层次。按照布坎南的区分,寻租分为直接获取执照的寻租、对政府肥缺的寻租和对政府收入的寻租三个层次。①直接获取执照的寻租。没有执照数量限制与有执照数量限制之间的收益差额就是寻租的空间,如对出租汽车数量进行限制只发放一定数量的执照,一旦出租车执照是有价值的,出租车管理部门就有了寻租空间。②对政府肥缺的寻租。如一些国有垄断行业为了防止政府对本行业增税,而花费人力、财力游说政府保持自己的垄断地位。③对政府收入的寻租。这是为了获取公共财政支出而进行的寻租活动,如我国人们常说的"跑部钱进"。

(2) 寻租活动有四种类型:①政府干预政策创租;②利益集团为了获得垄断地位进行的寻租;③为了维护自己的垄断地位而护租;④防止他人寻租可能对自己造成损害而进行的避租。

4. 寻租的收入再分配效应

(1) 在寻租活动中有三类受损者：①消费者因为寻租形成的垄断而支付更高的价格，损失了一部分消费者剩余；②不成功的寻租，他们浪费资源寻租却没有任何回报；③未进行寻租者会承担比寻租者更多的成本。

(2) 寻租的得益者有四种个人或群体：①成功的寻租者；②政府，如以公开招标的形式出售垄断特权的收入会有一部分转移到政府手中，另一部分转移到寻租者手中；③政府官员，在有贿赂的情况下，寻租的部分收入转入政府官员手中；④有特殊才能的人，如明星、专有新技术人员等。

5. 寻租活动的危害

(1) 扭曲稀缺资源的配置，减少社会整体财富。寻租活动将有限的社会资源（财力、物力、人力等）不是用于扩大生产，而是去寻求非生产性利润。

(2) 导致政府腐败，使得政府公信力大大下降。利用手中本可以投入在生产性活动中的资源向政府官员行贿，获取一定的政治租金或者在市场中的特许垄断权力，就会扩大非生产性活动，寻租规模也会不断扩展。这种相互助力的恶性循环导致社会风气败坏，更甚者会使市场经济无法正常运转。

(3) 寻租活动会破坏市场公平竞争，使投资环境恶化，阻碍经济发展。寻租活动破坏市场游戏规则，人为设置垄断，降低市场均衡水平，造成社会福利的损失。寻租活动会使市场与政府调控双双失灵，混乱经济秩序，扭曲经济政策的运作。

(4) 寻租活动会使收入分配差距扩大。寻租活动本就是通过游说官员得到在某些方面的特殊保护或者垄断权力，那么有些公共资产就会被剥夺，挤压低收入人群的福利空间，这样寻租活动就会造成人群中富的越来越富、穷的越来越穷的"马太效应"。

(5) 寻租活动会使企业的创新力度降低、整个产业的竞争力下降。因为寻租空间的存在，很多企业已不再将创新作为获得利润的方法，而是不断地通过寻租获得垄断地位，从而得到超额利润。

(6) 寻租活动破坏社会秩序。①如果寻租能造成寻租者垄断而获高利，就会加剧寻租活动；②如果寻租的资源全部或部分转化为政府官员的收入，就会不断地加强政府官员的创租动机，形成一个极端腐败的政府；③如果政府减少寻租造成的垄断，就会引起垄断者的护租行为，也会浪费社会资源。

总之，公共选择学派利用寻租理论说明了政府失灵，因此提出了反对政府干预的政策主张。

第三节 公共选择学派的政策主张

一、制止政府权力增长

在公共选择理论家眼中，公共行为和公共目标在很大程度上受政治家和政府官员的动机支配。此外，由于在政治市场上政治家和政府官员之间的双边垄断，他们在预算规模上的目标一致性，必然导致政府规模与权力的不断膨胀。由于在民主制度下没有一种选择机制可以称得上是最优选择机制(直接民主面临高成本,而间接民主面临机会主义),公共选择学派为此提供了制止政府权力增长的对策。

(1) 创立新的政治技术,提高社会民主程度。公共选择学派认为,多数投票法则并不是最佳的,多数制实际上对政治权力的分配极不平均,只有利于积极性最高和组织得最好的少数人。他们主张重新设计公共物品的偏好显示机制,使投票人尽可能真实地显示其偏好。①提高集体决策的社会效率。它是使所有参与集体选择的个体都有充分的激励,最大限度地接近投票者的实际偏好结构。②使政治决定权力分散化。他们认为这两个因素最终会制止政府权力不断扩张的趋势。

(2) 通过重新确立一套经济和政治活动的法律来对政府权力施加约束,通过改革决策规则来改善政治决策。

(3) 通过修改宪法、实行预算程序和数量连接、制定预算平衡自动调节机制、稳定货币等措施对政府财政收支进行约束。

二、在公共部门恢复自由竞争

(1) 公共部门权力分散化。将庞大的公共机构分解为若干较小的具体独立核算机构,使之相互竞争以提高效率。按照市场规则来组织公共物品的生产和供给,还应该通过允许若干个"办事机构"在某些行政工作的分配问题上彼此展开竞争。

(2) 在公共部门内部和部门之间引入竞争机制。将有些公共物品的生产经营承包给私人,以加强私人生产经营者之间和私人生产经营者与公共部门的竞争,从而节约资源、降低成本并提高效率。

(3) 在行政级别设置上发挥个人积极性的制度。威廉·奈斯凯南(William Bernays Kennan)认为,可以依靠市场经济来生产某些公益品。奈斯凯南建议:①公共部门中行政人员的晋级与所负责部门的节约程度联系起来;②公共机构更广泛地依靠私人投标制度(如在邮政、消防、公共运输甚至某些治安工作方面),其绩效与行政级别联系;③对地方性公用事业部门越来越大的投资份额施行免税,以避免由征税所导致的浪费。

(4) 强化地方政府之间的竞争。因为各地方政府的权力受到公民选票和自由迁徙的制约,若地方政府效率低下、税赋沉重、滥用职权,居民就会迁徙到外地,这样促使政府提高效率,减轻赋税。

总之,公共选择学派认为,一旦发生公共生产低效率的问题,就该从现行体制上寻找原因,从对策上着手,确立一种选拔和制约政治家和政府官员的程序与规则,以减少政府失灵。

第四节　公共选择学派的简要评价

一、公共选择学派值得肯定之处

公共选择学派展开的"公共经济"问题分析是一场经济学方面的革命。这场革命的重要意义是:①在方法论上,重新用统一的理论方法去研究经济学和政治学两个学科,创立了新的政治经济学;②在理论上,提出了关于两个市场理论、政府失灵、寻租理论等为经济学发展拓展了新视野;③在政策问题的看法上,认为政策失误不是政策内容本身或实施过程中的障碍,而是由现行政治体制造成的。正因为布坎南提出了这样的全新经济观点,才使他跻身于当代著名经济学家的前列并获得诺贝尔经济学奖,也正因为公共选择理论横跨了经济研究、政治科学、社会学等几个领域,才改变了经济理论的传统的发展趋势,使经济理论的研究与现实经济运转的实际联系得越来越紧密了,所以,这不能不说是经济科学发展史上的伟大创举。

二、公共选择理论的局限性

(1) 过分依赖"经济人"假设,忽视了人性的其他特征。在现实生活中,政治家和政府官员并不都是总把追求自身利益最大化作为追求目标(如有的政治家对自己实行1美元年薪制),很多时候理想、信仰、情感等非经济因素都有可能成为其行为动机。该理论更是忽视了政治家和政府官员对精神价值的追求。

(2) 公共选择学派的一些理论过于极端。它没有看到政府干预经济的积极作用,一味地反对政府干预经济。出于反对政府干预的需要,对政府、政治家和政府官员否定得多,肯定得少。

(3) 没有把政府低效率同资本主义的生产关系以及资本主义社会的基本矛盾联系起来考察。

复习思考题

1. 如何理解公共选择、公共选择理论、公共选择学派?
2. 为什么说公共选择学派学科性质是新政治经济学?
3. 简述公共选择学派的理论渊源。
4. 简述公共选择学派的方法论特点。
5. 简述政治市场与经济市场的异同点。
6. 公共选择学派是如何解释政府失灵的?
7. 简述政治家的类型与政府行为模式。
8. 简述公共选择学派对政府低效率的论述。
9. 试述公共选择学派的寻租理论。
10. 简述公共选择学派的主要政策主张。
11. 如何评价公共选择学派?

习　　题

第十三章

国际垄断下的新自由主义

【本章要点及学习要求】

知晓国际垄断下的新自由主义的产生及其发展;了解国际垄断下的新自由主义产生的背景;掌握国际垄断下的新自由主义在经济、政治方面的主要理论和政策主张;把握国际垄断下的新自由主义的本质;能够评价国际垄断下的新自由主义。

第一节 自由主义概述

一、老自由主义与新自由主义

(一)老自由主义

老自由主义是指古典经济学到新古典经济学的自由主义,主要代表人物有斯密、萨伊、马歇尔等。他们以经济人假设、完全信息、完全竞争和市场出清为前提,提出了市场完善论,不要政府干预经济的自由主义。

(二)新自由主义

新自由主义在当代有两大流派:①在 20 世纪 30—80 年代出现的以反对凯恩斯主义政府干预为特征的自由主义,有众多的学派(如前所述);②从 20 世纪 90 年代以来,以鼓吹自由化、私有化、市场化、经济全球化为理论的国际垄断下的新自由主义,华盛顿共识是其形成的标志。对于前者,我们在本书第八章至第十二章已做了阐述,本章是分析国际垄断新自由主义。

(三)新自由主义与老自由主义的区别

(1)所处的时代背景不同。老自由主义从 18 世纪 70 年代(1776 年斯密的《国富论》出版)到 20 世纪 30 年代(1936 年凯恩斯经济学的产生),老自由主义处在自由竞争时代;新自由主义处在国家垄断资本主义和国际垄断资本主义时代。

(2)对政府作用看法不同。老自由主义反对任何形式的政府干预,主张完全由市场调节经济;而新自由主义则反对政府过多过滥的干预。

(3) 对抗的对象不同。老自由主义主要是对抗重商主义,新自由主义主要是对抗凯恩斯主义和适应国家垄断资本主义向国际垄断资本主义转变要求。

(四) 新自由主义学派的共同点

当代新自由主义分析的思路以个人主义的"经济人"假设为前提→自由→私有制→市场机制→反对政府干预经济。上述当代新自由主义两大流派的共同点是:①都认为经济自由是经济学的最高原则。②都主张私有制,反对公有制。③都强调市场机制调节经济的完善性。④都反对政府对经济生活的直接干预。既反对社会主义的计划经济,也反对凯恩斯主义的政府干预政策。

二、新自由主义的产生及其发展[1]

新自由主义的产生和发展大体经历了四个阶段:新自由主义创立时期、新自由主义受冷落与自我雕琢时期、新自由主义勃兴时期、国际垄断下新自由主义向全球蔓延时期。

(一) 新自由主义创立时期

新自由主义作为一种经济学思潮,产生于20世纪20—30年代,是由这个时期的经济社会与政治环境造成的。一方面,自由资本主义处于私人资本垄断阶段;另一方面,随着俄国十月革命的胜利,出现了实践中的社会主义。前一方面既是对古典自由主义经济理论的一种肯定,也是对古典自由主义经济理论的挑战;后一方面则是对古典自由主义经济理论的完全否定。20世纪20—30年代发生了一场以奥地利经济学家哈耶克、米塞斯为首的新自由主义者为一方,以波兰经济学家兰格为另一方的关于"经济计算"问题的大论战。整个论战虽无果而终,却成为新自由主义开始登上历史舞台的一个里程碑。

(二) 新自由主义受冷落与自我雕琢时期

20世纪30年代的经济大危机宣告了自由竞争资本主义时代的结束。于是,适应国家垄断资本主义要求的凯恩斯主义学派便应运而生,并使之成为西方国家的主流经济学,主导西方国家宏观经济运行长达30余年之久。20世纪30—70年代既是凯恩斯主义学派时代,同时又是新自由主义受到冷落的时期。在这一时期,新自由主义者对其理论进行精雕细琢,并使之系统化,有关新自由主义的很多重要著述就是在这个时期成文的。

(三) 新自由主义勃兴时期

20世纪70年代西方一些国家陷入"滞胀"危机和高福利困境,使凯恩斯主义的理论和政策受到挑战,多年受冷落的新自由主义适应这一需要,伴随美国总统里根和英国首相撒切尔夫人的上台,在否定凯恩斯主义理论的声浪中,占据了美、英等国主流经济学地位。新自由主义的一个重要特征是把反对政府干预上升到一个新的系统化和理论化高度,是"对凯恩斯革命的反革命"。

---

[1] 中国社会科学院课题组. 新自由主义研究[J]. 经济学家, 2004(2): 67-68.

(四)国际垄断下新自由主义向全球蔓延时期

自 20 世纪 80 年代以来新自由主义向全球蔓延,其背景如下:①20 世纪 80 年代在里根和撒切尔的鼓动下,新自由主义在美国乃至经合组织国家中占据了统治地位,凯恩斯主义的政府干预思潮受到冷落。②苏联解体与东欧社会主义国家剧变,使社会主义陷入低潮,中国、越南等社会主义国家实行了市场化改革,这为在国际上推行新自由主义提供了口实。③20 世纪 90 年代到 21 世纪初,美国等发达国家出现了新经济增长,一些东西方的政治家和学者将这种变化看作自由市场经济发展的结果,因而主张在全球实现自由市场经济。④发达国家的科技和信息技术迅速地发展,推动了国家和地区之间的经济一体化。⑤资本主义由国家垄断走向国际垄断,国际垄断需要在国际市场自由占取发展中国家的资源或财富。在这种背景下,国际垄断下新自由主义理论和政策逐步政治化、国家意识形态化、范式化,成为国际垄断资本推行全球一体化的重要组成部分,其标志是 1990 年美国的"华盛顿共识"。

三、国际垄断下新自由主义的概念、形成事件及标志

(一)学者们对国际垄断下的新自由主义概念的解释

国内外学术界关于国际垄断下的新自由主义的定义,以下几种说法较具有代表性。

(1)《新自由主义和全球秩序》一书作者诺姆·乔姆斯基(Noam Chomsky,1928 年出生)认为,国际垄断下的新自由主义是在斯密古典自由主义基础上建立起来的强调以市场为导向,包含有全球自由化、价格市场化、私有化观点的理论和思想体系,其完成形态是"华盛顿共识"。

(2)罗伯特·W.迈克杰尼斯(Robert W. Mike Summary)在《新自由主义和全球秩序》一书导言中指出,国际垄断下的新自由主义是我们这个时代的政治、经济范式,相当一批私有者能够得以控制尽可能多的社会层面,从而获得最大的个人利益。

(3)法国"马克思园地协会"主席科恩·塞阿则认为,国际垄断下的新自由主义是当代资本主义意识形态的理论表现。

(4)蒂格利茨认为,国际垄断下的新自由主义是为国际金融垄断资本推进"全球化"的工具。

(5)智利的拉美经济与国际政策研究中心的主任 S.毕塔尔则认为,国际垄断下的新自由主义在拉丁美洲是指用以占据拉美国家市场,实现经济贸易和金融自由化、经济私有化、限制甚至取消国家监管的经济政策的一种政治理论。

(6)我国学者认为,国际垄断下的新自由主义是适应国家垄断资本主义向国际金融垄断资本主义转变要求的理论思潮、思想体系和政策主张(何秉孟,2012)。

(二)资本主义进入国际垄断资本主义阶段的事件

资本主义的垄断经历了私人垄断资本主义阶段→国家垄断资本主义阶段→国际资本主义垄断阶段的过程。从 19 世纪末至 20 世纪 30 年代是私人垄断资本主义阶段,20 世

纪30—70年代是国家垄断资本主义阶段,20世纪80年代以后资本主义进入国际垄断资本主义阶段。标志着资本主义向国际垄断资本主义阶段转变的重大事件有以下几个方面。

(1) 20世纪70年代以"滞胀"为特点的资本主义世界经济危机,标志着国家垄断资本主义发展到了极致。"滞胀"既是对国家垄断资本主义发展的历史总结,又是资本主义进入国际垄断阶段的开始。

(2) 1990年"华盛顿共识"出笼后,国际垄断下的新自由主义成为国际垄断资本向全球扩张的理论依据。

(3) 20世纪90年代初苏联解体与东欧社会主义国家剧变,使社会主义陷入低潮,中国、越南等社会主义国家实行了市场化改革。

(4) 跨国公司的大批涌现为资本主义进入国际垄断阶段奠定了深厚的物质基础。据不完全统计,2010年世界有6.5万家的跨国公司创造了全球60%以上的贸易额,有80%以上的投资额和40%的GDP来自跨国公司(林左鸣,2011)。

(5) 信息化和网络化为国际垄断资本主义控制全球政治、经济和文化提供了技术条件。

(6) 美国2001年"9·11恐怖袭击事件"为全面建立国际垄断资本全球体系提供了历史借口,使美国掀起了实现全球一体化的浪潮。

(7) 贸易国际化把资本主义从产业层面上推向国际垄断阶段。根据宋小川(2007)提供的资料,据全球最大的战略咨询公司麦肯锡咨询公司的分析,全球有49%的软件工程、44%的信息技术服务、25%的金融业、19%的保险业、13%的制药业职位将转入低工资的国家。

(三) 国际垄断下的新自由主义形成的标志:"华盛顿共识"

1. "华盛顿共识"名称的来源

"华盛顿共识"是1989年所出现的一整套针对拉美国家和东欧转轨国家的国际垄断下的新自由主义的政治经济理论,是由经济学家约翰·威廉姆森(John Williamson)在1989年的一篇名为《华盛顿共识》文章中提出的。1990年由美国国际经济研究所出面,在华盛顿召开了一个讨论20世纪80年代中后期以来拉美经济调整和改革的研讨会。与会者在拉美国家已经采用和将要采用的10个政策工具方面达成了共识。由于会议在华盛顿召开,因此这一共识被称作"华盛顿共识"。

2. "华盛顿共识"的内容与本质

(1) "华盛顿共识"包括10个方面的内容:①加强财政纪律,压缩财政赤字,降低通货膨胀率,稳定宏观经济形势;②把政府开支的重点转向经济效益高的领域和有利于改善收入分配的领域(如文教卫生和基础设施);③开展税制改革,降低边际税率,扩大税基;④实施利率市场化;⑤采用一种具有竞争力的汇率制度;⑥实施贸易自由化,开放市场;⑦放松对外资的限制;⑧对国有企业实施私有化;⑨放松政府的管制;⑩保护私人财产权。

(2) 按照美国学者斯蒂格利茨的概括,"华盛顿共识"的本质是主张政府的角色最小化、快速私有化和自由化；美国学者罗伯特·W.迈克杰尼斯认为，"华盛顿共识"是经济体制、政治体制（民主、民主化和民主政体）和文化体制的市场化和民主化。

发达资本主义国家把"华盛顿共识"作为对一些发展中国家提供贷款与经济援助的附加条件，迅速在处于经济转轨期的国家中大力推行。由此，国际垄断下的新自由主义得到垄断资产阶级各大财团以及金融寡头的支持迅速进入其全球扩散阶段；国际垄断资本特别是国际金融垄断资本也获得国际垄断下的新自由主义的理论支撑，为其向全球扩张开辟空间。至此，国际垄断下的新自由主义已经演化成为国际垄断资产阶级服务，代表国际垄断资本主义的利益，欲在全球建立以西方发达资本主义国家为主导、以发展中国家为附属的国际政治经济新秩序的国际垄断资本主义理论体系。

自20世纪90年代以来，"华盛顿共识"和"休克疗法"政策的得与失、利与弊、激进与渐进孰优孰劣等，始终是国际学界和俄罗斯精英争议的焦点。"华盛顿共识"的支持者认为，一旦转型引进市场改革，应该是大爆炸式的、激进的、休克式的。正是这样的理论认识，在当时成为一些转型国家执政党的主导思想（如叶利钦时代的俄罗斯等），但是并未达到预想的目标。

第二节　国际垄断下的新自由主义的理论观点与本质

一、国际垄断下的新自由主义的理论观点

（一）经济理论及政策主张[①]

1. 大力宣扬自由化、私有化、市场化、全球一体化

国际垄断下的新自由主义大力宣扬自由化、私有化、市场化、全球一体化。他们认为离开了这"四化"就谈不上经济，无法有效配置资源，因此反对政府干预经济。

（1）自由化。国际垄断下的新自由主义把保证个人经济活动的自由当作经济政策的最高目标，把个人自由主义放在至高无上的位置，其他措施都是从属于保证个人经济活动自由的最高目标。他们认为只有尊重个人和自由选择，才能使经济高效率发展具有最充分的动力，由于计划经济和政府干预限制了人的自由，因而经济必然是低效率的。所以他们反对计划经济和政府干预。自由化是"华盛顿共识"的主要内容之一，他们主张国家政府要实行彻底的贸易自由化、金融自由化和各领域市场自由化。国际垄断下的新自由主义以自由化的名义反对任何政府对市场有计划的控制和干预，其目的是保护资本主义制度的既得利益者，特别是要维护国际垄断资产阶级和金融寡头的利益。

（2）私有化。国际垄断下的新自由主义认为，私有制是人性的自然延伸，生产资料归私人所有才能够极大地调动个人生产的积极性，保障个人自由选择的权利，从而使市场经济得以高效运行。并且认为实行私有制，财产归个人所有，才能够做到产权清晰，避免不必要的混乱。为此他们主张完成资源、基础设施及公共设施私有化，让私人资本主导能源、铁路、航空、通信等基础设施建设的配置，主张转型国家所有国有企业私有化、国家资

[①] 中国社会科学院课题组. 新自由主义研究[J]. 经济学家, 2004(2): 67.

源私有化。

(3) 市场化。国际垄断下的新自由主义者认为依靠市场机制的作用,运用价格杠杆的自发调节作用与市场的自由竞争,就能解决各种经济矛盾,资源就能够得到合理的配置和充分的利用,人们也能够获得合理和满意的财富。在个人主义价值观的刺激下人们参与市场自由竞争,在竞争中获得的物质与精神财富是自然与合理的,并在私有制的保护下神圣不可侵犯,在这一自然的秩序下,人们获得各自满意的经济效益,有效降低各种经济矛盾,整个社会经济得以平稳、高效率地运行。因此国际垄断下的新自由主义主张市场的彻底自由化,甚至否定包括教育、医疗、公共福利的国家配置作用。

(4) 全球一体化。国际垄断下的新自由主义极力宣扬全球一体化,主张各国的政治、经济、文化应该并轨,以此为国际垄断资本统一全球服务。国际垄断下的新自由主义的全球一体化理论看似符合经济全球化的发展趋势,实际上是实行以发达资本主义国家为主导的全球政治、经济、文化资本主义一体化,或者说就是以美国为主导的全球资本主义化。

2. 坚持否定公有制、否定政府干预经济、否定社会主义三个否定

(1) 他们竭力反对公有制。认为公有制不仅不能提高效率,反而会影响社会资源的优化配置,对社会造成极大的浪费,并且坚称公有制经济发展到一定程度必然会导致政府的专制独裁。他们反对公有制的真正目的是为国际垄断资本向外渗透扫清障碍。

(2) 否定政府干预经济。①他们认为,国家计划与政府干预都会限制资本自由,损害市场机制的自我调节作用,破坏市场运行的自然秩序,甚至会使社会经济正常的运行轨道产生扭曲。②他们认为,国家的计划会损害公民自由选择的权利和个人利益,打击公民参与市场活动的积极性,从而折损社会经济运行的活力。③他们认为,国家计划与政府干预降低了经济活动的效率,影响整个社会经济的运行,而一旦社会经济产生问题必然引致一系列的社会矛盾。④他们认为,国家计划与政府干预是形成政府独裁专制的根源。他们认为,国家在经济上实行集中性管理的政策将必然会产生国家政治上的集权,最终将会造成专制独裁。

(3) 否定社会主义。在国际垄断下的新自由主义者看来,社会主义就是对自由的限制和否定,必然导致集权主义。哈耶克在1988年出版的《致命的自负——社会主义的谬误》一书中,总结了他毕生反对社会主义和集权主义的思想,他把社会主义、封建主义、法西斯主义三者混淆在一起,统称为集权主义而加以攻击。社会主义容易导致独裁和权威,因此,社会主义是一条通往奴役之路。哈耶克仇视社会主义实际上是为资本主义剥削制度辩护。

3. 在战略和政策方面,宣扬以美国为主导的全球一体化

经济全球化是人类社会发展的一个必然趋势和一个自然的历史过程。但经济全球化并不排除政治和文化的多元化,更不等于全球经济、政治、文化一体化。新自由主义并不是一般地宣扬经济全球化,而是着力强调要推行以美国为主导的全球经济、政治、文化一体化,即全球资本主义化。

(二)政治上的"民主和平论"①

1. "民主和平论"的提出

最早把自由主义的民主与和平相联系,以自由主义理论解释战争,并提出系统看法的是德国古典哲学家伊曼纽尔·康德(Immanuel Kant)。1983 年,鲁梅尔(R. J. Rummel)在研究了国内政治与战争及国际暴力间的关系后声称,一个国家拥有的自由民主较多,它的对内和对外的暴力就较少。从 20 世纪 80 年代后期到 90 年代,西方国际政治学界对"民主和平"在国际安全问题上的研究逐步达到高潮,不仅其研究方法不断完善,而且其理论的奉行者和支持者也不断扩大。其中代表人物之一是美国学者迈克尔·多伊尔(Michael Doyle),1983 年多伊尔发表了题为"康德、自由主义的遗产和外交政策"的论文,首次以学术研究成果的形式提出民主意味着和平主义观点。他列举了近 300 年来世界发生的主要战争并进行分析得出结论:民主国家之间不打仗,虽然民主国家卷入过无数次与"非民主国家"的战争,但宪制稳定的民主国家之间还没有彼此发动过战争。1986 年多伊尔又发表《自由主义和世界政治》一文,再次发展了他有关民主和平的理论。在多伊尔之后,一些美国学者撰文支持民主和平的观点,使得民主和平成为探讨当前国际关系中战争与和平问题的一种重要理论。

2. "民主和平论"的观点

"民主和平论"是指民主是和平的因素,民主国家之间不会发生战争,民主国家是世界和平根本保障的一种理论。其主要观点是:①民主国家不易卷入战争,它们的战争倾向性比专制和独裁国家弱得多;②民主国家之间从来不相互发动战争,民主国家的战争都是与"非民主国家"进行的;③民主国家数量增加时,战争的次数就会不断减少,世界和平就越有希望。因而,全球的民主化是世界和平的根本保障。

在"民主和平论"的影响下,克林顿和小布什政府都宣称要"扩大自由民主的和平区",他们打着民主化和人道主义的幌子粗鲁干涉别国内政,有时甚至对所谓的"非民主国家"发动战争。现在"民主和平论"已成为后冷战后美国进行对外军事干涉和在干涉之后进行"民主国家重建"的重要理论基础。

二、国际垄断下的新自由主义的本质:国际垄断资本主义的理论体系②

(一)国际垄断资本主义需要国际垄断下的新自由主义

国际垄断下的新自由主义提出的自由化、私有化、市场化、全球一体化理论和国家放松对外资的监管、放松政府管制等政策主张,目的是适应打破一些国家制度束缚、国家疆界和国家主权等障碍,满足国际垄断资本向全球扩张的需要。

本书作者在分析一些资料后认为,资本主义在不同的发展阶段需要不同的理论。如果说垄断前资本主义为保护私人资本的利益需要自由市场经济、国家垄断资本主义阶段

---

① 朱锋,朱宰佑. 民主和平论在西方的兴起与发展[J]. 欧洲研究,1998(3):21-23.
② 中国社会科学院课题组. 新自由主义研究[J]. 经济学家,2004(2):70-71.

需要凯恩斯理论的话,国际垄断阶段需要的则是国际垄断下的新自由主义,见表13-1。

表13-1 资本主义在不同的发展阶段需要不同的理论

资本主义发展阶段	需要的理论	政策主张
自由竞争资本主义阶段	新古典经济学的微观经济学	自由放任的完全市场调节
私人垄断资本主义阶段	产业组织理论	哈佛学派的反垄断政策
国家垄断资本主义阶段	宏观经济学	凯恩斯理论的政府干预政策
国际垄断资本主义阶段	国际垄断下新自由主义的自由化、私有化、市场化、民主化、经济全球化	国际垄断下新自由主义的推动全球实现自由化、私有化、市场化、民主化

(二)国际垄断下的新自由主义推动了国际垄断资本主义的发展

国际垄断下的新自由主义主要是从自由化、私有化、市场化、全球经济一体化来推动国际垄断资本主义发展的。

1. 私有化浪潮席卷全球①

(1) 一些发达国家实行了国有经济私有化的改革。如英国撒切尔夫人在20世纪80年代私有化首先是在公用部门,然后又扩大到社会福利部门,整个80年代,共有600亿英镑的国有资产被卖给或者转卖给私人投资者。撒切尔夫人上台时,政府民用事业就业人数为77万人,到90年代中期,只有5万人。

(2) 一些发展中国家也加快了国有经济私有化发展。在20世纪80年代飞速进行,到90年代初,已有80多个发展中国家对6 800家国有企业实行了私有化,其中私有化的大多数都是从事公共服务(水、电、通信)的国家垄断性企业。

2. 经济市场化波及全球

由于国际垄断下的新自由主义的蔓延,西方国家致力于追求市场机制的完善,而非市场经济国家也纷纷建立市场经济制度。自20世纪90年代以来,包括苏联和东欧在内的多数社会主义国家向市场经济制度转轨。当前世界绝大多数国家都确立了市场经济制度,这为国际垄断资本进行全球扩张扫清了制度上的障碍,使垄断资本在国外的"自由空间"急剧扩大。

3. 金融自由化为国际垄断资本控制全球经济提供了金融的杠杆

金融自由化主要包括:①实现完全的利率市场化;②金融机构业务的多元化;③国内外实现统一的金融市场;④对外开放金融市场;⑤实行外汇交易自由化等。金融自由化和金融国际化使国际垄断资本有了控制全球经济的最重要的杠杆,从而通过金融"扼制"等手段把整个世界经济体系更加牢固地置于自己的掌握之中。

4. 贸易自由化为美国国际垄断资本控制世界贸易提供了工具和武器

乔姆斯基在《新自由主义和全球秩序》一书中把世界贸易组织在这方面的作用概括为以下五点:①为美国干涉别国内政提供工具;②为美国大公司兼并别的国家企业提供便

---

① 李其庆. 全球化背景下的新自由主义[J]. 马克思主义与现实,2003(5):9-10,14.

利；③使资本家和富人受益；④将成本转移给消费者；⑤为对付反民主威胁（因为任何反市场的政府都是反民主的）提供武器。发达国家要求发展中国家全面开放市场，而它们往往对自己的弱势产业和部门如农业、钢铁等实行保护。根据李其庆(2003)提供的资料，发达国家对农民的补贴每年超过 3 000 亿美元，其中美国和欧盟提供的补贴最多。

5. 一些国际组织为国际垄断资本统一全球提供了制度安排

这些组织包括西方七国集团、经济合作与发展组织、欧盟、国际货币基金组织、世界银行、世界贸易组织等。李其庆(2003)认为，这些组织绝不是中性的，如国际货币基金组织为俄罗斯制定的"休克疗法"，为拉丁美洲国家制定的结构调整方案，都充分证明了这一点；从本质上说，这些组织是为国际垄断资本利益服务的。

（三）国际垄断下的新自由主义、垄断资本国际扩张、经济全球化三者紧密交织

国际垄断下的新自由主义是垄断资本国际扩张的理论体系，国际垄断下的新自由主义、垄断资本国际扩张同经济全球化又紧密交织在一起。当前由于世界经济体系处在国际垄断资本的支配之下，所以在经济全球化背后，不能不看到国际垄断下的新自由主义和国际垄断资本的巨大支配力。

第三节 国际垄断下的新自由主义在我国的传播与简要评价[①]

一、国际垄断下的新自由主义在我国的传播

国际垄断下新自由主义在我国较大规模地传播主要通过文献出版物、以大学为主的各种讲坛(论坛)、各种研究机构(包括学会、研究会)主办的学术讨论等几种渠道或方式传播。我国学术界、理论界关于国际垄断下新自由主义的本质及其在我国的传播的看法上，分歧较大。归纳起来，大致有以下四种态度及观点。

(1) 全面否定。持这种观点的学者不仅不赞成国际垄断下新自由主义的理论和政策主张，并对国际垄断下新自由主义在我国的传播持强烈的抵制和批判态度，更坚决反对借鉴国际垄断下新自由主义的理论与政策主张。

(2) 极力宣扬。在我国学术界极力宣扬、推崇国际垄断下新自由主义的人为数不多，但他们散布的观点在部分青年学生中具有相当蛊惑力。

(3) 只介绍、不分析、不判断。采取这种态度的学者不重视对国际垄断下新自由主义本身的研究，也较少考虑新自由主义者的政治倾向，着重把包括新自由主义在内的西方的学术理论介绍到我国来。

(4) 批判地吸收、借鉴。目前我国学术界特别是经济学界，有一批较为严谨的经济学者既不全盘否定国际垄断下的新自由主义，也不主张照抄照搬国际垄断下的新自由主义，而是力图根据我国实际，对国际垄断下的新自由主义特别是对其经济学理论进行分析和研究，积极吸收其中可供我国改革开放借鉴、参考的理论观点和政策主张，以促进我国社

[①] 中国社会科学院课题组. 新自由主义研究[J]. 经济学家，2004(2)：72-73.

会主义市场经济理论研究的深化和实践的发展。

二、对国际垄断下的新自由主义的简要评价

（一）可以研究和借鉴的

在国际垄断下的新自由主义经济理论中，有这样几方面值得深入研究和借鉴：①关于市场是有效配置资源机制的观点；②主张减少政府干预、压缩政府开支、提高政府效率的观点；③关于通过适度货币政策对国民经济进行宏观调控的观点；④关于加强法治和使政府行为纳入法制轨道的观点；⑤利用经济全球化发展我国经济的观点；⑥关于尊重人权和人的自由发展的主张。

（二）对国际垄断下的新自由主义摒弃的内容

1. 绝对自由化

国际垄断下的新自由主义所主张的自由化实际上是对经济弱势国家的经济主权的弱化。对此，我们既要遵守国际规则和我国的有关承诺，最大限度地把握机遇，积极参与国际竞争与合作；同时，又要防范风险，特别是对金融自由化持谨慎态度，保留国家对金融强有力的监管和调控能力，以维护国家的经济独立和经济安全。

2. 完全私有化

这一点即使在资本主义社会也是无法实现的，它不符合生产力发展的内在要求。经济社会发展水平越高，就越需要社会提供更多的公共物品。而公共物品的生产和流通，不可能完全建立在私有制的基础之上，许多必须建立在公有制基础上。

3. 全面市场化

实践证明，即使资本主义经济运作也不可能全面市场化，不要政府干预。我们搞社会主义市场经济，政府必须利用经济手段以及指导性发展规划等措施，对市场进行宏观调控。

4. 全球一体化

国际垄断下的新自由主义的全球一体化，是国际垄断资本统一全球的制度安排。但实际上，在未来相当长的历史时期内，世界仍将处于"一球两制"之中。在这个过程中，我们既要参与经济全球化，又要高度警惕"全盘西化"，以免落入政治和文化"全球一体化"的陷阱。

复习思考题

1. 简述国际垄断下的新自由主义的产生及其发展。
2. 简述国际垄断下的新自由主义产生的主要背景。
3. 国际垄断下的新自由主义在经济和政治方面的主要观点分别是什么？
4. 为什么说国际垄断下的新自由主义是国际垄断资本主义的理论体系？
5. 国际垄断下的新自由主义的主要政策主张是什么？
6. 国际垄断下的新自由主义值得借鉴的地方和摒弃的主要理论与观点有哪些？

习 题

图灵

第三篇 经济发展思潮各学派

经济发展思潮主要有要素学派、模型学派、创新学派、结构学派、阶段学派与未来学派，其中要素学派和模型学派在相关章节已有论述，下面我们主要是研究创新学派、结构学派、阶段学派与未来学派。经济发展思潮主要学派见下表。

经济发展思潮各主要学派

学 派	代 表 人 物
要素学派	配第的二要素(土地和劳动)→马克思的劳动价值论→萨伊的三要素(土地、劳动和资本)→马歇尔等人的四要素(土地、劳动、资本和企业家才能)
模型学派	①哈罗德-多马经济增长模型；②索洛等人新古典经济增长的经济增长模型；③英国的琼·罗宾逊、卡尔多和意大利帕森奈蒂的新剑桥经济增长模型；④阿罗、罗默、卢卡斯等人的内生经济增长模型
创新学派	①国家创新,弗里曼、戴维斯、波特、埃德奎斯特等；②技术创新,阿罗、格里利谢斯(1979)、莫尔顿等；③管理创新,熊彼特(1912)、钱德勒(1977)等；④制度创新,福格尔(1964)、诺斯(1968)
结构学派	产业结构(克拉克、赤松要、库兹涅茨、钱纳里、弗农)、二元经济结构(刘易斯、托达罗等人)、区域经济结构(里斯托勒、佩鲁、缪尔达尔、赫希曼、鲁格曼)等
阶段学派与未来学派	阶段学派(李斯特、霍夫曼、波特、罗斯托等)、未来学派(贝尔、托夫勒、奈斯比特、马克卢普、罗默、斯图尔特、埃德文森和沙利文、斯维比等)

扩展阅读

第十四章

创 新 学 派

【本章要点及学习要求】

理解熊彼特的创新理论,把握各学派的创新理论,了解创新驱动型经济的概念与特征,认识创新驱动型经济的理论基础,掌握创新驱动的动力模式。

第一节 熊彼特简介与熊彼特的创新理论

一、熊彼特简介

约瑟夫·阿洛伊斯·熊彼特(Joseph Alois Schumpeter,1883—1950)是创新理论之父,他出生于奥匈帝国摩拉维亚省(今捷克境内,故有人又把熊彼特看作美籍捷克人),毕业于维也纳大学,后到英国游学。1909年熊彼特回到奥地利,在格拉兹大学任教,并于1912年出版了他重要的著作《经济发展理论》,正是在这本书中,他提出了奠定他一生事业基础的创新理论。他是20世纪最享有盛名的经济学和社会学作者之一。他的一生有如下几个特点。

(1)游学多国。熊彼特1883—1931年生活在欧洲,1932—1950年生活在美国。他先后在奥地利几所大学、德国波恩大学任教,1925年,担任日本等大学客座教授并在1931年又短期访日讲学。1932年迁居美国,任哈佛大学经济学教授,直到1950年年初逝世。

(2)扮演角色众多。他是优秀学生、政府大臣、银行总裁、商人、大学教授、艺术史学家、历史学家、理论学者和感情奔放的表演者等。

(3)婚姻多变。1907—1920年熊彼特与比他大12岁的管家女儿安妮结婚生活;1925—1926年与比他年轻20岁的安妮·莱瑾格结婚生活;1937—1950年与经济学家伊丽莎白·布迪·弗鲁斯基(Elizabeth Boody Firuski)结婚生活。

(4)著述颇丰。他一生共出版15本著作,发表200多篇文章。其主要理论著作有《经济发展理论》(1912年德文版,1934年英文修订版)、《经济周期:资本主义过程的理论、历史和统计分析》(1939)、《资本主义、社会主义和民主主义》(1942)、《从马克思到凯恩斯十大经济学家》(1951,由生前所写传记评论汇集而成)、《经济分析史》(1954,熊彼特去世后由遗孀整理出版)。

(5)五次重要社会任职。1918年,他曾一度出任考茨基、希法亭等人领导的德国社会民主党"社会化委员会"的顾问。1919年,他又短期出任由奥托·鲍威尔等人为首的奥地利社会民主党参加组成的奥国混合内阁的财政部部长。1921年,他弃仕从商,任私营比德曼银行行长。1937—1941年任"经济计量学会"会长;1948—1949年任"美国经济学会"会长;如果不是过早去世,他还会担任预先商定的即将成立的"国际经济学会"第一届会长。

二、熊彼特的创新理论

(一)熊彼特的创新概念与创新理论的要点

1. 熊彼特的创新概念

"创新"一词最早是由美国经济学家熊彼特在其1912年出版的《经济发展理论》一书中首次提出,以后又在其他著作中加以运用和发展,直到1942年他的创新理论才最终完成。熊彼特认为,创新是企业家建立一种新的"生产函数",即实现生产要素和生产条件的一种新组合引入生产体系。所谓生产函数,是在一定时间内,在技术条件不变的情况下生产要素的投入同产出之间的数量关系。如生产一种产品,原来实行手工劳动,需要劳动力较多,生产和产品数量较少;而改用机器生产,需要的劳动力相对较少,生产和产品数量较多,这就是生产函数发生了改变,或是生产要素和生产条件实现了"新组合",其结果是后者可以比前者获得更多的产出和利润。

熊彼特进一步明确指出创新的五种情况:①产品创新。生产一种新的产品,或者开发一种产品的新属性。②工艺创新或生产技术创新。采用一种新的生产方法,新方法既可以是出现在制造环节的新工艺,也可以是出现在其他商务环节的新方式。③市场创新。开辟一个新的市场,不管这个市场以前是否存在(如电子商务出现的网络销售就属于市场创新)。④资源配置创新。控制原材料或配件的一种新的供应来源,不管这种来源以前是否存在(如显示屏由液晶显示屏代替玻壳显示屏就属于资源配置创新)。⑤组织管理创新。实现任何一种新的产业组织,如形成新的产业组织形态,建立或打破某种垄断。

熊彼特还认为,创新与技术发明不同:①所处领域不同,发明是新技术的发现,一般处在研发领域;而创新则是将发明应用到经济活动中去,是在实践领域,发明也只有用于生产实践之中并且实现了商业利润才能够被算作创新。②外延不同,创新的外延大于技术发明,创新既包括技术发明,也包括管理方式的改变、生产方法改进、经济制度的改变等。总之,熊彼特的创新概念主要属于技术创新范畴,也涉及管理创新、组织创新等,但他强调的是把技术与经济结合起来,因而他所说的创新是一个经济学的概念,是指经济上引入某种"新"的东西,不能等同于技术上的发明,只有当新的技术发明被应用于经济活动创造出更多的产出和利润时,才能称为创新。

2. 熊彼特创新理论的要点[①]

根据阮青的总结,熊彼特创新理论的要点有以下六个方面。

(1)创新是在生产过程中内生的。他说:"我们所指的发展只是经济生活中并非从

---

① 阮青.熊彼特的创新理论[N].学习时报,2006-06-05.

外部强加于它的,而是从内部自行发生的变化。"尽管投入的资本和劳动力数量的变化,能够导致经济生活的变化,但这并不是唯一的经济变化;还有另一种经济变化,它是不能用从外部强加于数据的影响来说明的,它是从体系内部发生的。该另一种经济变化就是"创新"。

(2) 创新是企业家的核心职能。熊彼特把"新组合"的实现称为"企业",把实现这种"新组合"作为职业的人们称作"企业家"。因此企业家的核心职能不是经营管理,而是看其是否能够执行这种"新组合",即创新。他把具有创新职能的企业家活动与其他活动(如生产经营活动、一般的日常管理活动)区别开来。他认为,企业家只有当其实际中实现了创新时才是一位名副其实的企业家。

(3) 创新是一种革命性的质变。关于质与量的变化,熊彼特曾做过这样一个形象的比喻,你不管把多大数量的驿路马车或邮车连续相加,也决不能得到一条铁路(量变),而铁路技术的发明及应用才是创新(质变)。"而恰恰就是这种革命性变化的发生,才是我们要涉及的问题,也就是在一种非常狭窄和正式的意义上的经济发展的问题。"他的这种观点就充分强调了创新的革命性质变特点。

(4) 创新同时意味着破坏和毁灭。熊彼特(1942)把资本主义的发展本质定义为破坏性的创新,在他看来,创新是一种创造性的破坏。他认为,创新的过程是不断破坏旧的结构、不断创造新的结构的过程,是一个创造性的破坏过程。一批又一批企业在创新浪潮中被淘汰,一批又一批新的企业在创新浪潮中崛起,具有创新能力和活力的企业不断发展,生产要素在创新过程中实现优化组合,经济就会不断发展。持续创新,持续破坏,持续优化,持续发展,这就是创新的经济发展逻辑。

(5) 创新必须能够创造出新的价值。熊彼特认为,先有发明,后有创新;发明是新工具或新方法的发现,而创新是新工具或新方法的应用,创新最重要的含义就是能够创造出新的价值。他把发明与创新区别开来,强调创新是新工具或新方法的应用,必须产生出新的经济价值,这对于创新理论的研究具有重要的意义。所以,这个观点为此后诸多研究创新理论的学者所继承。

(6) 创新是经济发展的本质规定。熊彼特力图引入创新概念以便从机制上解释经济发展。他认为,可以把经济区分为"增长"与"发展"两种情况。所谓经济增长,如果是由人口和资本的增长所导致的,并不能称作发展,因为它没有产生质的新变化,而只有创新才是经济发展,也就是说创新是经济发展的本质规定。

(二) 企业家与创新

1. 企业家的概念

对于企业家的概念,中外学者分别从承担风险说、提升效率说、资本所有者说、管理才能说、创新说、降低交易费用说(本书作者的总结)对企业家概念进行了解说,见表14-1。

熊彼特不接受大多数人认可的马歇尔把企业家的主要职能看作一般的经营管理,他也抛弃了把企业家看作风险承担人和资本所有人的观点。在熊彼特看来,企业家不同于普通的企业经营者和资本家,企业家必须富于创新意识,其最重要的职能是创新。资本家和股东也不同于企业家,资本家和股东是货币所有者或物质财富的所有人,而企业家则

表 14-1　中外学者对企业家概念的解说

观　点	代表人物	定　义
承担风险说	康替龙	企业家是承担不确定性风险、从事经济活动的人
要素组合说	萨伊	企业家是能够将劳动、资本和土地要素结合起来进行生产的人
X-非效率说	列宾斯坦	企业家是能够克服企业 X-非效率的人
资本所有者说	马克思	资本家的企业家是资本的人格化，或者说企业家是一定资本的所有者
管理才能说	马歇尔	企业家是具有预测、领导、统驭企业和市场才能的人
创新说	① 熊彼特 ② 德鲁克	① 企业家是以创新为己任、实现新组合的人 ② 企业家是能开拓新市场、引导新需求、创造新顾客的人
降低交易费用说	① 科斯 ② 诺斯	① 企业家是能够降低企业交易费用的人 ② 企业家是以经营企业为职业，能够最大限度地降低交易成本和生产成本，实现企业的长远发展和自身利益最大化的有效结合的人

是资本的使用者，是实现生产要素新组合的首创人。企业家可以同时是一个资本家或是一个技术专家或是一个技术发明者，但拥有资本的资本家或技术发明者如果不把他们的资本和技术用于生产方式的新组合，没有创新行为，那么他们就不能称为企业家。由上可见，企业家的核心职能不是经营或管理，而是看其是否能够创新，熊彼特对企业家的认识属于创新说。

2. 企业家是创新的主体

（1）企业家具备创新的条件。在熊彼特看来，企业家创新应具备四个条件：① 勇于创新，能够实现生产要素和生产条件的一种新组合引入生产体系；② 有眼光，能看到市场潜在的商业利润；③ 有能力、有胆略，敢冒经营风险，能够使潜在的盈利机会变成现实的利润；④ 有经营才能，善于动员和组织社会资源，进行并实现生产要素的新组合，最终获得利润。

（2）企业家有强大的创新动机。企业家的创新动机不同于普通商人或投机者，追求个人利益只是他个人的一部分目的，而其最突出的动机来源于"个人实现的心理"（企业家精神）。企业家"个人实现的心理"包括：① 建立私人王国，企业家经常有一种建立私人王国的梦想、意志和冲动；② 对胜利的热情，企业家有征服的意志，有证明自己比别人优越的意愿，他们对事业成功的喜悦高于获得利润和金钱；③ 创新的喜悦，企业家有创新的欢乐，把事业的成功看作施展个人能力和智谋的欢乐；④ 坚强的意志，企业家有挑战困难、甘冒风险的意志，把创新当成挑战困难和风险的乐事。

（3）企业家能够实现创新。① 企业家能够从事创新性的破坏工作；② 企业家能够不断破除旧的生产要素和生产条件组合，创造新的生产要素和生产条件组合；③ 企业家能够为企业发展指明新的方向；④ 企业家具有创新所需的预测能力、决策能力、组织能力和说服能力等各种能力。

(三) 创新与经济发展

1. 经济发展的动力来自创新

熊彼特认为,经济发展是不断创新的结果,在没有创新的情况下,经济增长只是数量的变化,这种数量增长无论如何积累,本身并不能创造出具有质的飞跃的经济发展(只有量变,不会发生质变)。只有创新才能推动经济结构从内部进行革命性的破坏,也才是真正的经济发展。

2. 经济周期变化的成因是创新

(1) 从一个经济周期来看,是创新引发了经济周期的阶段变化。熊彼特认为,周期性的经济波动正是起因于创新过程的非连续性和非均衡性,不同的创新对经济发展产生不同的影响,由此形成时间不同的经济周期。他的分析思路是:创新→引起模仿→打破垄断→刺激了大规模的投资→引起经济繁荣;创新扩展→创新成果普及→企业盈利机会减少→投资减少→经济衰退→企业盈利机会消失→投资大规模消失→经济萧条→期待新的创新出现。

(2) 从多个经济周期来看,是创新形成了经济周期的不断循环。熊彼特用创新引起的第二次浪潮来解释:第一次创新浪潮→对银行信用和资本品的需求增加→生产资本品的部门扩张→生产消费品的部门扩张→第二次浪潮→物价上涨、投资机会增多;随着创新的扩展→超额利润消失→经济衰退→创新普及→萧条。要使经济从复苏进入繁荣,则必须再次出现创新。1939年在他出版的《经济周期》一书中,熊彼特沿袭康德拉季耶夫的观点,根据创新浪潮的起伏,把一些西方国家经济由创新引致的经济发展分为三个长波,见表14-2。

表14-2 经济发展过程的三个长波

长波序次	长波的上升期	长波的下降期	主 要 创 新
第一个长波	1887—1813年	1814—1842年	蒸汽机替代水力,煤和钢铁替代木材
第二个长波	1843—1869年	1870—1897年	机械化纺织工业、铁路和蒸汽轮船的应用
第三个长波	1898—1924年	1901—1939年	电力工业和化学工业的创新,内燃机和狄塞尔发动机(柴油发动机)的出现

他还在综合前人研究的基础上,以经济发展的长波为基础,划分出中周期与短周期。在他看来,一个长周期包括6个中周期(朱格拉周期,由朱格拉1862年提出,经济周期波动9~10年)和18个短周期(基钦周期,1923年由基钦提出,经济周期波动3~4年)。熊彼特宣称,上述几种周期并存而且相互交织的情况,正好进一步证明了他的创新理论的正确性。

另外,熊彼特以创新理论为核心,还研究了资本主义经济发展的实质、动力与机制,探讨了经济发展的模式,预测了经济发展的长期趋势,提出了独特的经济发展理论体系。熊彼特的研究方法、理论和观点对后来的发展经济学产生了深远的影响,因此,他也被称为研究发展经济学的早期先驱者之一。

自熊彼特提出创新理论以来,许多经济学家和管理学家对创新理论进行了广泛而深入的研究，形成了"新熊彼特主义"和"泛熊彼特主义"的众多学派和学科分支，如技术创新、管理创新、制度创新、国家体系创新等。因此，他当之无愧地被称为"创新理论之父"。

第二节 创新理论的发展

熊彼特的创新理论对西方经济学的许多流派产生了重大影响，在熊彼特创新理论的发展过程中形成了当代西方经济学多个创新学派，其中主要有国家创新体系、制度创新、技术创新、管理创新等学派。

一、国家创新体系

（一）国家创新体系的提出

国家创新体系学派以英国经济学家克里斯托夫·弗里曼（Christophe Freeman）、美国学者理查德·R. 纳尔逊（Richard R. Nelson）、伦德瓦尔（Lundvall）、迈克尔·波特（Michael Porter）等人为代表，该学派认为创新不仅仅是企业家的功劳，也不仅是企业的孤立行为，还是由国家创新体系推动的。1987年，弗里曼在分析日本经济绩效的著作《技术和经济运行：来自日本的经验》中，首次提出国家创新体系学说，1988年美国学者纳尔逊在《作为演变过程中的技术变革》中介绍了美国的国家创新体系。继20世纪80年代弗里曼、纳尔逊等人对国家创新系统研究做出开创性工作之后，20世纪八九十年代更多的学者对国家创新系统的理论和实践进行了深入研究。其中美国竞争战略专家波特在《国家竞争优势》(1990)一书中，首次将国家创新体系放在经济全球化的大背景下进行考察。伦德瓦尔1992年在其主编的《国家创新体系：构建创新和交互学习的理论》一书中阐述了国家创新体系的构成和运作。1994年，帕特尔和帕维特（Patel and Pavitt）研究了国家创新系统与经济增长的关系。另外还有兰德韦尔（Verlinde,1992）、纳尔逊和罗森堡（Nelson and Resonberg,1993）、艾德奎斯特（Edquist,1993）、尼奥西（Niosi,1993年）等。1994年经济合作与发展组织（Organization for Economic Cooperation and Development,OECD）启动了国家创新体系项目，该项目的任务是探索国家创新的力量分布；1999年，OECD在《以知识为基础的经济》年度报告中强调国家创新系统与知识经济的关系，OECD并在1997年和1998年分别发布了《国家创新系统》的研究报告；中国国家创新体系建设战略研究组发布了《2008国家创新体系发展报告：国家创新体系研究》等。

（二）国家创新体系的含义与演变的阶段

1. 国家创新体系的含义

国家创新体系（国家创新系统）是由公共部门和私营部门中各种机构所组成的推动创新的网络。根据麦特卡尔夫（Metcalfe,1995年）等对国家创新体系的定义，国家创新体系概念包含如下含义：①国家创新体系的主体是由公共部门和私营部门中各种机构所组成的集合；②这些不同的部门或机构通过各自或共同的努力为新技术的发展和扩散作出贡献；③该集合使政府能够形成和实施促进创新过程的政策；④创新包括新技术和新知识的创造、存储和传播、知识和技术的引入、改进和扩散的活动。

在国家创新体系中各主体的创新主要有：①以企业为主体的创新，包括技术创新、资源配置创新、产品创新、市场创新、管理创新；②以政府为主体的制度创新；③以科研院所和高等学校为主体的知识创新体；④社会化、网络化的科技中介服务体系推动创新成果转移、转化和开发；⑤金融为创新提供资金支持并把知识变成资本。

2．国家创新体系演变的三个阶段

根据何传启（1999）的研究和张响东（2004）的总结，国家创新体系演变的三个阶段见表 14-3。

表 14-3　国家创新体系演变的三个阶段

阶 段	名 称	时 代	特 点	参 考 文 献
第一阶段	国家技术创新体系	工业经济时代，20 世纪 80 年代	强调技术流动及相互作用	弗里曼（1987 年）、纳尔逊（1988）等
第二阶段	国家创新体系	从工业经济向知识经济转移的过渡时期，20 世纪 90 年代	强调技术创新和知识的创知、扩散、应用及人员流动	伦德瓦尔（1992）、特卡尔夫（1995）、OECD（1994，1997，1998）等
第三阶段	国家知识创新体系	知识经济时代，21 世纪以来	强调知识创新和新知识高效应用	美国国家研究理事会（1996）、罗杰斯（1996）等

资料来源：张响东.企业技术创新和制度创新互动关系研究［D］.天津：天津大学，2004：7.

（三）国家创新体系的学派[①]

1．微观学派

伦德瓦尔开创了从微观角度对国家创新体系的构成进行理论分析的研究风格。他认为创新是用户和制造商的互动过程。在国家创新体系框架中，关键的生产要素是在学习和搜索过程中不断进化的相关知识。所以说国家创新体系是一个相互作用的学习过程。安德森、费格伯格、约翰逊等人也认为生产过程中的交互学习是创新之源。

2．宏观学派

（1）弗里曼的观点。弗里曼把技术创新看作经济增长的主要动力的同时，强调技术创新对劳动力就业的影响，更强调科学技术政策对技术创新的刺激作用。他从组织网络角度对日本的政府、厂商、大学（教育培训体系）进行分析，认为国家间的追赶、超越乃至出现重大的技术差距不仅与发明及科学活动的增加和技术创新有关，而且是制度、组织管理创新综合作用的结果。为此，他为政府提出了三套科学技术政策用以刺激技术创新、扩大劳工就业。第一套政策的目的是扶持、资助和鼓励基础技术的发明和创新；第二套政策的目标是推动和促进基础技术创新的传播和应用；第三套政策的目标是改善对国外先进技术引进，并促进其在国内的广泛应用。弗里曼的技术创新政策体系为国家创新体系奠定了基础。弗里曼还阐述了历次科技革命带来的产业革命，见表 14-4。

[①] 王海燕，张钢.国家创新系统理论研究的回顾与展望［J］.经济学动态，2000(11)：67-71.

表 14-4　五次科技革命的产业革命

序次	大约时期	科技革命的产业革命
第一次	1780—1840 年	纺织品工厂化生产
第二次	1840—1890 年	蒸汽机与铁路
第三次	1890—1940 年	电力与钢铁
第四次	1940—1990 年	汽车和合成材料大批量(福特主义)生产
第五次	1990 年以后	微电子和信息网络

资料来源：Freeman & Soete (1997)。

(2) 纳尔逊的观点。纳尔逊以美国为例，对美国企业创新收益的独占性、企业技术共享与 R & D(research & design 的缩写,研发)合作、大学的作用，以及政府对产业技术创新与技术进步的作用进行了分析，认为制度设计既要保持对私人刺激以激励创新，又要保持公有性以促进技术的推广和应用。

(3) 佩特尔和帕维蒂的观点。佩特尔和帕维蒂把国家创新体系定义为决定一个国家技术学习的方向和速度的国家制度、激励结构和竞争力，认为不同国家对技术投资的不同政策是造成国际技术差距扩大的主要原因。

另外，经济合作与发展组织认为，国家创新体系的"知识配置力"是经济增长和提高竞争力的决定因素。

3. 国际学派

这一学派以波特为代表，其特点是在经济全球化大背景下考察国家创新体系。波特在《国家竞争优势》一书中，分析了国家创新体系运行过程对国际竞争力的影响，他认为决定国家竞争力的是四个因素(生产要素，需求条件，相关及支持产业，企业的战略、结构、同业竞争)和两大变数(政府与机会)，以上四个因素和两大变数构成波特的国家创新体系钻石理论模型，如图 14-1 所示。

波特的国家创新体系钻石理论表明，国家创新体系的要点是：①一个国家在某个行业取得国际竞争成功是该国生产要素、需求条件、相关产业及支持产业、企业战略和结构及同业竞争四个因素综合作用的结果。②国家竞争优势形成的关键是优势产业的建立和创新。重大技术创新会产生某种进程中断或突变效果，从而导致原有行业结构解体与重构，给一国的企业提供排挤和取代另一国企业的机会，这就需要国家制定相关科技推广政策和产业结构调整政策促进优势产业的建立和创新。③政府政策的选择能够削弱或增强国家竞争优势，因此为增强国家竞争优势，需要政府政策创新。④政府行业补贴、资金市场政策、教育政策等影响到该国资源与人才要素。⑤政府要制定并实施提升具有国际竞争力的产业集群政策。

二、制度创新

制度创新我们在第十一章已做了较为详细的分析，在这里我们做一个简单的回顾。戴维斯和诺斯于 1971 年出版的《制度变迁和美国经济增长》一书，研究了制度变革的原因和过程，形成了制度创新理论。他们认为制度创新决定技术创新，好的制度选择会促进技术创新，不好的制度设计会扼制技术创新或阻碍创新效率的提高。他们对创新理论中的

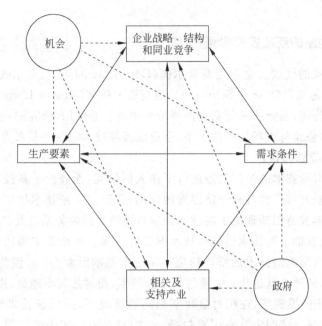

图 14-1 波特的国家创新体系钻石理论模型

制度理解是:①制度创新是指制度主体通过建立新的制度以获得追加利润的活动;②制度创新能使创新者获得追加利益,而对现行制度进行变革;③制度创新是在既定的宪法秩序和规范性行为准则下制度供给主体解决制度供给不足,从而扩大制度供给来获取潜在收益;④制度创新是由产权制度创新、组织制度创新、管理制度创新、约束制度创新四方面组成;⑤只有当通过制度创新可能获取的潜在利润大于为获取这种利润而支付的成本时,制度创新才可能发生;⑥制度创新既包括根本制度的变革,也包括在基本制度不变的前提下具体运行的模式的转换;⑦制度创新是一个演进的过程,包括制度的替代、转化和交易过程。

三、技术创新

(一)技术创新的模型学派

技术创新的新古典学派以索洛等人为代表,索洛区分了经济增长的两种不同来源:一种是由要素数量增加而产生的增长;另一种是因生产要素技术水平提高而产生的经济增长。1957年,索洛在其发表的《技术进步与总生产函数》一文中,推算出1909—1949年美国制造业总产出中有87.5%的产出无法用资本和劳动的投入来解释,这无法解释的87.5%的产出被称为"索洛余值"。索洛把这一余值归结为广义技术进步,进而改变了生产函数。在继续深入研究技术进步对经济增长的作用时,新古典综合学派还开展了技术创新中政府干预作用的研究,提出当市场对技术创新的供给、需求等方面出现失效时,或技术创新资源不能满足经济社会发展要求时,政府应当采取金融、税收、法律以及政府采购等间接调控手段,对技术创新活动进行扶植,以提高技术进步在经济发展中的促进和带动作用。

(二) 技术创新的新熊彼特学派[①]

新熊彼特学派的代表人物有曼斯菲尔德(Edwin Mansfield)、莫尔顿·卡曼(Morton Kamien)、南赛·施瓦茨(Nancy Schwartz)、理查德·列文(Rihard Levin)等,他们秉承熊彼特经济分析的传统,强调技术创新在经济增长中的核心作用,研究的主要问题有新技术模仿与推广、技术创新与市场结构的关系、企业规模与技术创新的关系等。

1. 新技术的模仿与推广

曼斯菲尔德对新技术的推广问题进行了深入的研究,他分析了新技术在同一部门内推广的速度和影响其推广的各种经济因素的作用,并建立了新技术推广模式。曼斯菲尔德的理论填补了熊彼特创新理论中的技术创新与模仿之间的关系以及二者变动速度的空白,在一定程度上有助于对技术模仿和技术推广的解释。曼斯菲尔德认为有三个基本因素和四个补充因素影响新技术的推广速度。①三个基本因素为:a.模仿比例,模仿比例越高,采用新技术的速度就越快;b.模仿相对盈利率,相对盈利率越高,推广速度就越快;c.采用新技术要求的投资额,在相对盈利率相同的情况下,采用新技术要求的投资额越大,推广速度就越慢。②四个补充因素包括:a.旧设备还可使用的年限,年限越长,技术推广速度就越慢;b.一定时间内该部门销售量的增长情况,增长越快,技术推广速度就越快;c.某项新技术首次被某个企业采用的年份与后来被其他企业采用的时间间隔,间隔越长,技术推广速度就越慢;d.该项新技术初次被采用的时间在经济周期中所处的阶段,阶段不同,推广速度也不同。

2. 市场结构与技术创新

以曼斯菲尔德、卡曼、施瓦茨、列文等为代表的技术创新与市场结构创新经济理论,研究了技术创新与垄断、竞争和企业规模之间的关系。他们认为,竞争程度、企业规模和垄断力量是决定技术创新的三个重要因素。其中,竞争程度引起技术创新的必要性,企业规模影响技术创新的能力和开辟的市场前景的大小,垄断力量抑制创新成果被其他企业模仿并获得创新的持久利益。关于市场集中度对企业技术创新行为与动因的影响,主要有以下四种观点。

第一种观点认为,垄断市场有利于技术创新。市场集中程度越高,技术创新就越活跃。理由有三:①创新的目的是获得垄断利润,若集中度低,意味着进入壁垒低;创新成果很快为许多企业模仿,导致竞争加剧,利润率降低。只有垄断市场才能获得开发新产品所需的超额利润。②研究和开发具有规模经济,市场集中度低由于不具有规模经济,不利于大的技术创新,市场集中度高由于具有规模经济效应而利于大的技术创新。③创新是有高风险的活动,需要高额垄断利润作为R&D的资金支撑,在此方面垄断市场具有优势。

第二种观点认为,市场集中度对于技术创新的影响存在阶段性。在开发潜力大、技术模式不稳定、以产品创新为特征的技术发展阶段,竞争性的市场结构有利于创新;在开发潜力小、改进可能性不大、具有较成熟的技术系统时,需要垄断推进创新。

---

① 张凤海,侯铁珊.技术创新理论述评[J].东北大学学报,2008(2):101-102.

第三种观点认为,由于垄断者缺少竞争对手的威胁,其创新动力不足,因而它们运用垄断权力获得的垄断利润比运用创新多。

第四种观点认为,最有利于创新的是介于垄断和完全竞争之间的中等程度竞争的市场结构。他们认为,在最优的市场结构下存在两类技术创新:一类是垄断所推动的技术创新;另一类是竞争所推动的技术创新。他们的观点是:①市场竞争程度越激烈,创新动力就越强,因此竞争是技术创新的重要动力;②完全竞争中企业的规模一般较小,缺少足够保障技术创新的资金和在技术创新持久收益所需的控制力量,因而不利于大的技术创新;③市场集中度越高,在技术创新上所开辟的市场就越大,创新收益也较多;④垄断程度越高,控制市场能力就越强,一项技术创新应用就越持久,但是完全垄断却不利于技术创新。因此,他们得出了最有利于创新的市场结构是介于垄断和完全竞争之间的中等程度竞争的市场结构的结论。

3. 企业规模与技术创新

在对企业规模与技术创新的认识上有两种不同的观点:一种观点认为,只有大企业才能实现技术创新;另一种观点认为,中小企业能够实现技术创新。

(1) 只有大企业才能实现技术创新。①熊彼特(1942)认为,只有大企业才能实现技术创新,企业规模越大,市场控制力越强,企业从创新活动中获得收益的能力就越强。②加尔布雷斯(1952)提出大企业是完美的创新主体的观点,由于创新是有成本的,所以只有具有相当规模的企业才能提供创新所需要的资源。③阿罗(1962)从风险和所有权的角度论述了企业规模与技术创新关系问题,他也支持大企业有利于技术创新的理论,他提出小型竞争性的企业在研发上投入不足和融资能力较差,导致他们不能完全开展创新活动,所以只有那些具有垄断能力的大公司才有创新的动力。④克莱恩和罗森贝格(Kline and Rosenberg,1986)的研究表明,企业规模对技术创新的风险效用呈负相关趋势,即企业规模越小,技术创新失败的风险越大;反之亦然。

只有大企业才能实现技术创新的理由是:①企业规模越大,融资成本越低,融资能力越强,越有满足利于技术创新的资金需求;②企业规模越大,技术创新风险越低,承受创新风险的能力越强;③大企业经营多角化的发展,各行业知识相互渗透、互相启发与交互作用,有利于激发技术创新成功,提高研发的效率;④企业规模越大,越有能力获取技术创新成果的垄断利润。

(2) 中小企业能够实现技术创新的理由是:①一些从事研究开发的高科技企业并不一定是大企业,许多是中小机构或小的团队;②企业规模越大,垄断能力越强,市场竞争程度越弱,企业技术创新的紧迫感越小;③企业规模越大,经营管理层次越多,对市场、技术的反应速度减慢;④大企业的官僚主义作风,降低了技术创新的决策效率和管理效率;⑤中小企业灵活的经营机制使得它更容易发现创新的机会,及时作出创新的决策,从而具有更高的创新效率。

企业规模与技术创新的关系说明不论是大企业还是小企业在技术创新上既具有优势、也具有劣势,不能笼统地说规模大了有利于创新或者规模小了有利于创新,需要具体情况具体分析。中小企业与大企业在技术创新方面的优劣势比较见表14-5。

表 14-5 中小企业与大企业在技术创新方面的优劣势比较

影响因素	中小企业	大企业
销售	能够很快适应市场需求的快速变化(在向国外销售产品时可能会面临禁止性的高成本)	具备综合性的分配与服务设施,在现有市场有较高的市场份额
管理	没有官僚主义,有活力的企业家式管理能够对利用新机会作出迅速反应并愿意承担风险	专业化的管理人员能够控制复杂的组织并制定公司战略(公司官僚化现象会比较严重)
内部沟通	有效的和非正式的内部沟通网络,能够对解决内部问题迅速作出反应,能够迅速确认并适应外部环境的变化	(内部沟通渠道复杂,内部沟通过于烦琐;对外部威胁和机会作出反应较慢)
外部沟通	缺乏时间和资源确认和利用外部重要的科学技术研究成果	能吸引外部重要的科学技术资源,有能力支付建立信息服务设施,有能力购买重要的技术信息或技术
技术、人才支持	(往往缺乏合格的技术专家,往往不具备进行大规模研究开发的技术能力)	能够吸引优秀的技术专家,有能力支持建立大型研究开发试验室
融资	(不易吸引大规模资金,融资存在相当困难;创新意味着较大的金融风险,且风险难以分散)	能够利用资本市场融资,能够分散风险于一系列创新项目上
知识产权	(在专利诉讼中无力承担时间和成本的负担)	负担得起时间和成本使专利免受侵犯

注：未标注括号的表示优势,标注在括号内的表示劣势。

资料来源：Roy Rothwee, Walter Zegveld. Reindustrialization and Technology[M]. London：Longman Group Limited, 1985：196-197.

四、管理创新

(一) 管理创新的概念及内容

管理创新是指创新主体把新的管理要素(如新的管理方法、新的管理手段、新的管理模式等)或要素组合引入管理系统以更有效地实现组织目标的创新活动。它可以分为社会管理创新和企业经营管理创新,其创新的内容包括：①管理理念创新,如当今创新者应具有知识增值观念、知识管理观念、全球经济一体化观念、战略管理观念、持续学习观念等。②管理手段创新,包括组织创新、管理制度创新和管理方法创新等。③管理技巧创新,它是指在管理过程中为了更好地实施调整观念、修改制度、重组机构、激发人的工作积极性等活动所进行的创新。

(二) 管理创新的策略

管理创新的策略有如下的分类。①

1. 按照创新的程度不同划分

按照创新的程度不同,管理创新的策略可以分为首创型创新策略、改进型创新策略和

---

① 李世宗. 管理学原理[M]. 武汉：华中科技大学出版社,2008.

模仿型创新策略。

（1）首创型创新策略。首创型创新策略是创新程度最高的管理创新策略。首创型的创新是指观念上和结果上有根本突破的创新，通常是首次推出又对经济和社会发展产生重大影响的全新的产品、技术、管理方法和理论。这类创新本身要求全新的技术、全新的工艺、全新的组织结构和全新的管理方法。首创型创新还常常引起产业结构发生变化，从而彻底改变组织的竞争环境和基础。

（2）改进型创新策略。改进型创新策略是创新程度居中的创新管理策略。改进型创新是指在自己现有的特色管理或在别人先进的管理经验的基础上，探索出有创意的新管理思路、方式、方法的一种创新策略。日本是采用这种管理创新策略的典型国家。日本的企业管理水平在第二次世界大战后是很落后的，20世纪50年代日本派了大批人去美国学习企业管理技术，邀请许多美国的专家到日本讲学，并结合日本的传统文化和国民气质，创造出全新的日本企业管理模式，最终使美国反过来向日本学习其某些管理经验。

（3）模仿型创新策略。模仿型创新策略是创新程度最低的一种创新活动，其基本特征在于模仿性。在创新理论的创始人熊彼特看来，模仿不能算是创新，但是模仿是创新传播的重要方式，对于推动创新的扩散具有十分重要的意义，没有模仿其创新的传播可能十分缓慢，创新对社会经济发展和人类进步的影响也将大大地减小。

2. 按照创新的过程的变化划分

按照创新的过程的变化，管理创新的策略可以分为渐进式创新策略和突变式创新策略。

（1）渐进式创新策略。渐进式创新策略是指通过不断的、渐进的、连续的小创新，最后实现管理创新的目的。这种创新策略从小的方面入手，不至于猛烈打破既得利益者的利益，易于为管理者所接受。许多大创新需要与之相关的若干小创新的辅助才能发挥作用，而且小创新的渐进积累效应常常促进创新发生连锁反应，导致大创新的出现。如日本政府在公务员改革过程中就采用了这种策略，通过有计划地每年逐渐减少公务员数量的办法，加以编制法的配套措施，使日本的缩减公务员的改革取得了成功。

（2）突变式创新策略。突变式创新策略是指管理首先在前次管理创新的基础上运行，经过一段时间，直到创新的条件成熟或经济运行到无法再适应新情况时，就打破现状，实现管理创新质的飞跃。它具有突变性、创新的周期短、创新的效果相对较好的特点。欧美的一些企业和政府的管理创新多采用这种策略，如20世纪80年代初英国政府实现的"私有化运动"、20世纪90年代初俄罗斯的"休克疗法"，以及美国、英国、澳大利亚、新西兰等西方国家实行的"重塑政府"行动，在短时间内，政府的管理都发生了重大变化。

3. 按照创新的独立程度划分

按照创新的独立程度，管理创新的策略可以分为独立型创新策略（自主创新策略）、联合型创新策略和引进型创新策略。

（1）独立型创新策略（自主创新策略）。独立型创新的特点是依靠自己的力量自行研制并组织生产，同时独立创新型创新的成果往往具有首创性。国外大型企业大多拥有自己的研究开发机构，因而其研究工作特别是涉及公司特色产品的核心技术，多以自身力量进行，这样可以做到技术保密，使自己处于行业竞争中的领先地位。其缺点是应用此策略的企业在投入了巨资且研究项目已经或将要取得成功时,有可能会发现同样的产品或发明已经被别人领先创新出来,不但失去了占领市场的先机,而且还会造成人力、物力、财力的巨大损失。

(2) 联合型创新策略。联合型创新策略是若干组织相互合作进行的创新活动。联合创新往往具有攻关性质,可以更好地发挥各方的优势。但是这种创新活动涉及面广,组织协调及管理控制工作比较复杂。然而,随着科学技术的发展、高新技术的兴起,许多重大的创新项目,无论从资金、技术力量以及该创新项目内容的复杂性,都并非一个企业或组织所能承担,因此,联合创新就变得日益重要。联合不仅包括企业和企业之间的合作、企业和科研机构以及高校进行联合创新,甚至是几个国家或国际组织联合进行的创新,当前这种企业和其他部门的合作以及政府的跨国的合作创新变得越来越普遍。

(3) 引进型创新策略。引进型创新策略是从事创新的企业或组织从其他组织引进先进的技术、生产设备、管理方法等,并在此基础上进行创新。这种创新的开发周期相对较短,创新的组织实施过程有一定的参照系,风险性相应较低。但是这种创新策略需要对引进的技术进行认真的评估和消化,同时应该避免对重复引进的依赖。

第三节 创新驱动型经济

一、创新驱动型经济概述

(一) 创新驱动型经济的提出

创新驱动型经济这个概念由英国最先提出,1997年英国前首相布莱尔为振兴英国经济,提议并推动成立了创新驱动型经济特别工作小组,特别工作小组在《英国创新驱动型经济报告》(1998)中首次提出,他们将创新驱动型经济定义为那些从个人的创造力、技能和天分中获取发展动力的企业,以及那些通过对知识产权的开发可以创造潜在财富和就业机会的活动。"创意产业之父"英国经济学家约翰·霍金斯(John Howkins)在《创意产业经济》(2001)中从产业角度把创新驱动型经济界定为其产品都在知识产权法的保护范围内的经济部门。佛罗里达(R. Florida,2002)的观点则不同,他认为,不能把创新驱动型经济简单视为一个部门或行业的分类,创新驱动型经济在当代经济中的异军突起表明了一个职业阶层的崛起,而创意人才是遍布于许多部门或行业的,这些行业包括科学、工程、设计、艺术、管理、会计、医疗以及法律等,评价创新驱动型经济的指标有才能指标、科技指标、宽容指标(开放、宽容和多样性)组成,三者权重各为1/3。

(二) 创新驱动型经济的概念界定与特征

1. 创新驱动型经济的概念界定

理论界分别从产业、要素、经营、管理、环境等角度对创新驱动型经济的概念做了不同的界定,综合这些解说,我们认为,对创新驱动型经济的定义可以从宏观(产业、环境、内容)与微观(要素、经营、管理)两个方面理解。

(1) 从宏观角度定义创新驱动型经济。①从产业上定义创新驱动型经济,包括文化产业、创意产业、高科技产业、当代服务业；②从环境角度定义创新驱动型经济，包括营造使创意具有经济性的环境的创意城市（硅谷）、创意园区（北京的海淀区）等，提供文化公共品和创意基础设施、营造文化氛围、营造适合创新的法律环境等。③从内容上定义创新驱动型经济，主要包括国家创新体系、制度创新、科学技术创新、管理创新等。

（2）从微观角度定义创新驱动型经济。①从要素角度定义创新驱动型经济，由过去的重视自然资源、普通劳动、物质与金融资本转变为重视人力资本、知识资本、技术、管理的作用；②从经营角度定义创新驱动型经济，特别重视高附加值产品的研发和品牌行销、创意投入和创意资本化主导的经济行为、企业策划和广告营销；③从管理角度定义将创新驱动型经济理解为艺术化管理、知识管理、人本管理或对创新型组织、学习型组织、人的创造力进行管理。

2. 创新驱动型经济的特征

（1）新。创新驱动型经济的新表现为：①推动经济发展的要素新，创新驱动型经济不同于传统的要素驱动，它的核心要素是"3T"〔佛罗里达语，是技术、人才、宽容（technology、talents、tolerance）的英语缩写〕；②主导与支柱产业新，创新驱动型经济不再是依靠农业和工业来发展经济，其主导与支柱产业为创意产业、高精尖科技产业、当代服务业和当代文化产业等。

（2）高。创新驱动型经济的高表现为：①经济发展高端化，既要依靠高端科技，也要向产业链高端演进；②高附加值，极高的附加值引领产业发展，使经济在技术、知识产权、专利制度、金融服务等发展条件的支撑下，以居于价值链高端的地位渗透所有产业。

（3）多。创新驱动型经济的多表现为：①从需求方面看，创新驱动型经济具有需求的多样性和不确定性。在创新驱动型经济的产品投入生产之前，无法预测消费者如何评价和对待新的创新产品，很难根据以往经济发展形势来加以判断。②从供给方面来看，创新产品体现创意的多样性和差异性。由于创新驱动型经济更多地具有文化艺术的特性，因而其风格、基调、艺术特色更多地具有多样性与差异性。

（4）智。创新驱动型经济的智表现为：创新驱动型经济是智力密集型行业，其精华是人的创造力。广义的创造力可以存在于技术、经济和文化艺术三方面，即技术发明能力、企业家能力（技术发明和艺术创造需要有企业家才能获得创新）和艺术创造力。

（5）群。创新驱动型经济的群表现为创新驱动型经济具有产业集群的特征。创新驱动型经济的发展并不仅是个人和单个企业的行为，而是需要集体的互动和企业在空间上的集聚。随着各种新兴科学技术的出现以及人们对创意产品要求的提升，创新驱动型经济内部分工也更趋细化，生产过程日益复杂，往往需要各种硬件和软件的支持，同时需要各个层面、众多创意人才协同配合才能完成。为了获得规模经济和范围经济，集群内不同类型企业共生互补，不断向产业链的两头延伸，并向产业链上的价值高端攀升，越是创新驱动型就越具有经济集群的特点。

（6）联。创新驱动型经济的"联"首先表现为产业联合的趋势。创新驱动型经济包含的专业领域很广，它与高科技产业、创意产业及文化艺术产业等有广泛的联系，并使这些产业与更广泛的制造业部门联系起来，形成广泛联系的创先性、创新性、创造性、创意性、创优性的知识与文化经济。创新驱动型经济的"联"还表现为校企联合、研发和品牌行销与生产外包联合、政府创新政策与企业活动整合等。

(三) 创新驱动经济的主体与部门

1. 创新驱动经济的主体

如果说农业社会经济驱动的主体是农民,工业社会经济驱动的主体是工人、企业家和投资者的话,那么创新驱动经济的主体则是有创意的知识阶层。对此,佛罗里达(2002)认为,在创新驱动型经济时代,创新驱动的主体是有创意的知识阶层,他把创意阶层分成具有特别创造力的核心和创造性的专门职业人员两个组成部分:前者包括科学家、大学教授、诗人、艺术家、演员、设计师、建筑师、编辑、文化人士、咨询公司研究人员以及其他对社会舆论具有影响力的各行各业人士;后者包括高科技、金融、法律及其他各种知识密集型行业的专门职业人员。根据这个定义,佛罗里达推测,2001年美国的创意阶层人数达到了3 001万人,占劳动力市场的30%。当时创意部门创造的财富占全美国的47%,工业占23%,服务业占到30%。

2. 创新驱动经济的部门

理查德·E.凯夫斯(Richard E. Caves)在《创意产业经济学》(2000)中认为,创新驱动型经济部门主要是文化产业,创新驱动型经济部门包括图书出版、视觉艺术(绘画与雕刻)、表演艺术(戏剧、歌剧、音乐会和舞蹈)、录音制品以及电影电视等。阿尔斯通(Alston,2001)认为,创新驱动的部门除了包括高科技产业、文化产业外,还包括教育、健康和政府服务所提供的重要用户、培训所需要的重要投资以及商业服务和版权管理制度所需要的重要支持性基础设施等。

二、创新驱动型经济的理论基础

如果说农业社会是依靠自然资源和简单劳动创造财富、工业社会依靠资本和劳动创造财富的话,那么知识经济社会则是依靠人的智慧不断创新来创造财富。对此,波特的经济发展阶段转换理论;二次现代化理论、资源诅咒理论、微笑曲线理论(本书作者发表的CSSCI学术论文总结)做了很好的解读。

(一) 波特的经济发展阶段转换理论

波特(1990)把经济发展划分为要素驱动阶段、投资驱动阶段、创新驱动阶段和财富驱动阶段四个阶段:①在要素驱动阶段,经济发展的主要驱动力源自廉价的劳动力、土地、矿产等资源;②在投资驱动阶段则主要依赖于大规模的资本投资来推动经济发展;③在创新驱动阶段,主要依靠技术创新、制度创新、管理创新来推动经济发展;④在财富驱动阶段,主要是实现人的个性化发展、满足人类在精神层面,如对文学艺术的追求、对体育娱乐的爱好等的享受,成为推动经济发展的主要推动力,如图14-2所示。

从经济发展史来看,农业社会经历上万年的发展,创造的财富远远不及工业社会300多年创造的财富多;由创新驱动的知识经济几十年所创造的财富比工业社会300多年创造的财富还要多。波特的发展阶段理论说明,不断的经济发展阶段转换是满足人类社会永续发展的需要,在当今要素驱动与投资驱动呈现出低效性,无法满足人类社会的继续发

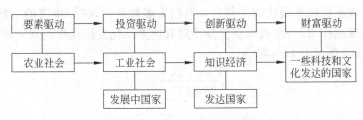

图 14-2　波特发展阶段转换过程

展的需要。随着知识经济时代的到来,要实现经济高效长期地发展,必须由投资驱动转向创新驱动。

(二)二次现代化理论

现代化是指从农业社会→工业化社会→知识化社会转变的历史过程。现代化理论分为一次现代化理论和二次现代化理论。一次现代化理论又称经典现代化或工业化社会理论;二次现代化是指从工业时代向知识时代、工业经济向知识经济、工业社会向知识社会、工业文明向知识文明的转变过程及其深刻变化。两次现代化如图 14-3 所示。

图 14-3　两次现代化

二次现代化理论说明,现代化是一个动态的过程,实现一次现代化主要依靠资本投资增加,二次现代化主要靠创新来实现。当前的现代化主要是指二次现代化,我国一次现代化尚未完成,又面临全球化、信息化和知识化的挑战,还要进行二次现代化建设。因此我们在继续进行一次现代化的同时,必须进行二次现代化建设。而在加速实现一次现代化、积极推动二次现代化建设的过程中,必须加快由投资驱动向创新驱动转变,充分发挥创新在经济增长中的决定作用,这样才能实现经济持续稳定地发展。

(三)资源诅咒理论

资源诅咒理论是检验自然资源与经济增长之间呈负相关性的一种理论。内亚里(Neary,1986)、格尔布(Gelb,1988)提出了相关命题,1993 年奥蒂(Auty)对此进行了验证研究并提出著名的"资源诅咒"理论,他认为一些自然资源的优势并没有促使其经济快速地发展,相反资源相对贫瘠的国家比资源丰富国家的经济发展得更好一些。尔格(Erge,1994)使用土地和人口密度来衡量自然资源投入,并验证了其对经济增长及制造业产品出口的负面影响。此后,萨克斯(Sachs)和沃恩(Warne,1995、1997、2001)连续发表了三篇文章,对"资源诅咒"这一理论进行了进一步实证检验,进一步证实了资源诅咒在许多国家存在。随着研究的不断深入,"资源诅咒"现象已经从当初的国家之间发展速度的对比到国内每一个地区经济发展比较的研究。他们大多数研究表明,丰富的自然资源对于地区经济发展呈现副作用,自然资源优势反而对其他多元化发展优势起到了挤出效应。"资源诅咒"理论示意图如图14-4所示。

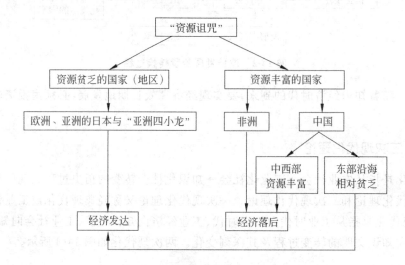

图14-4 "资源诅咒"理论示意图

在图14-4中,作为自然资源相对稀缺的欧洲、亚洲的日本和"亚洲四小龙"(韩国、新加坡、中国台湾和中国香港)的经济发展迅速,成为发达国家或准发达国家和地区;而自然资源相对丰富的非洲、拉丁美洲,其经济发展则相对落后。在我国资源相对贫乏的中国东部沿海地区经济比中西部地区发达。这些说明一味依赖于自然资源的投入,忽略创新的投入,会造成产业升级缓慢,经济增长绩效低。而制度创新、技术创新、管理创新能够弥补一国经济资源贫乏的先天弱势,使其经济发展呈现迅速增长并且绩效高。"资源诅咒"理论说明了单纯依靠自然资源发展经济的低效性和滞后性,而创新驱动才是引领经济快速发展最重要的推动力。

(四)"微笑曲线"理论

1992年,宏碁集团创始人施振荣在《再造宏碁:开创、成长与挑战》一书中论述企业竞争战略中提出了著名的"微笑曲线"(因如果加上眼睛的话,图中像一张人脸在微笑而得名)理论,如图14-5所示。

在图14-5中,"微笑曲线"左边是产品研发部分(技术创新环节),中间部分是加工制造部分(生产环节),右边是品牌和营销服务环节。在产业价值链上,处于两端部分的研发和品牌营销及服务,其附加值高(研发最高),它们主要是依赖于技术创新和管理创新;而处于中间部分的加工制造主要依靠企业的投资,附加值低。对于企业来说要获得更多的附加值,就必须向两端延伸,要么向上游端的产品研发延伸,要么向下游品牌营销端和服务延伸。这说明,企业要在全球产业链分工的"微笑曲线"中占据高附加值位置,获得较大的企业利润空间,必须从技术研发和品牌营销及服务环节入手,而不是仅仅依靠组装和制造来获取利润。投资驱动的生产环节附加值低,创新驱动的技术开发和品牌营销及服务

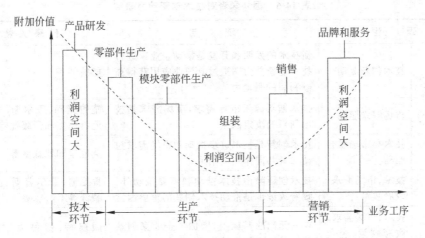

图 14-5 "微笑曲线"

环节利润空间高。这就要求企业加强创新能力的提升,由"世界工厂"转变为"世界研发中心"或"世界品牌营销和服务中心"。在新的国际分工体系中,创新能力的提升是从价值链低端向价值链高端移动,实现经济高效性发展,最终处于国际竞争优势地位的关键所在。

上述的波特发展阶段转换理论指出的生产要素驱动和投资驱动阶段是对国家或是地区经济发展影响最为直接的两阶段,但是要想实现经济高效性,必须加大创新力度,依靠创新驱动。二次现代化理论说明在我国继续进行一次现代化建设,积极推动二次现代化进程中,创新起着极为重要的作用。"资源诅咒"理论则说明资源丰裕的地方经济绩效低,经济发展具有滞后性。"微笑曲线"理论则说明投资驱动的低效性和创新驱动的高效性。除此之外,"索洛模型"指出技术创新是实现经济增长的主要力量。新经济增长理论则指出知识创新使得要素边际报酬递增从而可以使经济保持永续的增长。所有这些都说明了创新驱动是当今经济高速发展的引擎。

三、创新驱动的动力模式

对于创新驱动动力模式的研究,一些学者划分为一元论(技术创新驱动或市场需求驱动)、二元论(技术与市场联合驱动)、三元论(技术、市场需求、政府政策)、四元论(技术、市场需求、政府政策、企业家创新偏好)及技术轨道驱动论。国外学者对技术创新动力研究见表 14-6。

(一)技术创新驱动

技术创新包括新产品和新工艺,以及原有产品和工艺的显著技术变化。技术驱动模式 20 世纪 60 年代以前在西方技术创新理论界占主导地位。技术创新驱动是指起源于科学发现和基础研究,然后到企业的技术开发,再到市场应用的线性过程。技术发展之所以能够成为技术创新的动力,是由技术本身的特性(技术总在发展、技术可以被利用、技术的商业化应用会产生经济效益)决定的。技术推动论假设技术研发投入越多,产生的新产品就越多,经济的效益就越好。技术创新驱动的主体主要有企业、科研院所和大学、科技中

表 14-6 国外学者对技术创新动力研究

理　论		观　点	代 表 人 物
一元论	技术创新驱动	新技术的发明和开发是推动企业家进行技术创新并力图通过其商业应用获得高额利润的驱动力	熊彼特等
	市场需求驱动	技术创新源于市场需求,市场需求是技术创新的决定因素	施穆克勒、迈尔斯、马奎斯、厄特巴克和斋藤优等
二元论	技术与市场联合驱动	技术创新是技术进步推动和市场需求拉动二者共同作用的结果	莫尼里和罗森堡等
三元论	技术、市场需求、政府政策	技术创新除由技术推动和需要拉动外,政府政策也是推动技术创新的重要因素	肯尼迪、费尔普斯、波特、金麟沫等
四元论	技术、市场需求、政府政策、企业家创新偏好	在三元论的基础上,增加了企业家创新偏好对技术创新的作用	熊彼特、德鲁克、肯尼迪、冯·威札克等
技术轨道驱动论		创新,新观念一旦模式化,就形成了技术规范,技术规范如果在较长时间内发挥作用,就固化为技术轨道。在这条技术轨道上就会有持续的创新涌现	多斯等

介机构、金融服务机构和政府。技术驱动模式观点有：①企业是技术创新的第一主体。表现在：a.企业是技术创新投入的最主要主体；b.企业是技术创新成果应用的主体,企业会对有市场前景的技术发现感兴趣,将之实用化；c.从技术创新的数量来看,企业的技术创新最多(如兼有发明家和企业家称号的爱迪生)。②科技中介机构是面向社会开展技术扩散、成果转化、科技评估、技术创新资源配置、技术创新决策和管理咨询等专业化服务的机构。③金融服务机构是大规模资金投入和科技创新的资金支持者。④政府既是技术创新活动规则的制定者,也是技术创新活动的直接参与者。

（二）市场需求驱动

市场需求创新驱动是指由需求信息引发创新活动,通过创新活动创造出适合市场需求的产品以满足社会需求。其优点是能将技术创新与市场需求更好地结合起来,使得技术创新能产生更好的经济效益。需求驱动创新强调研究市场机会对于企业技术创新的重要性,通常因需求而导致的技术创新大多都是产品创新或工艺创新,它具有创新周期短、创新成果应用快的特点。美国经济学家施穆克勒(Schmookler,1966)研究了19世纪中期到20世纪中期美国的铁路、炼油、农业和造纸等行业的数据,最先提出"需求引致创新理论"。他认为在推动创新的动力体系中需求拉动是首位的最为重要的因素,若无市场需求,任何创新都将无利可图。学者们在施穆克勒的基础上,发展出一个完善的市场拉动型创新模式,揭示了市场需求推动技术进步的具体过程。1969年,美国学者迈尔斯和马奎斯(S. Myers and D. G. Marquis)在《成功的工业创新》的研究报告中对5个产业的567项技术创新项目进行调查,发现3/4的技术创新是由市场需求为出发点,1/4的技术创新是以技术本身为来源。他们据此认为,在技术创新中,市场需求是一个比技术发展更为重要的驱动因素。1974年,美国学者厄特巴克(Utterback)选取一系列代表性企业的数据分析认为,60%~80%的重要创新是由需求拉动的。可里潘(Crepon,1998)根据法国4 164家企业技术创新数据,发现研发投入强度、专利数量和创新销售收入都受到需求规模的驱动。哈勒(Hall,1999)通过对法国、日本和美国高科技企业的比较研究,得出销售收入增长对促进研发经费提高的一致结论。日本学者斋藤优提出了需求—资源(N-R)模式,将社会需求和社会资源作为决定社会经济发展的一对矛盾,科学发明刺激社会需求的增长,社会需求的增长会使社会资源紧缺,就会刺激通过技术创新活动解决资源的紧缺问题。

(三)技术与市场联合驱动

美国经济学家莫厄里(D. Mowery)和罗森堡(N. Rosmberg)于1979年在《市场需求对创新的影响》一文中正式提出了技术创新与需求互动的理论。这一理论是将技术和市场作为一个整体来探讨两者之间的互动机制。他们认为,技术进步和市场需求可以被看作一对双螺旋结构,技术的进步诱导了消费者的需求偏好,引导创造了市场需求,而消费者的需求又会促使技术的进一步创新,从而进一步推动技术的进步和市场的发展。大量实践表明,技术创新过程中技术与市场两者往往是交互作用的,一方面需要考虑现有的技术基础和能力,另一方面需要考虑市场的需求。创新的过程及市场驱动和市场驱动的互动模式如图14-6所示。

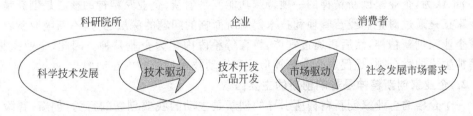

图14-6 创新的过程及市场驱动和市场驱动的互动模式

(四)政府政策创新驱动

波特(1995)认为,合理设置的环境政策能够刺激企业技术创新。韩国学者金麟洙对韩国技术学习动力的研究结果表明,韩国政府是技术学习的有力推动者。韩国政府强有力的技术创新政策导向以及与经济发展水平相适应的科学合理的政策调整,是韩国成功实现从技术模仿到技术创新的重要保证。还有的学者认为,由于技术具有公共产品的特性,面对市场失灵,政府应当在基础科学技术资助、技术转移和商业化等方面制定一系列的政策。

1. 政府激励创新政策的类型

政府激励创新的政策大致可以分为创新动力型政策、创新引导型政策和创新保护型政策。①创新动力型政策。创新动力型政策的着力点在于激发企业技术创新的愿望和为企业技术创新创造条件。这包括在投入上予以资金支持、在产出上增大企业净收益(如减免税)和创新者个人收益(重奖)。②创新引导型政策。创新引导型政策着眼于使企业明确国家倡导的新产业发展方向、新技术发展领域的鼓励办法。③创新保护型政策。创新保护型政策则是为了扶持企业,减轻竞争压力而由政府采取的措施(如专利保护、关税保护等)。政府创新政策体系主要包括技术创新规划、培养创新人才和引进创新人才政策、知识产权保护政策、发展高新技术企业政策等。在一些倡导技术创新发展的工业化国家中,政府趋向于更直接资助高科技企业,也就是政府选择某些特定企业作为政府政策的目标,以此来驱动企业加快技术创新。

2. 实施政府政策驱动的主要措施

实施政府政策驱动的主要措施有:①加大国家对科技的投入。罗默(Romer,1990)认为最好的政策是对技术创新进行直接补贴。②鼓励企业加大对创新的投入。拉克(Lach,2002)用计量经济学方法研究发现政府资助能够促进中小企业的研发投入。③利用政府采购来扶持技术创新企业。1954 年,美国政府是计算机的唯一的购买者,这对美国计算机技术进步具有巨大的推动作用。克莱顿和克里斯滕森(Clayton、Christensen,1995)以计算机行业为例,认为一项新技术只有在合适的政策环境下才能生存和发展。

(五)企业家创新精神驱动

1. 企业家创新精神是实现创新的关键

熊彼特认为创新的主要驱动力量是企业家,他特别强调企业家是创新的主体,创新是企业家的职能,如前所述。"现代管理学之父"彼得·德鲁克(Peter Drucker,1909—2005)也认为,企业家创新精神的一项特殊功能就是创新,企业家精神的核心是创新精神。企业家正是通过对企业经营管理和技术创新所面临的问题的深层思考,不断吸取营养,提炼成企业家创新精神,然后再通过宣传、教育等手段内化为企业精神。因此,企业家是企业精神生成的黏合剂,是促进企业精神形成和推动技术创新的内在动力。

2. 企业家创新精神是影响创新的主要因素

一个合格的企业家创新精神所引导的创新是主动的我要创新的行为,创新、冒险、求实、追求卓越的精神是企业家创新精神的精髓,而这种不断创新的企业家精神正是企业文化所倡导的。在企业文化的建设过程中,企业家也必定要将这些精神转化为企业文化,不断激励企业的员工,促进企业各种创新的顺利进行。因此,企业家作为技术创新的发起者、主宰者、推动者,其精神的精髓是创新精神。调查显示,世界 500 强企业的技术创新、制度创新和管理创新都根植于其闻名于世的优秀而独特的企业家创新精神和企业文化。企业文化是由企业的传统、经历及企业广大员工在长期的生产经营活动中逐步积累,并经过企业家有意识地概括、总结和提炼而确立的思想成果和精神力量,它是企业优良文化的结晶,是维系企业不断创新、不断提升竞争力的精神支柱,企业家创新精神具有号召创新力、凝聚创新力和指向创新力的作用,是一个企业最宝贵的必不可少的经营优势和创新财富。

(六)四元动力驱动模式

四元动力驱动模式即技术推动、需求拉动和政府行为、企业家创新偏好共同促使创新。这一观点是由英国学者肯尼迪(Kennedy)、冯·威札克(Von Weizach)等人提出的,他们认为技术推动奠基创新生产化的可能,需求拉动构成创新企业化的条件,政府创新启动为创新提供适宜的政策与管理环境,企业家创新偏好使创新者的内在潜能得以发挥。

门罗和努里(Munro and Noori,1991)认为,很难确认技术创新和技术生产力实现的动因,有时是技术推力起主导作用,有时是市场需求拉动,因此技术创新和技术生产力的实现是多元化动力促成的,即是技术推力、市场拉力、行政推力和政策推力以及其他力量共同作用的结果。

(七) 技术轨道驱动论

技术转道驱动论是 20 世纪 80 年代初,英国经济学家多斯(Dosi)在分析批评技术驱动和市场驱动这两种模式的基础上提出的。他的分析思路是:根本性创新→带来某种新的观念→新观念一旦模式化→就成了技术典范→在较长时间内产生影响→相对固化为技术轨道→持续的创新涌现。技术轨道驱动论的核心在于,一旦有某项根本性创新出现形成技术轨道,某类技术就会沿着它本身开辟的轨道自发地启动并完成多项渐进型创新,并为新的根本性创新积累能量。如此循环往复,则创新层出不穷。

综上所述,国外学者对创新驱动因素的研究经历了从单一因素到多元因素演化的过程,取得了不少的成果,但是我们也要看到,技术驱动模式无法解释为什么许多科研院所和高等院校有技术发明专利,但是很少能形成新产品投入市场而被束之高阁。市场需求驱动无法解释许多创新并非由直接的市场需求所引起(如航天技术、探月工程技术等),也无法解释更多的市场需求并未引起技术创新。技术与市场联合驱动也无法解释企业自主创新行为的内在驱动力。政府政策驱动针对发展中国家政府政策对创新驱动也缺乏对其具体的作用机理进行深入、系统的研究。所以我们认为,各种创新驱动模式只有联系具体情况才有应用价值。

复习思考题

1. 如何理解熊彼特的创新概念?
2. 简述熊彼特的创新理论的内容。
3. 简述国家创新体系的学派。
4. 简述技术创新的新熊彼特学派的理论。
5. 试述管理创新的内容与策略。
6. 试述创新驱动型经济的概念与特征。
7. 试述创新驱动型经济重要性理论。
8. 试述创新驱动的动力模式。

习 题

第十五章

结 构 学 派

【本章要点及学习要求】

　　了解人口年龄结构对经济增长的影响;理解封闭和开放经济中的产业结构演变理论;知道在二元经济下,刘易斯的理论与托达罗理论的区别;知晓区域产业布局的经典理论;掌握经济增长极理论和聚集经济理论;明白后发优势理论及后发劣势理论。

第一节　人口年龄结构

一、人口年龄结构的类型

人口学界一般把人口的年龄结构分为年轻型、成年型和老年型三种类型,见表15-1。

表15-1　人口年龄结构类型表

类　　型	年　轻　型	成　年　型	老　年　型
少年儿童系数(0~14岁人口在总人口的比重)	40%以上	30%~40%	30%以下
老年人口系数(≥65岁人口在总人口中的比重)	5%以下	5%~7%	7%以上
老少比(≥65岁人口)	15%以下	15%~30%	30%以上
年龄中位数	20岁以下	20~30岁	30岁以上
人口结构特点	人口年龄构成中,少年儿童比重大,存在着劳动力供给相对不足、抚养少年儿童任务重的人口问题	人口结构以成年人为主,劳动力人口多,劳动力供给充足,抚养占比较低,有利于社会经济发展	在人口结构中,老年人口相对比重较大,存在着劳动力供给相对不足、抚养老年人口任务重的人口问题

　　由表15-1可知:①在年轻型人口年龄结构中,少年儿童占总人口的比重大,劳动力占比相对较少,劳动力供给相对不足;②在成年型人口年龄结构中,劳动人口多、占比大,劳动力供给充足;③在老年型人口年龄结构中,随着老年人口逐渐增加,劳动人口占比逐

渐减少,劳动人口供给相对不足。

二、人口年龄结构中的人口红利与人口负债

本书研究发现,不同年龄结构类型的人口,具有不同的人口再生产的规模、速度和发展趋势,人口对社会经济发展也具有不同的作用:①在成年型的人口年龄结构中,由于劳动力供给充足、老少抚养占比较低,就会释放人口红利;②在年轻型和老年型的人口年龄结构中,由于适龄劳动人口相对比重较低,劳动力供给相对不足,而抚养少年儿童和老年人口的任务重,就会出现人口负债。

(一)人口红利

对人口红利的研究始于日本人口学家黑田俊夫在1984年提出的"黄金年龄结构",从1997年开始,西方学者在陆续出版的《世界发展报告》和《世界人口状况》等报告中都不同程度地使用"人口机会窗口"。但是人口红利则是由美国学者大卫·布鲁姆(David Bloom)正式提出的,他在其2002年出版的《人口红利》一书中提出了人口红利理论。我国学者也在2005年开始运用人口红利理论分析我国的劳动力供给与经济增长等问题。

1. 人口红利的概念

国内外理论界对人口红利概念的解释主要有劳动力结构论、时期论、因素论、综合论等:①劳动力结构论认为,人口红利是人口转型过程中出现的适龄劳动结构占优势导致的高劳动力参与率对推动一国经济增长产生的积极作用(汪小勤,等,2007;彭希哲,2005);②时期论认为,人口红利是指人口年龄结构对社会经济发展有利的黄金时期(于学军,2003年;陈友华,2005);③因素论认为,劳动年龄人口比重高、被抚养的"依赖人口"占比少,社会储蓄高,这些有利于经济增长的人口因素称为人口红利(布鲁姆,2002);④综合论认为,人口红利是指一个国家在一定时期内所出现的劳动年龄人口占比较大、劳动力供给充足,而抚养率又比较低,为经济发展创造了有利的人口条件,使整个国家的经济呈现高储蓄、高投资和高增长的态势。

2. 人口红利中的人口年龄结构

根据第六次全国人口普查数据,2010年,在北京市常住人口中,0~14岁的少儿人口为168.7万人,占总人口的8.6%;15~64岁劳动年龄人口为1 621.6万人,占82.7%;65岁及以上老年人口为170.9万人,占8.7%。这是典型的人口红利下的人口年龄结构,其人口年龄结构如图15-1所示。

3. 人口红利期

按照人口学家的划分,小于15岁和大于64岁的人口被视为被抚养的"依赖人口",而15~64岁的人口则被视为劳动力人口。依赖人口和劳动力人口之比如果小于50%,意味着社会进入人口的"红利期",即人口负担系数小于或等于50%称为人口红利期。世界人口红利期情况是欧洲1950—2000年,印度2010—2050年,日本1930—1995年,中国的人口红利期是1980—2013年(蔡昉,2011,对此理论界有不同的观点)。

4. 人口红利对经济增长的促进作用

在人口红利中的人口年龄结构的最显著特点是人口呈现"中间大,两头小"的结构,这

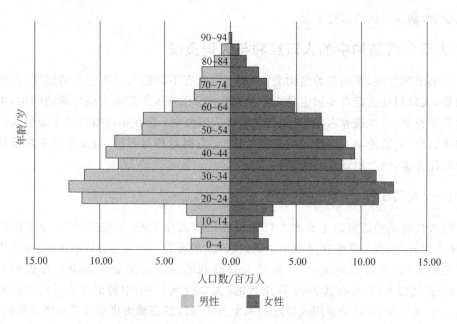

图 15-1　2010 年北京市常住人口年龄结构

资料来源：北京市第六次人口普查办公室. 北京市常住人口年龄构成状况[EB/OL]. (2011-05-30). http://www.bjstats.gov.cn/.

样劳动力供给充裕并流动加快，社会负担相对较小，储蓄就会增加，进而促进国民经济的增长。

（1）可以利用劳动力供给充分、劳动力价格低廉的优势发展经济。莎拉·库克(Sarah Cook, 2006)认为，亚洲国家尤其是中国和越南经济的高速增长与经济结构和人口转型相伴而生，因此经济结构从农业向以城市化为基础的工业转变，以及有利人口年龄结构对经济的增长有着重要的意义。

（2）生产性人口多，纯消费人口相对较少，使得储蓄率较高，能提高投资率，从而加速经济增长。洛埃扎等(Loayza, 2000)运用面板分析发现少儿抚养比和老年抚养比的上升将会减少储蓄率，如果两者分别上升 3.5%，储蓄率均将会下降 1%～2%。高路易(Louis Kuijs, 2005)用每年固定资产形成额占国内生产总值的比重计算得出，中国改革开放 24 年人口红利期的储蓄率始终在 30% 以上。蔡昉、王德文等(2004)认为，改革以来，总抚养系数下降对中国储蓄率的贡献在 5% 左右。

（3）总抚养人口占比相对较低，社会保障支出负担轻，从而国家能有更多资金用于经济增长。如果被抚养人口负担较轻，那么无论是公共部门的投资还是私人部门的投资，都会大量用于生产性投资，从而提高社会的总产出水平(周祝平, 2007)。

（4）劳动力充裕且流动性加强，提高了劳动力资源配置效率，从而加快经济增长。从 20 世纪 80 年代初到 90 年代末，劳动力转移对经济增长(GDP)的贡献在 16%～20%(蔡昉、杨涛, 2000)；潘文卿(1999)估计，1979—1997 年农村劳动力转移对经济增长的贡献约为 15.9%；何伟(2006)认为农民工对我国 GDP 的贡献率在 15%～30%；李斯(Lees, 1997)估计劳动力流动对年平均 9.20% 的 GDP 增长率的贡献为 16.30%，中国在今后

30年,如果劳动力流动的障碍被逐渐拆除,同时城乡收入水平在人力资本可比的条件下达到几乎相等的话,劳动力部门间转移对年均增长率贡献将提高2~3个百分点。

(二)人口负债

人口负债是由于人口结构变化所引起的抚养比提高、适龄劳动人口减少所带来的社会经济问题。总抚养人口由少儿抚养比与老年抚养比两部分组成,如果总被抚养人口占总人口的比例超过50%,则意味着社会步入人口负债期。此时较高的社会抚养比例将会给整个经济增长带来不利影响。因此人口负债有两种类型:一是由于少年儿童抚养比重高所形成的人口负债;二是由于老年人口抚养比重高所形成的人口负债。

1. 年轻型人口年龄结构下的人口负债

在年轻型人口年龄结构下,由于婴幼儿生育过多过密,形成婴幼儿、少年人口比重大,劳动人口占比小,大量的财富被新增人口消费掉,缺乏资本积累,陷入越穷越生、越生越穷的贫困循环之中。人口学家把这种现象称为人口负债。根据美国人口调查局的调查数据,2010年印度的人口年龄结构属于年轻型,其人口年龄结构呈金字塔形,如图15-2所示。

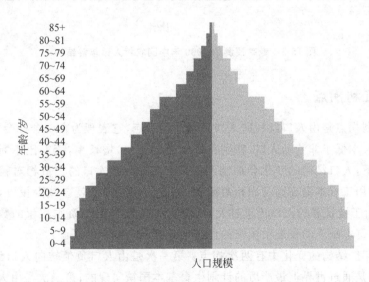

图15-2 2010年印度的人口年龄结构

资料来源:美国人口调查局的《国际基本数据》(2013年11月22日)。

2. 老年型人口年龄结构下的人口负债

在老年型人口年龄结构下,随着人口不断老化和子女经济价值的下降而出生人口相对减少,这样对老年人抚养的负担不断加重,况且劳动人口占比降低,会形成劳动人口供给不足的问题,对社会经济产生不利的影响,人口学家把这种现象也称为人口负债。根据一些专家的预测,随着我国城市化水平的不断提高,到2030年农村将出现严重的人口老化,农村劳动人口大大减少,其人口的年龄结构将呈现图15-3所示的状况。

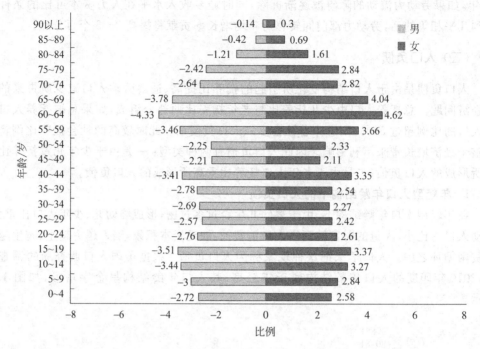

图 15-3 专家预测的 2030 年中国农村人口年龄结构

三、人口红利拐点

人口红利拐点是由人口红利向人口负债的转折点,它表现为在一个社会人口结构中,劳动人口增长率低于非劳动人口(特别是退休劳动人口)增长率,抚养比不断提高。在人口负债情况下,人口结构的变化会抑制经济增长:①劳动人口的比重相对较低并逐渐减少,使企业的用工成本提高而利润相对减少,企业的利润降低就会减少投资,从而抑制经济增长;②由于被抚养的人口比重过大,社会的消费也就很大,资本积累的数量及速度就会降低,这对资本缺乏的发展中国家的经济增长是不利的。

在人口年龄结构的变化中有两次拐点:第一次是由人口负债转向人口红利,实现这次转变,我国是通过世界上最严厉的计划生育基本国策实现的;第二次是由人口红利转向人口负债,它是由于人口惯性作用引发的。在由人口红利转向人口负债的过程中,国外通常是采用逐渐延迟退休的办法来解决劳动力供给不足问题。综上所述,在人口年龄结构的变化中,为解决经济发展中的劳动力供给问题,分别采取了计划生育(中国)和延迟退休的措施,如图 15-4 所示。

第二节 产 业 结 构

一、封闭经济中的产业结构演变

封闭经济中的产业结构理论是不考虑对外经济关系因素分析一个国家产业结构的演

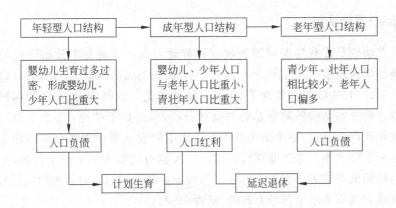

图 15-4　人口年龄结构中的人口红利、人口负债及措施

变。它主要分析了产业间收入差异和产业结构变迁引起的国民收入和劳动力流动情况。

(一) 配第-克拉克定理

英国古典经济学家配第较早从经济发展的角度揭示了人口流动的原因。他在《政治算术》(1672)中提出了不同产业的收入差异定理,他说:"比起农业来,工业的收入多,而商业的收入又比工业多。"[①]这种比较利益的差异会引起人口的流动和产业结构的调整,从而揭示了人口流动和产业结构变迁的方向。1935 年,新西兰学者费希尔(Fisher)提出了三次产业的分类,但是他没有总结出劳动力转移的规律。1940 年,英国经济学家科林·克拉克(Colin Clark)在配第"收益差异定理"和费希尔三次产业分类的基础上,通过整理分析若干家的统计资料,得出结论:"随着时间的推移和社会在经济上变得更为先进,从事农业的人数相对于从事制造业的人数趋于下降,进而从事制造业的人数相对于从事服务业的人数趋于下降。"[②]由于克拉克认为他的发现印证了配第早年的定理,因此,后人把克拉克的结论称为配第-克拉克定理。克拉克认为,劳动力在产业之间转移的原因是由经济发展中各产业的收入出现相对差异所造成的。因此,配第-克拉克定理可以表述为:随着经济的发展和人均国民收入水平的提高,劳动力首先由第一产业向第二产业转移;当人均国民收入水平进一步提高时,劳动力便向第三产业转移。劳动力在产业间的分布状况是,第一产业逐渐减少,第二产业先增加后减少,第三产业将不断增加。

克拉克(1957)对其总结的规律提出了两点解释:第一是需求因素。他认为,随着人均收入的增加,对农产品的相对需求一直在下降,而对制造品的相对需求开始上升然后下降,而后让位于服务业。第二是效率因素。农业劳动生产率是不断上升的,它与需求结合在一起就必然导致农业劳动力比例的持续下降;第二产业的劳动生产率最高,会高于需求的增长,所以当生产效率高到一定的程度时,劳动力的就业比例也会下降;由于对服务业的需求长期高于其生产效率的提高,所以服务业的劳动力比例总是不断上升的。

[①] 配第.政治算术[M].北京:商务印书馆,1978:19-20.
[②] Clark C. The conditions of economic progress[M]. third ed. London: Macmillan company,1957:493.

(二) 库兹涅茨法则

库兹涅茨法则是库兹涅茨对国民收入和劳动力在产业演变中分布变化的规律性认识。美国经济学家西蒙·史密斯·库兹涅茨(Simon Smith Kuznets, 1901—1985)在《各国经济增长》(1971)中收集和整理了20多个国家的庞大数据,通过对各国国民收入和劳动力在产业之间分布结构的演变趋势的统计分析,得出如下结论:①农业部门实现的国民收入随着年代的延续,在整个国民收入中的比重同农业劳动力在全部劳动力中的比重一样处于不断下降之中。②工业部门的国民收入相对比重大体上是上升的,工业部门劳动力上升的份额低于或等于服务业部门。③服务业部门的国民收入相对比重和劳动力的相对比重在所有国家基本上都是上升的,见表15-2。

表15-2 库兹涅茨法则

部门	劳动力的相对比重	国民收入的相对比重
农业部门	下降	下降
工业部门	上升的份额低于或等于服务业部门	上升
服务部门	上升	上升

库兹涅茨认为,引起产业结构发生变化的原因是各产业在经济发展中所出现的相对国民收入的差异。产业的相对国民收入等于国民收入的相对比重(某部门国民收入在全部国民收入中的比重)与劳动力的相对比重(某部门劳动力在全部劳动力中的比重)之比。用公式表述为:某一产业的比较劳动生产率(相对国民收入)=劳动力结构比重/国内生产总值比重。他指出,对于大多数国家而言,第一产业的相对国民收入都低于1,第二产业和第三产业的相对国民收入大于1。第二产业的国民收入相对比重呈普遍上升趋势,因而劳动力的相对比重的变化则因不同国家工业化水平的不同而存在差异,但是综合起来看变化不大。一般情况下,第三产业的相对国民收入与劳动力的相对比重基本上都是上升的。

(三) 钱纳里的产业结构标准

由美国经济学家霍利斯·钱纳里(Hollis Chenery, 1918—1994)在1960年通过对51个不同类型的国家经济统计数据的计算得出了产业结构标准,主要是分析了人均国民生产总值与产业结构的变化,如图15-3所示。

表15-3 人均GNP与产业结构的变化

指标		人均GNP/美元 100~200	300~400	600~1 000	2 000~3 000
各产业占GNP比例/%	第一产业	46.4~36.0	30.4~26.7	21.8~18.6	16.3~9.8
	第二产业	13.5~19.6	23.1~25.5	29.0~31.4	33.2~38.9
	第三产业	40.1~44.4	46.5~47.8	49.2~50.0	50.5~51.3

续表

指标	人均 GNP/美元	100~200	300~400	600~1 000	2 000~3 000
劳动力在各产业所占比例/%	第一产业	68.1~58.7	49.9~43.6	34.8~28.6	23.7~8.3
	第二产业	9.6~16.6	20.5~23.4	27.6~30.7	33.2~40.1
	第三产业	22.3~24.7	29.6~23.0	37.6~40.7	43.1~51.6

二、开放经济下的产业结构演变

（一）赤松要的雁行形态理论

雁行形态理论是解说发展中国家的产业演进过程的理论，它是由日本学者赤松要（1896—1974）在其 1935 年发表的论文《我国羊毛工业品的贸易趋势》中提出，而后又在其发表的论文《我国经济发展的综合原理》（1956）和 1965 年《世界经济论》著作中加以补充的。他根据日本纺织业的百年历史画出了相似于三只飞翔大雁的图形，因而称之为赤松要的雁行形态理论。他认为发展中国家产业发展要与国际市场紧密地结合起来，使产业结构国际化，发展中国家可以通过进口→进口替代→出口替代几个阶段来加快本国工业化过程，如图 15-5 所示。

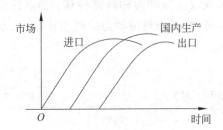

图 15-5　赤松要的雁行形态理论

第一只雁是进口浪潮。后进国家不能生产或生产的产品质次价高并有市场需求，而市场又对外开放，这就使国外产品大量涌入后进国家的市场，形成进口浪潮。

第二只雁是国内生产浪潮。由于国内的市场扩大，这时国家可以引进和利用进口产品的生产工艺和技术，并使之与本国的廉价劳动力和优势自然资源相结合，不断增加某些进口产品的国内生产，形成国内生产浪潮。

第三只雁是国内生产所引致的出口浪潮。后进国家生产达到一定规模后，由于本国的劳动力价格低廉和自然资源丰裕优势，加上生产到了一定阶段，高新技术转化率和转化速度的提高、经营管理的改善，使产品在国际市场上具有较大的竞争优势以至于形成了原有进口产品开始占领国际市场的浪潮。

（二）弗农的新产品周期理论

新产品周期理论是主要解释发达国家的产业演进过程的理论。美国经济学家雷蒙德·弗农（Raymond Vernon）1968 年在他的《产品周期中的国际贸易》一文中首次提出了新产品周期理论。这种新产品循环过程是:新产品开发→国内市场形成→出口产品→资本和技术输出→进口产品→开发更新的产品……产品经过这一顺序不断循环。它带动了工业结构由劳动、资源密集型向资本密集型进而向技术密集型演进,实现了产业结构的升级。这一过程可以通过四个阶段来加快本国的工业化过程:第一阶段,研究开发新产品,逐渐占领国内市场;第二阶段,国内市场饱和后,开拓国际市场,增加该产品的出口;第三阶段,对外输出资本和技术与当地的廉价劳动力和其他资源相结合,就地组织生产和销售;第四阶段,国外生产能力形成后,又会使这种产品以更低的价格返销到国内市场,迫使工业先行国削减或放弃该产品的生产,从而促进新产品的开发。因此,产业结构的政策要根据不同时期的特点来制定。

第三节 二元经济结构

二元经济是发展中国家在实现工业化(城市化)过程中存在着落后农业部门和发达工业部门的二元经济结构。一般来说,一个国家的经济发展要经历如下过程:农业国(一元经济,经济主体是农业经济)→农业工业国(二元经济,农业经济与工业经济并存)→工业国(一元经济,经济主体是工业经济)。研究表明,实施农村劳动力转移的战略有两个不同的思路要点:①以刘易斯为代表的学者强调城市化,主张加速城镇化的进程并建立城乡一体化就业的就业制度,实现农村劳动力的异地转移;②以托达罗为代表的学者强调非农化,主张大力发展农村经济,实现农村劳动力的就地转移。二元经济中的劳动力流动理论如图 15-6 所示。

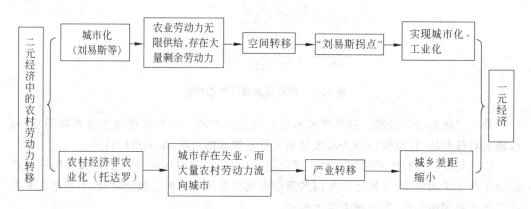

图 15-6 二元经济中的劳动力流动理论

一、刘易斯的二元经济理论

美国经济学家威廉·阿瑟·刘易斯(William Arthur Lewis,1915—1991),1954 年在《曼彻斯特学报》发表的《劳动无限供给条件下的经济发展》一文中,提出了发展中国家劳动力从维持生计的部门向现代化部门流动的理论,即二元经济理论。

(一)刘易斯的二元经济理论的观点

1. 发展中国家存在二元经济结构

刘易斯认为,发展中国家存在着现代化部门(以工业部门和城市为代表)和维持生计部门(以传统农业部门为代表)的二元经济结构:①现代化部门包括矿业、大型农场、工业及大型运输企业和现代服务业等单位,它们以现代化方法进行生产,劳动生产率和工资水平超过维持生计部门,所使用的是可再生性的生产资料加上不断增长的资本投入,从而使生产的发展超过人口的增长速度而对劳动力需求增加。②维持生计部门包括家庭农场、手工业、家庭仆人、小商业及临时工等单位。它们以传统生产方法进行生产,劳动生产率很低,收入仅够维持生计。在维持生计部门,一方面,由于经济缺乏资本投入和现代化的生产技术简单而使经济收益呈现递减的趋势;另一方面,人口快速持续增长,达到劳动年龄就自然就业,其结果是劳动力的边际生产率很低,出现了严重的劳动力过剩。

2. 三个假设前提

刘易斯模型是建立在三个假设前提的基础上:①"零值劳动力"和劳动力的无限供给假设;②工资不变假设,即维持劳动力生计的收入决定资本家支付工资的下限;③资本家剩余用于投资假设,即资本家由于把剩余再投资而扩大生产,能吸收更多的人从维持生计部门转移到现代化部门就业,剩余越来越多,资本形成也越来越大,而且这个过程要一直继续到剩余劳动力消失为止。

3. 二元经济转化为一元经济的两个阶段

刘易斯认为,在二元经济转化为一元经济过程中会经历两个不同的阶段:①维持生计部门劳动力供给大于需求阶段。由于维持生计部门存在着大量的剩余劳动力,劳动供给是无限的,因此,现代化部门只要支付略高于维持生计收入水平的工资,就会获得无限的劳动力供给,这时会出现一个现代化部门利润急剧增加、资本加速积累,维持生计部门剩余劳动力迅速转移的时期。②当资本增长赶上劳动供给时,经济发展就进入第二阶段。此时生产要素的供给弹性很差,维持生计部门转移劳动力的工资也会提高,技术进步的利益也不全归于利润,现代化部门和维持生计部门两个部门的收入将随着劳动生产率的提高而上升,二元经济也逐步变为一元经济,实现了经济的现代化。

4. "刘易斯拐点"(转折点)

刘易斯在1972年发表的《对无限劳动力的反思》一文中提到两个转折点的观点,理论界把此观点称为"刘易斯拐点"。第一个拐点发生在二元经济发展第一阶段转变到第二阶段时,此时劳动力由无限供给变为相对短缺,现代化部门的工资开始上升,标志着"刘易斯第一拐点"到来。第二个转折点出现于二元经济发展到劳动力开始出现相对短缺的第二阶段,随着农业的劳动生产率不断提高,农业剩余进一步增加,农村剩余劳动力完全释放,两个部门的边际产品相等,一体化的劳动力市场形成,此时,刘易斯第二拐点到来。显然,"刘易斯第一拐点"与"刘易斯第二拐点"的内涵是不同的,前者的到来为后者的实现准备了必要的前提条件,但后者的意义是决定性的。

(二) 对刘易斯的二元经济理论的评价

(1) 刘易斯的二元经济理论在发展经济学中具有重要的意义：①他第一个提出了二元经济发展理论，分析了两大部门的结构差异，为发展经济学开辟了新的思路；②他的二元经济理论弥补了新古典经济学不能解释大部分亚洲发展中国家经济发展的空白；③他修正了马尔萨斯过高地估计了人口增长率和李嘉图忽视农业技术进步对农村地租、城市地租的影响等理论观点；④他把经济发展和劳动力转移有机地结合在一起，揭示了劳动力转移的客观规律，对发展中国家制定经济发展和就业战略有重要的参考意义。

(2) 刘易斯的二元经济发展理论存在的缺陷有：①他的维持生计部门存在剩余劳动力，而现代化部门不存在失业的假定，与现实是不符合的；②他的理论只强调现代化部门的发展，而忽视了维持生计部门的发展；③他把不变的工资水平作为分析的基础，与实际情况是有差异的；④他的零值劳动力假设在计量上有缺陷，对此美国经济学家舒尔茨做了批评；⑤他把资本积累看作工业部门扩张和经济发展的唯一源泉，而忽视了技术进步和制度创新的作用。在刘易斯的二元经济理论的基础上，后来一些学者对其不断地加以完善和发展。

二、托达罗的城乡劳动力流动理论

美国著名发展经济学家迈克尔·托达罗(Michael Todro)于20世纪60年代末至70年代针对许多发展中国家城市中的失业和就业不足问题不断加重，仍有大量的农村人口源源不断地流向城市的实际情况，发表了一系列的论文，阐述了他的劳动力流动理论。他的理论主要有以下几方面的内容。

(一) 假定农村部门不存在剩余劳动力，而城市部门却有大量的失业

他的这种假定不同于刘易斯假定。刘易斯假定，农村存在着剩余劳动力，而城市不存在失业；托达罗假定农村部门不存在剩余劳动力(农村的剩余劳动力是由于农村经济发展不充分形成的，农村经济充分发展了，是不存在剩余劳动力的)，而城市部门却有大量的失业。因此，他的劳动力流动模式不像刘易斯人口流动模式那样强调农村劳动力转移对经济发展的积极意义，而是着重研究如何通过发展农村经济，放慢农村人口流动的速度，以缓和城市失业问题。

(二) 农村劳动力迁移的过程

托达罗认为，农村劳动力向城市迁移的过程分为两个阶段：第一阶段，没有技术的农民进入城市后首先是在城市成为城市传统部门的移民。城市传统部门的移民是在城市没有固定就业的所有劳动者，包括公开失业者、就业不足或偶尔就业者、小商贩、服务业中艰难挣扎的劳动者。在这段时间里农民迁移者会处于临时性和间隔性就业或失业状态，职业不佳和收入不稳定及生活条件差是其主要特点。到一定时期后，他们进入第二阶段，在城市现代工业部门找到了收入稳定的固定工作，融入城市人的行列。

(三)农村劳动力迁移的决策

托达罗认为,劳动力从农村迁往城市的决策是由城乡预期收入差距与就业概率两个主要变量决定的。托达罗之所以强调这个收入差距不是现实差别而是预期差别(城市预期收入与农村预期收入的差距),是因为在发展中国家的城市中,远未实现充分就业,农村劳动力如果只从现实的城乡工资差别出发,贸然决定迁移到城市后,要么沦为失业者,要么从事临时性的、收入低下的工作,比在农村工作好不了多少。

托达罗假定农业劳动者迁入城市的动机主要决定于城乡预期收入差距,差距越大,流入城市的人口越多。用公式表示为

$$M = f(d), \quad f' > 0$$

式中:M 表示人口从农村迁入城市的数量;d 表示城乡预期收入差异;$f' > 0$ 表示人口流动是预期收入差异的增函数。

农业部门预期收入等于未来某年的实际收入,现代工业部门的预期收入则等于未来某年的实际收入与城镇就业概率的乘积。这样城市预期收入差距可以表示如下:

$$d = \omega \cdot \pi - r$$

式中:ω 表示城市实际工资率;π 表示就业概率;r 表示农村平均实际收入。

托达罗认为,在任一时期,迁移者在城市现代部门找到工作的概率取决于现代部门新创造的就业机会和城市失业人数两个因素,就业概率与前一个因素成正比,与后一个因素成反比。托达罗所建立的上述人口流动行为模型是指一个阶段而言的。考虑到绝大多数迁移者往往要较长时间才能在现代部门找到工作。为了更加接近实际,人口流动行为模式应该建立在较长时间范围的基础上。托达罗认为,若迁移者的实际收入不变,那么一个迁移者在城市里待的时间越长,他获得工作的机会就越大,从而他的预期收入也就越高。托达罗推断,农村青少年预计在城市里待长一点时间会找到工作,因而从长期观点来看,城市预期收入比农村预期收入高。按照他的观点,城乡人口流动规模是城乡收入差距净贴现值的函数,即

$$M = f[V(d)], \quad f' > 0$$

式中:$V(d)$ 表示迁移者计划期内预期城乡收入差距的净贴现值。若 $V(d) > 0$,则迁移者愿意流入城市,城市净流入人口增加;若 $V(d) < 0$,则迁移者不愿意流入城市甚至从城市倒流到乡村,于是,城市净流入人口不会增加,甚至减少。托达罗认为,发展中国家城市移民人数猛增,主要是城乡预期收入差距扩大的结果。

由上可知,托达罗的城乡劳动力流动理论具有以下三点含义:①促使农村人口流动的基本力量是比较利益和成本的"理性经济人"考虑,这种考虑也包括心理因素。②人们作出的流入城市的决策不是现实的城乡工资差距,而是城乡预期收入差距。预期收入包括工资水平和就业概率两个因素。③农村劳动力获得城市工作机会的概率与城市失业率成反比。

(四)城市劳动力市场的调节过程

托达罗认为,在城市劳动力市场上,对劳动力供求的调节是通过就业概率机制来实现

均衡的。城市劳动力的供给决定于城市劳动力自然增长率和城乡人口流动规模。城市劳动力的需求取决于城市总就业量和城市就业创造率(城市产出增长率与劳动生产增长率之差)。城市劳动力市场的调节过程可做如下的描述：假定一个具有二元经济特点的发展中国家,在工业化初期,现代工业部门所占的比重很小,几乎所有的人口都生活在农村,这时城市的收入水平很高,工业部门迅速发展使得城市就业创造率大大高于城市人口增长率。结果是较大的城乡收入差距和较高的就业概率,诱使越来越多的农村劳动力流入城市。这样城市的劳动力供给增长率就会逐渐地超过劳动力需求增长率,在其他条件不变的情况下,农村劳动力在城市找到工作的可能性就不断变小,就业概率下降。这又会导致城乡之间人口流动速度变慢,最终使得城市劳动力供给增长率下降到等于城市劳动力需求增长率。这时,城市就业率和失业率就稳定在一个特定的水平上(城市劳动力供给增长率等于其劳动力需求增长率)。假如由于某种原因,失业率下降或上升到这个水平以下或以上,那么就业概率的上升或下降又会使它恢复到这个稳定的水平上。由此可见,就业概率充当了调节城市劳动力供求的机制,通过它的调节使得城市的失业率趋向一个稳定的水平。托达罗把这个水平的失业率称为均衡失业率。设 E 为均衡就业率,$1-E=$均衡失业率。根据以上的分析,均衡就业率的条件为就业增长率等于零。

(五) 托达罗的政策主张

刘易斯模式的政策含义是加速城市工业部门的发展,控制人口增长,加快城乡人口流动,尽快地把一个落后的农业国变成一个先进的工业国。与刘易斯模式不同,托达罗模式的政策含义是如何阻止农村人口向城市流动的规模,以解决日益严重的城市失业问题。他的政策建议主要包括以下几个方面。

(1) 大力发展农村经济是解决城市失业问题的根本出路。他认为,如果听任城市工资率的增长速度一直快于农村平均收入的增长速度的话,尽管城市失业状况不断加剧,但农村劳动力大量流入城市的现象仍会愈演愈烈,过量的农村劳动力拥入城市会引起许多社会问题和经济问题。为此,要尽量减少城乡经济机会的不平等,必须大力发展农村经济。他指出,主要应该使农村部门综合发展,在农村普及小型工业和使经济活动及社会投资面向农村。托达罗建议,政府应当改变重视工业轻视农业的发展战略,把更多的资金用于农村的生产条件和农村生活环境的改善上,使农村劳动者实际收入水平不断提高,生活环境不断改善。只有这样,人口从农村流向城市的刺激才会降低,城市的就业压力才会减轻。

(2) 依靠工业扩张不能解决发展中国家城市的严重失业问题。①资本积累的扩大必然伴随着劳动生产率的提高,从而工业产出的增长必然高于对劳动力的需求,这样劳动就业率会呈下降的趋势。②即使采取措施使劳动力的需求增长快于工业部门的产出增长,也不能解决城市的失业问题。在托达罗的模式中,就业概率与现代部门的就业创造率成正比例关系。现代部门创造的就业机会越多,就业概率就越大,城乡预期收入差异也越大,从而将引诱越来越多的农村人口流入城市,而且流入的人口数目远大于工业部门创造的就业机会数目。这就会出现一个怪现象：城市现代部门扩张得越快,创造的就业机会越多,失业率就越高。因此他认为,解决城市失业问题不能仅仅依靠工业部门的扩张。

(3) 必须消除一切人为地扩大城乡实际收入差距的措施。在托达罗的人口流动理论中,城乡收入差距是决定农村人口流动的重要因素。他指出,在发展中国家中,城市的工资水平不是由市场力量决定的,而是由政府和工会垄断等外在的力量决定的,由这些外在因素决定的城市工资水平远远高于农村的收入,一般在2倍至4倍之间,这么大的城乡收入差距,无疑会促使农民大量流入城市,形成城市严重的失业问题。因此他主张,要降低城市失业率,就必须消除政府对工资形成的干预和减少工会的权力等。同时他还认为降低城市工资水平是困难的,因此,提高农村收入水平和改善农村生活质量才是切实可行的措施。

(4) 不宜过分扩大高等教育的规模。他认为,雇主一般是按人受教育水平去遴选雇员,在劳动力供过于求的情况下,原本是中学水平劳动者可以胜任的工作,却要录用受过高等教育的人去担任。一方面,这会造成能够就业的中学水平的劳动者成为失业者;另一方面,农村中受教育程度越高的人,他们所预期的城乡工资收入差距越大,就会向城市流动,而在城市又很难找到如愿的工作,最终加入失业队伍行列。政府对教育的过分投资,其结果变成闲置的人力资源,造成了严重的知识浪费和智力贬值。为此,发展中国家的高等教育发展规模要适度。

(六) 托达罗二元经济理论的特点与评价

(1) 托达罗二元经济模式的特点。与刘易斯相比,托达罗的模式有以下几个特点:①农村部门不一定存在剩余劳动力,而城市部门却有大量的失业;②城市部门的工资是由政府和工会等政治因素决定的,因而不是固定的,而是上升的;③由于把城市失业作为分析的前提和目的,他特别重视就业概率对人口流动的影响;④他特别重视农村经济发展的重要性,强调发展农村经济对解决失业问题的重要作用。

(2) 托达罗二元经济模式的贡献。托达罗模式是在传统人口流动模式不能解释人口流动与城市失业并存条件下产生的,它能对这两个相互矛盾的现象作出较为合理的解释,比刘易斯为代表的模式更贴近发展中国家的现实,它纠正了传统模式只注重农村劳动力流入城市对经济发展的积极作用,提出了诸如农村发展经济、缩小城乡差距、缓解城市就业压力等一系列重大理论和政策措施。因此,受到了经济学界高度的重视。

(3) 托达罗二元经济模式的缺陷:①他假定农村不存在剩余劳动力,这不符合发展中国家的事实。在发展中国家,由于农村人口增长快于城市人口增长,在有限的土地上就必然存在一些劳动生产率很低的剩余劳动者。②他假定流入城市的农民必定在城市里找工作,如果找不到工作就宁愿做临时工或完全闲置,事实上不完全如此。例如,有些找不到工作的转移者会返回农村。③他没有看到人口从城市向农村流动的情况,有些进城的农民,在挣到一定数量的钱后,又会返回农村,对农村经济的发展起到促进作用。同时在城市失业问题过于严重时,有些城市人也会流向农村。

第四节 区域经济结构

一、区域产业布局的经典理论

区域产业布局的经典理论经历了杜能的农业圈层理论→韦伯的工业区位(主要是企

业选址)理论→克里斯托勒的中心地理论→形成经济区域设置的主要学派的发展过程。

(一) 杜能的农业圈层理论

1826年,德国经济学家约翰·冯·杜能(Johan von Thunnen,1783—1850)出版了著名的《孤立国》小册子。他提出了孤立国的农业圈层理论。他认为,在农业布局上,并不是哪个地方适合种什么就种什么,农业经营方式也不是任何地方越集中越好。在这方面起决定作用的是级差地租,首先是特定农场距离城市的远近,亦即集中化的程度与离中心城市的距离成反比。他设计的农业圈层是：①自由农作圈,蔬菜和牛奶等鲜活农产品需要在离城市最近的地方设置；②林业圈,其木材用于建筑和能源,由于笨重运输不便,林业需要在离城市较近的地方设置；③轮作农作圈,由于离城市相对较远,城市的肥料不便运输到此,使之肥力不足,一些农产品要实行轮作；④谷草农作圈,已离城市很远,需要生产易于储存的粮畜产品；⑤三圃农作圈,粮畜产品,以畜产品为主；⑥畜牧圈,远离城市,适合发展畜牧业。

(二) 韦伯的工业区位理论

德国经济学家阿尔弗雷德·韦伯(Alfred Weber,1868—1958)在其1909年撰写的《工业区位论》一书中系统论述了工业区位(主要是企业选址)理论。

(1) 理论假设。他假设在影响工业区位形成的各类条件中最主要的是经济因子,其中只有少数具有普遍意义。他认为决定工厂最佳位置的因子主要有：运输成本、劳动成本、集聚。

(2) 工业寻求最优区位的三个阶段。影响区位选择的三个因素是：运输费用、劳动费用和聚集力。确定工业区位的工作程序是：①根据运输的指向,确定工厂的运费最小点；②根据劳动指向,修改上述结果,形成区位的第一次变形；③根据集聚指向,修改第一次变形结果,形成工业区位的第二次变形。

(三) 克里斯托勒的中心地理论

克里斯托勒的中心地理论也称为城市区位理论,主要是研究城市的设置。德国学者克里斯托勒(Walter Christaller)在1933年出版的《德国南部的中心地》中通过对德国南部城市和中心聚落的大量调查研究提出了中心地理论。中心地体系包括：①中心地的数目；②互补区域(中心地所服务的地区)的数目；③互补区域的半径；④互补区域的面积；⑤提供中心财货种类及其数量；⑥中心地的标准人口数；⑦互补区域的标准人口数等。

克里斯托勒把中心地理论的建立分为三个步骤：①根据已有区位理论,确定个别经贸活动的市场半径；②引进空间上的组合概念,形成多中心商业网络；③将各种经贸活动(工业区位、城市、交通线等)的集聚纳入一套多中心网络的等级序列中去。

他按照市场、交通和行政三个原则,把中心地模式分为三种：①以最有利于产品销售为原则的市场中心地；②以交通便利为原则的交通枢纽中心地；③以政治职能为原则的政治中心地。

(四) 经济区域设置的主要学派

1. 成本学派

成本学派又称最小费用区位论。成本学派理论的核心是以生产成本最低为准则来确定产业的最优区位。该学派的代表人物是胡佛、赖利、艾萨德等。埃德加·M.胡佛(E. M. Hoover)在1937年的《区位理论与皮革制鞋工业》、1948年的《经济活动的区位》中提出运输成本的构成(一是线路运营费用；二是站场费用)。在此基础上，他对韦伯的理论做了两点修改：①若企业用一种原料生产一种产品，在一个市场出售，在原料与市场之间有直达运输，则企业布局在交通线的起点最佳。因为在中间设厂将增加站场费用。②如果原料地和市场之间没有直达运输线，原料又是笨重原料，则港口或其他转运点是最小运输成本区位。另外赖利(Reilly)对产品交换的不同价格政策对运输的影响进行了深入研究，沃尔特·艾萨德(Walter Isard,1919—2010)根据韦伯的理论，对运输成本做了更详尽的分析，他认为，运费不仅取决于货物的重量及运距，而且与货物的体积、易碎性、易燃性等属性有关等。

2. 市场学派

市场学派的主要观点是产业布局必须充分考虑市场因素，尽量将企业布局在利润最大的区位。在瓜分市场的激烈竞争中，还必须考虑到市场划分与市场网络合理结构安排。研究市场划分的主要理论有谢费尔的空间相互作用理论、帕兰德的市场竞争区位理论、罗斯特朗的盈利边界理论、吉的自由进入理论，研究市场网络合理结构安排的理论主要有克里斯托勒的中心地理论(他认为高效的组织物质生产和流通的空间结构，必然是以城市这一大市场为中心，并由相应的多数市场构成相应的网络体系)等。

3. 成本-市场学派

成本-市场学派是在成本学派与市场学派的基础上综合形成的。这一学派建立了一般均衡理论，而且探讨了区域产业布局与总体产业布局问题。这一学派的主要代表人物是俄林、弗农等。俄林在1933年出版的《区域间贸易与国际贸易》一书中认为，运输方便的区域经济能够吸引到大量的资本和劳动力，并使之成为重要市场，因此可专门生产面向市场、规模经济优势明显和难以运输的产品；而运输不方便的地方则应专门生产易于运输、小规模生产可以获利的产品。弗农的产品生命周期理论认为：①处于创新期的产业属于技术密集型产业，一般趋向于科研信息与市场信息集中、人才较多、配套设施齐全、销售渠道畅通的发达城市。②处于成熟期的产业会出现波浪扩展效应，开始向周边地区扩散，(因为生产定型化使技术普及化，同时大城市的成本费用一般比较高)。③处于衰退期的产业由于技术完全定型化、产品需求已趋于饱和、生产发展潜力不大，于是由发达地区向落后地区转移。

二、区域结构经济发展理论

(一) 经济增长极理论

经济增长极理论在20世纪50年代由法国经济学家弗朗索瓦·佩鲁(Francois

Perroux)最先提出,后来许多区域经济学者将这种理论引入地理空间,用它来解释和预测区域经济的结构和布局。法国经济学家布代维尔(Boudeville)将增长极理论引入区域经济理论分析中,瑞典经济学家缪尔达尔(1957)、美国经济学家赫希曼等人分别在不同程度上进一步丰富和发展了这一理论。

1. 经济增长极的概念与形成条件

(1) 经济增长极的概念。经济增长极理论是从物理学磁极相互作用概念引申而来,经济增长极是指具有推动性的经济单位,或是具有空间聚集特点的推动性单位的集合体。经济增长极由佩鲁在《略论增长极概念》(1955)中最先提出,他指出,增长并非同时出现在所有的地方,它以不同的强度首先出现于一些点或增长极上,然后通过不同的渠道向外扩散,并对整个经济产生不同的终极影响。对于经济增长极的解释现在有狭义和广义之分:①狭义经济增长极有产业经济增长极、空间经济增长极(城市经济增长极或城市带经济增长极)和潜在的经济增长极三种类型;②广义经济增长极是除狭义经济增长极之外,凡是能促进经济增长的积极因素和生长点,其中包括制度创新点、对外开放度、消费热点等都是经济增长极。

(2) 经济增长极的形成应该具备以下四个条件:①该地区人力资源丰富、交通便利并且设施齐全,形成了人流、物流、资金流、信息流等的汇集;②该地区或产业是国家战略发展的重点,有明显的政策优势;③该产业或地区市场潜力大、发展前景好,多数企业技术领先并且企业家具有创新能力;④该地区形成了产业聚集,或该行业规模经济效益和范围经济非常显著。

2. 经济增长极的动力系统[①]

经济增长极的动力系统是指推动经济增长极形成和发展的各要素之间的相互作用、相互联系、相互制约的关系所构成的综合系统的总和。具体来说,经济增长极的动力系统包含创新动力、产业结构转换动力、产业集聚动力、市场动力和制度推动力五大基本要素或子系统。①创新动力。创新是经济增长极的不竭动力,具有创新力的主体既能通过创新活动来推动区域经济增长极的迅速增长,又能通过创新来推动周边地区的增长与进一步扩张。②产业结构转换动力。经济增长极通过产业结构优化既能促进其经济长期可持续增长,也能通过梯度传递带动非经济增长极区域的经济发展。③产业集聚动力。可以通过规模经济效应、范围经济效应、创新与学习效应和空间成本的节约(节约运输成本、信息搜寻成本、合同签订及执行成本等)提升区域经济增长极的竞争力。④市场动力。经济增长极的培育和发展是市场机制作用下生产要素在某一地理范围集中的结果,而生产要素集中又取决于市场经济条件的作用,在此基础上实行最优区位抉择,最终实现了经济增长极的形成和发展。⑤制度推动力。在经济增长极形成、发展过程中,一方面可以通过制度结构的改变影响经济增长极的生产要素,从而使资本、劳动和技术等生产要素的规模不断扩大,并使其潜能得到充分的发挥;另一方面可以通过制度转型来改变要素的激励机制而不断提高生产要素的效率,从而推动经济增长极的持续增长。经济增长极的动力系统如图15-7所示。

---

① 李碧宏.产业集聚与经济增长极的形成——以重庆为例[D].重庆:西南大学,2012:36-40.

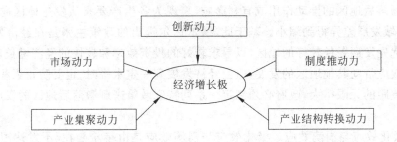

图 15-7 经济增长极的动力系统

3. 经济增长极的效应

（1）支配效应。支配效应最早由佩鲁在 1950 年发表的《支配效应与现代经济理论》中提出，佩鲁认为，一个单位对另一个单位施加的不可逆转或部分不可逆转的影响就是支配效应。这种影响会在区域发展中产生不对称关系，即一些经济单位处于支配地位形成区域经济增长极，另一些经济单位处于被支配地位，变为与区域经济增长极的增长有着紧密相关的周围空间。这种支配性经济单位具有推动效应，其大小与支配性经济单位所产生的外部经济的能力相联系，并可分为两个部分：一是直接贡献，即产品在总产出中的份额的增加；二是间接贡献，即从一个时期到另一个时期在环境中增加的追加产品。一般而言，经济单位产生的外部经济能力与其前向、后向联系的大小成正比，支配性单位的外部经济的能力越大，其对经济发展的推动力就越强。同时起着支配效应的推进型单位自身的发展壮大具有明显的比较优势，其自身的企业或产业增长与创新能够诱导和推动其他相关经济单位的增长，并在其所处环境中引起不对称的增长或不对称的发展。

（2）乘数效应。它是由保德威勒（Boudeville）在 1966 年提出的，他的乘数效应理论使增长极概念的内涵发生了较大的变化。乘数效应也称里昂惕夫（他主要是研究产业投入与产出的关联效应）乘数效应，乘数效应是指主导产业的发展会带动许多关联产业快速成倍地发展。这种关联包括前向关联、后向关联和旁侧关联等，由此而形成后向关联产业、前向关联产业和旁侧关联产业并发生关联效应。前向关联产业通过对主导产业的深加工，提高附加值从而产生前向关联效应；后向关联产业为主导产业提供产前服务（提供原材料、燃料等中间投入，以及机器设备、生产工具和维修安装等服务），从而发挥后向关联效应；旁侧关联产业为主导产业提供产中服务，以便充分利用区域经济增长极的内部资源，为主导产业的发展提供补充，发挥着旁侧关联效应。总之，通过这三种产业关联效应的发挥，实现主导产业与其他产业或部门的发展发生垂直的、水平的关联，产生区域经济增长极的乘数效应，推动区域经济增长极的经济集聚和发展壮大。

（3）回流效应与扩散效应。瑞典经济学家缪尔达尔在《经济理论和不发达地区》（1957）和《亚洲戏剧：各国贫困问题考察》（1968）等著述中提出了回流效应和扩散效应理论，说明经济发达地区（经济增长极）对其他落后地区的双重作用或影响：①回流效应。回流效应是经济增长极对周围落后地区的阻碍作用或不利影响，表现为各生产要素从落后地区向发达地区集中流动，使区域经济差距不断扩大。在市场机制的作用下，回流效应远大于扩散效应，使发达地区更发达，落后地区更落后。②扩散效应。扩散效应是经济增长极对周围落后地区的推动作用或有利影响,表现为各生产要素从发达地区向落后地区流动,使区域发展差异得到缩小。基于此,缪尔达尔提出的政策主张是在经济发展初期,政府应当优先发展条件较好的地区,以寻求较好的投资效率和较快的经济增长速度,然后通过扩散效应带动其他地区的发展,但当经济发展到一定水平时,也要防止累积循环因果造成贫富差距的无限扩大,政府必须制定一系列特殊政策来刺激落后地区的发展,以缩小经济差距。

(4)极化效应与涓滴效应。极化效应与涓滴效应是由赫希曼在《不发达国家中的投资政策与二元性》一文中提出的,后又在《经济发展战略》(1958)一书中进一步做了阐述。它主要是解释经济发达区域与欠发达区域之间的经济相互作用及影响。

极化效应是指经济增长极的发展对不发达地区的不利影响。出现发达地区越来越发达,不发达地区越来越落后,经济不平衡状态越来越突出,甚至形成一个国家内地理上的二元经济局面。具体表现在以下几个方面:①经济增长极的发展导致外围地区资本筹集困难。经济增长极具有良好的投资环境和优厚的投资利润以及需求日益扩大的市场,这些因素吸引银行及其他金融机构将经济落后地区的储蓄转化为经济发达地区的投资;而外围地区由于落后的经济基础和投资收益率低,资本外流,致使资本积累逐渐减少,资本日趋短缺甚至枯竭,任何现代化的产业都难以起步。②经济增长极的经济发展使外围地区人才缺乏,经济发展受到极大制约。经济增长极在就业机会、工资待遇、工作环境、个人多样化需求的满足程度、子女上学就业等方面具有很大优势,这些优势吸引着落后的外围地区的劳动者和各类专业人才通过各种途径纷纷流向经济发达地区,结果在增强经济增长极发展能力的同时,却对外围地区造成了十分不利的影响。③经济增长极的发展导致外围地区贸易状况恶化。由于地域邻近,经济增长极与外围地区势必发生区域贸易活动,前者以输出工业品、资本品为主,并从后者输入初级产品;而后者以初级产品的生产和输出为主。初级产品的价格低而不稳,且缺乏需求弹性,因而竞争形势和交易条件有利于前者而不利于后者。总之,经济增长极的极化效应往往是以牺牲外围地区的发展为代价的。

涓滴效应是经济增长极对不发达地区的有利影响,体现在发达地区吸收不发达地区的劳动力,在一定程度上可以缓解不发达地区的就业压力,有利于不发达地区解决失业问题。在互补情况下,发达地区向不发达地区购买商品和投资的增加,会给不发达地区带来发展的机会,刺激不发达地区的经济增长。特别是发达地区的先进技术、管理方式、思想观念、价值观念和行为方式等经济和社会方面的进步因素向不发达地区的涓滴,将对不发达地区的经济发展和社会进步产生多方面的推动作用。

(二)聚集经济理论

1. 聚集经济的提出过程

聚集经济是指经济活动在地理空间的集中现象,主要表现为相同(类似)产业或互补产业在一个特定的、邻近地理区位上的集中所形成的产业群或相互依赖的区域经济网络。最早研究产业集群的是英国经济学家马歇尔(1890、1920)的外部经济理论。韦伯(1909)着眼于微观企业的区位选择,提出了运输成本、劳动成本、集聚是决定企业靠近与否的主要因子。美国经济学家胡佛进一步发展了韦伯的聚集经济理论。他认为,产业集聚是具有规模效益的企业群体。1939年,德国经济学家廖什(August Losch)出版的著作《经济空间秩序》,全面系统地阐述了区位理论、经济区论和贸易理论。阿根廷经济学家劳尔·普雷维什(Roal Prebish,1901—1986)于1949年提出了中心—外围理论。美国著名城市规划学家约翰·弗里德曼(John Friedmann)出版了《区域发展政策:委内瑞拉案例研究》(1961)和《极化发展的一般理论》(1967)等著作,提出了中心—边缘理论。意大利学者巴格纳斯科(Bagnasco)在1977年提出了新产业区的概念。1985年,美国经济学家斯科特(Scott)发表了《区位过程、城市化与区域发展》,第一次把劳动分工、交易费用和企业集聚联系起来阐述了他的新产业空间理论。保罗·克鲁格曼(Paul Krugman,1991、1995、1998)提出了中心(工业地区)—外围(农业地区)理论,并将空间经济理论引入经济分析,从理论上证明了工业活动倾向于空间聚集的一般趋势,产业政策、贸易保护、地理分割、特殊的历史事件等对产业区的形成有重大影响。美国著名竞争战略专家波特在其代表性著作《国家竞争优势》(1990)和《集群与新竞争经济学》(1998)论文中,从竞争优势的角度对集群现象进行了理论分析,认为产业集群由一系列相关联的企业和其他对竞争有重要影响的实体组成。1995年施米茨(Schmitz)将通过区域内企业的合作和共同行动而使集聚区内企业获取额外的好处称为集体效率。

2. 外部规模经济与外部范围经济理论

(1) 外部规模经济。外部规模经济理论首先由著名的经济学家马歇尔在1890年提出,后经克鲁格曼等学者的完善而得到发展。外部规模经济是指在同一个地方同行业企业的增加,多个同行企业共享当地的辅助性生产、共同的基础设施与服务、劳动力供给与培训所带来的成本节约和竞争优势。外部规模经济依据产业集聚指向可以分为:①同指向同产业集聚,即基于一种区位优势而集聚了大量相同产业的企业;②同指向多产业集聚,即基于一种区位优势而集聚了大量不同的产业,形成产业群;③多指向多产业集聚,即基于地区的多种区位优势集聚了大量不同产业的企业,形成多个产业群。

外部规模经济通过以下作用实现聚集经济:①企业或行业集中促进了专业化供应商队伍的形成;②企业或行业集中促进了劳动力市场共享;③企业或行业集中促进了技术外溢和普及;④企业或行业集中降低了产品成本和交易费用;⑤行业集中促进了基础设施完善和服务事业的发展与充分利用。

(2) 外部范围经济。范围经济由美国管理学家钱德勒在1980年出版的《企业规模经济与范围经济》中正式提出使用。外部范围经济是指同一区域内,多个企业共同分工协作而带来成本节约和竞争优势。外部范围经济形成的竞争优势如下:①降低成本优势,外部范围经济可以降低生产成本、物流成本、融资成本、教育培训成本等,以提供低成本的产品和服务取得竞争优势;②差异化优势,通过提供多种产品和服务满足消费者多样化、个性化、差别化的需求取得竞争优势;③市场营销优势,通过促进市场发育、形成区域品牌、完善市场网络取得竞争优势;④创新优势,通过人才、科技、管理、信息等的交流和互相学习促进技术、制度、管理的创新;⑤抵御风险优势,当市场发生剧烈变化或竞争激烈时,处于该区域内的企业集群能共同分担由此带来的风险。

依据陈章武和李朝晖(2005)的总结,实现外部范围经济的路径主要有:①区域内企业通过横向和纵向多元化实行多元化发展;②通过专业化分工、优化重组有效整合企业价值链。③通过与相关企业、科研机构、高等院校的紧密合作开展创新活动；④形成以主导产业为龙头，以相关配套行业为辅的企业集群。

3. 经济空间理论

经济空间理论主要是从经济聚集与经济扩散来阐述空间经济现象的。有代表性的理论是新产业区理论与中心外围理论。

（1）新产业区理论。意大利学者巴格纳斯科在1977年首先提出新产业区的概念，他认为，新产业区是具有共同社会背景的人们和企业在一定自然与社会意义的地域上形成的社会地域生产综合体，它一经形成就具有难以复制的各种特性。新产业区的特征主要是：①因企业集聚而形成的高度专业化分工；②由企业、大学、科研机构、政府机构等结成的长期稳定的合作关系；③植根于当地的社会文化环境；④行为主体的对称关系，在新产业区各企业都是相对独立的、平等的，没有支配和依附关系，都以平等的地位参与经济活动。现实中形成的新产业区主要有美国加利福尼亚州的硅谷、马萨诸塞州的波士顿128公路、意大利的艾米利亚-罗马格纳（Emillia-Romagna）和图斯卡尼（Tuscany）、德国的巴登-符腾堡（Baden-Wiirlermberg）、法国的奥耶纳克斯（Oyonnax）等。

（2）中心外围理论。1991年克鲁格曼提出了完善的中心（工业地区）-外围（农业地区）理论，它揭示了经济空间聚集的内在运行机制。他认为，行业空间集中主要受三种效应驱动：①市场准入效应，即垄断厂商总是将其生产安排在大市场同时向小市场出口；②生活成本效应，他分析了厂商区位对当地生活成本的影响，在有大量厂商集中的地区商品价格相对较低，从而会吸引大量的消费者聚集在该地区，进而节约了消费者的生活消费支出；③市场挤出效应，大量厂商集中在一起，就会使该地区的一些厂商向厂商相对较少的地区移动。前两种效应的合力形成聚集力，它有利于厂商和消费者在空间上的集中，并且相互促进。后一种效应则形成离心力，促使厂商在地理上的扩散。

4. 产业集群理论

产业集群是指具有分工合作关系的众多产业或企业在一定区域内集中的空间积聚体。1990年波特在《国家竞争优势》一书中首先提出"产业集群"一词，并从竞争优势的角度对产业集群现象进行了分析，他又在《集群与新竞争经济学》（1998年）论文中进一步对产业集群理论进行了阐述。波特认为，产业集群产生于多种因素，如历史传统、已有的供应商渠道和相关产业、一两个具有创新精神的大企业、偶然事件等。产业集群一旦形成，有一种自我强化循环机制能够推动其成长壮大。波特认为，政府作为产业政策的制定者应该制定适宜的集群发展政策，应该加强和建立现存的和正在出现的产业集群，而不是努力去创造一个全新的产业集群。

根据陈继勇、肖光恩的总结，产业集群主要有以下几个方面的竞争优势。[①]

（1）产业集群能增加厂商们的生产能力：①产业集群加强了生产要素供应商的专业化，提升了厂商的生产能力；②产业集群有利于信息的快速获得和传递；③产业集群使厂商们互补性增强，从而使产业集群区内的产品整体质量和配置效率得以提高；④产业集群有利于厂商充分利用所需要的公共产品并减少了厂商对准公共产品的投资，从而使

[①] 陈继勇,肖光恩.国外关于聚集经济研究的新进展[J].江汉论坛,2005(4):10-11.

厂商节约了大量的生产成本;⑤产业集群有利于厂商之间绩效的评估,节约了员工的监督管理成本。

(2) 产业集群能增加厂商的创新能力。原因在于:①在产业集群区内,厂商能迅速有效地察觉到客户的新需求及其变化趋势,有很强的满足客户需要的创新动机;②由于厂商接触便利,能够在互访中互相学习了解发展变化中的新生产技术和营销知识;③产业集群区内厂商对新观念和创新的需要的高度敏感,有利于创新的产生;④产业集群会产生创新的压力,如市场竞争、同行的持续比较等,厂商必须迫使自己以有创意的方式与其他企业区分开来。

(3) 产业集群有利于新企业的产生和扩大产业集群的规模。产业集群区内新企业的出现更加容易,这是因为:①产业集群会产生更多更佳的商业机会,所需资产、技能和劳动力等生产要素很容易在当地获得,给发展新事业带来很大的便利;②当地投资者和金融机构由于对产业集群区的情况相当熟悉,投资机构因投资风险较小而更愿意投资;③产业集群所形成的当地人才库更容易提供企业家,而且对外地企业家也有较大的吸引力,这为新企业的形成和发展提供了大量基础性条件和优势;④新企业在生产深化和专业化方面的成长,可进一步提高产业集群的优势,进一步强化产业在当地的聚集。

当然,产业集群也存在潜在的劣势,主要是:①劳动力成本和房地产价格上涨,使用工成本和生存成本增长;②同类企业较多或技术雷同,可能导致恶性竞争;③产业结构和管理制度锁定,可能会出现企业转型升级僵化风险;④集群地产业拥挤与环境保护压力增大。

(三) 后发优势及后发劣势理论

1. 后发优势理论的形成与发展

后发优势理论经历了三个发展阶段。

第一阶段是后发优势理论的形成阶段。美国经济史学家亚历山大·格申克龙(Alexander Gerchenkron,1904—1978)在总结19世纪德国、意大利等国经济追赶成功经验的基础上,于1962年创立了后发优势理论。1966,纳尔逊(Nelson)等人对格申克龙后发优势假说进行了证明;美国经济学家列维(Levy,1966年)则从现代化理论的角度,分析了后进国家与先进国家在经济发展前提条件上的异同,并将格申克龙的后发优势理论具体化。

第二阶段是后发优势理论的应用阶段。到了20世纪80年代,随着日本和亚洲新兴工业化国家和地区经济的高速增长,罗索夫斯基(Rosovsky)、日本学者南亮进和大川一司等人将格申克龙后发优势理论应用于对日本工业化过程的分析以及渡边利夫运用这一理论分析了韩国经济,都在很大程度上验证了后发优势存在的客观性。阿伯拉莫维茨(Abramovitz,1989)提出了"追赶假说",即不论是以劳动生产率还是以单位资本收入衡量,一国经济发展的初始水平与其经济增长速度都是呈反向关系的。如日本跨越蒸汽机阶段直接进入大规模水力电气阶段,只花50年时间就走完了西方国家花200年才完成的技术进步历程。

第三阶段是后发优势理论的数理模型化阶段。20世纪90年代在经济全球化、新型工业化和信息化的背景下,发达国家的技术和工业大量地向发展中国家转移,使后发优势的表现更加突出。1993年,伯利兹(Brezis)、保罗·克鲁格曼、齐东(D. Tsiddon)在总结发展中国家成功发展经验的基础上,提出了基于后发优势的技术发展的"蛙跳模型"(该模型研究了国与国之间为什么会发生技术领导权的转移,它解释了落后国家超常规的发展和赶超先进国家的现象。例如18世纪英国超过荷兰,19世纪末美国和德国超过英国)。1995年,罗伯特·巴罗和萨拉易·马丁(Robert Barro and Salai Martin)通过建立假定一国进行技术模仿成本与该国以往所完成模仿技术种类占现有技术总数量比例的函数,提出了模仿成本是随着模仿技术的增加而增多的结论;1996年,范艾肯(R. Van Elkan)强调经济欠发达国家可以通过技术模仿、引进或创新,最终实现技术和经济水平的赶超,转向技术的自我革新阶段。

2. 后发优势的来源

根据侯高岚博士(2003)的归纳和笔者改编,后发优势主要有以下几个方面的来源。①

(1) 自然资源型后发优势。一般来说,发展中国家具有较丰富的自然资源可以利用,同时在其发展中不必经过发达国家在经济高速增长阶段先污染再治理的过程,而是在发展初期或经济高速增长时期就确定可持续发展模式。

(2) 劳动力后发优势。在人口尚未老化之前,发展中国家具有劳动力丰富而劳动成本低廉的优势。一方面,劳动成本低廉的出口产品在国际市场上具有价格竞争优势;另一方面,低廉的劳动力成为吸引外资的优势。

(3) 资本后发优势。①发展中国家的资本边际收益高于发达国家,在资本能够自由流动的情况下,有利于资本从发达国家流向发展中国家;②发展中国家的人力投资的边际收益高于发达国家,发展中国家可以通过高人力投资、高收益使其经济发展速度快于发达国家。

(4) 技术追赶优势。①发展中国家可以通过直接引进国外先进技术,减少技术研制的成本、避免发达国家在技术开发和应用上的教训,少走弯路。②发展中国家无论从先进国家吸收直接投资还是向先进国家投资,可获得"知识外溢"效应。③发展中国家可以选择模仿跟随型、跳跃赶超型、自主创新型等不同的技术进步路径实现技术追赶战略;发展中国家可以在技术上跳越发达国家一些必经的发展阶段,实现技术超前发展。

(5) 制度后发优势。制度后发优势是指发展中国家通过学习、效仿和借鉴发达国家的先进制度和管理经验,并经本土化改造使之产生效率和收益。制度是一种公共产品,一种制度形成并被证实有效后,后发者可以不用付出很高代价,通过制度的移植、模仿和改善,采用新的制度取得较大收益。例如,日本的"明治维新"通过学习模仿西方国家的社会制度逐渐地使日本从一个相对落后的国家变为世界经济强国。

当然,许多学者在分析后发优势的同时也阐述了后发劣势,理论界一般认为,后发劣势理论起源于美国经济学家沃森提出的概念,2000年由杨小凯介绍到中国。发展中国家的后发劣势主要表现在以下几方面:①技术后发劣势。发展中国家引进、模仿、再引进、再模仿的技术恶性循环,使之陷入技术重复引进的陷阱,不利于技术创新。②产业结构的

---

① 侯高岚.后发优势理论分析与经济赶超战略研究[D].北京:中国社会科学院,2003:26-30.

后发劣势。发展中国家需求层次低与收入阶层结构畸形制约其产业结构的升级。③资本积累的后发劣势。有些发展中国家陷入人口增长快于资本增长的人口陷阱之中,使资本积累缓慢。④制度变迁的后发劣势。发展中国家与发达国家在制度、组织方面的差异性很大,难以进行移植、模仿,有效率的制度供给常常不足。⑤在发达国家主导的经济全球化下,发展中国家面临着日益恶化的贸易条件和不平等的交换。

复习思考题

1. 简述人口红利对经济增长的促进作用。
2. 简述封闭经济中的产业结构演变理论。
3. 简述开放经济中的产业结构演变理论。
4. 在二元经济下,刘易斯的理论与托达罗有什么不同?
5. 简述区域产业布局的经典理论。
6. 试述经济增长极理论。
7. 试述聚集经济理论。
8. 简述后发优势理论及后发劣势理论。

习　题

第十六章

阶段学派与未来学派

【本章要点及学习要求】

了解德国历史学派的经济发展阶段和霍夫曼的工业化阶段理论;理解罗斯托的经济发展阶段理论;知晓贝尔的后工业社会理论、托夫勒和奈斯比特信息社会的主要特征、波特的经济发展阶段理论;掌握知识经济的概念与特征、马克卢普对知识和知识产业的论述、新经济增长理论、知识资本理论。

第一节 阶 段 学 派

一、德国历史学派的经济发展阶段理论

德国历史学派是19世纪40年代至20世纪初期在德国出现的强调经济发展的历史性和国民经济的有机结合的一个经济学流派。其主要代表人物有李斯特、罗雪尔、希尔德布兰德、施穆勒、桑巴特等。

(一) 李斯特的经济发展阶段论

早在希腊罗马时代,人类经济生活的发展就已被划分为狩猎、游牧和农耕三个阶段。在近代最早提出经济发展阶段论的是德国历史学派的先驱弗里德里希·李斯特(Friedrich List,1789—1846),他在《政治经济学的国民体系》(1841)中将经济发展阶段分为原始未开化→畜牧→农业→农业和工业→农业、工业和商业五个阶段。他还将国际经济关系的演变分为三个阶段。

1. 经济发展的五个阶段

(1) 原始未开化阶段(渔猎阶段)。李斯特认为,在这个阶段,人类获得的一切东西几乎全部来源于自然界,对自然资源的利用率极低。例如,一个打猎的人所能利用的周围的自然资源还不到千分之一,资本几乎等于零。

(2) 畜牧阶段。在李斯特看来,随着单纯的游猎形态转变为畜牧形态,经济的增长主要表现为牲畜头数的增长,人类居无定所,对自然资源的利用率极低。例如,一个牧羊人所能利用的自然资源还不到1%。随着人口的增长,畜群和牧场被分割成越来越小的份额。结果是人们势必要从畜牧业转向农业,否则将陷入贫困。

(3) 农业阶段。李斯特指出，农业特有的生产方式加之农业交通运输手段的落后，使得这个阶段形成了以下几个特点：①仍然倚重自然力量靠天吃饭，自然资源利用率虽比以往有所提高，但仍然很低；②分工不太明确，经济处于自给自足的状态之中，他们的生产方式与消费方式大致雷同；③体力劳动为主，缺乏科学技术；④农民居有定所且散布于各处，因而缺乏社会交往，结果导致政治、文化等各方面的落后；⑤财富的增长主要表现在耕地和剩余农产品的增加上。

(4) 农业和工业阶段。李斯特认为，人类进入农业和工业阶段是历史上的一个重大转折，这个阶段具有一系列显著地区别于前三个阶段的特点：①由于交通运输业和大工业的发展，潜在的和现实的经济资源都得到了较为充分的开发和利用；②科学技术成了推动工业发展的重要力量；③工农业的发展促进政治、文化、道德等方面的进步。

(5) 农业、工业和商业阶段。李斯特认为，随着工业的发展、运输工具的改进和人口的增长，商业也随之繁荣起来。但商业一经兴盛起来，就对整个社会产生深刻而广泛的影响。由于人们处于复杂而激烈的商业竞争氛围之中，他们的社交能力、智力水平、自由意识、进取精神、惜时观念、文化艺术、政治制度甚至人种都会获得提高和发展。

2. 国际经济关系演变的三个阶段

李斯特在总结欧美10个国家的经济史之后提出了国际经济关系演变三阶段论。

第一阶段，实行自由贸易，以便使本国脱离未开化状态并求得农业上的发展。落后国通过与先进工业国进行自由贸易，能够以本国的农产品换取发达国家的资本品、消费品和贵金属，从而促进本国生产力的发展。

第二阶段，采取关税保护，扶持本国幼稚的工业迅速成长。当工业、文化已经有了发展，仍然处于缺乏国际竞争能力的国家，应当对其幼稚的工业加以适当的保护，通过经验和国内竞争，使其产品能够保持与国外竞争者老牌产品竞争的能力。

第三阶段，恢复自由贸易，用竞争机制促使本国生产者不断进取。当农工商业社会高度发展以后，逐步恢复自由贸易原则，在国内外市场进行无所限制的竞争，使从事农工商业的人们在精神上不再松懈，并且可以鼓励他们不断努力于保持既得的优势地位。

李斯特认为，在他著书的年代(1841)，处于第一阶段的是西班牙、葡萄牙和那不勒斯王国；处于第二阶段的是德国、美国和法国，法国即将进入下一个阶段；只有英国真正进入了第三阶段。

(二) 德国历史学派其他学者的经济发展阶段论

1. 希尔德布兰德的经济发展阶段论

德国学者希尔德布兰德(Hildbrand)以财货交易方式为标准的流通形态为标志，将经济发展阶段分为以物易物交换方式为主的自然经济阶段、以货币作为交换媒介的货币经济阶段和以信用交易为主导的信用经济阶段。①实物经济(自然经济)阶段，它是指物物交换的自然经济，即自给自足的自然经济；②货币经济阶段，货币经济是指以货币作为媒介交换的市场经济；③信用经济阶段，是以信用为媒介交换的经济，它是社会经济的高级形式。他认为，由于货币经济阶段产生了种种弊害，信用经济可以走向理想的经济状态。他的这种划分在理论上没有太大影响，但他所用的"实物经济"和"货币经济"概念，直到现在仍被沿用。

2. 施穆勒的经济发展阶段论

新历史学派的古斯塔夫·冯·施穆勒(Gustav von Schmoller,1838—1917)在《重商主义及其历史意义》(1884)一书中,按照民族统一程度与经济进步存在着密切的关系把经济阶段分为:①种族及马尔克经济(古代日耳曼人按地域关系由若干大小不等的村落组成的土地公有私用的农村公社,它是从氏族公社向土地私有制过渡的一种社会经济组织形式);②村落经济;③城市经济;④领域经济;⑤国民经济。

3. 比歇尔的经济发展阶段论

比歇尔(1847—1930)根据欧洲各民族的发展与财货生产、消费的关系,以及财货由生产者到达消费者所经由路程的长度,将经济发展阶段划分为三个阶段:①封锁的家庭经济阶段,这是没有交换的经济,同一经济体内部自己生产、内部消费的阶段;②城市经济阶段,这是为顾客订货生产,生产者和消费者之间直接交换的经济阶段;③国民经济阶段,是企业生产的商品到达消费者手中,要经历许多流通环节的阶段。第一阶段包括古代和中世纪庄园制时代;第二阶段是中世纪城市经济的时代,以及近代统一的国民国家成立以前的经济阶段;第三阶段是统一的国民国家成立以后的经济阶段。由于他仅以财货流通过程的长度为标准,概念的内容也不够明确,许多与历史事实并不相符,因而这种划分受到了许多经济学家和史学家的批判。

4. 桑巴特的经济发展阶段论

历史学派进入解体期后,维尔纳·桑巴特(Werner Sombart,1863—1941)是德国历史学派关于经济发展阶段说的最后代表,他对前人的发展阶段论进行了分析和批判,在方法论和概念上加以整理,于1899年发表的《产业劳动及其组织》论文中,提出了他自己的发展阶段论。他认为经济的发展必须与生产力的增长相适应,但生产力的增长在客观上很难直接测定,要将这种技术性的尺度转变为社会性的认识标志,就必须考虑有作为社会关系的测定尺度。最适合于这个要求的是分工组织的发达程度。于是他根据分工发达的指标构成他的发展阶段论:①社会化以前的经济,孤立的经济;②过渡的经济;③社会经济。此外,他还从历史上出现的多种经济类型的情况,提出了经济体制的概念。他将历史的发展分为10种经济体制,又根据人们的社会心理的动机,将这10种经济体制分为两大群别,即满足欲望需求的经济与盈利经济。

二、工业化学派

(一) 霍夫曼的工业化阶段理论

德国经济学家霍夫曼在1931年出版的《工业化的阶段和类型》一书中,按照工业产品的用途对产业进行分类,把生产的产品有75%以上用于消费的工业行业归入消费品工业,把生产的产品有75%以上用于投资和生产的工业行业归入资本品工业,难以以此标准进行分类的行业就归入其他产业。然后根据消费品的工业净产值/资本品工业净产值的比例(霍夫曼比例)变化的趋势,把工业化过程划分为四个发展阶段,见表16-1。

表 16-1　霍夫曼工业化的阶段

工业化阶段	霍夫曼比例	特　征
第一阶段	5(±1)	消费品工业的生产在工业中居于统治地位,资本品工业的地位极低
第二阶段	2.5(±1)	资本品工业增长速度超过消费品工业,但资本品工业的规模仍然比消费品工业小
第三阶段	1(±0.5)	资本品工业迅速增长,其生产规模与消费品工业相等
第四阶段	小于 1	资本品工业生产规模超过消费品工业的规模,资本品工业在工业中居主体地位

（二）钱纳里和赛尔昆因的工业化阶段

美国经济学家钱纳里和莫伊思·赛尔昆因(Moises Syrquin)1986 年通过对 101 个国家 1950—1970 年有关数据的分析,运用多国模型,以人均 GDP 为主要根据,将工业化进程划分为三个大阶段,其中包含六个时期,见表 16-2。

表 16-2　钱纳里等人的工业化阶段　　　　　　　　　　　　　　　　美元

时期	人均 GDP 变动范围			发 展 阶 段	
	1964 年	1970 年	2007 年		
1	100～200	140～280	797～1 593	初级产品生产时期	准工业化阶段
2	200～400	280～560	1 593～3 186	工业化初期	工业化阶段
3	400～800	560～1 120	3 186～6 373	工业化中期	
4	800～1 500	1 120～2 100	6 373～11 949	工业化后期	
5	1 500～2 400	2 100～3 360	11 949～19 118	后工业化初期	后工业化阶段
6	2 400～3 600	3 360～5 040	19 118～28 678	现代化时期	

注:1964 年美元与人均 GDP1970 年美元的换算因子是 1.4,2007 年美元与 1964 年美元的换算因子为 7.966。
资料来源:钱纳里,等.工业化和经济增长的比较研究[M].吴奇,等,译.上海:上海三联书店,1989:71.

钱纳里和赛尔昆因的工业化阶段的特征主要有以下几点。

第一阶段是准工业化阶段。产业结构以农业为主,有较少原料、材料加工业,生产力水平很低。

第二阶段是工业化阶段。①在工业化初期产业结构由以农业为主的传统结构逐步向以现代化工业为主的工业化结构转变,工业中是以轻工业初级产品的生产为主,产业类型以劳动密集型产业为主。②在工业化中期进入重化工业发展期,由轻型工业的迅速增长转向重型工业的迅速增长,非农业劳动力开始占主体,第三产业开始迅速发展,这一时期产业大部分属于资本密集型产业。③在工业化后期在第一产业、第二产业协调发展的同时,第三产业开始持续高速增长,并成为经济增长的主要力量。

第三阶段是后工业化阶段。在后工业化初期,工业结构由资本密集型产业为主导向以技术密集型产业为主导转换,同时实现了生活方式现代化,高档耐用消费品被推广普及。技术密集型产业的迅速发展是这一时期的主要特征。在现代化社会第三产业开始分化,知识密集型产业开始从服务业中分离出来,并占主导地位,人们消费的欲望呈现多样性、差异性和追求个性。

三、罗斯托的经济发展阶段理论

罗斯托(Rostow,1916—2003)是美国经济史学家、发展经济学主要代表人物之一。他的主要著作有《经济成长的过程》(1953)、《经济成长的阶段——非共产党宣言》(1960)、《政治和成长阶段》(1971)、《世界经济——历史和展望》(1975)、《主导部门和起飞》(1998)等。其理论研究的显著特点就是把经济学理论与经济发展史的研究结合在一起,从人类社会经济发展的角度来考察问题。他在《经济成长的阶段——非共产党宣言》和《主导部门和起飞》两书中把经济发展划分为传统社会、为经济起飞创造前提、经济起飞、向成熟推进、高额群众消费、追求生活质量六个阶段。罗斯托认为,六个阶段中,起飞阶段最重要,是社会经济发展过程中的重大突破,由于他研究的重点是经济起飞,有人把他的经济发展阶段称为"罗斯托经济起飞理论"。

(一) 传统社会阶段

这一阶段是指英国科学家牛顿创立近代科学技术以前的社会。该阶段的特点是:①产业结构是生产率低的原始农业,明显存在着农业社会特有的地主与佃户的关系和等级制度;②社会组织是以家族、氏族、种族为社会单位;③还不具备法律、金融、教育、社会基础设施等现代化生产所必需的各种条件。传统社会的主导部门是农业。罗斯托列举的古代埃及文明、地中海文明、王朝时代的中国、中世纪欧洲等都属于传统社会。

(二) 为经济起飞创造前提阶段

这一阶段是从传统社会向经济起飞阶段过渡的时期,近代科学知识开始在工农业中发挥作用,它是人类社会进入工业社会的前夕。其特点是:①农业有了较多的剩余,为工业发展提供了较为广泛的市场;②投资率已有了很大提高,产品能经常地、大量地和明显地超过人口增长需求;③交通运输业也有了一定的发展;④在政治上,建立了一个有效的中央集权的国家;⑤在私人经济领域开始出现甘冒风险以求得利润的企业家。为经济起飞创造前提阶段的主导部门是食品、饮料、烟草等轻工业部门。

(三) 经济起飞阶段

在经济起飞阶段,随着农业劳动生产率的提高,大量的劳动力从第一产业转移到第二产业,外国投资明显增加,以一些快速成长的产业为基础,国家出现了若干区域性的增长极。起飞阶段的主导部门是纺织业、交通运输业和建筑业。

1. 经济起飞的含义

经济起飞就是要突破障碍状态实现快速前进,好像飞机起飞一样,一旦起飞升入天空,就能顺利地高速航行。经济起飞是指经济发展由传统经济进入现代化经济的高速增长阶段,它是指在工业化初期实现结构和生产方法的剧烈转变。

2. 经济起飞的条件

罗斯托认为,经济起飞必须具备三个条件。

(1) 要提高生产性的投资率。要使积累率在国民收入中所占的比例从 5% 提高到占国民收入的 10% 或以上。提高生产性的投资率除了通过金融机构以及财政措施(发行公债、征税、出卖公有土地)等在国内进行积累资本外,还可以输入外国资本(包括借款和外商直接投资)。

(2) 要建立起飞的主导部门(产业)。①主导部门的概念。主导部门是指那些市场需求潜力巨大,能够实现经济稳定长期高速增长并对其他部门(产业)的发展有着广泛而突出扩散效应的产业。②主导部门的特征是市场需求潜力巨大、有发展前途、能够实现经济稳定长期增长并具有广泛而突出的扩散效应。③主导部门的扩散效应。罗斯托指出主导部门在经济起飞中的扩散效应有如下三种:a.回顾效应。即主导部门的增长能带动那些向自己供应投入品的供应部门的发展,如制造业的发展会带动采掘业、冶炼业、加工业、建材业等的发展。b.前瞻效应。主导部门能够诱发新的经济活动或派生新的部门,并为下一个主导部门建立起新的平台,如出现新技术、新原料、新材料、新能源、新兴产业部门等。c.旁侧效应,主导部门的兴起会影响周围地区社会经济的发展,如经济结构转变、完善基础设施、提供更多的就业机会、城市人口增加、需要更多的服务、促进各种制度的变革等。④各国所选用的主导部门具有差异性。19 世纪末英国选择纺织工业、丹麦选择肉乳制加工业、瑞典选择木材工业、日本则是选择棉丝加工业,20 世纪 60 年代东南亚国家选择是的替代进口的消费品工业。

(3) 要有制度上的保证。为了经济实现起飞,必须建立一个可以推动经济增长的有效的政治、社会和经济制度。例如,建立保障私有财产的制度使资本家有利可图、愿意投资,同时,还要保证企业家能够成长并形成企业家阶层以保证经济起飞得以实现。

3. 经济起飞的时期与类型

一些主要资本主义国家经历经济起飞阶段的时期是英国 1783—1802 年、法国 1830—1860 年、美国 1843—1860 年、德国 1850—1873 年、日本 1878—1900 年。罗斯托把一些发达国家的经济起飞概括为三种类型:①创先型。英国的产业革命就是在史无前例的条件下起飞的,这是创造纯粹的创先型起飞的范例。②引进模仿型。除英国以外的西欧各国和日本,它们引进、模仿先进国家的产业技术和社会制度,有意识地创造了起飞的先决条件。③移入型。一些移民国家如美国、澳大利亚、新西兰和加拿大等,在建国开始就接受了西欧工业先行国家的制度、产业、技术、管理等,把这些制度、产业、技术、管理等移入这些新大陆国家,实现了经济起飞。罗斯托把这些移入型国家称为"无痛苦的分娩"。

(四) 向成熟推进阶段

经济起飞以后要经过一段相应长的持续发展的时期,这就是向成熟推进阶段。在这个阶段,把现代技术推广到经济活动的全部领域中去,并能生产各种工业品,主导部门已更换为以钢铁、电力、重型机器制造业为代表的重工业部门,并有了各种形式的组织联合(垄断组织),钢铁大王、石油大王、纺织大王之类的巨头成为这个阶段的中心人物。由于出现了大批企业家，加速了资本家与企业家职能的分离，由于出口的扩大、新技术的引进和外资的流入，这一阶段也是经济的国际化时代，对外贸易的作用显著加强。向成熟推进阶段相当于资本主义自由竞争向垄断过渡的阶段。在历史上，实现经济起飞后经济发达国家用了 40 多年的时间完成了这一阶段，发展中国家要用 60 年才能进入该阶段。

（五）高额群众消费阶段

罗斯托认为在高额群众消费阶段，其主导部门是以汽车业为代表的耐用消费品综合生产体系。美国 1957 年 75％的家庭拥有小汽车，81％的家庭有了电视机，96％的家庭有了电冰箱（范家骧、高天虹，1988）。罗斯托还指出，高额群众消费阶段的两个特征是：①人均实际收入的提高已经使很多人在基本的衣食住之外还能享用其他消费项目，如各种耐用消费品、家用电器、各种服务等。②在办公室工作或从事工厂熟练工作的人所占比重增加。这时社会目标是发展耐用消费品产业和服务业，进而使耐用消费品和服务等有关部门成为经济的主导部门。美国是最早进入这一阶段的国家，其进入以 1913—1914 年福特汽车公司开始采用自动装配线为标志。西欧和日本则是在 20 世纪 50 年代进入这一阶段的。

（六）追求生活质量阶段

在追求生活质量阶段，人们追求的生活质量是饮食营养安全、住房宽敞舒适、环境优美、享受娱乐旅游，高水平的医疗保健、社会福利和文化教育水平等。因此其主导部门已经不是以汽车为主的耐用消费品工业，而是以服务业为代表的提高居民生活质量的有关部门，如医疗保健、文化教育、文艺娱乐、旅游、市政建设、环境保护等。在此阶段人类社会将不再以物质产品数量的多少来衡量社会的成就，而以服务形式所反映的生活质量的高低程度作为衡量社会发展的标志。

罗斯托的《经济成长的阶段——非共产党宣言》一经出版，立刻引起轰动，成为当时多次重印非小说类最畅销的著作。一时间，经济起飞一词成为媒体使用率最高的词汇之一。他本人不但成为世界著名的发展经济学学家，也成为美国肯尼迪和约翰逊总统智囊团中的关键人物（担任总统国家安全事务副特别助理、国务院顾问兼政策计划委员会主席等职）。

罗斯托经济发展阶段理论的贡献在于：①他把经济学理论与经济发展史的研究结合在一起，较为科学合理地概括总结出了经济发展的阶段；②他的研究为贝尔的后工业社会、托夫勒的信息社会、一些组织和学者的知识经济的阶段划分提供了前提；③他明晰地总结出了经济发展各阶段的特征、主导产业、扩散效应，这对处在发展不同阶段国家制定产业政策具有一定的指导作用；④他的经济起飞理论对于发展中国家安排工业化进程和实施追赶发达国家战略具有借鉴意义。

罗斯托经济发展阶段理论的缺陷主要是：①罗斯托的《经济成长的阶段——非共产党宣言》的意识形态色彩较为浓厚，他把该书的副标题写上了"非共产党宣言"显示出他反对马列主义对社会阶段的划分（原始社会→奴隶社会→封建社会→资本主义社会→共产主义社会）；②由于时代的局限，他没有把信息社会和知识经济包含在他的经济发展阶段之中。

四、波特的经济发展阶段理论

波特把经济发展划分为生产要素驱动阶段、投资驱动阶段、创新驱动阶段、财富驱动阶段四个阶段,见表16-3。

表16-3 波特的经济发展阶段的驱动因素与主导产业

经济发展阶段	特　征	驱 动 因 素	主导产业
生产要素驱动阶段	依靠自然资源利用和劳动力增加	土地、自然力、人的体力劳动	农业
投资驱动阶段	大规模投资和大规模生产	物质资本和货币资本	工业
创新驱动阶段	依靠人的智力开发利用	创新、人力资本投资	知识产业
财富驱动阶段	依靠人的新消费需求	构建福利型国家	文化和新型服务业

(一)生产要素驱动阶段

生产要素驱动是以土地、矿产、水等自然资源、环境和低技能廉价劳动力作为推动经济发展的主要力量。当地产业和企业借助廉价资源优势,使资源消耗量大的产业率先得到发展,发达国家对该类产业也伺机向当地转移,当地开始融入全球产业分工。在这个阶段企业没有创新能力,技术主要来自模仿或外资;产品技术含量低、附加值低;企业主要靠价格竞争。这类产业具有方便的"替代性",低成本优势不可能永存,当其他后发展的地区进入这一发展阶段时,该地区的优势很快就会丧失,产业的再转移将不可避免。

(二)投资驱动阶段

投资驱动是以资本投资作为经济发展的主要推动力。此时政府有强烈的投资愿望和较强的投资能力,企业也有极高的产能扩张的冲动。大规模投资使基础设施改善、产业规模扩大、企业实力增强、产业配套能力上升、金融环境和竞争环境得到改善,后进国家与先进国家的差距缩小,从而进入一个快速增长的"赶超期"。这一阶段主要依赖国外的技术、设备和关键零部件,生产的是标准化而非差异化产品,与先进技术水平相差一代至两代,企业主要在价格敏感的同类同档次产品中竞争,各地产业结构趋同。投资驱动阶段显著的特点是:①消耗大量的自然资源、环境污染加剧,进而使资源环境的约束增强、劳动和要素成本上升。②这一阶段后期,由于对原料和投资品过度需求,造成生产要素持续涨价。③由于产能过剩,所生产的产品不断降价。虽然 GDP 增长很快,但财富积累相对缓慢、投资效益呈递减趋势。在投资驱动阶段虽然高储蓄率、高投资率可以获得快速的经济增长,但是如果不能及时向创新驱动的增长模式转型,那么因缺乏创新的支撑,不仅使投资效率呈递减趋势,居民不能更多地分享经济增长的成果,而且资本积累获得的可能是负财富,最终导致经济增长的终结。例如,苏联的结局和以阿根廷为代表的南美国家跌入"中等收入陷阱"的教训很值得借鉴。

(三) 创新驱动阶段

创新驱动是以创新作为经济发展的主要推动力。经济发展涉及的各个领域相继出现创新,国家体系创新、制度创新、技术创新、管理创新等广泛开展。经济发展形成了新的动力,技术进步使劳动效率和资源效率不断提高,对自然资源的依赖程度降低,经济增长质量大幅度提高。企业不再局限于引进、吸收国外技术和经营管理方式,由专注产能投资转向更加关注创新能力的投入和建立核心竞争力。企业参与国际竞争主要不是价格竞争,而是技术和品牌的差异性。在这一阶段,大学、研究机构的研发水平提高、发明专利数量增加,产学研体系形成,智力型人力资源优势得以发挥。这些新机制会进入自我强化的状态,在某些地区可以聚集某些知识产业,形成产业集群。以率先形成的优势产业为基础向纵向和横向扩展,形成更高层次的区域竞争优势。此时企业也会以自己的比较优势在差异化环节投资于国际市场,具有国际竞争力的企业快速增多。

(四) 财富驱动阶段

财富驱动阶段是通过追求人的个性的全面发展,追求文学艺术、体育保健、休闲旅游等生活享受,使之成为经济发展的新的主动力。当前以一些文化和服务业高度发达的国家为代表。

第二节 未来学派

从 20 世纪 70 年代以后,一些学者和社会组织在研究人类社会在实现工业化后的社会是什么发展阶段的问题上,提出了不同的观点,有影响的是 20 世纪 70 年代贝尔的后工业社会、20 世纪 80 年代托夫勒和奈斯比特的信息社会、20 世纪 90 年代后期及以后的知识经济。

一、贝尔的后工业社会

对于后工业社会的研究,贝尔的后工业社会理论最具有代表性,美国著名思想家和未来学家丹尼尔·贝尔(Daniel Bell,1919—2011)在 1973 年出版的《后工业社会的来临:对社会预测的一项探索》一书中把人类发展的历史进程划分为前工业社会、工业社会、后工业社会三个阶段,首次提出了后工业社会概念。他认为,在今后 30 年至 50 年间发达国家将进入后工业社会。

(一) 前工业社会

前工业社会是指 18 世纪中期英国的第一次技术革命前的传统农业社会,其主要特点是:①生产率低,生产主要满足人的基本生活需要;②经济部门是种植业、渔业、矿产业、木材业;③主要职业是农民、渔民、矿工、非技术工人;④社会活动的基本单位是家庭;⑤就业人口通常分布在农业和家庭服务业部门。

(二) 工业社会

工业社会从时间上说是蒸汽机出现之后到20世纪70年代电子信息技术广泛应用之前。一般认为工业社会具有以下特征：①以大机器的使用和能源的消耗为核心的专业化社会大生产占据了社会经济的主导地位，生产力大大提高；②主要经济部门是第二产业；③经济活动的领域是企业与市场；④主要职业是工人和工程师；⑤农村人口比重不断下降，城市人口比重不断提高，第一产业劳动力占比不断下降，第二产业的劳动力占比不断提升；⑥交通运输工具和通信手段不断完善，个人、群体、组织、区域、国家日趋开放；⑦人的思想观念不断更新，竞争意识和时间观念加强，崇尚科学、信服真理、追求变革成为人们基本的行为或价值取向。

(三) 后工业社会

贝尔认为，同工业社会相比，后工业社会主要有以下五个方面的特征。

1. 经济结构：由商品生产经济转变为服务性经济

任何国家的经济，随着逐步工业化，各产业的生产率将发生变化，从而必然会产生大多数劳动力转向制造业的发展趋势；但是随着国民收入的增加，对服务业的需求越来越大；相应地，劳动力又将向服务业方面转移。因此，后工业社会的主要特征就是大多数劳动力不再从事农业和工业，而是从事服务业。服务业指的是除农业和工业之外的产业，主要有商业、财经、交通、卫生、娱乐、科研、教育和行政工作等。

2. 职业分布：专业与技术人员阶级处于主导地位

随着服务型经济的发展，工作重心由企业转向办公室、研发机构、教育机构和政府部门，自然引起职业由蓝领向白领转移。如美国直到1956年，白领职员总数才第一次超过蓝领工人总数。此后这两者的比例进一步扩大，到1970年已经超过5∶4。专业和技术职员的增长率是从业人员总数增长率的2倍，科学技术人员的增长率则是劳动力总数增长率的3倍。

3. 中轴原理：理论知识日益成为创新的源泉和制定社会政策的主要依据

知识对任何社会的运转都是必需的，但是后工业社会与工业社会不同之处在于理论知识占据主导地位，成为制定决策和指导变革的决定力量。后工业社会为了创新和变革，实施社会控制和指导需要知识，理论知识日益成为社会的战略资源的轴心，学校、研究机构和智力部门正日益成为新型社会的轴心机构。

4. 未来方向：规划和控制技术发展，重视技术评价

后工业社会有可能掌握进行社会变革的新手段，这就是对技术的发展进行规划和控制。当社会依赖技术和创新的程度越高，社会体系中有害的不定因素也就随之增加。但是，新的预测方法和计划规划技术的产生，有可能开创经济史上的新阶段，即预先自觉地规划技术变革，从而减少未来经济的不确定因素。

5. 制定决策：依靠新的智能技术

随着社会的发展，人们要处理的问题越来越复杂。后工业社会中知识和社会问题十分复杂，由大量相互作用的大系统进行管理，使之互相协调以达到特定目标。决策方式使新的智能技术产生,新的智能技术的兴起成为制定决策的工具。"不同政治制度的国家,在实现工业化以后,都将从工业社会发展到后工业社会。"后工业社会是"21世纪美国、日本、苏联、西欧各国社会结构方面的基本特征"。

综上所述,前工业社会、工业社会、后工业社会是三个具有不同特征的发展阶段,贝尔总结的社会发展三阶段的特征见表16-4。

表16-4 社会发展三阶段的特征

发展阶段	前工业社会	工业社会	后工业社会
地区	亚洲、非洲、拉丁美洲	西欧、苏联、日本	美国
经济部门	第一产业:农业、渔业、矿业、木材业	第二产业:加工业、制造业	第三产业:商业、交通运输业、金融保险业、房地产业、医疗保健业、文化教育、研发、娱乐业
职业	农民、渔民、矿工、非技术工人	半技术工人、工程师	专业人员、技术人员、科学家
技术	原料	能源	信息和技术
意图	同自然界的竞争	同经过加工的自然界竞争	人与人之间的竞争
方法论	常识	经验主义	抽象理论:模式、模拟、决策论、系统分析
时间角度	面向过去、特定反应	面向现在、适应计划	面向未来、预测
中轴原理	传统主义:土地、自然资源	经济增长:国家或私人对投资决策的控制	理论知识的集中化和具体化

资料来源:贝尔.后工业社会的来临——对社会预测的一项探索[M].北京:商务印书馆,1986:135.

二、托夫勒和奈斯比特的信息社会

对信息社会的研究以美国思想家和未来学家托夫勒的《第三次浪潮》和奈斯比特的《大趋势——改变我们生活的十个新方向》为代表。

(一)托夫勒的三次浪潮

美国未来学家阿尔文·托夫勒(Alvin Toffler,1928—)从1970年起,曾先后出版过《未来的冲击》(1970)、《第三次浪潮》(1980)、《权力的转移》(1990)等一批未来学研究著作。在这些著作中,托夫勒根据产业结构尤其是技术在社会发展过程中的作用,将人类社会的发展分为农业浪潮、工业浪潮和信息浪潮三个阶段。

第一次浪潮是农业浪潮。在大约一万年前开始的农业革命(种植业的出现),它使人类社会从原始野蛮的渔猎时代进入农业文明。从此之后,人类脱离了游牧,定居生活把他们的生活范围固定下来,开始发展城镇和自己的文化。由此,他认为农业的兴起是人类社会发展的第一个转折点,是人类社会发展的第一次浪潮。农业文明的主要特征为:①生产工具是以农具为代表的低价格手工工具;②经济运作涉及的要素主要为土地和人的体力;③经济所需的主要能源为人的体力、畜力、风力、水力;④经济运作的典型单位为家庭;⑤文化特征主要表现为神秘主义。

第二次浪潮是工业浪潮。在 200 多年前发生的工业革命,它使人类由农业文明进入工业文明。工业文明的主要特征是:①生产工具是以机器为代表的高价格机械工具;②经济运作涉及的要素主要是资本、劳动和企业家管理;③经济增长所需的主要能源为电力和化石燃料;④经济运作的典型单位为大企业;⑤文化的主要表征为机械主义(如流程管理等)。

第三次浪潮是信息浪潮。它始于 20 世纪 60 年代以电子信息技术为代表的第三次浪潮。它的特征有:①生产工具为以电子计算机、互联网为代表的高价值低价格智能工具;②经济运作涉及的要素是信息、知识和技术;③经济所需的主要能源为人的创新精神;④经济运作的典型单位为团队或个人;⑤生产的产品智能化、分散化、小型化、个人化,并以产销合一满足人们个性化、多样化需求;⑥文化的主要特征是去中心化。托夫勒认为,科学技术在当今社会发展中是决定性因素,在未来社会中,微电子技术、计算机技术、宇航技术、海洋技术和遗传工程是关键的技术基础。托夫勒乐观地认为,新技术革命可以解决人类所面临的能源危机、资源危机和生态危机等一系列问题,从而给未来社会建立一个完美的环境,信息社会是新文明的营造者。

(二)奈斯比特的信息社会

世界著名的未来学家约翰·奈斯比特(John Naisbitt,1929—)在其名著《大趋势——改变我们生活的十个新方向》(1982)中,把人类社会的发展划分为农业社会、工业社会和信息社会三个阶段。这三个阶段的特征见表 16-5。

表 16-5 农业社会、工业社会、信息社会的特征

阶 段	农业社会	工业社会	信息社会
时间	大约开始于公元前 8000 年到公元 17 世纪末蒸汽动力的诞生	17 世纪末至 20 世纪 50 年代	20 世纪 50 年代以来
劳动场所	以田野为主	以企业为主	不固定,有些是在家庭
劳动工具	用木材、铜铁制成的投枪、渔网、种植农具等	机械有动力的工具	计算机、网络、通信仪器、智能机械
战略物资	土地	资本	技术、信息
所使用能源	水力、风力	电力、煤炭、石油	知识、信息、技术
生产特点	分散化	集中化、标准化	网络化、智能化
生产占有方式	家庭的、自用的	内聚的、排他的	发散的、共享的
经济增长要素	农业劳动和土壤优劣	资本、劳动和管理的投入	知识、技术和信息
时间观念	习惯于向后看,农民根据过去的经验从事春耕、夏耘、秋收、冬藏	主要看现在,了解市场需求,组织加工生产,通过商业销售	倾向未来,整理、分析现有信息,预测未来
生产力水平	低	较高	最高
社会哲理	崇尚"天人合一",以道德为主线	崇尚"天人竞争",以金钱为主线	共建信息网络,以共享为主线

资料来源:孙松滨.农业社会、工业社会、信息社会的特征[J].科技与管理,1999(3).

奈斯比特总结了信息社会有五个主要特征。

(1) 信息成为重要的战略资源。在信息社会里,信息如同农业社会中的土地、工业社会的资本一样,成为信息社会的关键战略资源。

(2) 知识成为价值的源泉。他指出,"在信息社会里,价值的增长不是通过劳动和资本,而是通过知识来实现"。

(3) 向未来学习。他说:在农业阶段,在时间观念上,人们习惯于向过去看。农民根据过去的经验从事春耕、夏耘、秋收、冬藏。工业社会的时间倾向性是现在,信息社会面对社会的信息化,"我们能够向未来学习,就如同我们从前向过去学习一样"。

(4) 信息社会是一个信息密集型的社会。奈斯比特认为,在信息社会里,"新的权力来源不是少数人手中的金钱,而是多数人手中的信息"。因此,对社会起作用的是信息而不是资本,信息成为一种可再生和自生的重要资源,信息为信息社会提供动力,正如电力、石油、核能等能源能使工业社会运转,或风力、水力或畜力等自然动力能使农业社会运转一样。

(5) 信息社会的工作重点是选择情报而不是提供情报。奈斯比特认为,在信息社会里,人们面对大量的信息,并且由于信息太多造成泛滥,使人们被信息所淹没。因此,人们所面临的任务不是提供情报,而是如何选择信息。

三、知识经济

(一) 知识经济的由来

早在 20 世纪 40 年代末,美国经济学者弗里茨·马克卢普 (Fritz Machlup) 就开始了对知识和知识产业的研究,1962 年马克卢普在他的《美国的知识生产与分配》一书中正式提出"知识产业"这一概念,并给出了知识产业的范畴和最早的分类模式,并在此基础上建立起对美国知识生产与分配的最早的测度体系,即马克卢普的信息经济测度范式(将知识产业从现存的统计体系中挑选出来,然后逐个进行测算和平衡)。20 世纪 80 年代以美国经济学罗默和卢卡斯等为代表的经济学家又提出了新经济增长理论。1988 年,美国政府作出一项决定,对知识进行全面的系统研究,探索其对经济社会所产生的作用及对当代的重大影响,并委托加尔格雷大学建立知识科学研究所。这个研究所以知识与经济社会的关系为研究课题,对知识经济新时代开始进行系统性研究。1990 年,联合国一研究机构提出了"知识经济"的概念。20 世纪 90 年代初,美国新建了信息学研究所,在它出版的《1993—1994 年学报》中,正式以《知识经济:21 世纪信息时代的本质》为总题,提出的论点是,信息与知识正在取代资本和能源而成为能创造财富的最重要的生产要素,正如资本和能源在 200 多年前取代土地和劳动力一样。1994 年,C.温斯洛和 W.布拉马合著的《未来工作:在知识经济中把知识投入生产》出版,这一论著中正式地使用了"知识经济"的概念。1996 年,世界经济合作与发展组织发表了题为《以知识为基础的经济》的报告,该报告将知识经济定义为建立在知识的生产、分配和使用(消费)之上的经济。1997 年美国总统克林顿又采用了联合国研究机构以前提出的知识经济,克林顿在一次公开演讲中说,新经济就是知识经济。美国需要的经济战略是迈向 21 世纪的知识经济。1997 年在加拿大多伦多举行了 1997 全球知识经济大会,至此知识经济在世界上广泛流传。

(二)知识经济的概念与特征

1. 知识经济的概念

对于知识经济概念的解释,理论界有三种观点:①从经济增长的来源上,把知识经济解读为是以知识运营为经济增长方式、知识产业成为龙头产业的经济。它强调的是经济增长的最重要要素已不是土地、资本和劳动,而是知识。②在经济活动中,把知识经济解释为建立在知识和信息的生产、分配和使用基础上的经济。它强调的是在整个经济活动中,知识起支配作用。③在发展阶段上,把知识经济定义为是继农业经济、工业经济后的一个发展阶段。它强调的是我们已进入不同于农业经济和工业经济的新时代。

2. 知识经济的特征

(1) 资源利用智力化。从资源配置来划分,人类社会经济的发展可以分为劳动力资源经济、自然资源经济、智力资源经济。知识经济是以人才和知识等智力资源为资源配置第一要素的经济,通过智力资源去开发富有的人力资源和尚待利用的自然资源。

(2) 资产投入无形化。知识经济是以知识、信息等智力成果为基础构成的以无形资产投入为主的经济,无形资产成为经济发展的主要资本,企业资产中无形资产所占的比例超过 50%,无形资产的核心是知识产权。

(3) 知识利用产业化。知识形成产业化经济,即知识创造了新经济,利用知识、信息、智力开发的知识产品所载有的知识财富,将大大超过传统的技术创造的物质财富,成为创造社会物质财富的主要形式。

(4) 高科技产业支柱化。高科技产业成为经济的支柱产业,但并不意味着传统产业彻底消失。

(5) 经济发展可持续化。知识经济重视经济发展中节约自然资源、环境效益和生态效益,因此采取的是可持续化的、从长远观点有利于人类的可持续发展战略。

(6) 世界经济全球化。高新技术的发展,缩小了空间、时间的距离,为世界经济全球化创造了物质条件。全球经济的概念不仅指有形商品、资本的流通,更重要的是知识、信息的流通。以知识产权转让、许可为主要形式的无形商品贸易大大发展。各国综合国力的竞争在很大程度上转化为人才、知识、信息的竞争,集中表现为知识产权的竞争。全球化的经济与知识产权保护密切连为一体。

(7) 企业发展虚拟化。知识经济时代,企业发展是靠关键技术、品牌和销售渠道,通过许可、转让方式,把生产委托给关联企业或合作企业,充分利用已有的厂房、设备、职工来实现的。

(8) 收入差距扩大化。这是指发达国家与发展中国家、发达地区与落后地区之间而言,是知识经济带来的负面效应之一。这也是在知识经济时代,必须掌握第一流知识和信息,占领经济制高点的重要性、紧迫性所在之处。

(三)知识经济的理论

1. 马克卢普的知识产业

马克卢普是西方最早对知识产业作出详细阐述的经济学家。马克卢普 1962 年正式提出知识产业概念后，1980—1983年他又出版了《知识：它的创造、传播与经济意义》《知识与知识生产》《知识的分支》《信息与人力资本经济学》多本研究知识的著作，1986年他的继承者根据他晚年的研究工作整理出版了《美国的知识产业，1960—1980年》一书。他对知识产业理论的贡献体现在以下几个方面。

（1）明确了知识产业的定义和层次。①知识产业的定义。它是指那些知识密集度比较高的，以知识产品（知识产权）的生产、流通和应用以及提供相关服务为业务的产业。主要包括教育产业、信息产业、设计产业、高技术产业、策划产业等。②马克卢普把知识产业分为五个层次：第一层次是研究与开发。这是知识的生产、使用与扩散的有组织的活动形式，它的主要特点是紧紧围绕知识的创新与知识的应用，包括技术创新、制度创新与管理创新及其有机的结合。第二层次是所有层次的教育。包括家庭教育、学校教育、职业教育、教会教育、军训、电视教育、自我教育与实践教育。第三层次包括通信及中介媒体。如图书、杂志、无线电、电视艺术创作、娱乐等。第四层次包括信息设备或设施。包括计算机、电子数据信息处理、电信、办公设备与设施等。第五层次是信息机构与组织。包括图书馆、信息中心，以及相关的政府、法律、财政、工程、医学等部门，这类知识产业也称信息服务产业。

（2）对知识进行了分类。马克卢普把知识分为五个种类：①实用知识。它是对于人们的工作、决策和行为有价值的知识。实用知识可以根据人们的行动再分为专业知识、商业知识、劳动知识、政治知识、家庭知识及其他实用知识。②学术知识。就是能够满足人们在学术创造上的好奇心的那部分知识。学术知识是教育自由主义、人文主义和科学知识以及一般文化中的组成部分。③闲谈与消遣知识。满足人们在非学术性方面的好奇心，或者能够满足人们对轻松娱乐和感官刺激方面的欲望的那部分知识。这类知识常常包括本地的传闻、小说、故事、游戏等，它们大多数是由于被动地放松"严肃的"事物而获得的知识，因而具有降低敏感性的趋向。④精神知识。这类知识与上帝以及拯救灵魂的方式等宗教知识相联系。⑤不需要的知识（多余的知识）。这类知识不是人们有意识获取的知识，通常是由于偶然或无意识而保留下来的知识。

（3）从各种形态的知识产品中区分出知识存在的三种基本形式：①储存于器物上的知识。储存于那些建立在成本巨大的研究与开发基础上的技术规范以及由此而专门地制造出来的物质性机器与工具中的知识。如计算机、飞机机体、雷达仪器等，这些知识可以称为凝固在物质形态中的人类智慧。②储存于人身上的知识。储存在那些接受过教育与培训的"知识传输者"和技术工人活动中的知识。③储存于符号上的知识。储存在那些既不属于物质机器、也不属于"知识传输者"和技术工人等个人身上，而是以某些特殊形式或社会规定的形式存在的知识，这些知识需要时间和劳动成本才能生产和普及，如有关一项新的生产加工工艺的发明、一项新的计算机软件等，这些知识或者在专利形式下被一定的生产者占有而形成有限的技术垄断，或者以公共财物形式被任何企图利用它们谋取利益的个人或集团所使用。

（4）把科学本身作为典型的知识生产活动。马克卢普把科学本身作为典型的知识生产活动，明确提出"知识是一项投资"，确定了知识在社会中的经济意义，丰富了社会投资和资本理论的内涵。马克卢普认为，科学本身就是一项典型的知识生产活动，科学生产的知识可以被看作提高未来生产率的一种投资。从另一角度分析,科学知识又是作为社会生活的消费品之一而受到部分社会成员的偏好,人们对它进行投资是为了获取知识为己所消费,知识仍然是一项投资,它是作为社会中间产品而为人们所使用。

(5) 在一般资本理论中增加了人力资本的要素。他认为,非物质资本和人力资本是"无形资本",必须与一定的知识活动和知识投资相联系,这种"无形资本"的投资将给社会带来收益。并预示当人类社会发展到不能脱离知识资本而发展时,经济领域的知识生产活动以"知识产业"的形式出现将是一种必然。按照马克卢普的观点,物质的或具体的资本和人力资本固然都与知识因素有着密切联系,但只有非物质资本与人力资本才完全由知识构成。即物质资本与人力资本未必一定以知识活动或知识投资为基础,而非物质非人力资本则必须与一定的知识活动或知识投资相联系。这里,非物质和人力资本基本上是一种无形资本,它是教育、研究与开发等知识生产活动的产物。

(6) 知识产业理论的现实意义。①在研究方法上,他创立了马克卢普的信息经济测度方法。① 马克卢普选择1956年和1958年为测度基准年,通过对美国1958年国民生产总值的调整测度得出:1958年美国知识生产总值为13 643 600万美元,占其国民生产总值的28.5%~29%;美国知识产业各分支对国民生产总值的贡献度由高到低依次为:教育、通信媒介、信息服务、研究与开发、信息设备。②在实践上得到了广泛认同。马克卢普强调知识在经济中的重要作用,这一观点早已得到美国政府和社会的认同,美国对科技的投入不断增加,研究与发展经费由20世纪40年代占政府预算支出的1%,增长到1965年的12.6%。根据美国商务部数据,20世纪80年代,科技进步对美国经济增长的贡献就已经达到50%以上。知识、信息已经成为第一财富,电脑大王、软件大王、媒体大王已取代钢铁大王、石油大王、物业大王,成为全球首富,财富越来越向知识业、信息业汇集。

2. 新经济增长理论

新经济增长理论主要有罗默的知识溢出模型、卢卡斯的人力资本溢出模型、巴罗的公共产品模型和拥挤模型、克鲁格曼-卢卡斯-扬的边干边学模型、斯托齐的边干边学模型(1988)等。其中罗默的知识溢出理论和卢卡斯的人力资本积累理论最具代表性。

1) 新经济增长理论与传统经济增长理论的区别

新经济增长理论,又称内生经济增长理论,是美国经济学家罗默(1986)和卢卡斯(1988)所创立的一种把知识和人力资本作为内生变量来解释经济增长的理论。新经济增长理论与传统经济增长理论(古典和新古典经济学的经济增长理论)的主要区别是:①经济增长的构成要素不同。传统经济增长理论的构成要素是土地、资本、劳动和企业家才能,没有或很少涉及知识和人力资本;而新经济增长理论则包括知识和人力资本要素。②对知识和人力资本考察的视角不同。由于时代的局限,传统经济增长理论把知识和人力资本作为增长的外在因素而没有或较少分析;而新经济增长理论则把知识和人力资本作为内生变量来研究经济增长。③强调经济增长的关键要素不同。传统经济增长理论强调

---

① 马克卢普信息经济测度方法就是将知识产业从现存的统计体系中挑选出来,然后逐个进行测算和平衡,这种思路决定了他需要使用最终需求法测度美国知识产业的生产与分配过程。最终需求法(支出法、最终产品法)是测度国民生产总值的主要方法之一。

物质资本对经济增长的作用最重要,认为资本积累是经济稳定增长的决定因素;而新经济增长理论则强调知识和人力资本最重要,经济增长是知识和人力资本不断积累的结果。④研究经济增长的边际收益规律不同。传统经济增长理论分析的要素存在着边际收益递减规律,而新经济增长理论研究的知识和人力资本则是边际收益递增规律。

2) 新经济增长理论的主要内容

(1) 罗默的知识溢出理论。所谓知识溢出,就是信息、技术、管理经验等各种知识通过交易或非交易方式溢出原有的知识主体。知识溢出源于知识本身的稀缺性、流动性和扩散性。虽然知识溢出和知识传播都是知识扩散的方式,但是二者也有区别,知识传播是知识的复制,而知识溢出则是知识的再造。阿罗(1962)最早用外部性解释了溢出效应对经济增长的作用,他认为新投资具有溢出效应,不仅投资厂商可以通过积累生产经验提高生产率,其他厂商也可以通过学习提高生产效率。罗默继承了阿罗的思想,在他的论文《外部因素、收益递增和无限增长条件下的动态竞争均衡》(1986)中提出了知识溢出理论。知识溢出理论认为,知识是追逐利润的厂商进行投资决策的产物,知识不同于普通商品之处是知识具有公共物品性,任何厂商所生产的知识都能提高全社会的生产率,从而实现全社会经济长期增长。他的知识溢出理论的主要观点是:①知识是经济增长的内生变量,知识能够提高技术和资本的效益,从而能够说明增长率的非收敛性;②知识也是一种生产要素,在经济活动中必须像投入其他生产要素一样投入知识;③特殊的知识和专业化的人力资本不仅能自身形成递增的收益,而且还使资本、劳动力等生产要素也产生递增的收益,从而使整个经济规模收益是递增的;④一国人均收入的增长率与该国研究与开发中投入的人力资本比重及其边际生产率成正比(罗默,1990);⑤投资促进知识积累,知识又刺激投资,形成一种良性循环,从而投资的持续增长能永久性地提高经济增长率。后来,罗默进一步发展了自己的研究,把知识细分为人力资本(以劳动力受教育的年限来衡量)和新思想(以专利或知识产权来衡量),使其理论更趋完善。

(2) 卢卡斯的人力资本积累理论。1988年,卢卡斯发表了著名论文《论经济发展的机制》,将舒尔茨的人力资本理论与索洛的技术进步模型及阿罗的"干中学"概念结合起来,建立了一个专业化人力资本积累的经济增长模型。用人力资本的溢出效应解释技术进步,说明经济增长是人力资本不断积累的结果。他的主要观点如下:

①人力资本是经济持续增长的决定性因素。卢卡斯认为,人力资本积累(人力资本增值)是经济得以持续增长的决定性因素和产业发展的真正源泉:a.人力资本增值越快,则部门经济产出越快;人力资本增值越大,则部门经济产出越大。b.拥有丰富人力资本的国家会取得较快的经济增长速度。c.人力资本低下是发展中国家增长速度较慢的原因所在。

②人力资本的经济增长效应。人力资本投资对经济增长的影响可以分为内部效应和溢出效应。对于外部效应,卢卡斯指出,人力资本可以解释为向他人学习或相互学习,一个拥有较高人力资本的人对他周围的人会产生更多的有利影响,提高周围人的生产率,但他并不因此得到收益。人力资本的内部效应表现为:a.个人的人力资本对其自身生产率有提升的作用;b.人力资本投资所形成的专业化知识能够使组织内其他要素投入产生递增收益;c.人力资本投资所形成的知识和能力影响到投资者周围的人,促使他们提高生产

效率。

对于人力资本的溢出效应（对社会经济的影响），我们认为主要表现在以下三个方面：a.人力资本投资能够带动第三产业的一些行业（文化、科技、信息、体育、保健等）的发展，从而形成产业关联效应；b.人力资本投资带动相关行业（教育、科技、信息、文化、体育、保健等）投资成倍增长，从而产生投资乘数效应；c.人力资本投资增加，能够提高人口素质和社会和谐程度、降低社会犯罪率等，具有提升社会文明的效应。

卢卡斯的理论与罗默的理论的不同之处是：罗默的贡献在于直接把知识（技术、人力资本）内生化，而卢卡斯的贡献则是把原来外生的技术因素转变为人力资本来研究。他们的共同之处都是充分强调知识和人力资本投资对经济增长的作用，并把它作为经济长期增长的关键因素，这就是许多学者把罗默和卢卡斯的理论统称为新经济增长理论的原因。

3. 知识资本理论

20世纪90年代后期以来，知识对经济增长的作用越来越大，知识可以支配其他生产要素，上升为最重要的经济资源。以斯图尔特（Stewart,1997）、埃德文森和沙利文（Edvinsson and Sullivin,1996）、斯维比（Sveiby,1997）等为代表的知识经济学派的学者对此进行了研究，提出并解释了知识资本理论。

(1) 知识资本的概念。①美国经济学家J.K.加尔布雷斯（J.K.Galbrainth）1969年第一次提出了知识资本的概念，他认为，知识资本是一种知识性的活动，是一种动态的资本，而不是固定的资本形式。②斯图尔特认为，知识资本是指包括知识、信息、知识产权和经验等在内的，能够生产物质财富的资源，知识资本是一种集体智能的组合。③埃德文森和沙利文认为，知识资本是知识企业物质资本和非物质资本的合成，是企业市场价值与账面价值之间的差额。④斯维比指出，知识资本是企业的一种以相对无限的知识为基础无形资产，是企业的核心竞争能力。我们认为，知识资本是以各种知识形态表现的资本，它以高科技为主要特征，以无限知识为基础，是能够给企业带来利润的无形资本。

(2) 知识资本的特征。知识资本具有创新性、垄断性、高度的增值性、收益递增性等特征。①创新性表现在知识资本的价值来源于其新颖性和创造性，与公共知识、专业知识相比，只有创新性的知识才是稀缺的、能够产生极大的经济价值；也只有创新性的知识才能得到保护（如知识产权、特许），使企业形成产品和服务的领先优势。②垄断性表现在知识资本本身是非竞争性的，难以模仿与替代的知识资本可以有效地整合、优化、发掘物质资本和金融资本的价值，使其占有垄断地位。③高度的增值性。知识资本的增值性与非知识资本的增值性相比，其增值速度要快得多。④收益递增性，如前所述。

(3) 知识资本的结构。对此学者们有不同的观点。①斯图尔特的观点。1997年，斯图尔特提出了知识资本的H-S-C结构，他认为知识资本由人力资本（human capital）、结构性资本（structural capital）和顾客资本（customer capital）构成（HSC）。人力资本是指企业员工所具有的各种技能和知识；结构性资本是企业的组织结构、制度规范、企业文化等；顾客资本则是指市场营销渠道、顾客忠诚、企业信誉等经营性资产。②埃德文森和沙利文的观点。埃德文森和沙利文将知识资本划分为人力资源和结构性资本两部分。人力资源是指企业与所有和人相关的方面，诸如企业股东、员工、供应商及其他把自己的能力和技能带到企业的人。结构性资本是指不依附于企业人力资源而存在的组织的其他能力,这种能力表现为企业的信息技术、用户数据库、经营流程、战略计划、企业文化、企业的历史、目标和价值观等无形的部分;也表现为有形的部分,即资产表中有价值的所有项目。③斯维比的观点。斯维比把知识资本划分为雇员能力资本(employee capital)、内部结构(inter structure)和外部结构(extra structure)三部分。这里的内部结构和外部结构实际上是将结构性资本区分为内部结构资本和外部结构资本。内部结构资本的作用是为雇员知识和技能在组织内的传递提供支持,外部结构资本的作用是保证企业知识资本的增值。

(4) 知识资本的经济价值。①知识资本能够创造更多的市场价值总量。知识创新活动可以持续不断地创造和引导市场需求的创新与扩大。每一种新产品、新技术的出现都使市场需求出现新的领域和发展空间,形成新的市场,从而突破原有产品和技术格局下的需求模式与僵局。需求的发展和扩大使企业获得新的市场价值,从而使企业供给、生产总量以及创造的市场价值总量扩大。②知识资本是企业超额利润的主要源泉。前些年,微软(Microsoft)生产的"Windows 98"软盘,其制造成本不到1美元,但由于它凝结了丰富的知识,而使它的市场价值超过了1 000美元。耐克公司生产的耐克鞋由于具有流体动力学和空气动力学的知识含量,使其价格大大高于同类产品。一粒种子由于在它的培育过程中凝结了遗传学、基因工程的知识,可以形成高效农业而身价百倍等。③知识资本能够大大降低产品成本。传统工业化生产模式是基于土地和资本有限性基础上的,随着资源的稀缺加重和生产规模的不断扩大,其产品的成本越来越高。而知识具有可重复使用的特征,知识创新产品可以实现批量化生产和销售,而不需要重复投入等量的资源。因此,投入的成本随销量的增加而迅速减少,边际成本也大幅度降低。④一些拥有著名品牌的企业,不用自己生产经营,利用连锁就可以在全球获得巨额的利润。

(5) 知识资本是企业获取核心竞争优势的核心资产。①知识创新企业比传统资本企业具有更大的市场竞争能力和更高的利润率。②知识创新是企业转型升级的主要途径。一些传统加工制造企业通过研发、品牌塑造、知识产权保护等形成以知识为基础的核心资产,转型为知识创新企业,使其全球竞争力和超额利润率进一步提高。如汤姆逊、苹果公司、福特、大众等企业。③通过专利技术等知识资本的垄断取得核心竞争力是新兴高新技术企业的主要手段。例如,计算机CPU主要由英特尔和AMD两家厂商垄断,微软的视窗操作系统则称霸全世界。

复习思考题

1. 简述德国历史学派的经济发展阶段论。
2. 简述霍夫曼的工业化阶段理论。
3. 罗斯托的经济发展理论中有哪些阶段?
4. 简述罗斯托经济起飞理论。
5. 未来学派有哪些阶段划分?
6. 简述后工业社会理论。
7. 简述托夫勒的三次浪潮。
8. 简述奈斯比特信息社会的主要特征。

9. 简述知识经济的概念与特征。
10. 简述马克卢普对知识和知识产业的论述。
11. 新经济增长理论与传统经济增长理论有哪些区别？
12. 简述新经济增长理论的主要内容。
13. 简述知识资本理论。

习　题

社会主义思潮各学派

社会主义思潮各学派见下表。

社会主义思潮的各学派

派 别	学派名称	代 表 人 物
社会主义国家的社会主义	经典的马列主义	马克思、恩格斯、列宁
	苏联高度集中的计划经济	斯大林
	南斯拉夫的自治社会主义	铁托
	有中国特色的社会主义	邓小平、江泽民、胡锦涛、习近平
	东欧社会主义国家的理论模式	兰格的"竞争的市场社会主义"模式
		布鲁斯的"集权与分权"模式
		科尔奈的"有宏观控制的市场协调"模式
		奥塔·锡克的"计划性市场经济"模式
西方社会主义学派	市场社会主义学派	公共管理型的市场社会主义：①罗默的证券市场社会主义；②巴德汉的以银行为中心的公司相互控股的市场社会主义；③扬克的实用的市场社会主义
		劳动者管理型市场社会主义：①米勒的合作制市场社会主义；②德雷泽的劳动者管理企业的直接融资方案；③福勒贝的劳动者管理企业的间接融资模式

续表

派　别	学派名称	代　表　人　物
西方社会主义学派	市场社会主义学派	社会治理型市场社会主义：①埃尔森的市场社会化理论；②布洛克的"没有阶级权力的资本主义"
		经济民主的市场社会主义：①韦斯科夫的民主自治的市场社会主义；②施韦卡特的"经济民主"的市场社会主义
	民主社会主义学派	伯恩施坦、考茨基、贝弗里奇、吉登斯、布莱尔等
	可行的社会主义	亚历克·诺夫
	生态社会主义学派	高兹、佩珀、奥康纳、福斯等
	人道主义社会主义	弗兰克、弗罗姆等

第十七章

国外社会主义国家的社会主义理论与实践模式

【本章要点及学习要求】

理解马列主义经典的共产主义（社会主义）理论；了解苏联高度集中的计划经济——斯大林模式、前南斯拉夫的自治社会主义——铁托模式；掌握东欧国家的市场社会主义理论模式。

第一节 马列的共产主义理论与列宁对社会主义建设的贡献

一、共产主义（社会主义）必然代替资本主义的理论

（一）研究思路

马列主义的经典作家主要是马克思、恩格斯、列宁，其代表作是马克思花了40年时间所著的《资本论》（1867年第1卷出版；第2卷和第3卷是在马克思逝世后，经过恩格斯认真研究和精心整理，并分别于1885年和1894年出版）和列宁的《帝国主义是资本主义的最高阶段》（1917，简称《帝国主义论》），他们揭示了资本主义产生、发展、灭亡的规律，同时也说明了共产主义（社会主义）必然代替资本主义。他们对资本主义产生、发展、灭亡的规律的研究思路如图17-1所示。

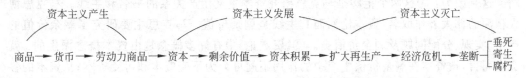

图 17-1 马列主义的经典作家的研究思路

马克思和列宁对共产主义（社会主义）必然代替资本主义分析的逻辑要点可以用"六个一"来概括：①一个基础，就是以劳动价值论为基础；②一对关系，即资产阶级与无产阶级的剥削与被剥削关系；③一个中心，就是以阐述剩余价值理论为中心；④一对矛盾，即生产的社会化和生产资料的资本主义私人占有的对抗性矛盾；⑤一个规律，就是人类社会共有的规律，即生产关系一定要适合生产力性质的规律；⑥一个结论，就是资本主义制度必然走向灭亡，剥夺者被剥夺。

（二）理论框架

马列主义的经典作家所论述的社会主义必然代替资本主义的理论框架见表 17-1。

表 17-1　马列主义的经典作家所论述的社会主义必然代替资本主义的理论框架

经典著作	马克思的《资本论》			列宁的《帝国主义论》
资本主义产生、发展及灭亡	资本主义产生前提	资本主义产生	资本主义发展	资本主义灭亡
基本概念	商品→货币→劳动力商品	资本→剩余价值	资本积累→扩大再生产→经济危机	垄断（腐朽、寄生）→灭亡
主要理论	劳动价值理论	剩余价值理论	资本积累理论、扩大再生产理论、经济危机理论	帝国主义理论
主要规律	价值规律	剩余价值规律	资本积累一般规律和资本主义特有的人口规律	资本主义生产和科学技术出现停滞趋势规律

1. 基本范畴

在马列主义的经典《资本论》和《帝国主义论》著作中有众多范畴，但在这些范畴中起主要作用的有七个基本范畴：商品、货币、资本、剩余价值、资本积累、经济危机、垄断。这些基本范畴反映了资本主义产生、发展和灭亡的规律。因为马克思研究资本主义生产关系是从商品开始，商品是资本主义经济的细胞，它包含着资本主义社会一切矛盾的萌芽。马克思首先分析商品的四个内在矛盾：①使用价值和价值矛盾；②具体劳动和抽象劳动的矛盾；③私人劳动和社会劳动的矛盾；④个别劳动时间和社会必要劳动时间的矛盾。在此基础上，分析了商品交换过程中它的内部矛盾表现为外部矛盾，即商品与货币的矛盾，在一定历史条件下，劳动力成为商品，货币就转化成为资本，资本能带来剩余价值，对剩余价值的追求使资本家们不断进行资本积累，不断地扩大再生产，由于资本主义的基本矛盾形成了资本主义的不治之症——经济危机，资本主义达到一定程度就会出现垄断，垄断导致了资本主义的腐朽和垂死，资本主义趋于灭亡。

在七大经济范畴中，地位也不是平等的，其中资本和剩余价值是最基本、最重要的范畴。这是因为：①这两个范畴是马克思研究资本主义生产关系的书名和主线。马克思博大精深的伟大著作取名《资本论》，而其主线是剩余价值。马克思主要研究了剩余价值的产生、实现、分配问题及剩余价值史。②《资本论》中有许多概念是由资本概念派生的：就资本而言，按资本在剩余价值生产中的作用不同可分为不变资本和可变资本；从资本的各部分在资本周转中的方式及速度不同可分为固定资本和流动资本；从资本起作用的领域不同可分为生产资本和流通资本；从在资本循环中的不同职能来分，有货币资本、生产资本、商品资本；从增大资本量的不同方法来看，有资本积聚、资本集中等。就剩余价值而言，依其生产方法不同有绝对剩余价值和相对剩余价值，依其分割形式表现为利润、利息和地租等。

2. 主要理论

马克思对资本主义的分析是以剩余价值论为主线展开的，分析了商品转化为货币、货币转化为资本，资本生产剩余价值，剩余价值生产资本。在论述商品转化为货币时建立了劳动价值论;在论述货币转化为资本和资本生产剩余价值并被资产阶级占有时,建立了剩余价值论(包括剩余价值的生产、实现与分割);在论述剩余价值生产资本时建立了资本积累理论。在《资本论》第2卷分析了资本的流通过程,主要是分析资本的循环和周转以及社会总资本的再生产和流通,阐述了再生产理论。在《资本论》第3卷马克思主要研究了剩余价值是怎样以利润、利息、地租形式被资本家们及大土地所有者分割的,从而说明整个资产阶级与无产阶级对立。马克思还结合资本主义的基本矛盾提出了经济危机理论。列宁在《帝国主义论》一书中论述了帝国主义理论,揭示了帝国主义是资本主义的最后阶段,提出了资本主义必然被社会主义所代替的论点。

(1) 劳动价值理论。劳动价值理论是马克思论证的关于抽象劳动形成商品价值的理论。劳动价值论是为研究雇佣劳动与资本对立奠定基础的。劳动价值论是剩余价值论的基础,因为没有劳动创造价值就没有剩余价值。劳动价值论的主要内容是:①商品的两因素是由劳动二重性决定的,具体劳动创造商品的使用价值,抽象劳动形成商品的价值。这是劳动价值论的基础。②价值的实体是抽象的人类劳动;商品价值量是由社会必要劳动时间决定的,价值实质是商品生产者的生产关系。③价格是商品价值的货币表现形式,价值是价格的基础,价值决定价格,通过对价值形式及其发展历史的分析揭示货币的起源和本质。④价值运动是有规律的,价值规律是商品经济的基本规律;受供求关系影响,价格围绕价值上下波动是其表现形式。⑤价值是在劳动过程中形成的,其来源是雇佣工人的活劳动创造的。⑥商品价值包括旧价值转移和新价值创造两部分,在同一劳动过程中既转移旧价值、又创造新价值。⑦在资本主义条件下商品价值由不变资本价值、可变资本价值和剩余价值三部分构成。⑧在资本主义平均利润形成条件下,价值必然转化为生产价格,价值规律就以生产价格规律的形式发生着作用。

(2) 剩余价值理论。剩余价值包括剩余价值生产理论、剩余价值的实现和剩余价值分割理论。它是《资本论》理论分析的基石和核心。《资本论》第1卷研究剩余价值生产,《资本论》第2卷分析剩余价值的实现,《资本论》第3卷说明剩余价值分割,《资本论》第4卷(恩格斯逝世后,是考茨基把马克思1861—1863年经济学手稿中有关历史部分编辑整理后以《剩余价值学说史》为书名出版)阐述剩余价值历史。它科学地说明了无产阶级和资产阶级对立的经济根源,彻底揭露了资本主义剥削的实质。它的主要研究内容如下:①剩余价值产生的前提条件是劳动力成为商品,因为劳动力使用价值的特点是能够创造出比自身价值更大的价值。②剩余价值内涵的本质是体现资产阶级与无产阶级的剥削关系,它表现为工人创造的新价值超过了他所得工资的价值,其超过部分(剩余价值)被资本家无偿占有。③剩余价值的来源是唯一的,只能是雇佣工人的活劳动创造的。它在不同方面有不同说法:在资本上表现为可变资本是剩余价值的唯一来源;表现在工作日上剩余劳动(时间)是剩余价值的唯一来源;表现在不同领域上剩余价值只能在生产领域里产生。④生产剩余价值的方法主要有两种:一是绝对剩余价值生产,主要靠延长工人每天工作的时间来获得;二是相对剩余价值生产,主要靠提高劳动生产率来获得更多剩余价值。第一种方法为绝对量,即剩余价值量;第二种方法为相对量,即剩余价值率。⑤剩余价值规律是资本主义基本规律。只要资本主义存在,该规律就存在并发生作用。⑥工资是劳动力的价值和价格的转化形式,它掩盖了剩余价值产生的程度。只有把劳动和劳动力区别开来,才能彻底揭露资本家剥削雇佣工人的奥秘。⑦剩余价值在分配形式上转为利润被产业资产家、商业资本家所占有,利息被借贷资本家、银行资本家所占有,地租被土地所有者占有。由此说明整个资产阶级剥削整个无产阶级。

(3) 再生产理论。资本主义再生产内容主要包括：①资本主义再生产是物质资料再生产和资本主义再生产关系的统一。②再生产分为单再生产和扩大再生产两种,资本主义再生产的特征是扩大再生产,扩大再生产又有外延式扩大再生产和内含式扩大再生产两种。③社会资本再生产的前提是把社会生产分作两大部类,即第一部类的生产资料生产和第二部类的消费资料生产,社会总产品在价值上分为三部分：C(不变资本)$+V$(可变资本)$+M$(剩余价值)。④社会再生产的实现是两大部类之间及其内部生产都必须合乎一定比例。⑤扩大再生产条件下生产资料优先增长规律(列宁)。列宁认为在技术进步、资本有机构成提高的条件下,增长最快的是制造生产资料的生产资料生产,其次是制造消费资料的生产资料生产,最慢的是消费资料生产,当然生产资料优先增长也不能脱离消费资料的相应增长。

(4) 资本积累理论。资本积累理论以劳动价值论和剩余价值理论基础,但它又是劳动价值论和剩余价值生产理论的进一步发展。劳动价值论若不发展到剩余价值论,就不能科学地说明资本主义的剥削实质;剩余价值论若不发展到资本积累理论,就不能揭示出剩余价值生产的必然结局。所以,劳动价值论是基础,剩余价值论是中心,资本积累理论是结果。同时资本积累理论又是社会总资本再生产和平均利润学说的基础。资本积累理论的主要内容包括：①资本积累是扩大再生产的源泉。资本家为了追求更多的剩余价值,必然使生产不断扩大,这样资本家就会把剩余价值的一部分转化为资本,使资本增加、生产扩大。②资本积累的实质是剩余价值的资本化,是把剩余价值作为资本来使用,就是资本积累。③资本积累的动因是资本家追求剩余价值的内在动机与资本主义竞争的外在压力。④资本积累结果表现为,一方面是资产阶级财富的积累；另一方面是无产阶级贫困的积累。⑤资本积累历史趋势是资本主义制度必然灭亡,资本所有者被剥夺。

(5) 经济危机理论。经济危机理论的主要内容包括：①资本主义经济危机的实质是生产相对过剩。②资本主义经济危机的根源在于资本主义基本矛盾,即生产社会化和资本主义私有制的矛盾。③资本主义经济危机具有周期性。资本主义再生产的每一周期包括四个阶段,即危机阶段→萧条阶段→复苏阶段→高涨阶段。④经济危机是资本主义社会的不治之症,要消除经济危机就必须消灭资本主义制度。⑤资本主义经济危机必然加速资本集中,加剧资本主义固有的各种矛盾。⑥经济危机暴露了资本主义制度的历史过渡性,它表明资本主义生产关系与其生产力存在着深刻的矛盾,标志着资本主义必然被共产主义所代替。

(6) 帝国主义理论。帝国主义理论是列宁在马克思主义经济学基础上阐发的,其主要内容有：①帝国主义具有五个基本经济特征(垄断、金融寡头、资本输出、国际垄断同盟从经济上瓜分世界、帝国主义列强瓜分殖民地),其根本经济特征是垄断。②垄断是帝国主义最深厚的经济基础,表明了帝国主义的经济实质。③帝国主义是腐朽和寄生的资本主义。④帝国主义是垂死的资本主义,即资本主义的最后阶段。⑤帝国主义是现代战争的根源。⑥帝国主义是无产阶级社会主义革命的前夜。

3. 主要规律

学者们把马克思和列宁的《资本论》和《帝国主义论》的内容概括为"马克思主义政治经济学"。它是研究生产方式及其发展规律的科学。马克思主义政治经济学所阐述的主要规律有：①人类社会共有的经济规律，即生产关系一定要适合生产力性质的规律；②在论述劳动价值论中阐述了几个社会共有的价值规律；③在论述剩余价值理论中揭示了资本主义所特有的基本经济规律，即剩余价值规律；④在论述资本积累时阐述了资本积累的一般规律和资本主义特有的人口规律；⑤在论述社会再生产理论时阐述了生产资料优先增长规律；⑥在论述平均利润学说时阐述了平均利润率下降趋势规律；⑦在论述帝国主义理论时阐述了垄断条件下资本主义生产和科学技术出现停滞趋势的规律。

二、马克思和恩格斯的共产主义设想与建立共产主义社会的措施

（一）马克思和恩格斯的共产主义设想

马克思和恩格斯没有为社会主义社会设计现成的模式，他们在《共产党宣言》（1848）和《哥达纲领批判》（1875）等著述中把共产主义社会分为共产主义的低级阶段和共产主义的高级阶段，并描述了其基本特征。

1. 共产主义低级阶段的特征

共产主义低级阶段的特征是：①社会生产力高度发展；②消灭了生产资料私有制，建立了公有制；③个人消费品实行按劳分配；④社会根据需要有计划地进行生产；⑤没有商品生产和货币交换；⑥消灭了阶级和阶级差别，国家失去政治性质，只承担社会管理的职能；⑦人将得到自由而全面的发展。

2. 共产主义高级阶段的特征

共产主义高级阶段的特征有：①社会生产力高度发达，物质财富极大丰富；②社会成员共同占有生产资料，全面实行计划经济；③实行各尽所能、按需分配的原则；④劳动不再是谋生的手段，而是人们生活的第一需要；⑤消灭了阶级差别和三大差别（城乡之间、工农之间、脑力劳动和体力劳动的差别）；⑥作为阶级统治工具的国家完全消亡；⑦全体社会成员具有高度的共产主义觉悟；⑧人得到了全面而自由的发展。

（二）建立共产主义社会的措施

恩格斯在《共产主义原理》（1847）一文中对此进行了系统论述，具体措施有：①用累进税、高额遗产税、取消旁系亲属（兄弟、侄甥等）继承权和通过发行强制公债等来限制私有制。②一部分用国家工业竞争的办法，另一部分直接用纸币赎买的办法，逐步剥夺土地所有者、工厂主、铁路所有者和船主的财产。③没收一切反对大多数人民的流亡分子和叛乱分子的财产。④在国家农场、工厂和作坊中组织劳动或者让无产者就业，这样就会消除工人之间的竞争，并迫使还存在的厂主支付同国家一样高的工资。⑤对社会全体成员实行同样的劳动义务制，直到完全废除私有制为止，特别是在农业方面成立产业军。⑥通过拥有国家资本的国家银行，把信贷系统和金融业集中在国家手里，取消一切私人银行和银行家。⑦随着国家拥有的资本和工人的增加，增加国家工厂、作坊、铁路和船舶，开垦一切

荒地,改良已垦土地的土壤。⑧所有的儿童,从能够离开母亲照顾的时候起,都由国家出资在国家设施中受教育,并把教育和生产结合起来。⑨在国有土地上建筑大厦,作为公民公社的公共住宅,公民公社将从事工业生产和农业生产,将把城市和农村生活方式的优点结合起来,避免二者的片面性和缺点。⑩把全部运输业集中在国家手里等。

三、列宁对建设社会主义的贡献

在列宁理论的指引下,俄国无产阶级在十月革命胜利后开始了人类历史上从未有过的建设社会主义的伟大实践。怎样把科学社会主义理论的基本原则同俄国这样一个农业国家的实际结合起来呢?列宁曾进行过大胆而又谨慎的探索。根据吴仁彰(1981、2002)的总结,列宁对社会主义建设的理论贡献体现在以下几个方面。

(一)提出了向社会主义过渡需要一个相当长的过渡时期

俄国并不是在经济高度发展取得无产阶级革命胜利的,而是面临经济比较落后的农业国,因此社会主义建设是一项很长时期、很困难的任务。列宁认为,向社会主义过渡将是长期的,国家越落后,资本主义越不发达,过渡越困难,时间也越长。他指出,这种过渡时期需要几十年,希望我们的儿子、孙子能建成社会主义制度。

(二)及时地把工作重心转向经济建设

十月革命胜利后,仅过半年,在镇压了资产阶级和孟什维克、右派社会党人组织的武装反抗,与德国签订《布列斯特和约》之后,出现短暂喘息时机,列宁就立即提出党要把工作重心从"以赤卫队进攻资本"转移到组织生产和管理生产上,但很快被1918年夏天开始的内战打断了。1920年年初红军粉碎了高尔察克、邓尼金、尤登尼奇白军之后,获得了第二次喘息时机,列宁又立即提出"把整个苏维埃政权机器由全力从事战争的轨道转上和平经济建设的新轨道"来。后来这次转移又被波兰白军的进攻打断了。1920年年底,波兰白军被击败,列宁第三次提出立即"从战争过渡到经济建设"的经济任务,并提出"共产主义就是苏维埃政权加全国电气化"的著名公式,他还亲自主持制订第一个全俄电气化计划。

(三)生产关系的变革必须考虑小农国家的特点

在小农占优势的俄国,只有建立牢固的工农联盟才能建设社会主义,列宁认识到必须把社会主义的经济建设建立在适应和支持小农经济的基础上,具体体现在1921年后实行的"新经济政策"上:①废除战时余粮收集制,实行粮食税制度,允许农民自由周转税后剩余农产品;②实行国家调节商业和商品流通,允许在一定范围内开展自由贸易;③把国家资本主义经济作为由多种经济成分过渡到社会主义的桥梁,允许一部分小型私营工商业的存在和发展,允许向外国资本家租让一些俄国的矿山和企业等;④用合作社的形式引导农民走社会主义道路。

(四)利用商品货币关系建设社会主义

马克思、恩格斯从西欧发达资本主义国家生产高度社会化的情况出发,曾设想社会主义革命胜利后可立即建立没有商品生产、没有货币的社会。但列宁发现,在落后的农民国家,农民"倾向于自由贸易",工业也拿不出充足的工业品交换所有农产品,因此商品交换、商品贸易是建立工农业联系的"唯一可行的形式"。他没有死守马克思、恩格斯的论断,而是从实际出发,采取了保留和发展商品货币关系的政策,并把"商业原则"应用于国民经济各部门,在国营工业企业实行独立的"经济核算"。列宁虽然说的是过渡时期的政策,但从他去世前写的《论合作制》一文和整个指导思想看,利用商品货币关系建设社会主义的思想,应该是包括整个社会主义时期的。

(五) 发扬劳动人民民主,反对官僚主义

十月革命胜利后,列宁曾设想过劳动人民直接管理国家,提出劳动人民有选举权和罢免权,要发动几千万人参加管理。但是这些设想由于受到俄国经济、文化落后的条件的限制,没有完全实现。"苏维埃虽然在纲领上是通过劳动群众实行管理的机关,而实际上却是通过无产阶级先进阶层来为劳动群众管理而不是通过劳动群众来实行管理的机关。"由于可以担任管理工作的工人非常少,苏维埃国家机关还不得不留用几十万旧官吏。不久官僚制度便"在一定程度上复活起来"。列宁在1919年7月起,就把反对官僚主义的斗争提到日程上,他清醒地看到,要彻底消灭官僚主义,就必须彻底改造俄国经济文化落后的条件,使千百万劳动群众有可能直接参加管理,否则要在此之前消灭官僚主义是不可能的,而只能尽可能减少它的祸害,因此反对官僚主义是一场长期的、复杂的斗争,需要几十年时间。在他去世前曾着重研究了"改组工农检察院"问题,设想通过各级工农检察院,吸收几十万工农群众对国家机关实行有效的监督,防止官僚主义。

(六) 坚持无产阶级先锋队的领导作用

在一个农民占人口大多数的国家建设社会主义,必须坚持无产阶级(通过先锋队)的领导作用。工农联盟是无产阶级专政的基础,党是无产阶级专政的领导力量。列宁在回答关于对"一党专政"的指责时,明确地表示,"我们所依靠的就是一党专政,而且我们决不能离开这个基地,因为这个党是在几十年内才争得了整个工厂无产阶级和工业无产阶级的先锋队地位的党","只有这个党才能领导工人阶级去深刻地根本地改变旧社会"。列宁还批判了"工人反对派"要把整个国民经济管理权交给全俄生产者代表大会的观点,他认为只要还有阶级存在,就必须坚持无产阶级先锋队对整个国家的领导,否则就要犯无政府工团主义的错误。

(七) 正确对待知识分子,大力提高劳动群众的文化科学水平

在经济文化落后的俄国建设社会主义遇到的主要困难之一,就是劳动群众文化水平低。因此,在建设社会主义事业中,利用、团结、依靠知识分子曾是列宁着重研究的一个问题。当时的知识分子都是旧社会培养出来的,列宁针对这点,提出只要他们不帮助敌人,对苏维埃政权采取"善邻"态度,就要利用、团结他们。要像爱护眼珠那样爱护一切真诚工作的精通和热爱本行的业务专家,并提出要对他们实行高薪制,为他们创造良好的工作条件。后来列宁把这一政策发展为整个社会主义时期的政策。与此同时,他还主张大力提

高劳动人民的文化科学水平。列宁提出,在俄国这样文化落后的国家,在进行政治变革和社会变革之后,还要进行"文化革命",他认为只有实现这样的"文化革命"俄国才能成为"完全的社会主义国家"。对此他提出了"在一个文盲充斥的国家是不能建成共产主义"的著名论断。

第二节 国外建设社会主义的实践模式

一、苏联高度集中的计划经济——斯大林模式

斯大林(1878—1953)是苏联共产党中央委员会总书记、苏联部长会议主席、苏联大元帅。在他的领导下,除南斯拉夫外,苏联、东欧和中国改革开放前的一些社会主义国家都实行了高度集中的计划经济体制。

(一)苏联高度集中的计划经济的特征

(1)在所有制上"一大二公"。苏联奉行公有制的范围及比重越大越好,公有化的程度越高越好。通过所有制改造和变革生产关系,建立纯而又纯的公有制,苏联的经济成分主要是公有制经济(国有经济与集体经济),限制私有经济发展,到1937年私有经济几乎全部被取消。

(2)资源配置权力高度集中,实行全面的计划经济。为保证中央配置资源的能力,国家对经济活动采取直接指令性行政管理。中央计划经济体制的一个主要标志是国家或中央政府成为经济运行中的核心主体,而企业只是执行既定的生产计划的政府附属物。国家不仅要负责宏观方面的资源配置,甚至对微观的企业和个人的收入和支出都做出计划,以实现资源在微观主体间的配置。①工业计划。a.苏联工业指令性经济计划和计划调节是国家对经济活动调节的主要手段,它具有强制执行的法律效力,取消市场对经济的调节;b.为制定和执行计划体制,苏联设置了庞大的计划管理、指标体系和编制、审批程序机构;c.在工业物资和技术的供应上,不仅组建起了庞大而完备的供应委员会管理系统,而且建立起了一套按计划签订经济合同调拨物资的制度。②农业和农产品管理。a.对农业生产进行高度集中的管理,国营农场的生产经营活动是由国营农场人民委员集中管理的,国家通过全苏联集体农庄管理总局和机器拖拉机站对集体农庄的农业生产活动进行全面的领导;b.用高度集中的方式收购农产品。③商业管理。在全国范围内建立起各级商业管理机关,实行由全国统一定价的商品流通体制,国家用行政手段严格控制着整个商业系统。

(3)通过大规模的生产要素的动员,推动经济的快速增长。①经济增长的高速度是经济战略的中心,"速度第一"是经济发展的方针;②为了增加国家的经济实力和国防实力,不惜一切代价,"赶超"资本主义国家;③通过中央对资源配置的垄断、抑制消费提高积累、牺牲农业和轻工业来优先发展重工业和军事工业。

(4)分配上采取按劳分配。①苏联实行了由苏联人民委员会制定的以行政管理为特征的工资等级管理制;②除给职工支付工资以外,苏联还实行了普遍的社会消费基金制

度,为广大群众提供社会福利;③集体农庄以劳动日为单位衡量庄员工作量,庄员们按照自己的工作量领取劳动报酬。

(二)苏联高度集中的计划经济的历史作用与弊端

1. 苏联高度集中的计划经济的历史作用[①]

斯大林第一个领导本国人民创建了指令性计划经济体制,在当时(西方国家经济大危机)具有自由市场经济体制不可比拟的优势,这种体制也取得了非凡的成就。

(1)苏联在工业化的进程上取得了非凡的成就。集中的计划经济使苏联由一个农业国迅速成长为工业强国。从1928年第一个五年计划开始执行起至斯大林逝世为止,苏联的全部工业经济总量几乎增长了20倍。苏联的工业总产值超过了德、英、法三国,一跃成为欧洲第一、世界第二位。至此,苏联基本完成了国民经济的技术改造,成为世界最强大的工业国之一。

(2)雄厚的经济实力使苏联打败了德国法西斯。斯大林模式是一种非常有效的战备模式,在战时,斯大林模式能够有效地调动全国一切力量组织大规模的反侵略战争。俄国在1913年的工业产量仅为世界总产量的2.7%,分别是美、德、英、法国的7%、17%、22%、40%。从1929年开始实行斯大林模式后,到1940年苏德大战开始,苏联的工业总产值已经超过了德、英、法三国,一跃成为欧洲第一。斯大林模式为苏联锻造了雄厚的军事实力,对打败德国法西斯起到了非常积极的作用。

(3)苏联的文化科学技术水平获得了较大的提高。①在文化教育方面,在20世纪初,沙俄时期全国人口中有近3/4的文盲;十月革命后俄国的文盲人口仍占全国总人口的50%~60%。到1939年全国识字居民(9~49岁)的人数达到了该年龄段总人口的87.4%。苏联(俄国)具有高等专业教育程度的人才,1913年为13.6万人,1928年为23.3万人,1940年则达到了90.9万人,1955年增加到218.4万人。高等和中等教育程度的专业人才,1913年、1928年、1940年、1955年分别占全国职工总数的1.47%、4.57%、7.08%、10.2%。②在科学技术方面,苏联增加了对科学事业的投资,创建了大批科学技术科研院所,培养出大批科研人才,创造了突出的科学技术成就。1913年沙俄的科学工作者为1.16万人,1940年增至9.83万人,激增了7.4倍。大规模的科学研究投资逐步产生好的效益,苏联开始在科学技术上突飞猛进。在物理学、数学、化学、文学等方面取得了巨大的成就,有的处于世界领先地位,如原子能科学与技术、航天科学技术、飞机新型发动机技术等。

2. 苏联高度集中的计划经济的弊端

事实证明,高度集中的计划经济体制适应于战争经济、灾害经济和经济危机时期,不能长期推动国民经济的健康发展:①单一的公有制结构,不能全面而充分调动各种经济成分的积极性;②它造成管理上统得过死,经济决策不切合实际,经济指令缺乏灵活性;③走牺牲农业、轻工业,集中力量发展重工业的道路,势必造成国民经济结构的畸形;④经济发展偏重于增长速度,不注重经济质量和经济效益;⑤由于管得过多、管得过死,

---

① 沈宗武.斯大林模式的是与非[D].北京:中国社会科学院,2002:85-92.

劳动者的主人翁的积极性难以得到充分发挥;⑥由于限制市场发挥作用,经济缺乏效率和活力。

二、南斯拉夫的自治社会主义——铁托模式

铁托(Josip Broz Tito,1892—1980)曾任南斯拉夫社会主义联邦共和国总统、南斯拉夫共产主义者联盟总书记、南斯拉夫人民军元帅。在他的领导下,南斯拉夫实践了不同于苏联的社会主义自治制度模式。南斯拉夫社会主义自治制度模式的主要内容有以下几个方面。

(1) 实现了生产资料社会所有制,而非苏联和其他社会主义国家的国家所有制。生产资料社会所有制是指生产资料不属于任何个人、集团或国家,而是属于全体劳动者。在物质生产领域建立联合劳动基层组织和联合劳动复合组织,由劳动者选举工人委员会进行管理。它的优点是:①有利于直接生产者与生产资料的直接结合,保证劳动者获得对生产资料的管理权;②除了整个社会需要而提出的资金之外,企业拥有收入的分配权;③它可以使劳动者真正成为自己劳动成果和生产资料的主人,杜绝私有垄断和国家垄断。

(2) 在管理体制上,实行市场调节与计划调节相结合。在自治体制下,南斯拉夫将整个经济纳入市场调节,国家施行指导性计划,市场发挥主导作用,充分运用价值规律,扩大企业自主权,允许企业独立经营外贸,选择国际市场。但是它也并不完全排斥"社会计划"的调节、指导作用。

(3) 在国家政体方面,建立起民主化而非苏联式集中化的国家政权体系。在这个体系下,除国防、外交等权力归中央外,其他经济和社会管理权统统下放给地方共和国。

(4) 在社会政治制度方面,实行联邦、共和国、自治省三级议会代表团制。议会代表由选民选举、监督和罢免。劳动者和其他公民用直接的无记名投票方式从基层组织中选出一定数量的代表组成代表团,从代表团成员中再选派代表参加区、自治省、共和国和联邦议会。代表团可以选派对所讨论的问题最熟悉的代表出席议会会议。它被认为是以比较民主的形式吸收最广大群众参加社会政治生活,如决定社会政策,罢免、选举干部,解决与社会主义自治、社会发展有关的各方面的问题,从而进一步发扬社会主义新型民主,防止出现干部的独断专行。

(5) 在外交上,实行不结盟的外交政策,这对其争取一个和平稳定的国际环境起到了积极作用。

第三节　东欧社会主义国家的理论模式

一、兰格的"竞争的市场社会主义"模式

(一) 兰格模式的提出

波兰经济学家斯卡·理沙德·兰格(Oskar Ryszard Lange,1904—1965)在《论社会主义经济理论》(1936)一文中设想了由中央计划局模拟竞争市场,通过"试错法"确定客观

均衡条件的社会主义经济模式,即"竞争的市场社会主义"模式,他也因此被尊称为"市场社会主义之父"。①兰格讨论了在竞争市场上,如何靠"试错法"建立经济均衡;②他讨论了如何在"模拟"市场的条件下,用与竞争市场中相似的"试错法"在社会主义经济中实现经济均衡;③在兰格所精心设计的"试错法"中,他提出了中央计划通过"模拟市场"和"计算价格"配置资源,并以此达到社会主义经济均衡的思想。

(二)兰格模式的特征

兰格模式的理论特征是,社会主义社会生产资料社会化,但保留消费者主权、劳动者择业自由和存在货币流通,因此,消费品和劳动力的定价方式与在竞争市场条件下是一样的。市场只限于消费品和劳动力市场,而没有作为生产资料的产品市场。该模式具有以下几个显著特征。

(1) 决策层次及权力。在全部生产资料为社会公共所有的前提下,该模式包含三个基本决策层次:①中央计划当局决策内容是生产资料价格的决定、积累率的决定和红利分配的决定;②企业在尽量满足消费者偏好的目的的支配下,根据中央计划当局规定的规模,决定最优的生产要素组合的生产规模和结构;③生活消费品和劳动就业岗位由个人自由选择。

(2) 产品价格的形成。价格形成借助两套相互区别的机制:①消费品市场和劳动力市场实行自由竞争,即按供求规律形成的市场价格完全由市场机制进行调节;②生产资料的价格由中央计划机关借助"试错法"集中确定,在供求不平衡时,中央计划机关不断调整价格,直至达成平衡,也就是说由中央计划机关模拟市场过程。

(3) 主要经济指标的确定。经济增长速度、积累率以及工资标准由国家统一规定,企业上缴的利润国家将其用于投资和收入分配,利润最大化不是企业追求的目标。

(4) 企业领导的产生与企业行为准则。企业领导由国家任命,独立自主地对企业的生产经营活动进行决策。企业行为准则有两条:①以中央计划机关规定的生产资料价格参数为依据,努力实现生产要素的最小成本组合;②生产量的扩大一直达到产品价格等于边际成本时为止。

(5) 生活消费品的生产。生产结构和资源分配由消费品优先确定,而无须中央计划机关采取影响措施,也就是说,消费品生产由自由竞争市场决定生产资料生产的资源配置和生产要素的组合。

(6) 劳动报酬的确定与结构。不同部门和企业中的岗位工资由中央计划机关统一确定,工人通过自由选择工作岗位的竞争获得高收入保证。工人的工资收入同企业盈利没有直接的关系,它主要由两部分组成:一部分是劳动岗位工资,依据工种、技术差别而不同;另一部分是基本生活收入,无论什么职业的劳动者或没有就业者,其数量都是相同的,它是社会公民作为社会生产资料所有者身份所得到的红利,由国家统一确定、统一调整。

兰格认为,这种自由竞争的市场机制调控与中央计划机关模拟市场过程的调控相结合的竞争社会主义模式,比资本主义完全自由竞争模式下的国民经济运行能更好地达到资源配置,生产者、消费者利益获得最大满足的经济均衡状态。

二、布鲁斯的"集权与分权"模式

计划与市场、集权与分权,是同一问题的两个方面。一般来说,计划与市场更多的是指经济运行中的调节方式,而集权与分权更多的是指经济运行中的决策方式。波兰经济学家布鲁斯(Virlyn W. Bruse,1921—)在研究经济运行问题时更为关心的是决策方式和决策结构。他在1972年出版的《社会主义经济中的市场》一书中,把社会主义经济模式分为集权型模式与分权型模式两种模式。1980年,他又把社会主义经济体制分为军事共产主义模式、集权型模式、带有被限制的市场机制的集中计划经济模式和市场社会主义模式四种模式。布鲁斯认为,集权模式能够保证经济发展方向上的高度选择性,国家可以根据国内的环境和政治经济任务把资源集中分配到重要部门,也能及时制止经济波动,调节经济结构。但是,这种模式导致了经济活动缺乏灵活性、效率低下、成本高、浪费大、技术进步缓慢,个人利益和社会利益脱节、国家机构和经济机构的官僚化等问题,因而不是一种理想的模式。所以,必须以分权模式取代集权模式,建立一种可以调节的市场机制的计划经济。分权模式既发挥了市场机制调节经济的作用,又保证了国民经济运行的计划性,兼有集权模式和市场社会主义模式的优点,又克服了它们的缺点。同时分权模式可以比较好地解决国家与企业的关系,从而既可解决微观效率问题,又可解决宏观控制的效率问题。因此,分权模式比集权模式更为可行。

根据布鲁斯的阐述,"集权与分权"模式具有如下主要特征。

(一)在决策结构上,经济决策按层次分散做出

布鲁斯把一切经济决策区分为三个层次,分别由中央、企业、个人三个主体进行决策。

第一层次是由中央作出经济发展总方向的、基本的宏观经济的决策。主要是制定经济发展总方向的、国民经济计划、基本的宏观经济政策、国民收入的增长率、投资和消费在国民收入中所占的比例、投资支出在各领域和各部门间的分配、消费基金在不同社会集团和职业集团间的分配原则等。中央对宏观经济进行计划调控的项目有:①中央制订整个国民经济的总计划,决定积累与消费基金的比例、投资支出的分配、工资水平和结构等。②中央根据把国家、集体和个人利益结合起来的原则通过经济指标(如产值、利润等)规定企业的目标函数。③国家用各种"经济参数",即工资、价格、税收、利率、信贷等来调节企业的活动。这些"经济参数"由国家控制,国家根据一定的社会偏好和市场行情的变化,使用"经济参数"来影响、协调企业的活动,以保持宏观经济的平衡和发展。

第二层次是经常的(或局部的)决策。它属于企业决策的范围,是除中央决策范围外的企业一切日常的经济决策。①国家不再用指令性指标对企业进行控制,企业完全自主地根据自身的利益和市场行情来进行经营决策。②企业可以自由选择投入产出的规模和结构,国家对企业所需用的物资不再统一配给,对企业的产品也不再实行包销。企业的产品流动都是依靠市场机制来调节。③国家对企业经营活动的好坏,不再以计划指标,而是用获取利润的多少来评判。④企业对上缴税收以后的盈利收入的分配以及对自己资金中投资的规模和方向具有自主决策权。同时,企业在实现由中央确定的投资方面具有自己对具体实施方法的选择权。

第三层次是个人自由自主的决策。主要是消费资料的选择、职业和工作地点的选择等。

（二）在经济运行的协调机制上，实行计划机制协调和市场机制协调相结合的原则

在需要由中央集中决策的领域内，由中央以整个社会的偏好标准和长期利益制订国民经济的总计划，保留一定数量的指令性指标。在这方面，分权模式的中央计划与集权模式的中央计划没有很大差别，重要的差别在于实现计划的方式上，在企业计划与中央计划的衔接上，中央计划的大多数指标没有指令性质，不同等级的计划之间的协调不是通过直接命令而是通过经济手段间接协调。显然，这里市场机制对经济运行的协调和企业决策起重要作用。货币是经济运行的能动工具和资源分配的重要手段，对企业之间横向经济联系起重要作用。分权模式的市场机制是计划经济的手段，市场机制必须在国家规定的范围内发挥作用，以利于国家计划目标的实现。

（三）在经济运行的动力上，取得最大限度的利润是企业活动的目标

货币是资源分配的基本手段，经营主体以买卖双方横向的合同关系自主经营。当企业可以充分利用市场机制独立地进行日常决策时，商品货币的作用就从消极转变为积极的了。这时，最大限度的利润既作为衡量企业效率的最重要标准，又作为物质刺激的基础，并成为促进竞争的方法。只是作为一种有效的刺激形式，只能与企业的劳动收益相联系，而不能成为扩大再生产的动机。同样，企业或行业之间的资金直接自由地流动也是不允许的。企业经营以盈利为基础，但依然要把国民经济计划规定的社会效益指标摆在第一位，实物单位的平衡也依然是国家计划经济不可缺少的要素，以克服影响供给或需求的"瓶颈"。

三、科尔奈的短缺经济与"有宏观控制的市场协调"模式

匈牙利经济学家亚诺什·科尔奈（Janos Komai,1928—   ）对市场社会主义的主要贡献是：揭示了传统社会主义经济中普遍和长期存在的短缺现象的主要原因在于使企业预算软化的社会经济关系和制度条件，提出了以"有宏观控制的市场协调"为特征的社会主义经济运行的目标模式。

（一）对社会主义短缺经济的分析

科尔奈在《短缺经济学》（1980）一书中认为，现存的社会主义经济是短缺经济，长期短缺现象不是由于发展水平的原因，而是在于高度集中的计划经济体制和官僚主义的计划协调几乎排除了市场协调的必然后果。

（1）短缺经济是社会主义国家常见的现象。资本主义经济基本上是需求限制型（需求有限），经常"供过于求"；社会主义经济基本上是资源限制型（资源有限），生产增长受资源的限制，上层决策者、企业经营者和消费者的行为必然受到物资短缺的制约，"求过于供"。

（2）短缺经济根源来自国家与企业存在着"父子"关系形成的"投资饥渴症"。高度集中的计划对经济利润刺激的削弱、企业的预算约束软化、臃肿的官僚机构、对企业的大量

的行政控制等是造成短缺经济的真正原因。社会主义企业存在着不断扩大再生产、追求产品数量推动力的"投资饥渴症"（企业和非营利机构对投资的需要持续不断发展、永远不会饱和的一种经济现象）。在"投资饥渴症"的情况下，社会主义企业追求产品数量→囤积原材料→物资短缺，形成了一个互相加强、自行维系的过程。在"投资饥渴症"作用下，各级领导都力图为本部门争取尽可能多的投资份额，企业超支可以由国家财政补贴，投资风险主要由国家承担，这是造成短缺经济现象的重要原因。

(3) 短缺经济既导致企业的无效率，也影响了人民生活质量的提高：①短缺经济因缺少某种或较多的基本生产要素导致生产的中断；②短缺经济导致未获得的要素必须用低劣或较为昂贵的东西替代；③短缺经济所造成的非组织化涣散了劳动纪律和道德；④短缺经济，迫使企业尽可能快地生产尽可能大的货物量，因而消除了企业节约投入和提高商品质量的念头；⑤短缺经济造成了保护高成本生产的"卖方市场"，因而成了重大和重要创新的障碍。

(4) 只有经济体制改革才有可能消除"短缺经济"现象。改革必须首先对传统社会主义体制的运行方式及其弊端有清醒的认识，并有正确的理论作为指导。改革的目标之一就是要消除短缺经济，经济短缺克服与否以及短缺的程度如何，是检验改革进程的重要标志之一。

(二) 倡导"有宏观控制的市场协调"模式

他认为，经济运行的协调机制可以分为行政协调和市场协调两大类。行政协调以纵向的信息流动为依赖，行政手段起主导作用；市场协调则以横向信息流动为基础，市场力量起主导作用。每类协调机制又各具有两种具体形态。

(1) 从行政协调来看，它可以分为直接的行政协调和间接的行政协调。直接的行政协调是行政机构对企业下达具体的指令性投入产出指标，国家用直接行政手段干预企业经营活动，企业完全依赖于上级政府。传统的社会主义经济体制就属于这一模式。而间接行政协调的基本特征是行政机构不再下达指令，只是借助手中的权力间接干预并迫使企业作出大致符合上级要求的投入产出决策。这里的企业既要纵向依赖于上级行政机构，又要横向依赖于市场的力量。

(2) 从市场协调来看，它可以分为无控制的市场协调和有宏观控制的市场协调。后者的基本特征是：社会中心既不是通过直接的行政手段，也不再通过对微观经济活动进行大量频繁的行政干预来控制经济运行，而是借助统一的和规范的宏观约束手段或经济参数来进行调节和管理。但是这并不排斥可以对铁路、电力、通信等公共部门的直接管理。科尔奈认为，这种市场协调机制应当作为社会主义经济改革的目标模式。

(3) 社会主义经济改革的目标模式。①发展多种所有制形式。各种所有制在经济生活中应该有合理比例，要更多地依赖市场上的真正竞争来实现"自然选择"，已经证明有效的所有制形式就应当保留。国有部门是占支配地位的部门，但国有大型企业要实行分散化规模经营。合作集体部门的生产资料归集体所有，其成员的收入不仅取决于个人，还取决于集体的状况。由混合的联合形式即集合私有和非私有（国有或合作集体所有）组成的经济体从事经济活动。②计划与市场的有机结合。计划与市场之间并不存在矛盾，审慎的计划可以使市场运行得更顺利。计划部门的重点应该从微观调节转向宏观政策调节，政府有效地依靠诸如信贷供给总量、利息、汇率等宏观工具，实施一个平衡、和谐的经济增长政策。要实行彻底的价格改革和预算约束硬化。③集权与分权结合。在不同层次的地方政府之间划分其对国有企业的所有权，建立一种紧密而积极的联系，给地方政府增加更多的决策权和自主权。国营企业的所有权和经营权可以分离，生产者具有完全的自主权。在企业工资确定的自主权、灵活性和中央强制的工资管束之间，找到一种更好的结合方式。

四、锡克的"计划性市场经济"模式

捷克斯洛伐克经济学家奥塔·锡克(Ota Sik,1919—2004)，他的主要著作有《社会主义制度下的商品和货币关系问题》(1962)、《社会主义的计划和市场》(1965)、《捷克斯洛伐克的经济改革》(1969)、《民主和社会主义的计划经济和市场经济》(1971)、《第三条道路》(1972)，他在分析计划与市场的关系中提出了计划性市场经济模式。

（一）社会主义经济的计划性

锡克认为，社会主义制度下社会生产发展具有目的的性质，首先是通过经济活动的计划来保证的。锡克指出了社会主义经济的两个特点：①作为社会全体成员基本利益一致的表现的全部经济活动是通过全社会的计划加以控制和管理的；②可以预测出主要经济活动的基本联系，从而也就有条件使计划和随之而来的实际经济活动基本上达到协调。锡克对斯大林的所谓"国民经济有计划按比例发展的规律"提出了批评，认为这对社会主义计划的看法过于简单化。他提出了如下社会主义计划的一些经济规律。

（1）使用价值进化规律。社会生产必须保证使用价值（具有一定具体效用的物质财富）的不断扩大和发展，不仅从质上满足于社会之需求，而且通过新产品不断引起新的需求，从而保证社会不断提高消费水平。

（2）经济按比例性规律。社会生产的发展必须保证各个种类的使用价值总是按照经济比例进行生产。这就是说，现有的使用价值的生产量必须同对于这种使用价值的需求（由分配过程所决定）相适应。

（3）节约时间规律。社会生产的发展必须保证在不断提高劳动生产率和充分利用并扩大社会的一切生产资源的情况下生产使用价值。

（4）再生产规律。社会生产最终必须为非生产消费及其增长服务，而不应当为生产而生产。这也决定了生产资料生产和消费资料生产的具体比例。

锡克把国民经济的社会主义计划性的特殊本质做了如下概括：国民经济的社会主义计划性，就是在整个国民经济的范围内，在考虑到一切基本的、内在的经济联系的条件下，对各种经济活动的发展做出某种全社会的、有目的的规定，并且要做到使计划中的经济活动同这种活动的未来的实际发展始终保持一致。

（二）社会主义存在市场关系的必要性

社会主义计划经济并不能保证具体耗费的劳动就是社会必要劳动。造成这一现象有以下两个原因。

(1) 信息问题。在不断变动的经济条件下很难认识所有具体的经济联系以及受这种联系制约的具体劳动形式。社会主义计划经济在信息收集、传输和处理上存在许多困难：①社会生产的内部联系十分复杂，当需要决定以什么方式、多长时间等生产什么样的使用价值时，必须了解生产的各种技术问题，分工和劳动协作的可能性，通过生产要素的其他可能的结合而取代某些使用价值的消费和生产的可能性。而一个中央机关不可能对这一切进行面面俱到的管理。②各个管理机关之间的联系不可能很完善，它们会在获得信息、相互联系、信息分类和信息传输等方面遇到困难。③信息处理上较为原始，社会主义生产的组织必然会遇到许多困难。由于计划经济存在着对信息问题难以处理的问题，因此社会主义需要存在市场关系。

(2) 利益问题。锡克认为，一定的企业与社会之间的利益矛盾作为社会主义阶段仍然存在，这些矛盾成了实现社会必要劳动耗费的障碍，而这些矛盾在生产力发展的当前是无法克服的。没有市场，就不能保证企业有社会所需要的微观生产结构，企业就不能灵活地根据需求的变化进行生产，不能积极主动地改进质量和生产新产品，不能最有效地利用生产要素、最大地提高生产率等。没有市场，不仅自发的机制将消失，而且计划和监督机构也不可能弄清具体的需求，不可能最有效和最灵活地组织生产，从而也就不可能具体地反映社会利益和保证社会利益的实现。

锡克在肯定市场关系在社会主义经济存在的必要性的同时，也指出了市场的局限性。①市场从来就不是完善的市场(如存在垄断等)；②市场所反映的只是在过去的生产和分配基础上出现的需求结构，市场不能说明将来的生产结构、生产方法、生产费用、生产价格、贸易情况以及需求结构等；③市场本身不能防止对社会再生产有很大危害性的干扰，特别是对宏观经济再生产的干扰；④自发的市场具有重复产生现有的生产和消费结构，造成不必要的浪费，而其他的社会需要如教育、文化、医疗、市政建设和环境保护等则不能得到充分的满足。

(三) 社会主义计划与市场的结合

锡克强调，在长期形成的劳动性质和劳动分工的条件下，没有市场就不能保证高度有效的经济发展。然而生产结构的改变服从于社会的需要和利益则要求对经济发展实行宏观经济的有计划调节，包括对市场发展有计划地施加影响。只有计划和市场的结合，才能保证经济的有效发展。在社会主义经济中，市场将继续作为一个不可替代的衡量经济有效发展的尺度，作为一种迫使社会进行有效生产的机制，作为纠正计划中可能出现的各种缺点的因素而继续发挥作用。

锡克认为，计划与市场的结合意味着对市场自发性的限制，意味着社会有意识地对宏观发展进行调节。社会可以通过计划影响国民收入的分配和再分配，通过国家的经济政策(首先是收入政策)直接或间接地影响需求发展，通过反垄断政策来调整市场的范围、基本结构、发展速度以及它对社会经济的作用，使之有利于生产者和非生产者的长远利益。

针对经济中存在的微观不平衡和宏观不平衡两类不平衡，锡克指出了计划和市场的不同功能。微观不平衡是指在消费品生产和生产资料生产各部类内部，有些产品生产过剩,有些产品生产不足。这种不平衡是由于需求结构的变化引起的,因而在市场上很快会得到反映并可以通过市场机制得到克服。宏观不平衡是指社会生产的两大部类之间的不协调,即生产资料的总供给和总需求、消费资料的总需求和总供给之间的不协调引起的不平衡。这种不平衡主要是由于收入分配的变化引起的。这种不平衡只能通过宏观收入分配计划,通过改变宏观收入分配比例实现社会总供给和总需求的平衡来解决。锡克认为,在微观经济领域,社会主义依靠市场可以比依靠指令性计划更好地实现微观平衡,而在宏观经济领域,社会主义必须通过宏观收入分配计划来避免宏观经济的紊乱。

复习思考题

1. 简述马列主义的共产主义必然代替资本主义经典理论的研究思路。
2. 试述马列主义经典理论的框架。
3. 简述马克思和恩格斯的共产主义设想。
4. 简述列宁对建设社会主义的贡献。
5. 简述苏联高度集中的计划经济的特征及其弊端。
6. 简述南斯拉夫社会主义自治制度的主要内容。
7. 简述兰格的"竞争的市场社会主义"模式。
8. 简述布鲁斯的"集权与分权"模式。
9. 简述科尔奈的短缺经济与"有宏观控制的市场协调"模式。
10. 简述锡克的"计划性市场经济"模式。

习　题

第十八章

西方社会主义学派

【本章要点及学习要求】

了解市场社会主义的特征与发展历程、民主社会主义学派的产生与发展、人道主义社会主义、资本主义生态危机论;理解市场社会主义学派对市场配置资源机制的认识、老派民主社会主义的思想与政策主张;掌握市场社会主义的模式、"第三条道路"的特征与纲领、可行的社会主义经济模式的内容、生态社会主义模式。

西方社会主义作为一种国际性的思潮,出现于20世纪20年代,曾在20世纪五六十年代达到高潮。西方社会主义的研究集中表现在四方面:①分析当代资本主义社会的特点,提出不同于俄国十月革命的战略策略思想(如议会道路);②对僵化社会主义模式进行批评,提出了革新社会主义的内容、扩展社会主义的市场、民主,保护生态环境、人道的各种主张;③关注科技革命和后工业社会的发展趋势,提出并探究迫切需要解决的新课题;④设计了多种新的社会主义模式,如市场社会主义、民主社会主义、可行的社会主义经济、生态社会主义、工厂委员会的社会主义、工人自治的社会主义、自由社会主义、人道主义的社会主义、后工业社会主义等。

第一节 市场社会主义学派

一、市场社会主义的特征与发展历程

(一)市场社会主义的理论特征

市场社会主义在西方国家是伯格森(A. Bergson)在《市场社会主义考察》(1967)中较早使用这一术语并加以系统阐释的。市场社会主义理论是倡导和探索社会主义和市场经济相结合的道路与模式的理论体系。一些学者把市场社会主义理论的研究特征大致概括如下:

(1)在机制与制度上,把资源配置机制和社会制度分离开来。他们认为,计划和市场都是资源配置的手段,与社会制度的性质是没有关系的,市场机制资本主义可以用,社会主义也可以用。

（2）在所有制上，多数主张通过对资本主义企业的改造而实行一定形式的公有制，不同的模式分别采用全民所有、集体所有、社会所有、合作所有等多种形式，但也有主张在一定程度和范围内保留私有制经济。

（3）对市场机制作用的认识不断加强。在市场社会主义的发展史上，其发展脉络是对市场配置资源的作用的认识不断加深，即由计划主导机制论→市场与计划并存的二元机制论→市场主导机制论。20世纪30年代兰格提出了计划模拟市场理论，20世纪50—70年代认识到了社会主义计划与市场的并存或结合，20世纪80年代又突破性地提出了市场主导机制论。

（4）提出了由资本主义走向社会主义的多种模式。主要有公共管理型的市场社会主义模式、劳动者管理型市场社会主义模式、经济民主型市场社会主义模式、社会治理型市场社会主义模式等。

（5）在追求的共同目标上，都是通过市场与社会主义的结合以实现资本主义的经济效率与社会主义的平等、民主和自由。即用市场体制解决效率问题，用社会主义解决平等、民主和自由问题。

（二）市场社会主义的发展历程

市场社会主义理论的发展从20世纪二三十年代到21世纪初大致经过了四个阶段。

第一个阶段：20世纪20—30年代是市场社会主义初步形成的时期。路德维希·冯·米塞斯(Ludwig von Mises)在1920年发表了一篇题为《社会主义制度下的经济计算》的文章，他否认社会主义有实行经济计算和合理配置资源的可能性，因而在人类历史上最早论证了中央计划经济是一种非可行性经济体制。1923年，匈牙利学者乔治·卢卡契(Ceorg Lukacs,1885—1971)的《历史和阶级意识》出版，被看作"西方马克思主义"诞生的标志。1936年波兰经济学家兰格在与米塞斯、哈耶克等人的论战中，第一次提出了社会主义经济著名的"计划模拟市场"模型（兰格模式）。兰格把市场机制的作用引入社会主义经济，开创了对社会主义经济中市场机制运行分析的先例，标志着市场社会主义思想的形成。

第二个阶段：20世纪50—80年代着重研究计划与市场的分权问题，其理论特征是计划与市场并存。主要是一些东欧、苏联经济学家主张在计划经济框架内，充分发挥市场机制的作用。由前南斯拉夫经济学家组成的"市场经济学派"认为，经济的快速发展只有在市场的基础上才有可能；1961年波兰经济学家布鲁斯提出了"集权与分权"模式。1980年，匈牙利经济学家科尔奈提出了"有宏观控制的市场协调"模式；捷克斯洛伐克的锡克提出了"计划性市场经济"模式等。美国经济学家本杰明·沃德(1958、1967)提出了"伊利里亚市场社会主义"模式（见第323页）等。

第三个阶段：20世纪80年代中后期主要研究市场主导理论。通过对计划与市场的比较，提出了市场社会主义的市场取向主导机制论，主要有主辅论（以市场机制为主，以计划调节为辅）、二次调节论（市场机制首次调节、计划二次调节）、板块论（市场调节私人领域经济，计划调节公共领域经济）等。

第四个阶段：从20世纪90年代到21世纪主要是探讨了市场社会主义多元模式。20世纪90年代由于苏联、东欧一些社会主义国家解体，市场社会主义者开始重新思索其理论的新发展,提出了多种市场社会主义模式。主要有:①公共管理型市场社会主义模式,以约翰·罗默和普拉纳·巴德汉、詹姆斯·扬克的模式为代表;②劳动者管理型市场社会主义模式,以沃德、戴维·米勒、雅克·德雷泽、马克·福勒贝为代表;③社会治理型市场社会主义模式,这类模式的代表有迪安·埃尔森、弗莱德·布洛克等人的模式;④经济民主型的市场社会主义模式,以迪安·埃尔森、托马斯·韦斯科夫、戴维·施韦卡特的模式为主要代表等。

二、市场社会主义学派对市场配置资源机制的认识[①]

(一)市场机制中性论

一些西方学者在 20 世纪六七十年代提出了关于经济机制可与所有制相脱离的思想,其中包括美国经济学家 A.埃克斯坦、F.普尔尤尔、A.伯格森以及奥地利经济学家 W.贝尔、C.扎伊德尔。美国的格雷戈里、斯图尔特、林德布洛姆在这一问题上有所突破。他们认为市场和计划仅仅是资源配置的一种手段或工具,它与社会制度无关,并进而提出市场中性机制的思想。他们指出,前南斯拉夫经济改革的特点之一是资源配置过程转向中性的市场机制,经济体制的机制是能够从一种(资本主义经济制度)环境移植到另一种(社会主义经济制度)环境中。迪夸特里(A.Diquattro)在 1975 年提出的一个著名论点认为,市场社会主义既能获得市场的优点同时又能避免资本主义的缺点,市场的运用与社会主义制度不相矛盾,市场的运用不一定损害生产资料公有制,不一定妨碍平等的社会主义分配原则的实现,并且可以促进实现工人民主。[②]

(二)结合论

市场社会主义在 20 世纪 80 年代提出的结合论是对中性机制论的进一步明确化。其宗旨就是批判社会主义思潮中由来已久的所谓市场与社会主义颇难相容而不能结合的观点。他们在中性机制论的基础上进而指出:无论是资本主义制度、社会主义制度还是混合经济制度,只要是工业制度就必然运用这种市场或那种市场,必然依赖政府干预或计划调节用以克服市场失灵或弥补市场缺陷。他们还从目的和手段相互关系的角度对结合论加以解释,他们认为社会主义有一整套总体目的,如防止强者对弱者的剥削,实现收入、福利、地位和权利等方面的平等以及满足基本需求等,而资源配置方式、交易方式或技术手段(计划调节或市场调节、数量信号或价格信号、政府决策或企业决策)则是实现社会主义目的的手段,如在资本主义市场体系中,大公司和国家都使用计划技术,而在社会主义中央计划体系中,市场提供了一种辅助性制度。持这种观点的代表人物有荷兰的 W.凯泽的自发的市场机制和中央投资宏观经济政策相结合的"混合社会主义经济模式"、意大利

[①] 颜鹏飞.西方马克思主义学派关于资源配置机制的新探索——论市场社会主义[J].安徽大学学报(哲学社会科学版),1995(1):6-8.

[②] 迪夸特里.市场社会主义与社会主义准则[M]//现代国外经济学论文选(第 13 辑).北京:商务印书馆,1992:64-65.

的 F.维多的有市场机制的计划经济模式、法国的莱·阿隆的市场和计划相结合的"混合经济"模式、美国的格雷戈里和斯图尔特的市场社会主义是社会主义因素和非社会主义因素的结合体等。

（三）市场取向的主导机制论

20世纪80年代以后市场主导机制理论是继中性机制、结合论之后的市场社会主义理论的又一重大突破。在他们看来，计划机制和市场机制都是各有利弊的不完善的机制形式，新古典学派崇尚纯粹自由放任的市场机制是一种不可取的极端形式；激进学派崇尚纯粹计划机制形式也是不可取的极端形式。各种经济在或多或少的程度上既运用市场也运用计划。如果将市场作为主要的经济机制，计划就能在必要之时或必要之处加以运用，如果将计划作为主要的经济机制，市场机制就会受到压制不能够有所作为。从实践来看，一些实行中央计划体制的国家由于禁止或损坏市场机制形成了经济活动所必需的冒险精神、竞争精神、企业家精神、创新精神，所以市场应该是社会主义经济运用的主导机制，即以市场为主导，辅助以计划调节。

三、市场社会主义的模式

20世纪90年代以来，美、英、法等国的一些学者探讨了社会主义新模式，提出了多种类型的社会主义新模式，主要有以下几种模式。

（一）公共管理型的市场社会主义

公共管理型的市场社会主义的基本特征是：①实行生产资料全社会所有制；②企业的利润在全体公民中平等地分配；③企业由工人选举或聘用的经理进行经营管理；④企业经营目标是实现利润最大化。公共管理型的市场社会主义主要是罗默的"证券市场社会主义"模式、巴德汉"以银行为中心的公司相互控股"的市场社会主义模式和扬克的实用的市场社会主义模式。

1. 罗默的"证券市场社会主义"模式

20世纪90年代初，苏联与东欧社会主义国家剧变以后，当大部分西方学者和政界人士都在为社会主义的落败兴高采烈之时，美国经济学家约翰·罗默（John Roemer,1992）却提出了为社会主义理论辩护的思想。他设计的市场社会主义蓝图由以下几个因素组成：①生产资料和企业归社会所有，企业不是由国家管理经营，而是由追求利润最大化的经理来管理；②企业经理不再是政府委派，而是由工人选举或由企业董事会（主要由商业银行的代表组成）选聘；③企业劳动者由劳动力市场供给，劳动力的价格由市场供求状况决定；④政府为社会提供公共产品和公共服务。

罗默在1994年出版的《社会主义的未来》中通过利用某些资本主义的成功微观机制，设计出既有效率又有平等的市场社会主义模式。这一模式的主要内容是：①建立证券形式的公有制经济。即将全国所有企业的资产以证券形式平等地分配给所有年满21岁的公民，公民可以利用从政府领取的一定份额的证券购买企业股票、收取股息；股票可以相互交换，但不能把股票兑换成现金，到公民死后，必须将其拥有的证券货币交归公有。这样做就是为了达到防止产权分散和两极分化的目的。②国家对投资计划的干预不能用行政手段,只能以市场效率来调节。③所有的银行都实行国有化,银行从私人那里筹集资金,向企业发放贷款并负责监督企业经营管理。④通过民主的方式选举产生银行董事会成员,银行经理由董事会在经理市场上雇用。⑤允许私有企业的存在,这种企业可以由一个企业家创办,但企业一旦达到一定的规模,或者企业的创办者去世,这种企业就得实行国有化,它的股份要被重新分配给成年公民。罗默的证券市场社会主义的实质就是利用资本主义经济中的证券市场实现竞争性的市场机制定价,以保证资源配置的效率性,同时,用证券模式来实现公民对社会资源的平等占有,实现社会财富的公平分配,从而达到公平与效率的圆满结合。

2. 巴德汉的"以银行为中心"的市场社会主义模式

美国经济学家 P. 巴德汉(P. Bardhan)在1992年发表的《市场社会主义:恢复活力的案例》一文中提出了以银行为中心的公司相互控股的市场社会主义模式。"以银行为中心"的市场社会主义模式的要点是:①几家公司企业围绕主办银行组成一个集团公司,在集团公司内,各个成员相互拥有股份。②主办银行负责筹措资金、向集团内各个企业发放贷款和回购企业相互持有的股票,同时负责监督集团公司内各公司经营状况以便收回贷款和利息。③集团公司则由董事会选出的总经理对追求利润最大化目标负总责,集团公司内企业的经理则以追求利润最大化为目标进行经营。④集团公司内企业与企业、企业与银行之间相互监督,集团公司内各成员的相互监督,集团公司依企业获利水平、员工贡献采取相应的激励或惩罚措施以提高效率。⑤企业利润分为集中红利和分散红利两部分,企业部分利润交给国家成为集中红利,由全体公民共享;部分利润按照各股东所占该公司的股份额分给他们形成分散红利,由集团内成员分享,通过集中红利和分散红利分享就能实现公平分配的目标。所有这些就能达到社会主义追求公平与效率的目的。

3. 扬克的"实用的市场社会主义"模式

美国经济学家詹姆斯·扬克(James Yuncker,1992、1995)在《修正的现代化社会主义:实用的市场社会主义方案》(1992)一书中提出了实用的市场社会主义模式。扬克的实用的市场社会主义模式的目标是构建一种公平和效率相结合的社会主义经济制度。实用市场社会主义模式中的观点是:①将当代资本主义国家中大规模经营的私人所有制企业转为公共所有,实行生产资料公有制,以消除资本所有权收益分配的不平等现象。②公有企业仍然以资本主义私人企业方式并以市场机制进行运作,借以保持经济高效率。③公有企业的利润将以社会红利的形式分配给社会全体成员。实现社会红利分享的关键是"公共所有局"发挥作用:a. 负责接受和分配产权收益,其中把低于5%的部分作为行政开支以及对其代理人支付的酬金,其他95%以上的产权收益以社会分红形式分配给社会成员,其他份额与他们的劳动收入成正比例,若劳动者退休,则是与其退休金成比例。b. 负责审查公有企业经理的任免,确保企业实现利润最大化。

扬克还阐述了公有制经济的公平与效率问题:①公有制比私有制更能实现社会公平。扬克运用具体的数字比较论证了实用的社会主义采取的资本公有制能带来更大程度的社会分配公平。他指出,在现今美国的财产收入分配中,资本所有权收入分配的严重不平等现象如果用基尼系数表示,大约是0.90,而表示劳动收入分配的基尼系数值是0.35;

如果按照实用的社会主义理论设计操作,在资本公有制的基础上实行资本性收入分配和劳动收入分配成正比的原则,那么,上面的 0.90 的数值就会降至 0.35 左右。②公有制也能带来较资本主义生产更高的经济效率。a.四种机制迫使企业提高效率,这四种机制分别是无力清偿债务和破产的威胁、企业间在市场和利润方面的激烈竞争、资本市场上借贷机构的压力、企业董事会的压力。b.公共所有局在发挥效率机制作用方面比资本主义企业的董事会更为有效。扬克指出,资本主义企业中的董事会法定权力很大,但实际权力很小。而公共所有局的代理人将按严格的工作程序对企业进行监督,有权决定免除经营状况不善的公有企业的经理从而促使经理们提高效率。c.由于社会红利的分配与劳动收入成正比,因而极为有效地鼓励了社会成员的劳动积极性,同时由于在经济决策方面取消了资本家阶级的特权,更有利于经济民主的发展,使决策更为合理有效,从而使经济效率大大提高。①

(二)劳动者管理型市场社会主义

劳动者管理型市场社会主义基本特征是经济民主、劳动雇佣资本、实行按劳分配。劳动者管理型市场社会主义模式认为,公有企业的管理应该给工人以充分的自主权,让工人拥有企业的控制权和决策权,因为这样可以充分体现劳动者对生产资料平等占有的"主人翁"权利,体现社会主义的优越性。劳动者管理模式主要有沃德的伊利里亚社会主义模式、米勒的合作制市场社会主义模式、德雷泽的劳动者管理企业的直接融资方案、福勒贝的劳动者管理企业的间接融资模式。

1. 沃德的伊利里亚社会主义模式②

美国经济学家本杰明·沃德(Benjamin Ward)是最早研究劳动者管理型市场社会主义理论的学者,早在 20 世纪 50 年代初他便着手研究南斯拉夫的工人自治社会主义经济模式,以此为主题写作博士学位论文。1958 年他在《美国经济评论》上发表《伊利里亚中的企业:市场工团主义》一文,运用新古典经济学的一般均衡理论分析了劳动者管理制企业的运行。1967 年沃德又在著作《社会主义经济:关于替代性组织的研究》中对这一问题进行了充实和扩展。沃德的伊利里亚社会主义模式③,其基本特征如下。

(1)国家的经济职能。国家作为企业生产资料的所有者行使以下经济职能:①以资本利息费的形式得到它在企业收入中的职能份额;②国家税收只有一种,相当于国家对企业预付资本征收的利息;③充当经济活动的监察人,仲裁由于市场体制而产生的经济行为的碰撞与离轨,打击欺骗活动;④制定有利于经济活动正常运行而又不损害市场机制发挥作用和企业经营活力的法律法规。

(2)企业的基本特征表现为:①完全市场竞争,企业的产品价格和资本价格是给定的,没有对价格产生影响的不确定因素;②所有的决策都由职工会议一人一票制的多数

---

① 朱奎.国外社会主义经济模式研究新动向[J].内蒙古社会科学(汉文版),2006(4):75.
② 张嘉昕.劳动者管理型企业的经济学说述评[D].长春:吉林大学,2010:48-50.
③ 伊利里亚(Illyria)是古希腊一个民族的称谓,后来与进入巴尔干地区的南斯拉夫人发生民族融合,19 世纪以后伊利里亚还一度成为南斯拉夫人统一的象征和代名词。在这里被沃德用来指称一种特定的市场社会主义模式,是对南斯拉夫经济体制模式的理论抽象概括。

同意原则来确定;③工人分享企业的利润,因此每个职工的收入应当是均等的;④企业的唯一目标是物质回报,但与传统资本主义企业追求利润最大化不同,企业的目标函数是人均收入最大化;⑤企业生产计划按照市场规律来制定,在短期内,职工会议有权解雇工人或聘用新工人;⑥企业实行生产资料集体所有制并从外部租借资本进行生产,资本的回报率受限制(资本的租借利率是固定的)。

沃德指出,在许多方面伊利里亚经济模式下的劳动管理型企业和完全竞争的资本主义企业一样行事,它们都追求企业净收益的最大化,但它们之间有一个本质的不同:资本主义企业追求总收益的最大化,伊利里亚企业追求人均收益最大化。

2. 米勒的合作制市场社会主义模式

戴维·米勒(David Miller,1989、1990)提出了工人合作制市场社会主义模式,他十分强调协调和解决价值目标的冲突,力图寻求到实现社会主义核心价值(效率、福利、共有、公平和民主)的途径。米勒的工人合作制市场社会主义模式的基本构成是:①实行企业民主管理的制度。企业以工人合作社的方式构成,每个合作社必须实行民主管理,每个工人都有平等的投票权,企业的重大决策必须由全体职工投票决定。②资本运作实行资本所有权社会化。合作社需从外部投资机构借贷资本,主要是公有的投资机构或银行,但是合作社只拥有资金的使用权,没有所有权。③企业自主经营,参与竞争实行优胜劣汰。企业根据市场自主决定生产经营和产品价格,企业要参与市场竞争,经历市场的优胜劣汰,那些不能为其内部成员提供维持生活最低收入的企业要宣告破产。④国家需要把握社会经济发展方向。国家应该起到如下的作用:a.调配资金,借助国家设立的公共投资机构或银行来完成,公共投资机构综合多方面因素,向企业提供资金除了考虑利润因素外,还要考虑保持经济竞争、避免权力集中、维持就业平衡等;b.确定工人最低收入标准,并要求每个企业至少在短期内保证提供这样的收入;c.制定税收政策,调整收入分配,以实现公平分配;d.提供社会福利,以满足公共需求。

3. 德雷泽的劳动者管理企业的直接融资方案

雅克·德雷泽(Jacques H. Dreze)是比利时著名经济学家,也是研究劳动者管理型企业的著名理论家之一。他发表的与劳动者管理型企业相关的著述有:《劳动者管理和一般均衡》(1984)、《工作分享:理论和欧洲近期的试验》(1986)、《劳动者管理、契约和资本市场:一般均衡分析》(1989)、《自我管理与经济理论:效率、资金与就业》(1993)等。德雷泽认为,当企业面临的投资风险很大时,筹集所需要的资金就会成为劳动者管理企业模式的严重问题。如果没有从资本市场上筹集资金,需要企业内每一个工人拿出巨额投资进行经营活动,这是不可取的;如果在资本市场上通过发行股票来筹集资金,在一定程度上股票所有者最终承担了企业的风险,为了解决这个两难问题,德雷泽认为,可以通过工人管理者和股票持有者之间签订类似于资本主义企业劳资之间的契约加以解决。当企业的风险由股票持有者承担时,解决两难选择的方法在于,可以组织工人签订一个资金协议,规定双方的权利和义务,规定哪一类风险是可以或不可以接受的,这充分体现了劳动者管理企业的本质。

4. 福勒贝的劳动者管理企业的间接融资模式

法国经济学家迈克·福勒贝(Marc Fleurbaey)阐述其市场社会主义方案的主要观点

是《经济民主与平等》一文。该模式的设计重点在于克服劳动者管理型企业在投资和承担风险能力方面表现出来的效率缺陷。他坚信,自己设计的这个模式在实质性地改善现代经济的平等和民主的同时,可以满足它的效率要求。福勒贝的模式与德雷泽的直接融资模式不同,它不允许资本市场的存在。他认为,把居民户与企业直接连接起来的资本市场不能克服委托—代理关系中的败德问题,结果会危及居民的储蓄和企业的自治。因此,他设计的方案是一种使居民户和企业脱钩的间接融资方式。他的模式的关键点是,劳动雇佣资本而不是相反,这是把人类从异化统治下解放出来的一个重大步骤。"间接融资"方案就是指拥有暂时闲置货币资金的单位或个人通过存款的形式,或者购买银行、信托、保险等金融机构发行的有价证券,将其暂时闲置的资金先行提供给这些金融中介机构,然后再由这些金融机构以贷款、贴现等形式,或通过购买需要资金的企业发行的有价证券,把资金提供给这些企业使用,从而实现资金融通的过程。

(三)社会治理型市场社会主义

社会治理型的市场社会主义主张消除计划和市场两分法的思维方式,不是严格按照生产资料公有制和市场的标准进行设计的理论模式,其理论在一定程度上限制了资本所有者的权力。

1. 埃尔森的市场社会化社会主义模式①

英国女性左翼学者迪安·埃尔森(Dean Elson)在1988年和1993年分别发表了《市场社会主义还是市场的社会化》以及《市场的社会化》两篇文章,详细阐述了她的市场社会化社会主义模式的设想。她所提出的"市场化社会化"社会主义模式有着以下几个特点。

(1)信息的市场社会化、公开化。市场社会化就是公众参与的市场,在这一市场中,所有企业和个人都能够平等地、免费地获取他们所需要的各种经济信息。她特别强调信息的社会化、公开化、市场社会化。她认为资本对信息的垄断是资本垄断利润、剥削加深的秘密,因而她主张政府利用税收提供的资金建立公开的公共信息网络,使一切企业、家庭、个人和计划局都能免费地取得有关技术、价格、工资、产品、原材料等经济信息。

(2)尊重和保护劳动者。市场社会化社会主义模式的出发点是"劳动力的生产和再生产",她强调劳动者必须有自由选择的权利而不是被迫出卖劳动力。正是将劳动者像对待机器和原料等生产要素一样看待,而不是把劳动者当成一种独立的主体,才造成了劳动者和雇主之间的矛盾,所以,要提升劳动者的地位。为此,埃尔森提出了提供免费的基本公共服务和最低货币工资等对策,其中主要的措施是保护劳动者健康和安全,不能增加劳动强度,不能变相降低工资,更不能随便解雇工人,对失业工人进行培训并在失业期间发放补贴,她甚至把允许个人能力的发挥作为自由社会的一个标志。

(3)企业的主要形式是工人管理的"公共企业"。市场社会化模式的初衷主要是要为社会主义经济改革服务,落脚点在社会主义,为了能体现其社会主义性质。"市场社会化"模式特别强调要采取某种形式的公共所有制。"工人管理的公共企业"是该模式的主要经济形式,少数小范围的私人企业(主要以家庭为单位)和合作企业,不论在数量、规模上还

---

① 韩喜平,尤绪超.市场社会化社会主义经济模式述评[J].当代经济研究,2014(1):34-35.

是就业数量上都无法与公有制企业相比。也就是说,在所有制形式上,以公有制企业为主,多种企业形式并存。在公共企业中,首要问题是保证工人的地位,在此基础上对企业资产的处理和利用有一定的限制,企业的财产所有权归"公共企业调节机构",该机构的主要职责是代表社会管理"公共资产",以防止公有财产流失,而企业雇员拥有使用权。管理权与使用权分离,必然产生委托代理关系,为了实现真正的工人管理,埃尔森强调要建立一个公开的信息系统,向所有雇员开放,不同群体的雇员根据信息作出决策,如选举自己所在单位的代表等。这种企业之间完全公开的信息系统是社会化市场的关键。

2. 布洛克的"没有阶级权力的资本主义"

美国学者弗莱德·布洛克(Fred Block,1994)没有提出一个完整的经济模式理论,但是他提出了改革资本主义实现"没有阶级权力的资本主义"理论。布洛克认为,在经济上可以实行生产资料的私有制,而且市场的作用也要充分发挥;真正阻碍社会走向民主、平等和自由的障碍是资本主义的金融制度和少数富有者的阶级权力。因此,建立新社会模式的主要任务是废除资本主义金融制度和消除资本家的阶级特权,建立强有力的市场经济制度,为扩大民主、争取平等和自由创造条件。他提出建立没有阶级权力的资本主义的措施有:①改革选举。如对所有政治机构提供公共资金、取消政治行动委员会、对私人捐款设定限额等制止少数富有者操纵和影响选举结果。②对资本主义企业进行民主改造。使企业由专制转向民主,就要通过立法使企业董事会由股东、企业人员和用户三方共同组成和管理,其具体方案为"在董事会的构成中,35%为雇员,35%为财产持有人,30%为其他人员(代表消费者和当地公民)"。③实行新的银行制度。中央政府投资建立新的投资银行、商业银行作为半公共机构,接受政府监督,不受政党干预,独立地与市场上的银行进行竞争,保证银行业健康有序地运行。④控制资金流动,不同国家可以进行合作,但是如果资金流动所付出的代价过大,就必须阻止这种破坏性行为。

(四)经济民主的市场社会主义

经济民主的市场社会主义强调工人民主地作出决策对其工作的企业进行管理与控制,突出了企业管理的民主性质,主要有韦斯科夫的民主自治的市场社会主义模式与施韦卡特的经济民主的市场社会主义模式。

1. 韦斯科夫的民主自治的市场社会主义模式

美国经济学家托马斯·韦斯科夫(Thomas Weisskopf,1993)致力于构建一种既能把资本收入平等分配制度化、又能实行工作场所的经济民主制度化的市场社会主义模式。他的市场社会主义模式的三个关键要素是民主控制、资本收入的公平分配和积极的经济政策。

(1)民主控制。他认为,企业必须实行民主自治管理的原则,把企业的控制权平等地授予直接影响企业管理的人,把一些重大的经济决策事项纳入民主的社会决策范围。企业的所有成员按照一人一票制原则选举企业委员会,企业经理由委员会雇用并对其负责,工人可以根据一定的规则自由加入某一自治企业,并且必须拥有企业的投票权,企业采取任何方式的收入分配政策一定要由民主制定。

(2)资本收入的公平分配。为了保证资本收入的公平合理分配,韦斯科夫建议,给予每一个成年公民以平等的对所有企业资本收益的索取权利,这可以通过一开始分配给每个成年公民相同数量的共同基金股票的办法加以实现。为此,韦斯科夫设计了两类股票市场:第一类是无投票权的企业股票市场,持有共同基金类的本国公民和国外公民都可以参加这个市场;第二类是具有投票权的股票市场,是只有国内所有成年公民才能参与的股票市场。持有共同基金类股票的公民根据股票份额领取基金纯收入,但是对企业没有直接的控制权。为了防止股票往某个人手中集中,规定个人手中的股票只能用于与别的公共基金股票相交换,任何人不得用现金购买股票,也不可以将股票变现。

(3)积极的经济政策。他建议,国家以及地方的各级政府都要制定积极的经济政策,以期达到经济发展的社会合理目标。政府通过控制资本构成的总体比率和方式等办法来影响企业的决策,进而影响社会经济的发展方向。

韦斯科夫还把市场社会主义与流行于欧洲的民主社会主义进行了比较,得出了市场社会主义优于民主社会主义的结论:①市场社会主义主张把资本主义的财产所有权转归社会或集体所有,而民主社会主义的主张只是约束资本家的财产所有权。这样,从理论上说,市场社会主义较为彻底地实现了社会主义的平等目标。②市场社会主义是通过所有制改造实现社会主义的目标,而民主社会主义则是通过税收和补贴手段纠正初次收入分配的不平等。民主社会主义的方法易受政治性挑战(如执政党的轮换)的损害。③市场社会主义在市场运行之前干预市场体系,而民主社会主义却在事后干预市场体系,因此市场社会主义比民主社会主义干预市场体系的效果更好。④民主社会主义的高福利政策大大影响了效率的提高,而仅仅对私有制的限制又很难保证社会公平的实现;而市场社会主义将寻求市场经济与公有制的结合,从而既提高效率,又实现社会公平。①

2. 施韦卡特的经济民主市场社会主义模式

戴维·施韦卡特(David Schweickar,1942—)是美国芝加哥洛约拉大学著名的左翼马克思主义学者,他出版的著作有《资本主义还是工人管理?——一种伦理学和经济学的评判》(1980)、《反对资本主义》(1996)、《市场社会主义——社会主义者之间的争论》(与B.奥尔曼等主编,1998)。施韦卡特认为,其他的市场社会主义模式或是缺乏民主,或是缺乏效率,而经济民主的社会主义模式却体现了经济民主和政治民主、公平和效率的有效统一,是发达资本主义国家通过市场实现社会主义的真正途径。施韦卡特认为,真正的社会主义在经济领域内必须解决好劳动的异化、生产的无政府状态和官僚主义低效率三个问题,解决这些问题,社会主义就要把民主、计划和市场有机结合起来。施韦卡特说,工人自我管理的目标在于消灭劳动力的商品特征及其造成的异化,市场是防止过度集权和官僚主义的"支票",而社会控制投资正是市场的"票根",是为了降低资本主义生产的那种无政府状态。他的经济民主的市场社会主义模式具有以下观点。

(1)商品和服务实行市场经济。他认为社会主义不等于计划经济,资本主义不等于市场经济,社会主义的市场经济本质上与资本主义的市场是同样的,但施韦卡特主张取消资本主义的资本市场和劳动力市场,而商品和服务市场是有益于经济效率与人民生活的,所以予以保留,企业可以自由地购入生产资料,自由地卖出产品,居民可以自由买卖生活

---

① 朱奎.国外社会主义经济模式研究新动向[J].内蒙古社会科学(汉文版),2006(4):77.

用品。

（2）实行民主管理，以取代资本主义的雇佣劳动制度。他认为，现代西方资本主义在政治上是"民主"的，但在工作场所却是集权的，我们的模式是真正把经济民主和政治民主结合起来。他论证了经济民主的市场社会主义模式优于资本主义，因为经济民主消除了财产的收入，它把民主向下延伸到工厂，向上延伸到宏观经济发展政策的制定，因而实现了经济民主。他主张实行民主管理以取代资本主义的雇佣劳动制度的要点是：①生产资料的社会集体所有，新的投资是由社会所调控；②职工的自主管理，劳动者完全负责生产资料的结合和运作，企业组织形式、纪律、生产技术、生产量、利润的分配都由职工一人一票决定；③大型企业的工人委员会或经理均由劳动者投票选举来做决定，而不是由国家直接任命；④小型企业的经理由工人直接选举产生，工人组织直接决定企业的组织形式和生产、分配等相关事宜。

（3）投资的民主控制，以取代资本主义的资本市场。为了解决资本主义社会投资过多依赖于私人储蓄所带来的弊端，施韦卡特主张建立投资的社会民主控制制度。①投资基金的来源。社会投资基金来自企业的税收、资本的资产税，企业税收的税收比例是民主制定的，而不是强制规定的，再投资的总体比率是由民主讨论决定并在人们的自觉控制之下，这样也就不需要资本市场。②投资基金的配置过程是先按人均配置到地区及社区，再由社区按以往绩效配置到地方银行，最后由地方银行按照收益率和就业需要立项将投资基金分配给企业。

（4）公平贸易政策。施韦卡特认为，经济民主制度不会闭门造车，必须参与到国际经济活动中互通有无。而不平等的国际经济秩序使得经济民主国家居于不利地位，因此施韦卡特主张一定程度实行社会主义的贸易保护主义，以促使经济民主国家有机会发展壮大自己，并逐渐修正不平等的贸易规则达到公平。他的社会主义的贸易保护措施是：①征收合理的关税，防止国际贸易对本国的冲击；②将公平贸易关税中获得的全部收益返还给穷国；③征收国际货币交易税，防止投机巨额资金从一个国家的市场流向另外一个国家的市场，用增加的税收来建立本国健康保险计划或者是减低工资税。

（5）通往经济民主的路径。走向未来的基本策略原则确定之后，施韦卡特从其理论蓝图出发，提出了具体路径：①应着力于推动工作场所民主的扩展和深化，贯彻工人自治管理的工人广泛参与和利润共享两个基本原则；②逐步强化投资的社会控制，逐步延伸至其他方面；③为实行公平贸易，弱势国家不应放弃贸易保护主义。

第二节 民主社会主义学派

一、民主社会主义学派的产生与发展

（一）走议会斗争道路阶段

民主社会主义在产生时期主要的特点是放弃马列主义的暴力革命学说，主张走议会斗争的道路。民主社会主义的政党组织是社会民主党（包括社会民主党、工党、社会党等统称社会民主党），社会民主党与共产党本是同根同源，在第一国际时期（1864—1876年）

和第二国际前期(1889—1896年)多数民主社会主义者和工人运动领袖逐渐接受了马克思的主张,赞成无产阶级革命和铲除私有制。但是,自第二国际中后期起,由于欧美资本主义社会形势出现变化,社会主义运动内部发生了关于暴力革命与议会策略的争论。一部分民主社会主义者主张放弃暴力革命,通过议会选举等手段改变工人命运。1895年,恩格斯去世,围绕着恩格斯临终前在《〈法兰西阶级斗争〉导言》一文中提出的"利用选举权夺取我们所能夺得的一切阵地"的说法,第二国际内部产生了激烈争论。德国人爱德华·伯恩施坦(Eduard Bernstein,1850—1932)在1898年出版著名的《社会主义的前提和社会民主党的任务》一书中,提出了放弃暴力革命,通过进行合法斗争和平进入社会主义的主张。随后德国的另一个重要人物卡尔·考茨基(Karl Kautsky,1854—1938)也主张用民主选举的办法和平进入社会主义。他们的主张逐渐获得欧美各国民主社会主义者的广泛支持,成为第二国际中后期的主导思想。社会民主党不赞成1917年列宁领导的俄国十月暴力革命,也不赞成苏联实行无产阶级专政,消灭私营资本家和地主、富农,全盘实行公有化的主张。1918年,列宁为了与民主社会主义政党划清界限,将俄国社会民主工党(布)改名为共产党,并于1919年成立共产国际。各国民主社会主义运动中的激进力量先后脱离各国社会民主党,组成共产党,聚到列宁旗下,加入共产国际。1923年,各国民主社会主义政党建立了社会主义工人国际(1951年改称社会民主党国际),形成了共产国际与社会主义工人国际两个国际互相对立。由上可见,早期的民主社会主义者主张放弃马克思和列宁的暴力革命学说,主张走议会斗争的道路。

(二)建设福利国家阶段

第二次世界大战结束后到20世纪90年代前期,在一些国家的社会民主党取得执政地位后,对于如何建设"社会主义国家",他们提出了建立福利国家理论。福利国家这个术语1941年由阿奇比肖普·坦普尔(Archbishop Temple)提出,1942年被应用到威廉·贝弗里奇(William Ian Beveridge,1908—2006)社会保障报告中。英国经济学家贝弗里奇被尊称为"福利国家之父",福利国家在第二次世界大战后在一些西方国家得到广泛流传。按照福利国家论的观点,福利国家论的特征和实质是:①对国民收入做有利于劳动者的再分配,通过税收把富人的部分收入转交给穷人,因而实现各阶层居民收入分配均等化;②消灭经济和社会上的不平等,消灭物质方面的无保障、贫穷等现象;③实现充分就业等。在西方一些国家,"福利国家"代表以政府力量大力推进国民社会福利为契机而带来的政治制度、生产方式、社会组织方式的一系列深刻变化;在政治领域,国家为公民提供了自由、民主、法治的国家政治制度;在经济领域,由于政府干预的加强产生了"混合经济"模式;在福利领域,政府对传统的慈善组织、社会互助组织,社区、邻里、家庭互助发生了较大程度的替代,实行了一系列从摇篮到坟墓的全方位的社会福利制度。

(三)走"第三条道路"阶段

20世纪90年代中后期以后,一些社会民主党提出了更新"社会主义"的主张,试图在传统的民主社会主义和新自由主义之间寻求平衡,走出一条新的"中间道路"(一般被统称为"第三条道路"),主要有英国工党的"第三条道路"、德国社会民主党的"新中间道路"、法国社会党的"构建现代社会主义"等。英国社会学家安东尼·吉登斯(Anthony Giddens,1938—)在出版的《超越左和右:激进政治的未来》(1994)、《第三条道路:社会民主主义的复兴》(1999)两本著作中为"第三条道路"提供了理论基础,因此他也成为走"第三条道路"的教父。从 1997 年起,社会民主党先后在英国、法国、德国等国赢得大选。20 世纪 90 年代,美国威廉·杰斐逊·克林顿(William Jefferson Clinton,1946—)、英国首相托尼·布莱尔(Tony Blair,1953—)、德国总理格哈特·弗里茨·库尔特·施罗德(Gerhard Fritz Kurt Schroder,1944—)以及西班牙总理何塞·路易斯·罗德里格斯·萨帕特罗(Jose Luis Rodriguez Zapatero,1960—)等人的政策就体现了第三种道路的核心理念。民主社会主义是当今世界影响最大的思想潮流之一,社会民主党是目前世界上最大的国际政党组织之一。到 2012 年社会民主党国际召开二十四大时,其各类组织成员更达到 169 个,其中有 40 多个成员党处于国家执政地位。

二、老派民主社会主义的思想与政策主张

老派民主社会主义是英国社会学家吉登斯的说法,它是指第二次世界大战结束后到 20 世纪 90 年代中前期,以建立福利国家为目标的民主社会主义学派。

(一)老派民主社会主义的思想

1. 以民主为核心思想

民主是老派民主社会主义的核心思想,也是社会民主党的核心追求。在《法兰克福宣言》中,他们提出了政治民主、经济民主、社会民主、国际民主的四位一体的民主主张。他们认为,社会主义是最高形式的民主,没有民主就没有社会主义;社会主义只有通过民主制才能完成,而民主制也只有通过社会主义才能得到完全实现。经过长期的理论探索和斗争实践,信奉民主社会主义的各政党逐渐形成了共同的伦理价值基础,民主、自由、公正、团结互助是其核心的价值观。

2. 主张思想多元化

老派民主社会主义承认马克思主义是其理论来源之一。1972 年,法国社会党领袖密特朗曾说,党的理论基础是马克思主义,除了马克思主义之外,伦理社会主义、人道主义哲学、启蒙运动思想也都是老派民主社会主义的思想渊源。老派民主社会主义并不讳言,自由主义也是他们思想的来源之一,如提倡个人权利、保障公民自由权等。社会党理论家克赖斯基曾经说过,"社会民主主义运动已经成功地发展了自由主义思想"。

3. 坚持五项基本原则

随着实践的深入和理论认识的不断深化,各国社会民主党先后提出了民主、自由、公正、团结、人权作为民主社会主义的基本原则。社会民主党国际 1989 年召开的十八大宣言中,明确将"民主、自由、公正、团结、人权"列为社会民主党的基本原则。这五项基本原则,成为民主社会主义的指导思想和行动指南。

（二）老派民主社会主义学派的政策主张

1. 经济政策主张

①经济目标是繁荣与平等，老派民主社会主义致力于发展经济，努力把"蛋糕做大"，同时主张公平分配，把"蛋糕切均匀"；②主张混合所有制经济，认为公有制并不完全是社会主义的标志，社会主义可以实行混合所有制经济；③提倡发挥市场作用，保护私人产权，实现经济民主（雇员参与管理，并有谈判协商权），克服分配不公；④认为公有制或国有企业是促进社会公益、调节经济发展、增强经济民主的手段。

2. 政治主张

老派民主社会主义主张实行宪政民主，其主要特点是强调民主。他们认为，国家是人民权利共同体，主张阶级合作，推动国家制度民主化。老派民主社会主义大力支持工会、宗教、妇女、环保等社会团体的活动，支持社团运动发展。老派民主社会主义赞同三权分立，实行普选制，多党竞选、互相监督、轮流执政，支持新闻自由和司法独立。

3. 社会政策主张

老派民主社会主义是福利国家的积极倡导者和建设者。社会民主党人认为，没有社会福利，就无法实现社会主义。他们制定了许多社会福利制度，包括儿童享受福利照顾的权利，青少年受教育的权利，成年人的工作权利、休息权利、住房权利以及工伤、失业、医疗保障权利，老年人的养老保障等法律和政策，实现了人们从摇篮到坟墓的全方位的社会福利。

三、"第三条道路"

（一）"第三条道路"提出的背景

1. 凯恩斯政府干预主义与新自由主义的衰落

第二次世界大战结束到20世纪70年代，西方国家在凯恩斯理论指导下，加强国家宏观调控政策，曾对摆脱周期性大危机、刺激经济繁荣产生过重要作用。但20世纪70年代的"滞胀"危机使凯恩斯政府干预的主流地位受到挑战。大多数西方国家为摆脱困境，转而采取新自由主义，虽然新自由主义在20世纪80年代曾辉煌一时，但90年代以来的欧美政治现实表明它已经走到了尽头。吉登斯认为，新自由主义以牺牲公正换取效率，大幅度减少公共开支，削减社会福利，使社会保障体系遭到严重破坏，损害了大多数人的利益，贫富差距进一步拉大，由此滋生了许多社会不安全及不稳定的因素，已遭到了越来越多人的唾弃。从1997年起，社会民主党先后在英、法、德等国赢得大选胜利说明新自由主义不得人心。

2. 社会主义高度集中计划经济的破灭

在苏联解体、东欧社会主义国家剧变的情况下，在吉登斯看来，社会主义高度集中计划经济曾经以非凡的方式创造过奇迹，似乎普遍存在于东方，但现在它破灭了，苏联的解体和东欧国家社会主义的消失对此做了很好的诠释。吉登斯认为，社会主义的计划经济理论从来都是很不完备的，这些理论低估了资本主义在创新、适应不断提高生产力等方面的能力,高度集中计划经济只是20世纪70年代初之后,在全球化和技术变迁的步伐逐渐加快的过程中,这些缺陷才逐渐突出地暴露出来。

3. 老派民主社会主义的福利国家政策陷入了困境

老派民主社会主义以国家广泛干预和强烈的平等主义为主要特征,在实践上则体现为为公民提供了从摇篮到坟墓的福利国家模式。它在第二次世界大战后为西方曾造成了一个很长的经济全面增长的"黄金时代",这期间资本主义的繁荣与萧条周期以及经济的两极分化倾向受到了较好的控制。但是这种模式在20世纪70年代开始陷入困境:①经济全球化进程以及技术变迁的加快,国家对经济生活的过多干预,抑制了市场作用的积极发挥,形成了滞胀;②随着科技革命与机器对人的替代导致了失业人口剧增,拿救济金的人越来越多,而随着医疗技术的提高,医疗费用也越来越高等,使传统福利国家在财政上陷入了困境;③福利国家制度本身还会导致异化和官僚主义,培植既得利益集团等现象滋生。吉登斯说:"被大多数人看成是社会民主政治之核心的福利国家如今制造出来的问题比它所解决的问题还要多。"①

(二)"第三条道路"的特征

"第三条道路"是指摒弃传统的老左翼与老右翼政治分野,走非左非右的道路(这里的老左翼是指包括凯恩斯主义和老派民主社会主义,老右翼是指新自由主义)。按照英国前首相布莱尔等人的阐述,"第三条道路"是要革新社会民主主义,摈弃老左派的国家管制、高税收、福利国家的主张,同时也要超越新自由主义的狭隘个人主义和自由市场万能论的信念。

(1)重新确定依靠力量。工人阶级过去一直是老派民主社会主义的主要依靠力量,但是随着社会经济、科技的发展,传统工人阶级的人数越来越少,这使社会民主党在选举中处于不利境地。为了适应选举的需要,社会民主党必须重新确定自己的依靠力量。走第三条道路的社会民主党主要依靠三个群体的力量:①工人阶级,这部分人虽然只占人口的6%,但却是社会民主党的铁杆选民和坚定支持者,是社会民主党不能放弃的依靠力量;②在科技、文化教育、服务行业等的从业人员,白领阶层在人口中的占比越来越大,依靠他们能够得到更多的选票支持;③小业主,小企业数量和从业人员多,是选举不能忽视的力量。社会民主党依靠这三个群体就可以形成政治上多数,就有可能保证在选举中获胜,而且这三个群体的共同点是都主张社会公正和平等。

(2)在对待政府权力上,老左翼(包括凯恩斯主义学派和老派民主社会主义)寻求扩大政府的作用,老右翼(主要是新自由主义)则相反;而第三条道路则寻求在各个层次上重建政府,致力于补偿现有政体在民主上的亏空,推进宪政改革、行政的透明度和地方民主。

(3)在对待社区上,老左翼对社区的作用持怀疑态度;而老右翼则认为只要政府权力不施加影响,社区就会繁荣起来;第三条道路则既承认社区的价值,又能看到政府权力在促进社区繁荣上所能发挥的作用。

(4)在民族问题上,老左翼认为不应该有民族观念;而老右翼则过分强调民族主义以

---

① 吉登斯.第二条道路:社会民主主义的复兴[M].北京:北京大学出版社,2000:17.

致有沙文主义倾向;第三条道路赞成世界民族概念,它承认民族仍然是重要的,但又欣赏现代的民族融合,赞赏模糊民族主义和多元主权,主张将民族和国家区分开来。

(5) 在经济问题上,老左翼赞成混合经济,以改造资本主义;老右翼宣扬市场经济;第三条道路则主张新混合经济,这种新混合经济强调的不是所有制而是竞争和规则。

(6) 在福利国家问题上,老左翼喜欢福利国家,并将之作为再分配的主要载体;老右翼则把福利国家看成魔鬼;第三条道路的目标是将福利国家改造成为社会投资国家,其着重点是将公益事业上的开支转为对人力资本投资。

(7) 在全球秩序上,老左翼没有系统全面的全球理论,只有简单化了的无产阶级国际主义;老右翼的国际关系理论是建立在如何对付战争上;第三条道路认为,人们已不再生活在两极世界里,因此国家已没有敌人,国家所面对的只是各种风险。

(8) 在价值取向上,吉登斯认为,应当超越老左翼和新自由主义,走第三条道路。他提出的作为社会民主政党改革和实现第三条道路的总目标的取向是民主、平等、对弱者的保护、作为自主的自由、无责任即无权利、无民主即无权威、世界性的多元化。

(三) "第三条道路"的纲领

吉登斯设计了一套走第三条道路的纲领,即以对国家和政府进行改革作为其基本的指导性原则,不断深化并拓展民主、复兴市民社会,关注以知识经济为标志的经济变革,高度重视并积极应对全球化。其主要内容包括以下几个方面。

1. 建立新国家

(1) 国家的作用。吉登斯认为,从历史上看社会民主党人一直热衷于扩大国家和政府的干预范围,而新自由主义者则要求缩小国家管理经济的职能;第三条道路则必须超越"把国家干预当敌人"的右派和"认国家为福利"的左派,重建国家和政府。吉登斯认为,国家应在以下几个方面发挥作用:①当垄断威胁到经济竞争时维护竞争;②控制自然垄断提高经济竞争水平;③创造和维护市场经济的制度基础;④使公共物品、政治或文化避免市场的恶意侵扰;⑤利用市场实现中长期经济目标;⑥在微观和宏观层面上平抑市场波动;⑦保障工人的物质利益和劳动合同执行;⑧对各种灾害(包括市场引发的灾难性后果)及时反应并加以解决。

(2) 政府干预存在的问题。与传统左派提出的市场失灵论相反,第三条道路在肯定国家作用的前提下,也指出了政府干预存在的问题。吉登斯认为,要从高度集中的计划经济失败和老派社会民主的中央集权的狂热中吸取许多教训。必须认识到过度的中央集权经济造成的依赖、懒散、寻租、官僚作风、保护主义、权威主义、财政上的不负责任、缺乏创造性及腐败问题。

(3) 国家必须提高其行政管理效率,改变各级政府烦琐低效、失信于民的形象。他认为,大多数政府机构都可以从最好的商业惯例中学到许多东西,如目标控制、有效审计、灵活的决策机构以及不断增强的雇员参与等。政府的结构调整应当遵循"以最小的代价获取最大的收益"的经济学原则,不应当简单理解为精简裁员,而应当理解为提高政府机构工作效率。

(4) 国家要进行更大的透明度和开放性的宪法改革,并建立有效防治腐败的新措施。

在一个开放的信息社会中,民众呼吁引入更大的透明度和责任机制、惩治防止各种腐败现象的声音也更响了。幕后交易、老朋友的关系网络以及特权庇护都是主要改革对象。在公共事务中国家实现更大程度的透明,可以实验非正统的民主参与决策形式,如全民公决和直接民主。

(5)国家要提高管理风险的能力。风险并非只是意味着安全与责任,它的更积极的意义在于其中所伴生的机会和创新。政府一方面要提供抵御风险的安全制度保障,更要提高以积极的方式管理风险的能力(对风险的管理不只涉及经济风险,还包括其他风险,如科学和技术所导致的风险)。在产生风险决策的过程中,吉登斯倡导一种风险评估同协商性的公民参与相结合的范式,在这种决策程序中,专家、政府和专业人士都要发挥积极作用。

(6)要建立新的民主国家。吉登斯强调为了重塑国家的权威,还必须实现第二波的民主化,建立一个新的民主国家。①下放权力。下放权力不仅向下而且向上,向下把权力交给地方和社区,向上则交给跨国机构,这也是国家对全球化所作出的结构性回应。②要复兴市民社会:a.市民社会能够制约市场和政府的权力。b.民主秩序和有效的市场经济依赖于繁荣的市民社会。c.政府可以通过激发地方主动性、鼓励第三部门的介入,提供适当外部支持来实现市民社会的复兴。③市民社会也需要受国家和市场权力的制约。市民社会中的社群如果过于强大,也会滋生与之相伴随的社会分化,甚至社会分裂的可能性,而危及民主和经济的发展。所以,吉登斯认为关键在于它们间的有效平衡。国家和市民社会应当开展合作,每一方都应当同时充分与另一方的协作者和监督者合作,倡导一种包容性的合作关系。

2. 新经济、新平等观与福利国家改革

(1)新经济。第三条道路支持建立一种新的混合经济。①在经济生活中起决定作用的已不是生产资料的所有权问题,而是经济管理方式问题,所以要建立一种以私有制为基础,国家加以调节和管理的新型混合经济。②如何在全球化形势下实现充分就业和高速增长。他提出了四个途径:a.通过国家为开发、研究、教育提供支持来保证经济有创新能力;b.国家支持建立大量的小企业,既能增加就业,也能使之对经济有足够的灵活反应能力;c.实行更多的短时间就业岗位制,以便让更多的人分担工作,增加就业机会;d.创造一些低收入但又是社会所必需的就业岗位,国家支持保证就业者的收入能达到一定水平。

(2)新平等观。①吉登斯首先批评了新自由主义的平等模式——机会均等的精英模式,认为不能用它来定义平等。这是因为,完全的精英统治将制造出一个与主流社会格格不入的极端阶层,一个彻底的精英统治的社会还会造成收入上的严重不平等,从而严重威胁社会的凝聚力。②吉登斯认为,老派社会民主主义对平等的理解有很大局限,过于强调形式上的平等,并希望通过带有平均主义色彩的福利国家来实现结果的平等。这不仅在很大程度上扼杀了个人自由与多元化,而且它自身也在实践中陷入困境。③吉登斯把平等定义为"包容性",而把不平等定义为"排斥性"。"包容性"意味着一个社会的所有成员不仅在形式上,而且在其生活的现实中所拥有的民事权利、政治权利以及相应的义务,它还意味着机会以及在公共空间中的参与。

德国社会民主党基本价值委员会副主席托马斯·迈尔(Thomas Meyer,1943—)认为,社会公正是一个复杂而可操作的社会现象,它有以下几层含义:①形式上的平等,即每个人都拥有同样的公民权利和参与管理社会的权力;②社会有很强的包容性,每一个人都有可能参与到社会发展中去,对社会有归属感和责任感;③社会允许一些不平等现象存在,如收入、待遇上的不平等,因为它们有利于社会发展,也使社会底层的人受益,这种不平等现象与平等观不矛盾,它们是功能性的不平等,而不是目标性的;④社会公正并不是市场行为的自然结果,而是一个政治目标;⑤一个人不管他在社会上的贡献大小、成功与否,其人的尊严应得到公正的对待,社会必须为其提供最基本的生活保障。

(3) 新福利国家。与这种新经济及包容性的新平等观紧密相连,吉登斯提出了变消极福利为积极福利、改福利国家为社会投资型国家的构想。新福利国家是在政府、企业和劳动力市场中的人都是负责任的风险承担者。①转变人们的社会福利依赖观。在坚持享有社会福利是公民合法权利的前提下,确立无责任即无权利原则,要摆脱福利依赖,变消极福利观为积极福利观。②转变福利支出方式。尽量加大人力资本上的投资,而最好不要直接提供经济资助,变"授人以鱼"为"授人以渔"。③促进经济增长,实现"从福利到工作"的转变,通过经济增长以创造更多工作机会与收入,从而促进社会公平。④把新社会保障体制的重心从工人阶级转向中间阶层。

3. 全球治理

为防范全球金融和生态风险,他主张:①设立世界金融管理机构。要用适当的管制来监控金融交易,规治货币投机。在全世界每天上万亿美元的货币交易中,只有5%属于贸易和其他实质性的经济交易,其余95%是由投机活动和套利交易构成的。为了有效地监督这些交易,需要设立世界金融管理机构。其主要任务是管理世界金融经济中的系统风险和帮助制定国际金融合作的规则。②设立全球性的中央银行。为解决世界债务危机问题,通过全球性的中央银行提供解决债务问题的有序的、正式的渠道,并相互协作向贫穷宣战,缩小全球经济发展不平等。③以往的生态计划通常集中于事后污染控制,而今后应采取的是在污染产生以前就加以预防和限制。

第三节 其他学派的社会主义理论

一、诺夫可行的社会主义[①]

亚历克·诺夫(Alec Nove,1915—)是英国当代著名经济学家,以研究社会主义经济苏联问题而著称,他提出了独特的"可行的社会主义经济模式"理论。可行的社会主义经济模式是诺夫在《苏联经济体制》(1977)、《政治经济和苏联社会主义》(1979)、《可行的社会主义经济》(1983)等著作中提出来的。在这些著作中,诺夫通过对苏联、东欧及中国社会主义经济理论和实践的系统分析和评价,提出了自己的见解和他所倡导的可行社会主义模式。他认为,马克思预计共产主义革命将在经济发达的资本主义国家中首先取得成功,但实际上社会主义恰恰在那些经济不发达国家首先建立起来,因而社会主义就会出

---

① 黄新华. 诺夫可行的社会主义经济模式探析[J]. 马克思主义研究,2000(1):82-86.

现不同于马克思设想的一些特点,真正的马克思主义者不能生搬硬套马克思关于共产主义的理论。在马克思的全部著作中,关于社会主义的论述是不多的,马克思没有为当代社会主义者绘制现成的蓝图,使他们可以方便地取来就用,社会主义经济的发展途径需要认真地进行新的探索。诺夫批评一些急性的社会主义者把社会主义向共产主义过渡的历史进程看得太短,没有认识到这一过程将是漫长和复杂的。从这种认识出发,诺夫系统地考察了苏联和东欧社会主义集中计划经济模式的各种弊端,批判了左派及社会主义者对市场机制种种贬低的论点,提出了包括以计划和市场的有机结合为特点的可行的社会主义经济模式理论。

(一)苏联传统经济模式的主要弊端

(1)在所有制结构上,片面追求单一的公有制,特别是强调生产资料的国有制形式,而绝对排斥任何规模的私有经济,从而形成工业部门单一的国有经济、农业部门集体农庄一统天下的局面,致使经济活动僵化,经济结构畸形,产品与服务质量低劣,经济效率低下。

(2)经济决策高度集中,信息传递主要按行政隶属关系纵向进行,很容易因利害关系和技术上的原因造成扭曲、受阻,导致官僚主义和决策失误。并且经济决策的高度集中在本质上是反民主的,因而必然影响经济效率的提高。

(3)在价格制度上,为稳定物价而实行固定价格,既不反映市场的供求,也不反映价值,其后果是造成商品结构性短缺,有钱买不到东西,形成隐蔽性通货膨胀。

(4)投资完全由国家集中控制。在这种投资体制下,没有客观的投资效率标准和投资责任评价标准,投资方向、结构、数量的合理性得不到保障,使投资效率低下。而对资源使用的无偿性和不负责任,强化了地方和企业争资金、争资源的行为,致使投资膨胀,进而加剧了供需矛盾,阻碍了经济结构的优化。

(5)工资由国家计划控制,企业无增减职工工资的权力。因此,虽然劳动力原则上可以自由流动,但完整的市场调节机制却不存在,工资政策屡屡失败,达不到有效配置劳动资源的目的。

要克服上述弊端,诺夫认为,关键就是要引入市场机制。只有实行竞争和自由交换,才能保持经济运行的高效率。他指出,即使从长远看,消灭市场的观点是不明智的,市场只有在当它给劳动人民造成巨大的物质利益损失时才能加以限制。由此可见,诺夫自然的可行的社会主义经济增长模式是将计划与市场有机结合。

(二)可行的社会主义经济模式的内容

1. 实行混合所有制经济

他主张国有企业、集体(合作社)企业和私有企业共存,但国有制和集体所有制占主导地位,不存在大规模的生产资料私有制。在诺夫看来,社会主义固然不能容忍私有制泛滥,但也不等于要消灭一切私有制,应该建立国有制、集体(社会)所有制占统治地位,并有一定范围的小规模私有制经济的所有制基础。因为这种所有制体系较适于竞争和市场机制发挥作用,而全部公有制对市场经济是一种抑制。

2. 市场机制应该充分发挥作用

经验和逻辑分析已充分表明,把千百万人的非常分散的需求结合在一个全面的计划内是不可能的。因此,市场必然存在,也应当发展市场经济。为了保证市场有效地发挥作用,诺夫指出,必须建立合理的价格体系和价格形成机制,使价格能够调整供求,能反映成本与价值,为此,必须使绝大多数产品和劳务的价格由市场供求来决定。而且,要充分发挥市场机制的调节作用,就不可能离开市场竞争。诺夫肯定了竞争在可行的社会主义经济模式中所占的重要地位,他指出难以想象在货物和劳务供应者之间没有竞争,经济活动的效率怎样提高?因此他主张必须使市场关系遍及经济领域的各个方面。但是可行的社会主义经济也不是鼓励一切形式的竞争,对于浪费性竞争(如过度竞争、不公平竞争、恶性竞争等)政府必须采取有效措施加以制止。

3. 适当的中央计划并继续发挥作用

诺夫也同时指出,市场机制并不是十全十美的:①通过货币手段进行交换,本身就会引起经济的不平衡;②价格由于通货膨胀而很不稳定,抑制着合理的投资决策;③过度的买方市场使许多人力、物力资源长期得不到使用,并且不得不把大量的钱用在登广告、包装与推销上,甚至人为地废弃商品等;④无节制的市场机制到一定时候会毁灭自身并带来难以容忍的社会不平等。所以国家作为所有者,完全放弃计划控制是不可能的,而且肯定不能视为一种社会主义。解决办法是在宏观和中观水平上,应有坚强的计划部门,但这并不意味着全部经济都由计划控制,计划应通过适度的比例配置,从而克服计划与市场各自的缺陷,促进经济增长。

诺夫指出,在可行的社会主义经济模式里,中央计划的基本职能主要有:①重大的投资应由它负责;②计划人员将直接地或通过银行系统努力监督分散的投资,注意避免重复投资和地方上资助不健全的项目;③中央计划应该在管理诸如电力、石油、铁路等自然垄断部门起直接的和主要的作用;④为独立自由部门制定基本法规,并有权在发生不平衡或出现危害社会的情况时进行干预;⑤管理对外贸易的职能;⑥对外部经济效应很大的部门进行干预;⑦决定国民生产总值中用于投资的份额;⑧控制个人收入分配与投资过度膨胀,尽量保证进行的主要投资符合预期的未来要求,使短期利益与长远利益统一起来。诺夫指出,为了有效地发挥计划的上述职能,必须通过民主化提高计划的科学性,计划目标的确定应提交选举产生的代表大会决定。

4. 国家利用政策实行宏观调控

(1)信贷政策。诺夫认为,有效的信贷政策既可以防止对投资品和建设的过度需求,又可以防止同一投资机会被许多部门抓抢的局面,因此,可行的社会主义经济应制定合理的信贷政策并发挥其对宏观经济的调节作用。

(2)价格政策。诺夫指出,苏联和其他一些社会主义国家的经验都证明,全面的价格管制是不可能的。因为价格的品种太多,国家要控制亿万种的产品价格,必然造成价格呆滞和不合理。同样,完全废除价格管制也显然是错误的,如对于那些需要集中管理的、处于半垄断地位的工业产品的价格就要由国家控制。因此,要实行正确的价格政策,以实现对经济的适当管理。

(3)利润分配政策。诺夫认为,国家必须制定合理的政策对利润分配从宏观上加以控制，以避免分光、吃光的不良现象，他给出了利润分配的范围：①需要用利润给予资助的社会开支和其他开支（这与直接税不同）；②要考虑的有关因素是总投资水平和由企业自身筹资的部分。

（4）投资政策。诺夫认为，投资应是国家集中投资与企业分散投资相结合。前者主要负责结构性转换和更新已有企业，后者主要负责满足社会需要，适应新技术的发展。对于后者计划者应直接地或通过银行体系间接地控制，自觉地根据需要去避免为出自地方动机而明显不合理的项目筹措资金，但也不要搞过多的直接干预。因此，投资政策原则上是中央计划管理得越少越好，投资主要通过市场机制进行，使其自动地根据价格和利润导向灵活地运转，以适应多变的社会需要。

（5）收入分配政策。诺夫认为，收入水平差别太大会引起社会矛盾和冲突，从而造成宏观经济不稳定，而平均化的收入又将导致经济效率降低。因此，需要制定一项具有适当工薪级别的收入政策，以防止收入级差对效率和企业生产的不利影响。

（6）外贸政策。诺夫认为，可行的社会主义经济必然存在对外贸易，因为社会主义一国或集团为了发展，就不可能离开对外贸易，而且还应大力发展对外贸易。因此，应在对外贸易体制下制定灵活的外贸政策，允许货币自由兑换，允许经济单位越境买卖，生产企业和批发企业不必向某个政府部门申请批准即可取得外币。当然在必要时，政府也可以对对外贸易采取一定的保护或干预措施。除了上述这些经济政策（手段）外，诺夫还指出，可行的社会主义经济的宏观调控还应当辅之以法律手段和必要的行政手段。

5. 中央政府直接控制和管理重要经济部门与企业

这些部门和企业包括：大规模的工业企业，如大型联合钢铁厂、石油与石化联合企业等；公用事业部门，如电力、电话、邮政、公共交通、铁路等；金融部门，即银行和其他信用机构。之所以要对这些部门和企业实行直接控制和管理是因为：①这些部门具有较高的外部效应，通过中央控制，可以避免私人和局部利益与社会利益的冲突；②这些部门往往具有较强的垄断性，竞争的缺乏使它们有可能通过损害顾客的利益而获取高额利润；③这些部门规模大、投资多，由中央直接控制，可以减少不确定性，避免浪费性的重复建设，事先了解用户的要求，保证满足所需规格的物资供应。

6. 要建立多种类型的企业

为适应消费者和使用者的需求多样性，需要建立多种类型的企业。生产和提供不同产品和服务的企业，由于受规模经济效益的制约，它们的规模也就大小不等。企业的规模不同，就决定了对它们的管理方式不同。如对那些大型企业，就适合由国家经营管理，而对那些小型企业，则适合由私人企业或个体经营。因此，在可行的社会主义经济模式中将存在以下几种企业形式或所有制形式：①中央控制与管理的国有企业，简称集中化国有公司；②充分自治的、管理部门向职工负责的国有企业，简称社会化企业；③合作社企业；④明确规定界限经营的小规模私人企业；⑤个体（如管道工、艺术家等）。以上五种企业并不是平分秋色、平起平坐的，占主导地位的是国有企业和合作社企业，私有企业处于从属地位。诺夫认为，除了集中化国有公司外，其他企业都应实行自主经营、自主管理。一些国有小企业也可以租赁给私人经营，只要它对社会没有害处，政府就应确立它的合法性。但是对于私人企业，政府应对它们进行必要的管理和限制，以防它们非法致富，使之遵守国家的政策、法令,沿着为社会主义服务的道路健康发展。诺夫指出,在企业生产经营活动中,由于市场情况的变化或经营决策失误,必然会发生企业亏损甚至破产,因此,必须建立起企业的约束机制,对企业亏损和破产造成的损失应明确由谁负责任。

7. 职工参与管理

为了保证企业有效管理和合理运行,必须让职工参与管理,并在企业管理中起重要作用。诺夫认为,职工的自我管理既可以改变工人对工作被动或消极的态度,又可以推动经济的健康发展。而保证工人正确地参加管理,使他们能够从个人利益出发支持企业的有效决策是十分重要的,为此就需要对那些故意地、民主地作出错误决策的人给予必要的处罚。由于一个已知生产单位中的人数越少,职工就越有可能具备有效的参与感、隶属感,因此,在企业规模的选择上,诺夫赞成小的是美好的这一观点,提出为了使工人尽可能多地直接参与企业的管理,企业规模应尽可能小。但同时他也认为,在其可行的社会主义经济模式中将有一些非常大的公司组织,如银行、信用机构、电力、铁路、石油开发等部门,它们在组织和情报方面的规模经济优势将能抵消可能存在的官僚主义的不足。

8. 工资分配让劳动力市场机制发挥作用

工人应有选择职业的自由,企业应有决定工资多少的权力,彼此展开竞争,让劳动力供求、工人技术水平、劳动能力、工作压力和愉快程度等共同影响工资水平。当然,其结果可能会引起收入差异,使一些人的收入高于另一些人。诺夫指出,当存在收入过高的情况时,国家可以通过对企业和个人征收累进所得税的办法加以缓解,以免收入差距过大引起社会摩擦,其中对私人企业收入的调节尤为重要。另外,国家在提供就业时,既要考虑工人的客观利益,又要注意用物质和精神的两种激励影响劳动力的流向。

9. 实行经济民主

诺夫认为,社会主义的一个重要信念就是要有真正的经济民主。人民必须以生产者的资格和消费者的资格影响经济事务。因此,在可行的社会主义经济模式中将以最真正的经济民主方式来影响生产格局,把权力给予消费者。此外,经济民主还意味着:①通过民主选举产生的代表大会对国家经济计划予以选择、修改和表决;②通过民主投票确定经济发展的优先项目和投资方向;③通过鼓励工人参与企业管理,避免生产决策权力过分集中,防止权力滥用。

二、生态社会主义

生态社会主义学派是西方一批学者把生态学同马克思主义、社会主义结合起来,用马克思主义理论解释当代环境危机,从而既能消除生态危机又能实现社会主义的新路子的一种学派。其目标就是建立生态社会主义,而环境保护则是其最大亮点。代表人物有法国著名的左翼思想家安德烈·高兹(Andre Gorz,1924—2007)、戴维·佩珀(David Pepper),美国生态马克思主义者詹姆斯·奥康纳(James Oconner)、约翰·贝拉米·福斯(John Bellamy Foster),日本学者岩佐茂等。他们的主要理论有资本主义生态危机论与社会主义模式论。

(一)资本主义生态危机论

1. 生态危机的成因

生态社会主义者一直以来就将生态危机产生的根源作为其研究的重点内容。早期的生态社会主义者认为,科学技术的不断进步以及由此建立的工业制度是生态危机产生的重要原因。进入 20 世纪七八十年代以后,随着人们对生态危机理论研究的不断深入,生态社会主义者认为,资本主义是造成生态危机的根本原因,而不是由科学技术的发展与工业化的进步造成的。他们认为,资本主义基本矛盾是资本主义生产与整个生态系统之间的矛盾,全球严重的生态问题完全是资本主义国家,特别是西方发达资本主义国家无节制的生产和无节制的消费造成的。

2. 解决生态危机的途径

生态社会主义者认为,既然生态危机爆发的根源就在于资本主义制度,因此依靠资本主义内部的自我完善与自我发展并不能解决生态危机问题,只有彻底废除资本主义制度,才能为构建人与自然和谐相处的社会打下良好的基础,因此生态革命已经成为争取社会主义胜利的一个重要目标和根本动力。

(二)生态社会主义模式

(1) 采取非暴力途径建立生态社会主义。非暴力途径就是通过和平的宣传、教育等方式提高人们生态意识并获得选民的支持。著名生态社会主义学者佩珀指出,生态社会主义既反对任何形式的"暴力"行动,也反对无原则的"妥协",就是要进行积极主动的议会斗争,实现社会运动的生态化。他的观点得到大部分生态社会主义人士的认同。

(2) 生态社会主义的目标是要实现生态现代化。生态社会主义者在早期提出了"稳态经济"的设想,即通过转变经济增长方式来实现由数量型增长向质量型增长的变化,来限制过度增长并建立新型社会主义社会。在后来的生态社会主义发展中,转变了"稳态经济"的发展思路,主张通过建立一个低碳、环保的经济社会通过绿色发展来实现生态现代化。

(3) 人的全面而自由的发展是生态社会主义实现的前提条件。奥康纳认为,生态社会主义要实现生态、经济、人与自然关系等各方面的可持续发展;高兹认为,人的全面而自由的发展是生态社会主义实现的前提条件;佩珀认为,生态社会主义的生产是以人为本的生产方式。

(4) 建设生态社会主义依靠的力量是知识分子为主体的阶级。他们认为,传统的工人阶级随着科学技术的发展其队伍不断萎缩而且缺乏科学意识和创新精神,不能代表未来发展的方向,只有以知识分子为主体的阶级才能将生态与社会问题实现完美结合,进而领导未来的生态社会主义运动。

(5) 基层民主是生态社会主义的政治特点。基层民主是指各种领导机构、官员、代表等职位都应由基层民众直接选举产生,基层组织直接参与到重要文件起草及会议决策的过程。他们认为,资本主义的民主已经沦为政党间博弈的工具,人民的经济和生态利益得不到真正的保证,而基层民主的实施将从根本上将人民的利益与生态利益有机地结合起来。

三、人道主义的社会主义

1923 年匈牙利学者乔治·卢卡契(Ceorg Lukacs,1885—1971)的《历史和阶级意识》

出版,被看作"西方马克思主义"诞生的标志。在这部著作中,卢卡契试图把马克思主义解释成一种人道主义。后来,俄罗斯思想家弗兰克(1877—1950)和美国学者埃里希·弗罗姆(Erich Fromm,1900—1980)等阐述了人道社会主义的思想。他们的主要观点如下。

(1)社会主义的本质特征是人道主义。马克思是最重视对人研究的伟大思想家,人是马克思构筑社会主义理想大厦的基点,人的解放始终是马克思所倡导的社会主义的根本目的,因此,马克思所设想的社会主义就是人道主义的社会主义。

(2)社会主义国家应采取"工人委员会"的形式,实行"工人自治"。社会主义国家必须成为"工人国家",必须建立工人群众的权力机构,使工人真正能够行使当家做主的权利。工人委员会既是工人阶级革命活动的一种形式,又是无产阶级革命胜利后组织新社会的一种形式。

(3)苏联模式的社会主义失败的主要原因是背离了马克思的人道主义的思想轨迹。

西方社会主义众学派提出了诸多社会主义理论,这对我们完善社会主义制度有一定的借鉴意义。但是,在不触动资本主义根本制度的前提下,进行某些改良,其实质仍然是资本主义的。按照马列主义的观点,只有通过暴力革命,彻底打碎资本主义旧制度,才能真正建立起科学的社会主义制度。

复习思考题

1. 简述市场社会主义的特征与发展历程。
2. 简述市场社会主义学派对市场配置资源机制的认识。
3. 简述公共管理型的市场社会主义理论。
4. 简述劳动者管理型的市场社会主义理论。
5. 简述社会治理型的市场社会主义理论。
6. 简述经济民主的市场社会主义理论。
7. 简述民主社会主义学派的产生与发展。
8. 简述老派民主社会主义的思想与政策主张。
9. 简述"第三条道路"的特征。
10. 简述"第三条道路"的纲领。
11. 简述可行的社会主义经济模式的内容。
12. 简述资本主义生态危机论。
13. 人道主义社会主义的主要观点是什么?

习　题

第十九章

有中国特色的社会主义

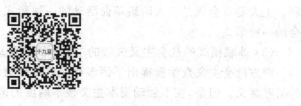

附 录

教师服务

感谢您选用清华大学出版社的教材！为了更好地服务教学，我们为授课教师提供本书的教学辅助资源，以及本学科重点教材信息。请您扫码获取。

》 教辅获取

本书教辅资源，授课教师扫码获取

》 样书赠送

经济学类重点教材，教师扫码获取样书

 清华大学出版社

E-mail: tupfuwu@163.com
电话：010-83470332 / 83470142
地址：北京市海淀区双清路学研大厦 B 座 509

网址：https://www.tup.com.cn/
传真：8610-83470107
邮编：100084